吴媛媛 著

红星照耀童年

1927—1949 年中国共产主义儿童运动研究

广西师范大学出版社
·桂林·

红星与童年的相互辉映（代序）

刘晓东

《红星照耀童年》一书即将出版，在此向作者吴媛媛博士致贺。

《红星照耀童年》这一书名，很容易让人联想到美国记者埃德加·斯诺（Edgar Snow）的纪实作品《红星照耀中国》（*Red Star Over China*）。斯诺这部作品记录了自 1936 年 6 月至 10 月在中国西北革命根据地（以延安为中心的陕甘宁边区）的所见所闻，是当时外界了解中国共产党的唯一书籍，它让世界第一次完整读到中国共产党的目标与信念。

吴媛媛这部著作的书名是对斯诺《红星照耀中国》书名的借鉴和呼应，它主要研究中国共产党治下的儿童生活史，是吴媛媛对作为党史的重要支流——儿童史研究——的一个贡献。

中国共产党治下的儿童生活史是十分值得研究和总结的，我自己就曾被相关史料深深触动。试举例如下：

一、董振堂[①]："我们流血和牺牲不就是为了这些孩子吗?!"

红军高级将领董振堂曾经留下一句振聋发聩的话。这句话是与当时艰难急迫的形势难以分离的。

红军长征到贵州北部山区时，中央政治保卫局局长邓发的妻子陈慧清突然临产。偏偏在一场激烈的突围战刚一打响时要生，而且是难产。仅仅千米以外，

[①] 董振堂（1895—1937），河北新河人。1931 年 12 月 14 日，与赵博生、季振同等率第 26 路军 1.7 万余名官兵在宁都举行起义。1932 年加入中国共产党。起义部队编为中国工农红军第 5 军团，他任军团副总指挥兼 13 军军长。1935 年 6 月中央红军和红四方面军会师后，任红 5 军军长。1936 年 10 月，所部编入西路军。1937 年 1 月，红 5 军与西北军阀马步芳、马步青等部在高台县激战。因弹尽粮绝，1 月 20 日和全军将士一起壮烈牺牲，时年 42 岁。

董振堂正率领战士拼死作战，眼看着顶不住了，董振堂拎着枪冲回来问："到底还有多少时间能把孩子生下来？"没人能够回答。于是董振堂再次冲入阵地，大声喊道："你们一定要打出一个生孩子的时间来！"结果战士们死守了几个小时，硬是守到陈慧清把孩子生下来。战斗结束后，一些战士经过产妇身边时都怒目而视，因为很多兄弟战死了，但董振堂说了一句足以载入史册的话："你们瞪什么瞪？我们流血和牺牲不就是为了这些孩子吗？！"①

流血牺牲就是为了眼下的儿童，为了将来的儿童。红军将领董振堂的这种认识十分了不起。这种认识让革命获得了至高无上的合法性。这应当是革命的"初心"！这一"初心"不可忘却！

红星就是如此照耀童年的。

二、傅连暲："咱们干革命，不就是为了下一代能过上好日子吗？"

1938 年 3 月，由邓颖超等人发起的，旨在救济和教育难童的中国战时儿童保育会在汉口成立。

考虑到蒋介石夫人宋美龄的身份和地位，能够扩大战时儿童保育会的影响力，便于工作的开展，于是，邓颖超提议让宋美龄担任会长一职。宋美龄爽快地答应任职，并将儿童保育会作为下属单位放入当时其手下的"中国妇女慰劳自卫抗战将士总会"里。

1938 年 7 月，作为地方分支机构的陕甘宁边区战时儿童保育会宣告成立。陕甘宁边区战时儿童保育会成立之后的第一件事，就是在延安托儿所的基础上扩建陕甘宁边区第一保育院。

战争年代，物质条件匮乏，保育院的很多工作人员没有带孩子的经验。当年被委以院长重任、被称为"丑妈妈"的丑子冈一开始不想干，结果被当时中央医院院长傅连暲的一句话说服："咱们干革命，不就是为了下一代能过上好日子吗？"②傅连暲这句话不正是董振堂"我们流血和牺牲不就是为了这些孩子吗"的另一种表达吗？

此后，丑子冈作为一颗红星，将自己往后的生命投入儿童的养护教育。

红星就是如此照耀童年的。

---

① 左力.我为什么重走长征路［N］.新商报，2016-9-8（A26）.
② 董少东.圣地摇篮——烽火硝烟中的延安保育院［N］.北京日报，2022-1-22（12）.

三、毛泽东："儿童万岁。"

1938 年 9 月 5 日，陕甘宁边区战时儿童保育会常务理事会举行会议，宣布第一保育院成立。毛泽东为保育院成立亲笔题词："儿童万岁"。①

万岁，本为臣下对君主的称颂、祝贺之辞。自宋代以后的中国封建社会里，"万岁"一词是最高统治者的代名词。毛泽东博览群书，他对中国古代经史子集，尤其是中国古代历史文献，持续关注和研究，肯定十分熟悉"万岁"的丰富而复杂的意蕴。将"儿童"与"万岁"联系起来，用"儿童万岁"来为保育院成立题词，显然表明他对儿童的高度尊重和独特理解。我以为，毛泽东的"儿童万岁"，或自觉或不自觉地体现了中国古代的儿童主义观念，抑或自觉或不自觉呼应了自古希腊智者赫拉克利特（Heraclitus）提出"儿童统治"思想以来的西方儿童主义思想。这未必是过度的解释。无论如何，"儿童万岁"是毛泽东思想中值得人们驻足留意、加强研究、发扬光大的。

1944 年，著名记者赵超构访问延安后发表了长篇通讯《延安一月》，他在文中写道："保育院幼稚部所在的地方叫作儿童沟。那真是儿童之沟，两岁到六岁的小孩像牛羊一样，在空气和阳光下嬉戏。这些儿童活泼肥壮，逗人欢喜。延安人的生活虽然那么节约，对于儿童生活似乎并不吝啬：成人的衣服是土里土气的，这些小孩子的衣服样式却是十分摩登，个个穿得像洋娃娃。"也是 1944 年，随美军观察组在延安生活了三个月的谢伟思在调查报告中这样写道："儿童的生活是一面镜子。延安的政治经济是不是民主的、有创造性的，用不着争论，只需拿着这面镜子照一照就明白了……这里真是一块神奇的黄土地，这里有一群普通而又伟大的人，他们又在潜移默化中培育着一代新人。"

从当时参观延安的中外人士的评论里，我们是可以想见，红星当年是如何照耀童年的。

四、宋庆龄："我们已经发现了一座桥梁，可以沟通环境、种族、宗教和政党方面的分歧。这座桥梁就是儿童——我们的儿童。"

1940 年春天，在距离中央驻地杨家岭很近的兰家坪山上，又建起了延安中央托儿所，此后不久便赶上了抗日战争以来延安最困难的时期。此时，身居香港的宋庆龄了解到托儿所的艰苦条件后，便以"保卫中国同盟"的名义联络了远在大洋彼岸的洛杉矶爱国华侨及国际友人，组织募捐到了药品、衣帽、食品

---

① 董少东.圣地摇篮——烽火硝烟中的延安保育院［N］.北京日报，2022-1-22（9）.

及幼儿生活用品。这些物资通过重庆的八路军办事处千里迢迢送到了延安。为感谢爱国华侨的支持，1942年5月，中央决定将"中央托儿所"改名"洛杉矶托儿所"。

洛杉矶托儿所是在宋庆龄的关心爱护下筹建起来的，她说："我们已经发现了一座桥梁，可以沟通环境、种族、宗教和政党方面的分歧。这座桥梁就是儿童——我们的儿童。"①

宋庆龄（1893—1981），中华人民共和国的缔造者之一、国家名誉主席。中国共产党、全国人民代表大会、国务院为她所立墓碑的铭文称，"宋庆龄是爱国主义、民主主义、国际主义、共产主义的伟大战士"。这表明，宋庆龄的儿童观亦是中共儿童史不可忽略的重要组成部分。她将儿童看作"可以沟通环境、种族、宗教和政党方面的分歧"的"一座桥梁"，亦可视为中共的一种发现，中共儿童观的重要构成部分。

将儿童视为"可以沟通环境、种族、宗教和政党方面的分歧"的"一座桥梁"，不仅意味着红星应当照耀童年，而且童年 / 儿童亦可照耀人类文明，可以引领人类走向和谐、大同、大团结的未来，真正让天安门城楼上的大标语"世界人民大团结万岁"得以实现！

拉拉杂杂说这些，是我作为指导教师，与吴媛媛做思想交流、阅读她的学位论文、受其研究所影响的一点点心得体会，可视为为吴媛媛敲边鼓、壮行色。愿吴媛媛在儿童史研究等领域不断自我超越，不断做出新贡献。

2022 年 1 月于沪上

---

① 董少东. 圣地摇篮——烽火硝烟中的延安保育院［N］. 北京日报，2022-1-22（9）.

目 录

■ 绪 论

    一、选题缘由   / 3

    二、研究现状   / 5

    三、研究方法和路径   / 7

■ 第一章   中西政治合流与儿童意象重塑

    一、西方政治哲学中儿童的发现与独立   / 13

        （一）城邦的儿童   / 13

        （二）家庭的儿童   / 16

        （三）独立的儿童   / 18

    二、中国天命政治里的"父—子"秩序   / 21

        （一）传统"政""治"的词源定调   / 21

        （二）王制与帝制政治的"天命"所系   / 23

        （三）天命哲学中的"父—子"隐喻   / 25

    三、"父—子"倒置与儿童革命意象形成   / 28

        （一）清末危机以来波澜迭起的革命思潮   / 28

        （二）革命思潮雕琢出儿童革命意象   / 31

        （三）儿童公育思潮兴起与传统家庭伦理的被批判   / 36

■ 第二章   民国时期无产儿童的苦难图景

    一、农村无产儿童的走投无路   / 44

        （一）破产农民家庭儿童的童年自述   / 44

        （二）童养媳的哀愁与不幸   / 48

        （三）灾童的被卖与被弃   / 54

    二、城市无产儿童的苦谋生计   / 59

        （一）被资本盘剥的童工   / 60

        （二）竭力挣扎的苦力儿童   / 64

（三）风雨无阻的童贩　　/ 66

（四）劳无闲暇的学徒　　/ 68

（五）漂无定所的流浪儿童　　/ 71

三、无产儿童的自发抗争　　/ 74

四、阶级革命儿童观诞生与共产主义儿童运动初兴　　/ 77

■ 第三章　革命根据地的共产主义儿童运动政策

一、首次共产主义实验的先觉：苏区儿童运动政策　　/ 85

（一）从起义到长征：土地革命战争时期共产主义实验的兴衰　　/ 86

（二）苏区儿童运动政策的试误与调适　　/ 88

二、集党政期待与民族道义于一体：抗日根据地儿童运动

政策　　/ 108

（一）从对抗到合作：全民族抗战时期中共总体战略方针的筹谋　　/ 109

（二）抗日根据地儿童运动政策的转向与稳定　　/ 115

三、自卫战争与土地革命的追随：解放区儿童运动政策　　/ 126

（一）从谈判到决战：解放区扩大巩固的设计与胜利　　/ 127

（二）解放区儿童运动政策的重定与规范　　/ 132

■ 第四章　儿童团与儿童革命意志锻造

一、共产儿童团及其运作机制　　/ 145

（一）组织结构　　/ 145

（二）核心使命　　/ 147

（三）运作机制　　/ 148

二、抗日儿童团及其运作机制　　/ 154

（一）组织结构　　/ 154

（二）核心使命　　/ 158

（三）运作机制　　/ 159

三、解放区儿童团及其运作机制　　/ 165

（一）组织结构　　/ 165

（二）核心使命　　/ 167

（三）运作机制　　/ 169

■ **第五章　儿童运动与学校教育"协助运动"**

一、苏区儿童运动与学校教育"协助运动"历程的开启　/ 177

（一）宣传教育阶段　/ 177

（二）"协助运动"开启阶段　/ 181

二、抗日根据地儿童运动与学校教育"协助运动"的扩展　/ 187

（一）纵向时间　/ 188

（二）横向内容　/ 197

（三）以陕甘宁边区为模范的"协助运动"　/ 207

三、解放区儿童运动与小学教育"协助运动"的深化　/ 212

（一）发展与改造　/ 213

（二）斗争与生产　/ 216

（三）整顿与恢复　/ 221

■ **第六章　儿童团与革命实践规约**

一、革命立场的三次转变　/ 227

（一）打倒军阀建立苏维埃　/ 227

（二）痛恨"鬼子"赞英雄　/ 229

（三）"打倒老蒋"迎解放　/ 233

二、组织纪律高于世俗关系　/ 238

（一）组织纪律高于家庭伦理　/ 238

（二）组织纪律高于政治身份　/ 241

三、阶级斗争是主旋律　/ 246

（一）"打倒土豪劣绅"闹革命　/ 246

（二）"捉懒汉"促生产　/ 249

（三）"诉苦刨根"勇翻身　/ 252

四、日常生活的革命军事化　/ 258

（一）共产儿童团的日常活动与苏维埃革命运动　/ 259

（二）抗日儿童团的日常生活与抗日根据地民主运动　/ 264

（三）解放区儿童团的日常生活与解放区生产运动　/ 272

■ **第七章 儿童运动规模与乡土社会改造**

一、苏区儿童运动规模初兴 / 279

二、抗日根据地儿童运动规模扩张 / 280

三、解放区儿童运动规模发展 / 284

四、儿童运动与传统差序格局重塑 / 286

■ **结 语 对 1927—1949 年中国共产主义儿童运动的思考**

一、从儿童对共产主义儿童运动接纳的视角思考 / 291

二、从共产主义儿童运动对儿童产生影响的视角思考 / 293

三、从国共两党领导儿童运动能力的视角思考 / 296

■ **参考文献**

■ **后 记**

绪　论

一、选题缘由

我国谈及儿童"参政"的史料，最早可追溯至《庄子·杂篇·徐无鬼第二十四》。它记载了这样一则故事：黄帝一行欲到具茨山拜见大隗不得而迷途于襄城原野。正当迷失方向而不得之时，他们巧遇了一位"牧马童子"指点迷津。待问得具体方位后，黄帝因觉悟到"童子"的超凡脱俗进而"请问为天下"。童子超然玄妙的应答让黄帝心悦诚服，"稽首"且"称天师而退"。① "天师"，即合乎自然之道的老师。《庄子》在此将童子提升到"天师"的高度，当然与老庄将婴孩、童子视为自然淳朴之象征的哲理有关，问童子"为天下"的动机，无疑是为了得出"无为而治"的政治目的。几千年后，陶行知提出的"小先生制"在中国共产党的"儿童运动"中被大力推行，且备受赞誉。历史的机缘巧合不能不令人慨叹。虽然将"天师"与"小先生"联系起来实在太牵强，但足可见得儿童与政治的关系并不简单。

如果说《庄子》的"牧马童子"参政太过玄虚，那么我国古代历史上出现的众多儿童皇帝则将这种玄虚化为了事实。仅以东汉十四代皇帝为例，除光武帝和孝明帝外，其余十二位均是登基时尚在 18 岁及以下的幼帝。巧合的是，我国在秦汉奠基，历经了两千多年的专制制度也是在一个"孩子"——末代皇帝溥仪——的手里宣告结束的，并且透过这个三岁登基的"孩子"的特殊童年经历，我们几乎可以窥见当时整个中国政治格局的巨大变迁。② 除了这些站到了政治权力顶峰的儿童外，自先秦两汉开始，平常百姓家的儿童也开始活跃于政治舞台上，并扮演着或悲或喜的角色，有着或幸运或悲惨的命运。如在敬畏鬼神、喜言灾异的时代氛围中，儿童可以神秘身份参与政治祭祀，如"牲""殉"中的儿童，宫廷驱傩和求雨仪式中的儿童，《左传》《国语》及自汉代以后"荧惑说"中预言政治吉凶祸福的童谣等。

而我国近现代错综复杂、波澜壮阔的政治变革不仅没有使儿童退出政治舞台，相反，他们被越来越深地裹挟进政治的旋涡，从而呈现出一段跌宕起伏、

---

① 郭庆藩.庄子集释［M］.北京：中华书局，1961：333.

② 爱新觉罗·溥仪.我的前半生（全本）［M］.北京：群众出版社，2007.

悲荣交织的童年画卷。从清末因"庚子赔款"而派送 120 名幼童至美国起 ①，儿童与政治之间随着国运跌宕衍生出越来越交融复杂的关系，令人眼花缭乱。最突出的，是儿童在革命思潮中占据着举足轻重的地位，作为"新"的象征，他们代表着光明、未来、希望和生命力，被赋予改造腐朽传统、振兴中华的伟大使命。他们被一批又一批政治思想家、文学家和教育家簇拥着推向政治舞台的前沿，肩负起仁人志士的殷殷期待。同时，儿童在军事部署中也越来越占据相当重要的位置，从北洋政府时期开始，童子军便在中国生根发展，并在国民政府时期一度兴盛繁荣。② 当然，儿童作为一个幼龄群体，时艰世危与国破家亡也给他们带来了难以想象的苦难，诸如甲午中日战争中的"旅顺大屠杀"以及后来侵华日军的"南京大屠杀"，使无数儿童或惨遭屠杀，或在精神和肉体上留下了无法弥补的创伤。③

述及至此，乔恩·萨里（Jon L. Saari）的观点也许能在许多人内心引起强烈共鸣，即就际遇、疾病、苦痛、不幸以及出生的时间和地点这些无力控制的因素来说，每个人在诞生那刻，就像被抛进了既定的历史时空中，欲逃无路。④ 如果仅仅从消极顺服的角度来看，乔恩·萨里这种看法是有道理的。但如果从积极反思的角度来说，则未必如此。人与动物的不同就在于人有摆脱现状而追求崇高的渴望。"一个经受了充分崇高感的人，他那神态是诚恳的，有时候还是刚强可怕的。"⑤ 中国 20 世纪上半叶的历史同样证明，即使是被苦难淹没、吞噬的儿童，他们也会抱着坚定的信念，以果敢坚毅的行动，英勇无悔地投入社会革命与保家卫国的惊涛骇浪中去，"肩起黑暗的闸门"，"一面清结旧账，一面开辟新路"。1927—1949 年由中国共产党领导的共产主义儿童运动，就是这样在血

① 钱钢，胡劲草.大清留美幼童记［M］.北京：当代中国出版社，2010.

② 孙玉芹.民国时期的童子军研究［M］.北京：人民出版社，2013.

③ 关于旅顺大屠杀中的儿童可参见：关捷，等.旅顺大屠杀研究［M］.北京：社会科学文献出版社，2004.及井上晴树.旅顺大屠杀［M］.朴龙根，译.大连：大连出版社，2001.中的相关记述；关于南京大屠杀中的儿童，目前也没有专题研究，但是在研究南京大屠杀的众多著述中随处可见儿童的身影。关于抗战难童的相关研究，可参见孙艳魁.苦难的人流：抗战时期的难民［M］.桂林：广西师范大学出版社，1994.

④ Jon L.Saari.Legacies of Childhood: Growing up Chinese in a Time of Crisis, 1890-1920［M］.Cambridge，Mass.: Harvard University Press，1990: 2.

⑤ ［德］康德.论优美感和崇高感［M］.何兆武，译.北京：商务印书馆，2001: 3.

雨腥风中逆向而行的。他们与无数仁人志士一起，在国家"全面危机"的生死之途中，用其稚嫩的血肉之躯，尝尽了人世间最血腥的苦难，贡献出自己深厚而又无私的力量。这是不容否认的事实。

　　然而，在整理和查阅中国童年史的史料过程中，熊秉真不无感慨地说："中国法律、政治与经济史上与幼龄人口之交错关系，及年龄与人生阶段在此等公共领域活动中的展现，是一个材料丰富而亟待整理的园地。"① 不仅如此，政治作为维系人类秩序以及幸福生活的善业，儿童作为人类中最脆弱无助但又最保有自然本性而充满希望的群体，两者的关系理应成为最具有研究价值的领域。中国共产党是领导 20 世纪的中国成功克服"全面危机"的最终胜利者，且自创立之初，就一直注重将无产儿童引入其所领导的政治生活，并由此发动连贯而持续的儿童运动，影响极大。因此，将研究焦点集中到 1927—1949 年这段贯穿新民主主义革命始终的儿童运动史，不仅有助于我们深入了解中国共产党对儿童的一贯立场以及儿童对中国共产党的历来态度，而且还有助于我们在了解这段历史的基础上，更深刻地洞察与反思政治与儿童之应然关系。

二、研究现状

　　针对中国共产党所领导（或发起）的儿童运动，从学术上进行专门研究的成果目前仍非常稀少。并且，在这非常稀少的研究成果中，研究者的目光又都习惯于聚焦在中华人民共和国成立后，特别是"文革"期间。国外学者如马克·卢菲尔（Mark Lupher）曾从社会心理层面对"文革"期间的革命造反者——"红小鬼"进行专题研究②；阿妮达·陈则以个案访谈方式从社会心理视角研究过"红卫兵"造反行为③。国内关于"红卫兵"的研究自 20 世纪 80 年代以来一直很火热，但主要以专题论文为主，专著仍非常稀少。中国人民大学范

① 熊秉真.童年忆往[M].桂林：广西师范大学出版社，2008：13.

② Mark Lupher. Revolutionary Little Red Deviles: The Social Psychology of Rebel Youth，1966-1967，Anne Behnke Kinney. Chinese Views of Childhood [M]. Honolulu: University of Hawai'i Press，1995：321.

③ ［美］阿妮达·陈.毛主席的孩子们："红卫兵"一代的成长与经历[M].史继平，田晓菲，穆建新，译.天津：渤海湾出版公司，1988.

明强的博士论文《论"红卫兵"政治思潮》①是笔者目力所及从史学角度研究此问题最系统而深入的学位论文。此外，从文学视角研究"文革"对儿童所产生影响的博士论文有两篇，杜晓沫的博士论文《当代儿童文学的"文化大革命"十年——1966—1976"文革"儿童文学史研究》②对"文革"期间儿童文学的整体生存状态进行了系统研究；景银辉的博士论文《"文革"后中国小说中的创伤性童年书写》③则通过分析 20 世纪末苏童、莫言、余华、艾伟、王安忆、陈染等作家的创伤性童年小说，来解读童年创伤对文学创作的影响。除史学和文学领域外，教育学领域也有程天君的博士论文《"接班人"的诞生——学校中的政治仪式考察》④研究中国共产党的"接班人"学校教育模式。总体而言，这些着眼于中华人民共和国成立后的研究成果均从不同视角揭示出中国共产党与儿童之间的复杂互动关系，为我们了解中华人民共和国成立后的儿童运动情况提供了多重视野。然而，对于中华人民共和国成立前的相关历史，除马克·卢菲尔尝试过将"文革"时期"红卫兵造反"的历史原因追溯至五四运动外⑤，其他研究者的注意力都没有离开过中华人民共和国成立后。

对于中华人民共和国成立前的儿童运动，不管是党史（以及团史、青年运动史）、童年史，还是教育史，学术上的系统研究仍处于空白状态，只有零星的研究成果问世。这些零星的研究主要以三种方式存在，第一种是作为大背景下的小问题被顺带研究，如何友良的《中国苏维埃区域社会变动史》，董纯才主编的《中国革命根据地教育史》；第二种是围绕特定时期某个具体问题展开专题研究，如魏兆鹏的《中国少年儿童运动史上限的认定》⑥和《从劳动童子团向共产儿童团的转变》⑦，

---

① 范明强.论"红卫兵"政治思潮［D］.北京：中国人民大学，2000.

② 杜晓沫.当代儿童文学的"文化大革命"十年——1966—1976"文革"儿童文学史研究［D］.长春：吉林大学，2009.

③ 景银辉."文革"后中国小说中的创伤性童年书写［D］.上海：上海大学，2010.

④ 程天君."接班人"的诞生——学校中的政治仪式考察［D］.南京：南京师范大学，2007.

⑤ Mark Lupher. Revolutionary Little Red Deviles：The Social Psychology of Rebel Youth，1966-1967，Anne Behnke Kinney. Chinese Views of Childhood［M］. Honolulu：University of Hawai'i Press，1995：326.

⑥ 魏兆鹏.中国少年儿童运动史上限的认定［J］.中国青年政治学院学报，1993（3）：22—24.

⑦ 魏兆鹏.从劳动童子团向共产儿童团的转变［J］.中国青年政治学院学报，1992（3）：31—34.

林青的《二战时期福建苏区的儿童团组织》①，林子波的《闽西苏区少年儿童政治教育的基本经验》②以及徐南铁的《试论苏区儿童文学的政治色彩》③等；第三种是就某个儿童团体（主要是孩子剧团和新安旅行团）展开考证或叙事性研究，如赵凯的《郭沫若与"孩子剧团"初次见面时间考》④，廖超慧的《抗战血泊中的一朵奇花——谈谈"孩子剧团"的成长道路》⑤及郭志高的《新安旅行团与桂林儿童抗日救亡运动》⑥等，而这些儿童团体也均诞生于抗战期间。显然，对于一部厚重而生动的儿童运动史来说，这些零星的研究虽然为展开系统研究提供了"铺垫"，但这"铺垫"依然非常单薄，无法为我们勾勒出中华人民共和国成立前整个儿童运动史乃至某个革命阶段儿童运动史的模糊轮廓。大量官方原始文件、当事人回忆录、原始报刊以及汇编性材料等均从未被挖掘利用过，更不用谈进行学理上的分析了。在掌握史料之前，历史总是要比想象更丰富。不过，正是由于未曾有过关于中华人民共和国成立前儿童运动的系统研究，才为笔者闯入这片迷人的领域提供了契机。研究成果难免"漏洞百出"，但至少能勾勒出一个比较清晰的轮廓，并在此基础上得到些反思果实。这正是本研究欲达到的目的及其意义所在。

三、研究方法和路径

"史学区别于其他学科的主要特色是时间性，而其研究的对象为已逝的往昔这一点决定了史料永远是基础。"⑦ 因此，为了尽量接近历史原貌，本研究所引

---

① 林青．二战时期福建苏区的儿童团组织［J］．党史研究与教学，1992（3）：81—85．

② 林子波．闽西苏区少年儿童政治教育的基本经验［J］．党史研究与教学，1992（5）：85—88．

③ 徐南铁．试论苏区儿童文学的政治色彩［J］．赣南师范学院学报（哲学社会科学版），1987（1）：37—44．

④ 赵凯．郭沫若与"孩子剧团"初次见面时间考［J］．郭沫若学刊，2007（1）：78—80．

⑤ 廖超慧．抗战血泊中的一朵奇花——谈谈"孩子剧团"的成长道路［J］．湖北大学学报（哲学社会科学版），1986（5）：54—59．

⑥ 郭志高．新安旅行团与桂林儿童抗日救亡运动［J］．社会科学家，1987（5）：35—40．

⑦ 罗志田．见之于行事：中国近代史研究的可能走向——兼及史料、理论与表述［J］．历史研究，2002（1）：22—40．

证的材料绝大部分为原始资料。具体包括：

（1）官方已公开可查的政策决议类史料卷册。主要是《中共中央文件选集》（1—18），《中国青年运动历史资料》（1—19），《中共中央青年运动文件选编》，及部分《中共党史参考资料》。

（2）各时期中共中央机关报刊。分别为中国共产党上海发起组机关刊物《共产党》（1920年创刊），中共中央委员会机关报《红旗日报》（1930年创刊），中华苏维埃共和国临时中央政府机关报《红色中华》（1931年创刊），中共苏区中央局机关报《斗争》（1933年创刊），中共中央北方局机关报《新华日报》（华北版，1939年山西创刊），中共中央北方局、中共晋察冀中央局机关报《晋察冀日报》（1937年创刊，1940年11月以前称《抗敌报》）等。

（3）儿童运动专题类或综合类，及各苏区、根据地和解放区的地方性资料汇编。专题类如《川陕苏区童子团》和《苏北少年儿童抗日运动》，综合类如《晋冀豫边区群众运动资料选编》（上下册）和《山东革命历史档案资料选编》等。此外，还包括各类零散但已公开发表的当事人回忆性文章和口述文章以及自传等。

另外，为了克服"真伪难辨"的史料选择问题，本研究的总体构思是，首先，以官方已公开可查的权威政策决议为基石，综合当时地方执行部门报告材料及中央级机关报刊的相应报道为印证，以上呼下应的方式勾勒出各革命时期领导层面的儿童运动全貌；其次，在此基础上综合当事人回忆性材料（包括回忆类文章、自传、口述等）、各地资料汇编以及当时中央级机关报刊的相关报道，呈现当年参与儿童运动的儿童群体对这一"自上而下"式政治活动的反应，以进一步描绘出儿童运动中党团与儿童之间的互动状态。

当然，儿童运动并非"无源之水"。本研究试图先从哲学史和思想史上厘清儿童地位变迁及儿童革命意象形成的过程，来论证儿童运动也是在"全面危机"的时代背景中，应革命潮流而生的产物之一，带有鲜明的时代印记。最后，本研究着力于从三重视角对整个儿童运动史予以回顾总结，并提出儿童运动其实是政治与儿童双向选择的结果，儿童团就是一所改造现实的学校。

革命不是请客吃饭，不是做文章，不是绘画绣花，不能那样雅致，那样从容不迫，文质彬彬，那样温良恭俭让。革命是暴动，是一个阶级推翻一个阶级的暴烈的行动。农村革命是农民阶级推翻封建地主阶级的权力的革命。农民若不用极大的力量，决不能推翻几千年根深蒂固的地主权力。农村中须

（图片来源：李伯钦 . 中国传世摄影［M］. 长春：吉林摄影出版社，2003. 徐肖冰摄）

有一个大的革命热潮，才能鼓动成千成万的群众，形成一个大的力量。

——毛泽东 [1]

　　我们共产主义的儿童运动之最基本的原则是"阶级地"观看儿童，是把儿童动员到阶级斗争的战线上来。因此我们的儿童运动是整个革命运动的一部。目前，客观的条件已经不可避免地把成千成万的儿童推到斗争的沙场上来了。我们主观的加以组织，加以领导，使之扩大深入发展，将成为不容一刻缓视的急务了。共产主义儿童运动的扩大是保障革命胜利的条件之一。

——徐　白 [2]

[1] 毛泽东 . 毛泽东选集（一）· 湖南农民运动考察报告［M］. 北京：人民出版社，1969：17.

[2] 中国共产主义青年团中央委员会办公厅 . 中国青年运动历史资料（7）［G］. 中国共产主义青年团中央委员会办公厅，1959：476.

第一章
中西政治合流与儿童意象重塑

中西方有着不同的政治思想源流。粗略地说，中国的传统政治尊崇"天命"下的专制，而西方的政治则一直追求正义下的自由，两者分道而行，各得其乐。只是到近代，中国的国门被外来殖民者以武力叩开后，"天命"逐步衰微，专制也随之土崩瓦解。随着西方君主立宪、自由主义、马克思主义先后进入国人视野，我国近百年间形成了三次政治意识大觉醒，即 19 世纪末 20 世纪初的"民族—国家"意识觉醒，"五四"时期的"人—个体"意识觉醒以及 20 世纪 20—30 年代的"阶级—国家"意识觉醒。① 由于"所有一切问题的根子都出在政治上。不论从什么角度看，没有哪一个国家的人民不是他们的政府的性质使他们成为什么样的人，他们就成为什么样的人的"②，中西方不同的政治思想传统以及不同的政治制度形态，造就了不同类型的国民。特别重要的是，儿童作为一个幼龄群体，童年作为人生之初始，其未来指向性便不得不使儿童成为中西方政治哲学家某种政治意图的原初"载体"。并且，通观中西方政治思想史，我们还会发现，当两条平行流淌的思想河流在某个时机交融汇聚时，作为政治意图载体的儿童，其意象也会随之被重新塑造。

一、西方政治哲学中儿童的发现与独立

西方政治哲学总体来说经历了一个"跳跃式"的发展过程，即从专注于"整体"的古典自然正确论，到沉浸于"救赎"的基督教神义论，再到推崇"权利"的近现代自然权利论。政治哲学这种从"目的"倒向"开端"的发展转变，使得儿童在其中的地位也发生了重大改变。从柏拉图到卢梭，体现的是从城邦的儿童、家庭的儿童到独立的儿童的转变。正是在此转变过程中，儿童逐步被"发现"了。

（一）城邦的儿童

柏拉图的"理想国"是一座言辞里的城邦，"在其中，每一人和每一件事情

---

① 陈映芳."青年"与中国的社会变迁［M］.北京：社会科学文献出版社，2007：88—89.

② ［法］卢梭.忏悔录（下卷）［M］.李平沤，译.北京：商务印书馆，2010：526.

都依据自然和理性而被安置得井井有条，再没有自由选择的余地"①。儿童当然也是如此。在《理想国》的"兵营式城邦"里，为保证武士阶层的美德教育得以顺利推行，苏格拉底认为必须用一种正确的制度加以保证，即"有赖于绝对的共产主义或彻底废除隐私"②，并由此引出了取消家庭而实现妇女和儿童的共产主义论题。到第五卷，苏格拉底承认妇女和儿童的共产主义是值得向往的，"因为它将使这样的城邦比由各个家庭组成的城邦更加'统一'，因而也更加完善：这样的城邦应尽可能类似于一单个的人或单个的生命体，即类似于自然的存在"③。但是废除家庭以及实行儿童公养共育并不意味着毫无"章法"。为了保证后代的优良，在生育年限、儿童的合法性、婚姻配对及其伦理等方面，都要有相应的严厉法则。然而，在进一步论述中，我们不禁会发现，"依据自然而建立的这一城邦，其生活的一个最重要的方面更加依赖法规而不是自然"。也"正是由于这个原因，我们失望地看到，虽然苏格拉底提出了妇女和儿童的共产主义是否可能的问题，但他马上又放弃了"④。

"理念"论的提出给出了苏格拉底放弃回答"好城邦是否可能"这一问题的原因。在苏格拉底看来，作为理念的正义与作为人类灵魂或城邦的正义是不同的，理念的正义是所有一切正义的"范型"，它意味着"正义的人和正义的城邦都不会是完全正义的，但确实将特别密切地近似于正义本身。只有正义本身是完全正义的。这就是说，甚至正义城邦特有的制度（彻底的共产主义、两性平等及哲学家统治）也不完全是正义的"⑤。更准确地说，"正义的城邦仅存于'谈话'中……作为样板的正义城邦也不能变为现实，因为它只是一个蓝图；只能指望实际的城邦接近于这个蓝图"⑥。

然而，这一关于正义的城邦作为蓝图不可能实现的主张同样也是临时性的，它只是为后一种主张做准备：正义城邦如要实现，除非政治与哲学融合，而这无疑需要双方都做出"妥协"——"城邦不再不愿由哲学家来统治，而哲学家

---

① 萌萌.启示与理性——哲学问题：回归或转向［M］.北京：中国社会科学出版社，2001：36.

② ［美］列奥·施特劳斯，约瑟夫·克罗波西.政治哲学史［M］.李天然，等，译.石家庄：河北人民出版社，1993：42.

③ 同上，第49页。

④ 同上，第49—50页。

⑤ 同上，第50页。

⑥ 同上，第53页。

也不再不愿统治城邦"。① 但是，由于非哲学家穴居于"洞穴"之中而不自知，哲学家也"无暇俯身一顾人间事物"，因此，"正义的城邦是不可能的，因为哲学家不愿去统治"。②

亚里士多德走出柏拉图"言辞里的城邦"而给予正义更为现实的关照。只是与柏拉图"着力寻求国家与个人灵魂之间的结构性类比"不同，"亚里士多德式"政治概念模式则注重城邦的历史性——社会性起源，即家庭。③ 因此，在亚里士多德的《政治学》中，人、家庭与城邦是一种良性互动的关系。但三者依然构成一种"等级链条"，即人、家庭不能脱离城邦而存在，他们"只是为了成就城邦的至善的手段和附属品"。④

在亚里士多德看来，城邦既是儿童的"保护伞"，如为了保证城邦婴幼儿有健康的体格，他认为应预先注意婚姻制度，即对配偶双方的年龄、品质以及孕妇的要求等都需有严格规定。⑤ 城邦又是儿童生命的"仲裁者"，如亚里士多德认为应对新生儿订立法规，一方面禁止哺养畸形与残疾的婴儿；另一方面对限制增殖的城邦，又该有相反的法规，即禁止各家为减少人口而抛弃婴儿致其死亡。并规定各家繁殖的子嗣超过一定限度的，应在胚胎尚无感觉和生命之前进行堕胎。⑥ 可见，亚里士多德的城邦拥有对儿童的严密监督和控制权，儿童从出生前到出生后，从生到死都在严密的控制之中。只是与苏格拉底撤销家庭而将儿童彻底归公的"言辞"相反，亚里士多德要求家庭也要承担一定的教养儿童的责任。总体来说，亚里士多德将儿童的教育分为 7 足岁以下的家庭教育阶段和 7—21 岁的集体教育阶段。但不管是对家庭教育阶段还是对集体教育阶段，城邦的立法者都应有相应的规范和约束，并实施"教育监导"。

亚里士多德处于"城邦的儿童"之窠臼中的表述，在其儿童教育思想中游

---

① ［美］列奥·施特劳斯，约瑟夫·克罗波西.政治哲学史［M］.李天然，等，译.石家庄：河北人民出版社，1993：54.

② 同上，第 55 页。

③ 林国基.神义论语境中的社会契约论传统［M］.上海：上海三联书店，华东师范大学出版社，2005.

④ 同上。

⑤ ［古希腊］亚里士多德.政治学［M］.吴寿彭，译.北京：商务印书馆，2010：402—406.

⑥ 同上，第 406 页。

移的立场里可见一斑。如一方面，他认为从婴孩期到 5 岁止，为避免对儿童身心发育有所妨碍，不可教他们任何功课或从事任何强迫的劳作，这时期应以身体养护为主，儿童所进行的活动应安排成游戏或其他娱乐方式。① 另一方面，他又认为为儿童所选择的教育内容"都须为儿童日后应该努力的事业和任务预先着想；即使一些游戏也得妥为布置，使他们大部分的活动实际成为自由人各种事业和任务的模仿"②。

而对于少年的教育（即 7—21 岁），由于其潜在的重大政治意义，亚里士多德认为这是"立法家最应关心的事业"。因为，其一，一个城邦应常常教导公民以使之能适应本邦的政治体系（及其生活方式）。少年作为一个城邦未来的公民，也必须先行训练和适应，而后才能从事公民所应实践的善业，这是维护城邦政制的需要。其二，城邦就所有公民而言，共同趋向于一个目的，任何公民不可私有其自身而应为城邦所共有，那么全体公民显然也应该遵循同一个教育体系，要将教育作为公共事务，安排集体的措施。③

可见，古典政治哲学着眼于"整全""理性"和"终极状态"的视野，使得他们对于儿童这一"开端性"群体更为注重其未来公民的身份及其对于维护城邦优良秩序的期待。而这无疑是他们谋求最优良的个人目的与最优良的政体目的合而为一的终极追求所需要的。

（二）家庭的儿童

与古典政治哲学形成分野与对照的社会契约学说将"整全""理性"和"终极状态"的视野转向了"个人""情感"和"自然状态"，从而使得人类迎来了一个自我"神化"的时代：每个人都应该"为了他们的权利而战，而不是履行他们的义务"。④ 洛克延续了霍布斯所开辟的"崭新的政治学说"路径，并在此基础上提出了他富有创见和特色的观点，特别是他将儿童归于家庭的观点。

在《政府论（下）》的第五章中，洛克提出了他政治哲学中最核心和最富特色的部分，即财产学说。"这使得他的政治学说不仅与霍布斯的，而且与传

---

① ［古希腊］亚里士多德.政治学［M］.吴寿彭，译.北京：商务印书馆，2010：408.
② 同上，第 409 页。
③ 同上，第 413 页。
④ ［美］列奥·施特劳斯.自然权利与历史［M］.彭刚，译.北京：生活·读书·新知三联书店，2011：186—187.

统的学说最鲜明不过地区分开来。"① 洛克认为，财产权这一自然权利，是由每个人的自我保全这一根本权利推演而来的。因为，"如果说每个人都有保全自己的自然权利的话，他必然就具有对于为他的自我保全所必需的一切东西的权利"②。并且，在人的财产中，除了土地、动物和果实等为一切人所共有外，每个人对他自身和自身行动也享有唯一的所有权。③ 洛克的财产说由此将个人、自我转变为道德世界的中心和源泉，这不仅将霍布斯的政治哲学推向了更"先进"的阶段，而且也为其重新抒写父权论扩展了视野。

在论述完财产后，洛克接下来展开了对父权的讨论。洛克认为，父权也是一种非常重要的自然权力。这种权力在调节父辈与子辈之间的关系上具有决定性作用。只是与罗伯特·费尔默认为父亲对自己的孩子拥有从生到死的永久、绝对的掌控权这种父权不同，洛克的父权则是一种父母在儿女未成熟独立之前，为儿女的幸福和利益而照管儿女的权力，"以补救他们在管理他们的财产方面的无能和无知"④，它显然不能是一种支配儿女生命和财产的绝对的、专断的权力，因为生命和财产已如洛克论述过的一样，是一种自然权利而不可侵犯。并且，父权等到儿童长大成人并享有公民权时便应丧失效力，成年的儿女应转而受政治权力约束。

由此可见，洛克的父权一方面脱离了传统父权的绝对控制性而强调其义务性和保护性；另一方面，又将其与政治权力区分开来，因为这两种权力是"建立在不同的基础上而又各有不同的目标的"⑤。如果仅以年龄为限，洛克的父权其实就是一种前政治权力。

洛克将政治权力与父权分离开来的思想无疑具有深远影响。因为，它不仅意味着将人生划分为非政治状态（即童年期）和政治状态（即成人期）两个阶段，意味着将父母的教育义务与掌握孩子生死的权力区分开来，而且还意味着国家或政府教育权的弱化。与之相反，"对柏拉图和亚里士多德来讲，政府在本质上具有教育性。霍布斯也认为教育民众是统治者的责任，统治者通过任命教

---

① ［美］列奥·施特劳斯.自然权利与历史［M］.彭刚，译.北京：生活·读书·新知三联书店，2011：239.
② 同上，第240页。
③ ［英］洛克.政府论（下）［M］.叶启芳，瞿菊农，译.北京：商务印书馆，2011：28.
④ 同上，第110页。
⑤ 同上，第44页。

师、评估教师所教内容来履行责任"①。

同样值得注意的是，虽然洛克将儿童从国家的强力管控下"解放"出来，从而将其全权"归还"给家庭，并进而区分了父权与政治权力之间的差别（这对于后世发现儿童在人生、国家中的地位以及拉大并保持儿童与政治之间的距离，无疑具有先导意义），但与其先辈一样，他依然认为自由和平等须建立在年龄与理性的基础上。这当然不仅与他的父权论以及对理性的崇慕有关，而且还是他的经验主义认识论及其在家庭教育中应用的需要。也正是洛克对儿童自由与儿童平等问题的"保留"看法，才为后继的卢梭补充发展洛克的理论并将其推向极致，从而实现其"发现儿童"的壮举提供了"舞台"。

（三）独立的儿童

在马基雅维里、霍布斯和洛克等掀起了全面拒斥西方古典思想传统的浪潮后，卢梭继而将这一"浪潮"推向了新的高度。与霍布斯、洛克和百科全书派相比，他丢弃了更多古典思想中的重要因素。在批判地吸收霍布斯自然权利学说的基础上，卢梭又将其学说推向了更加"自然"的地步，如霍布斯虽通过理性解放了非理性，而卢梭则更激进地将非理性置于理性之上。② 如在萨瓦牧师的信仰自白中，卢梭直言，只有凭借良知或者"内心的光明"，人类才能引领自身从迷茫、悲观、罪恶和偏见中解脱。

对非理性或自然情感的高扬，以及对自古以来理性对非理性的统驭性地位的摧毁，是卢梭发现儿童这一非理性群体在人类社会或政治生活中重要性的前提。继洛克在《政府论（下）》中开始关注儿童后，卢梭在《爱弥儿》和《社会契约论》中更是极力为儿童的自由辩护，从而打破了自由必须建立在理性之基础上而专属于成人的论断。

萨瓦牧师的《信仰自白》意在指引人类实现信仰的转向。它不仅要使人们从一个充满傲慢与偏见的知识界中抽身出来，从一个被神学家所搅乱的"招摇撞骗"式的、充盈着狭隘的教义与僵化的仪式的宗教界中解放出来，而且还要从一切既有的包括父亲、牧师在内的任何权威中脱离出来。通过将这所有"一

---

① ［英］Randall Curren. 教育哲学指南［M］. 彭正梅，等，译. 上海：华东师范大学出版社，2011：106.

② ［美］列奥·施特劳斯. 自然权利与历史［M］. 彭刚，译. 北京：生活·读书·新知三联书店，2011：257.

切东西付诸良心和理智的检验"，以实现人自身的最高的自由状态，即道德自由。然而，当卢梭从历史的角度去研究伦理学时，他发现，仅有人的道德自由是无法实现人类社会的自然和谐的，因为"所有一切问题的根子都出在政治上。不论从什么角度看，没有哪一个国家的人民不是他们的政府的性质使他们成为什么样的人，他们就成为什么样的人的"。正是这一发现，使得卢梭又将视角从关注个人道德转向研究"什么性质的政府才能培养出最有道德、最贤明和心胸最豁达的人民"这一问题上。也正是当卢梭最终认识到政治制度具有"改造"人的决定性作用时，他一边在《爱弥儿》中指引"爱弥儿"逐步从自然自由走向社会自由，并最终达到道德自由；一边在《社会契约论》中为保障人的社会自由和道德自由构建蓝图。而联结他教育与政治理想的主体无疑就是自然人——一种不是我们最早的野蛮远祖，而是最后的人。①

卢梭高抬儿童，是因为他在儿童身上寄予了深厚的政治期待。相对于已然堕落的成人来说，儿童，这一自然之子，成为其教育与政治理想构图中的源点。与《理想国》里苏格拉底最后所修正的"一旦哲学家成为统治者，好城邦实现的条件就是由他们来把所有 10 岁以上的人驱逐出城邦，即把儿童与其父母及其父母的生活方式完全隔离开，以在好城邦全新的生活方式中来培养他们"②的绝然理想方式相比，卢梭选择了一条更温和也更具操作性的道路，即从小开始精心地培养"爱弥儿"。正是发现了童年的独特性以及儿童的政治价值，卢梭无论是在《爱弥儿》中，还是在《社会契约论》里，"既反对将孩童当作成人，也反对将成人当作孩童"③。

总而言之，在继承洛克将政治权力与父权分离开来，并将人生划分为非政治状态（即童年期）和政治状态（即成人期）两个阶段的思想的基础上，卢梭更进一步地发展了这一思想。首先，卢梭进一步肯定了儿童在人类中的地位以及童年在人生中的地位。与洛克将自由和平等建立在理性与年龄基础上的观念不同，卢梭坚决肯定："孩子们生来就是人，并且是自由的；他们的自由属于他们自己，除了他们自己而外，任何别人都无权加以处置。"只是"孩子在达到有理智的年龄以前，父亲可以为了他们的生存，为了他们的幸福，以孩子的名义

---

① ［德］恩斯特·卡西勒.卢梭问题［M］.王春华，译.南京：译林出版社，2009：17.

② ［美］列奥·施特劳斯，约瑟夫·克罗波西.政治哲学史［M］.李天然，等，译.石家庄：河北人民出版社，1993：56.

③ ［德］恩斯特·卡西勒.卢梭问题［M］.王春华，译.南京：译林出版社，2009：17.

订立某些条件"①。

其次，与洛克的绅士教育这种立基于社会秩序的教育不同，卢梭提倡一种立基于自然秩序的教育。立基于社会秩序的教育是一种为取得命定的、特定的社会地位而进行的教育，它所执行的是一种社会分层和社会地位再生产的功能，因而，它所带来的结果必然是维护与制造人与人之间的不平等；而立基于自然秩序的教育，则是一种成为人的、在生活中进行的教育，它承认人在社会与道德上地位平等，教育的功能也就在于促进这种平等，即通过帮助每个人都获得与自己相称的品格而学会去生活。②

最后，洛克虽然将人生划分为非政治状态（即童年期）和政治状态（即成人期）两个阶段，但他的非政治状态的童年期仍然处于父权的统御之下。卢梭虽然也将儿童的教养权划归家庭，但他的父母亲权对于儿童来说更带有消极的保护意味。《爱弥儿》一开卷，卢梭便阐明："趁早给你的孩子的灵魂周围筑起一道围墙，别人可以画出这道围墙的范围，但是你应该给它安上栅栏。"③ 也就是说，成人要尽早保护儿童不受偏见、权威、需要、先例以及社会制度等带来的束缚，当孩子还是孩子时，要让他们与政治社会保持适当的距离，因为这些束缚会将天性扼杀。

人的成长需要历经多次蜕变。卢梭认为从儿童到公民之间有一段漫长的道路要走，这不仅是由于人天性中的自爱心发展转变为怜悯心需要有一个历程，而且也由于理智的觉醒与成熟需要等待。教育不仅不能缩短这个历程和等待的时间，更不能改造人的天性。因此，在卢梭看来，这段发展转变之前的时期和理性休眠的时期，就是生命免受非自然强加我们束缚的时期，我们要让孩子享受这种"天赋的自由"，因为这种自由至少可以使他们在这一个时期中不会沾染我们"在奴隶生活中沾染的恶习"。④

无疑地，人性的善与否，道德的崇高与否，直接影响到"公意"的质量。因为，"使意志得以公意化的与其说是投票的数目，倒不如说是把人们结合在一起的共同利益；因为在这一制度中，每个人都必然地要服从他所加之于别人的条件"。可见，"公意"作为人民共同体的普遍的、公共的意志，它有赖于每一

---

① ［法］卢梭.社会契约论［M］.何兆武，译.北京：商务印书馆，2010：12.
② ［法］卢梭.爱弥儿（上卷）［M］.李平沤，译.北京：商务印书馆，2008：13.
③ 同上，第 6 页。
④ 同上，第 88 页。

个公民的道德水平。如果每一个公民都达到了道德自由的境界，那么，"公意"所代表的无疑就是全体最大幸福，即自由和平等。也正是在这个意义上，个人与共同体融为了一体。并且，由于"法律只考虑臣民的共同体以及抽象的行为，而不考虑个别的人以及个别的行为。……法律乃是公意的行为"①，法律所保障的必然既包括共同体的幸福，也包括个体的幸福。据此，我们可以解释，为什么卢梭认为在法律的种类中，除根本法、民法和刑法外，还有刻在公民内心的"第四种法律"，即"风尚、习俗，而尤其是舆论"，且他缘何将这"第四种法律"置于至高无上的地位。无疑地，这刻在公民内心的"第四种法律"不仅与萨瓦牧师的"良心"有着必然的联系，而且还隐含着他培养"爱弥儿"的真实意图。

二、中国天命政治里的"父—子"秩序

"政""治"和"政治"词源上的偏"治"源流，孕载着中国天命政治哲学绵长而强盛的生命力。以"天命"为依托，王权和君权得以掌控牢不可破的合法依据，并推演出一套完善的"父—子"权力秩序，制造出专制权力体系内的"差序格局"。此种以"孝"为核心的"父—子"式政治权力格局，既框定出位分尊卑，又突破了自然年龄界限，自然的儿童与政治的儿童由此骤然分明。除非通过"少称帝"或"少为郎"跻身"父"位，儿童在这种政治权力格局中，无疑总是居于"子"之末位。

（一）传统"政""治"的词源定调

在我国传统政治思想中，政治由"政"和"治"组成。关于"政"，其金文形式为政，《说文解字》注：政，即"正也。从攴从正，正亦声。之盛切"②。可见，"政"是一个会意兼形声字。"攴"，即敲击（与我国"教"从攴一样，含有"体罚"的意思），意指统治者靠一定的惩罚或暴力来推行其治理。"正"，本义为不偏斜，平正。所以概而论之，"政"字有统治者通过一定的惩罚或暴力来推行其治理，以使人或事不走入"斜道"之意。

① ［法］卢梭.社会契约论［M］.何兆武，译.北京：商务印书馆，2010：46—47.
② 许慎.说文解字［M］.北京：中华书局，1963：67.

关于"治",《说文解字》曰:"水。出东莱曲城阳丘山,南入海。从水台声。"①据此,"治"乃形声字,本义为某(河或江)水的名称。除在古代常引申为治水、整治、修治之意外,还常延伸用来表示治理、管理、统治,如《孟子·滕文公上》曰:"或劳心,或劳力。劳心者治人,劳力者治于人。治于人者食人,治人者食于人。"②《吕氏春秋·察今》言:"治国无法则乱。"③《后汉书·张衡传》载:"衡下车,治威严,整法度。"④可见,与"政"字含有使之从正的意思不同,"治"字只是一个中性词,不带有善恶偏向。

当"政"与"治"联合使用时,可表示三个方面的意思,首先指政事清明,如《尚书·毕命》谓:"道洽政治,泽润生命。"⑤其次指政事的治理,如《宋书·沈攸之传》道:"至荆州,政治如在夏口,营造舟甲,常如敌至。"⑥最后指治理国家所施行的各项措施,如《汉书·京房传》曰:"显告房与张博通谋,诽谤政治,归恶天子,诖误诸侯王。"⑦

由此观之,仅从字源和词源上来看,我国的"政治"概念在不同的语境中用法不一(在词性上就分别有动词、形容词、名词),囊括了上至国事下至地方事务的意义,还兼指通常意义上的行政管理,或专指特定的军事修备,不一而足。但无论其如何复杂变化,"政""治"和"政治",在我国传统语境中,其实都指称的是"治"的含义,均可指统治者运用一定的方式(含有暴力)对"天下"进行合理治理,以期实现国运兴盛、社会井然有序。在西方的政治观念里,政治其实也包括"政"和"治",只是与中国的"政""治"不同,其"政"指称的是政制,"治"则对应的是治权,并且政制在西方政治哲学中一直与治权一起,是政治认识和反思的关键。因此,用西方的政治观看来,我国的政治显然偏重于求"治"之道而轻"政"之思,用牟宗三先生的话来说,便是"中国在以前于治道,已进至最高的自觉境界,而政道则始终无进展"⑧。

简而释之,在我国的政治语境中,"政"是被前定为王制或帝制而系于一

① 许慎.说文解字 [M].北京:中华书局,1963:227.

② 杨伯峻.孟子译注 [M].北京:中华书局,1960:124.

③ 吕不韦,陈奇猷.吕氏春秋新校释 [M].上海:上海古籍出版社,2002:945.

④ 范晔.后汉书 [M].北京:中华书局,2007:566.

⑤ 孔颖达.尚书正义(十三经注疏本)[M].北京:中华书局,1980:245.

⑥ 沈约,等.宋书 [M].北京:中华书局,1974:1931.

⑦ 班固.汉书 [M].北京:中华书局,1962:3167.

⑧ 牟宗三.政道与治道 [M].桂林:广西师范大学出版社,2006:1.

家的，它没有像"治"那样被深入探索或思考过诸种合理方式，因此历史上的政治变迁也都仅限于人事的变更，而非政制秩序的更迭。① 确实，我国古代的政治形态，夏商周均推行以氏族部落统治为基础的封建贵族政治制度，王居中心；而从秦汉至明清，则以皇帝为中心，实行中央集权式专制政治。以王、皇帝为中心的政权形式可谓是历来的"传统"，这正如孔子所言"天无二日，民无二王"。虽然儒家有孟子倡导"贵民"，但终离不开贤明之"君"。更何况，自秦汉以后，集权政制就像是一个既定的前提和固有的模型，从来没有受到过质疑，更没有被彻底颠覆过。

然而，任何一种政治制度都必须凭恃某种哲学为之辩说，任何一种政治制度也必然承载着某种哲学支撑其运作。在"政""治"词源上的这种王制或帝制先定性释解背后，同样也承载并孕化着与之相应的哲学义理，以不断为其存在提供合法依据。

（二）王制与帝制政治的"天命"所系

在我国政治语境中，"天命"是王权和君权政治的最终合法依据。在商人看来，王是通过垄断沟通天—人联系的权力而成为天人之间唯一的中介和代理者的。殷商时期所信仰的超自然宇宙之神为"帝"，它掌管宇宙间包括神灵、人类、自然力，及与商相对而存的异族政体等所拥有的全部力量，并用这些力量来左右和决定商的吉凶与利益。② 与商人的"帝"相当，周人则崇"天"（周称其王为"天子"，其统治区域为"天下"）。当公元前 11 世纪，武王伐纣一举成功后，周建制之初所面临的最大问题，就是如何为其改朝换代之举寻找合法性依据。为了赢得殷遗民的信任，一方面，周没有抛弃商的传统，他们继承了商的大多数宗教观念和礼仪习俗，包括祭祀祖先和"帝"的概念，并将商人的"帝"与周人自己的"天"融合起来③；另一方面还强调周王的"德"，将"德"视为统治者随时间积聚的"力量"或"潜能"，从而使周克商成为一件顺应"天命"的事。

然而，周能克商，却克不了改朝换代的周期。从公元前 771 年周王室衰落东迁开始，漫长的春秋战国混战的形势逐步耗散掉周王所依凭的"天命"。最

① 金耀基. 从传统到现代［M］. 北京：法律出版社，2010：23.

② 王爱和. 中国古代宇宙观与政治文化［M］. 上海：上海古籍出版社，2011：51.

③ 同上，第 79 页。

后，王垄断的"祭祖通神"权力被分散下移，它被包括巫师、方士、术士、占卜等宗教专职人员、文臣武将以及文化精英所分享，从而使天与人之间建立起直接关联，否定了王与天帝神祇沟通的专断权。①

当"天命"走下神圣而神秘的顶峰，而下降至学理讨论中时，则得出了深浅不等、褒贬不一的看法。孔子虽穷其毕生才学以求"复周礼"，但仅将"天命"限于个人之穷达，如"天生德于予""五十而知天命"；孟子则继承商周之法，公然用其解释政权之变动，如"夫天未欲平治天下也。如欲平治天下，当今之世，舍我其谁也"。又《孟子·万章上》载："万章曰：'尧以天下与舜，有诸？'孟子曰：'否。天子不能以天下与人。''然则舜有天下也，孰与之？'曰：'天与之'。"② 可见，孔孟均在理论上将天命阐释为统驭万物的最高主宰。墨子也尤为崇尚"天"，认为判断一切是非曲直的标准不在"君师父母"，而在于"天之行广而无私，其施厚而不德，其明久而不衰，故圣王法之"。③ 所以，人应绝对服从于"天"，即使是"天子"，也莫能例外。④ 然而，值得注意的是，孟子尊"天命"但贵民："天视自我民视，天听自我民听。"纳"天与"于"人归"，可谓得民心者得天命。而墨子的立论则与孟子相反，系"人归"于"天与"，是纯粹之天权（或神权）论，与民权毫不相涉。及至荀子，则以其朴素的唯物论试图打破天命与人事、万物之间的牵连，着力辩称天命灾异鬼神与政治人事无关。⑤ 在他看来："天行有常，不为尧存，不为桀亡。"故曰："明于天人之分，可谓至人矣。"又曰："唯圣人为求不知天。"⑥ 既然天人有分，那么灾异人怨就不足为惧了。然而，荀子这种非命无神的政治观虽然先后有王充"订鬼"、桓谭"非谶"的支持，但董仲舒"天人合一"论的提出，又将其淹没于无声之中。

秦灭六国是我国政治史上的空前巨变，它不仅结束了战国分裂混战的局面，将天下统于一尊，将我国政体由贵族封建制引入君主专制轨道，而且凭借其"以法为教，以吏为师"的崇法思想结束了百家争鸣的繁盛局面。法家不言"天命"，而仅以"势位"定君尊。且其倡导推崇法术的观念，在先秦时期就已经颇

---

① 王爱和.中国古代宇宙观与政治文化［M］.上海：上海古籍出版社，2011：98—99.

② 杨伯峻.孟子译注［M］.北京：中华书局，1960：219.

③ 孙诒让.墨子间诂［M］.北京：中华书局，2001：22.

④ 萧公权.中国政治思想史［M］.北京：商务印书馆，2011：142—143.

⑤ 同上，第122页。

⑥ 同上，第122—123页。

为盛行。至秦建立，它仍一面"抬高"秦始皇的专制君威，一面主张将严刑苛法推及亲贵臣民，结果专制苛政之下的秦仅二世而亡。汉承秦制，但地方诸侯王势力对中央的威胁，自汉初到武帝从未消弭。董仲舒作为中央朝廷中重要的儒臣，当然认为收服地方王权而将之集中归于皇帝是巩固汉室的必要之举。只是与法家和秦始皇将政治视为维持秩序与君威的工具不同，董仲舒在融合儒墨天命观念，吸收"五行学说"和陆贾"灾异说"，并发展贾谊"家国一体论"的基础上，用"天人合一"的理论重新恢复了天命对皇权的约束，及其对政治的德化功能，从而建立起"以民随君，以君随天"的纲常政治等级秩序理论。

继董仲舒之后，皇权的天命之所系，又特别被王莽的"新政"和班彪的《王命论》所强化，从而使其在汉代就成功打下了后世皇权合法化的深厚哲学根基，"中国历朝历代的皇帝从此以后就能坚持说，他们的权威来自上天无形的神明"①。直到清代康熙帝时，他也称"朕为上天之子，朕所仰赖者惟天"，"朕奉天命，统御万方"。②可见，天命既是君王合法统治的根底，又是君王权力的约束，"奉天承运"便蕴含着这种合与约之关系的逻辑。

（三）天命哲学中的"父—子"隐喻

一般而言，父子关系常被研究者分为血缘关系、家庭关系和社会关系三个层面，而以孔子为代表的先秦儒家则只在意父子之间的家庭关系，漠视父子之间的社会关系和血缘关系，所以有"父子互隐"和"父子不责善"之"本心"说。③然而，"三代衰，孔氏之学又泯灭而无传，基于君臣父子兄弟之间，失其本心者多矣"④，特别是随着天命逐渐成为皇权政治的哲学依据，以董仲舒为代表的儒家学者便使父子开始逐渐超出家庭关系的伦理界限，逐渐演变为一套统治（或权力）关系。

具体而言，天命之下的政治隐含着三重"父—子"关系。其一，为天与天子。天命观认为天是宇宙中的最高主宰，掌握着天、地、人之间的所有事物，是"道之大原"。而天子，即天之子，他受命于天，奉天之命执行天的道德意

---

① ［英］崔瑞德（Twitchett，Denis），［美］费正清，［英］鲁惟一（Loewe，Michael）．剑桥中国秦汉史［M］．杨品泉，等，译．北京：中国社会科学出版社，1992：122.

② 宋德宣．简论康熙天人感应中的民本思想［J］．云南社会科学，1986（6）：79—81.

③ 陈坚．"父父子子"——论儒家的纯粹父子关系［J］．山东大学学报（哲学社会科学版），2010（1）：129—134.

④ 陈亮．陈亮集［M］．北京：中华书局，1974：148.

志，以维护人间的社会政治秩序，即"上承天之所为，而下以正其所为"；"故号为天子者宜视天如父，事天以孝道也"。《白虎通义·爵》也开宗明义地指出："天子者，爵称也。爵所以称天子何？王者父天母地，为天之子也。"他"受之于天，不受之于人"①，所以，天子对待天，就应该像对待父亲一样，行孝道。"是故天子每至岁首，必先郊祭以享天，乃敢为地行子礼也。"② 正是天与君之间存在着此种神秘的"父—子"关系，才赋予了君在人间及"四海"至高无上的地位，并在此基础上引申出"父—子"关系的第二重隐喻。

其二，为天子与其子民、臣民。天子又被称为君父，如唐朝元稹《赠田弘正父庭玠等》记："朕以眇身，钦承大宝，为亿兆人之君父，奉十一圣之宗祧。"君既为父，那么爱护人民就因之相应地为"子民"，如《礼记·表记》曰："君天下，生无私，死不厚其子。子民如父母。"孔颖达疏："子谓子爱，于民如父母爱子也。"③ 可见，君父以其贯通于天、地、人的"王"者身份，而成为天之道德意志的执行者和代理人，其自身也由此须成为道德范型的化身和人事的最高主宰，身兼教化万民、决断生杀的重任。又儒家历来以民为本，那么天子爱民，其最高的境界莫过于"爱民如子""子民如父母"；而民敬天子，则最高境界也莫过于视君如父。只是君毕竟是"人主"，民毕竟是"臣民"，"人主"可在某种程度上"以好恶喜怒变习俗"，而"臣民"则只能被君王"成性"和"别序"。正如同天可"谴告"天子，天子须事天如父，臣民或子民当然也应事天子如父，以尽孝责。

其三，为宗族家庭中的父子。宗族家庭中的父子关系在我国文化语境中一般兼具血缘关系和伦理关系双重意蕴。然而，在家—国结构的政治语境中，它还是一种权力关系。宗族以父子关系为中心而囊括"父党戚属"，将家族中所有成员通过同宗的血缘纽带联结在一起④，实行"父权"式的统治和管理。族长因其威望而掌握着家族的赏罚决断之权，扮演的是"父"的角色。家庭作为宗族的组织单位，同样以"父—子"关系为中心，"父者，子之天也"⑤。这在皇室家

---

① 张造群."三纲六纪"与儒家社会秩序观的形成［J］.学术研究，2011（3）：38—43.

② 董仲舒.春秋繁露［M］.北京：中华书局，1992：405.

③ 孔颖达.礼记正义（十三经注疏）［M］.北京：中华书局，1980：1642.

④ 张造群."三纲六纪"与儒家社会秩序观的形成［J］.学术研究，2011（3）：38—43.

⑤ 郑文宝.传统伦理视域中的父子关系——构建支撑和谐社会的父子关系（上）［J］.唐都学刊，2013，29（1）：60.

庭中得以特别体现：它不仅体现在称呼上，如皇帝对于其子女来说，既是父亲又是君王，所以皇帝的子女在其父面前自称"儿臣"，称其父为"父皇"或"君父"，而皇帝则称其子女为"皇儿""臣子"；还体现在仪礼上，皇帝的子女面见皇帝时依然行君臣之礼，皇帝对其子女则依亲疏嫡庶封赏不同的爵位等级。对于士大夫家庭或普通家庭而言，虽然在称呼和仪礼上没有皇家严苛，但父对子女也有教化和管束的权力，如"养不教，父之过""稍有知，则教之以恭敬长者，有不识尊卑长幼者，则严诃禁之"。① 而子对于父的孝，也被认为是应有的最重要品德，具体包括养亲、尊亲、显亲、继亲和祭亲等。② 《孝经》言："夫孝，天之经也，地之义也，民之行也。"③ 《孟子·离娄下》曰："不顺乎亲，不可以为子。"④ 可以说，家庭中的"父—子"关系在某种程度上只不过是"君—臣"关系的微型而已。

　　天命哲学中这三重"父—子"隐喻所蕴含的权力关系既成为我国专制社会"父"式统治的合法解释，又制造出专制权力体系内的"差序格局"。政治上的这种"父—子"权力关系模式效力之大，一方面可以确定位分尊卑，另一方面则可以打破年龄界限，它尤为集中地体现在使自然的儿童与政治的儿童骤然分明上。自然的儿童即年龄上的幼者，是现代意义上的儿童。一般而言，在一个崇"父"的专制体制中，如果不通过"少称帝"或"少为郎"跻身"父"位，那么自然的儿童当然只能居于"子"位。与自然的儿童相比，政治的儿童具有更为丰富的内涵。首先，它可以指称那些通过"少称帝"或"少为郎"跻身"父"位的小孩子。在讲究血脉的皇权制度里，即使坐在龙椅上的"天子"是个小孩子，百官也必须以"父"待之，行三跪九叩之礼。而自汉代起开通"孝廉试经"封拜"童子郎"起⑤，经魏晋南北朝发展，唐宋科举特专开"童子科"选录儿童授官，到明清以"童试"延续选拔儿童为官，可以说，中国古代的文官选拔制度始终为儿童晋升"父"位开通了渠道。为官儿童一旦走马上任，也即成为一方"父母官"，接受百姓孝奉。其次，上至"天子"，下至"人子"，所

---

① 熊秉真.童年忆往［M］.桂林：广西师范大学出版社，2008：87.

② 郑文宝.传统伦理视域中的父子关系——构建支撑和谐社会的父子关系（上）［J］.唐都学刊，2013，29（1）：59.

③ 邢昺.孝经正义（十三经注疏本）［M］.北京：中华书局，1980：2549.

④ 杨伯峻.孟子译注［M］.北京：中华书局，1960：183.

⑤ 王子今，吕宗力.汉代"童子郎"身份与"少为郎"现象［J］.南都学坛（人文社会科学学报），2011，31（4）：1—9.

有的成人在"父—子"权力关系中又以不同身份扮演着儿童角色，正所谓"父母在，常言不称老"。老莱子"身着斑斓彩衣，作婴儿戏于亲前，取食上堂，诈跌仆，因卧为小儿啼"的孝亲故事，便是古人对"孝子"儿童化定位的经典表达。① 正是在这种具体而微的"父—子"权力统治模式下，宗法等级制度以其稳固而森严的"静穆"之态，维持了我国两千多年的专制"天数"，直到清末皇帝退位。

三、"父—子"倒置与儿童革命意象形成

（一）清末危机以来波澜迭起的革命思潮

"二十世纪的中国是一个真正的大时代，一个处于三千年未有之变局的大转折年代。自先秦以来，这样的大转折时代并不多见，除了春秋战国和魏晋，就是自十九世纪中叶以来蔓延至今，而仍未完成的现代性转型。"② 确实，自鸦片战争爆发后，中国便已开始了近现代史上"天命"告危后艰辛而漫长的强国求索史。不管是最初的"西学东渐"，后来的"全面学习西方"，还是现在的"探寻中国特色"，其实就是一部不断探索政治改革路径和寻求政治思维转换的历史，都与我们"救亡图存""富国强民"的急切心理息息相关。因此，"在中国近代历史上形成的关于中西文化的持久探索，其实质几乎可以说就是一场政治讨论，一场关于社会制度的讨论，一场关于中国国家和民族命运之抉择的讨论"③。也正是在这种不断"讨论"的过程中，人们开始反思古老的政治"天命"哲学和"父—子"权力系统，转而关注西方文化。如康有为在 1893 年《倡办南海同人局学堂条议》中说道："吾局亟宜因此时变，推广此意，设立学堂，讲求中西经、史、词章，以通古今，兼习外国语言文学，以通中外。庶上以成人才而光国，下以开风气而厚生，善益莫大。"④ 中西方两条古老而平行流淌的思想河流开始合流汇通。

---

① ［日］下见隆雄 . 略论《老莱子孝行》故事中孝的真意［J］. 李寅生，译 . 贵州文史丛刊，2000（2）：7—13.

② 许纪霖 . 二十世纪中国思想史论［M］. 上海：东方出版中心，2000：序 .

③ 金林南 . 西方政治认识论演变［M］. 上海：上海人民出版社，2008：6.

④ 康有为 . 康有为全集（第二集）［M］. 上海：上海古籍出版社，1990：28.

真正"唤起吾国四千年大梦，实自甲午一役始也"①。历经甲午战争惨败，洋务运动宣告破产之国家民族危亡的惶恐激愤，重重弥漫笼罩在如梦初醒般的国人心头。1895 年 2 月 4 日，严复在《论世变之亟》中伤怀哀叹："呜呼！观今日之世变，盖自秦以来未有若斯之亟也。"②4 月，《马关条约》被迫签订的消息传来，国人又无不为之扼腕。康有为当即在《中日和约书后》中哀叹："呜呼噫嘻！万里之广土，四万万之众民，而可有此约哉！……凡人闻而怵惕伤心，岂有万里之广土、四万万之众民，能闻之受之，而今若罔闻知者哉？"③割土丧权的羞辱义愤之情顿时如潮涌般激发起士人举子的民族道义感。5 月 2 日，康有为、梁启超与在京应试的十八省 1300 多名举人联名拟就《公车上书》诤言光绪，"阅《上海新报》，天下震动。闻举国廷诤，都人惶骇"④。全国应试举人联名上书皇帝请愿，可见士人阶层对亡国亡种危机的反应是何其激烈愤慨，皇帝威严骤然遭遇公开叫板。梁启超事后评论道，此"实为清朝二百余年未有之大举也"⑤。穷则思变，自此以后，传统与革新的政治较量以"公车上书"为标志，在多灾多难的现实面前被急剧而公然地扩大深化开来。"俄北瞰，英西睒，法南瞵，日东眈，处四强邻之中而为中国，岌岌哉！"⑥于是，严复在 1895 年《救亡决论》中振臂高呼："天下理之最明而势所必至者，如今日中国不变法则必亡是已。"⑦梁启超也在 1896 年《变法通议》中疾声应和："今有巨厦，更历千岁，瓦墁毁坏，榱栋崩折，非不枵然大也，风雨猝集，则倾圮矣。……变亦变，不变亦变；变而变者，变之权操诸己，可以保国，可以保种，可以保教。"⑧以康有为、梁启超、严复等为代表的维新派，一方面大肆掀起变法图存的维新运动，一方面又大力译介西学，以开民智、奋民力、和民德、育新民。帝制被他们降低到一种正在消逝的人类制度的低下地位。⑨然而，惜戊戌变法仅百日而

---

① 梁启超. 梁启超自述（1873—1929）[M]. 北京：人民日报出版社，2011：5.

② 王栻. 严复集 第一册 诗文（上册）[M]. 北京：中华书局，1986：1.

③ 康有为. 康有为全集（第二集）[M]. 上海：上海古籍出版社，1990：166.

④ 同上，第 74 页。

⑤ 梁启超. 梁启超自述（1873—1929）[M]. 北京：人民日报出版社，2011：6.

⑥ 康有为. 康有为全集（第二集）[M]. 上海：上海古籍出版社，1990：185.

⑦ 王栻. 严复集 第一册 诗文（上册）[M]. 北京：中华书局，1986：11.

⑧ 梁启超. 梁启超全集[M]. 北京：北京出版社，1990：11—14.

⑨ ［美］费正清. 剑桥中华民国史（上卷）[M]. 杨品泉，等，译. 北京：中国社会科学出版社，1998：460—461.

终，但他们提倡办新学、变科举、创报刊、开言路、兴留学以及大力译介西学等创举却如旋风般刮起一场思想革命，疾风骤雨，荡气回肠，一时间"人人皆能言政治之公理，以爱国相砥砺，以救亡为己任，其英俊沉毅之才，遍地皆是"①。

　　由译介西学而带来的政治思想革命尤为值得一书。1898年注定是中国不平凡的一年。戊戌变法前夜，日本学者中江兆民将其古汉语版译著《民约译解》第一卷交由上海同文译书局刻印，更名为《民约通义》，此即中国最早版本的卢梭著作——《社会契约论》。②以此为标志，以卢梭为代表的西方近代权利政治哲学开始为国人拾获，诸如自由、平等、自然等概念开始在觉醒的中国人心中生根发芽，中西政治以卢梭为结点，接轨合流。几乎与戊戌变法同步，1898年夏，严复译著的《天演论》历经三次修改后也终由慎始基斋付印发行，这本综合运用了改写、意译、漏译、添加、转述大意等手段来传达赫胥黎进化论思想的著作③，将"物竞天择，适者生存"的社会逻辑与亡国亡种、风雨飘摇的国运现状扭结起来，从而使得"以人胜天""优胜劣汰""自强不息"等进化观念也开始在国人心中生长蔓延。卢梭与赫胥黎著作的同时问世，就像给忧郁迷茫的中国思想界打了一针"兴奋剂"，"中国卢梭""卢梭门徒""卢梭魂"等名号夹杂着报纸杂志上的进化类名词、口头禅和人名，把整个思想界烘染得热闹非凡。卢梭和赫胥黎的"联手入境"深深地影响了包括康有为、梁启超、严复、鲁迅、胡适、陈独秀、蔡元培、李大钊、毛泽东等两代"革命者"，有关二者的大量文字问世便是证明。历史同样证明，卢梭和赫胥黎这种关注"自然状态"和"原初开端"的政治思维，在随后严复另外七大译著纷纭登场，以及霍布斯、洛克、孟德斯鸠、杜威等人的著作悉数引介入国的推动下，启发着越来越多的有志之士抱定革命信念，与专制君权分道诀别，传统的"天命"哲学与"父—子"权力系统在西方这种自由政治的持续"侵袭"下，也终于迎来了最后清算的时

---

①　梁启超.梁启超自述（1873—1929）[M].北京：人民日报出版社，2011：8.

②　1902年，留日学生杨廷栋的新译版《路索民约论》由文明书局刻印、开明书店和作新社发行，从而为国内提供了首套《社会契约论》的汉语全译本，大受追捧，这正如译者所言，"从此茫茫大陆，民约东来"。详见吴雅凌.卢梭《社会契约论》的汉译及其影响[J].现代哲学，2009（3）：84—93.

③　俞政.严复译著研究[M].苏州：苏州大学出版社，2003：24.

刻——即以打倒"孔家店"为主要任务的"新文化运动"。①

（二）革命思潮雕琢出儿童革命意象

"天命"衰微及其带来的"父—子"权力体系松动，使得儿童越来越成为政治革新关注的焦点。具体而言，在道德层面的意义危机与政治层面的秩序危机下②，对古老陈旧与腐朽落后的历次反思抛弃，使人们不得不迎来一个"少年中国"时代。如果说"父—子"之间的正统权力关系被梁启超的《少年中国说》从国家层面予以充分否定，并通过辛亥革命彻底摧毁古老的第一重和第二重关系，那么鲁迅的《我们怎样做父亲》（1919）则进而将其从家庭层面予以彻底否定，试图冲破第三重关系。波澜迭起的革命思潮，将儿童雕琢成一种激进的革命意象，它以朝气蓬勃的姿态，喻示反叛古老与传统，创造新生和未来。

作为晚清"言论界的骄子"，梁启超在中国近代思想史上占据着举足轻重的地位，郭沫若曾这样评价道：

> 平心而论，梁任公地位在当时确实不失为一个革命家的代表。他是生在中国的封建制度被资本主义冲破了的时候，他负戴着时代的使命，标榜自由思想而与封建的残垒作战。在他那新兴气锐的言论之前，差不多所有的旧思想、旧风习都像狂风中的败叶，完全失掉了它的精彩。二十年前的青少年……可以说没有一个没有受过他的思想或文字的洗礼的。③

确实，勇开风气之先，将爱国作为"中心思想"，将救国作为"一贯主张"的梁启超，1896 年在系统阐发维新思想的著作《变法通议》里，就指出："变法之本，在育人才；人才之兴，在开学校；学校之立，在变科举；而一切要成其大成，在变官制。"④ 可见，在梁启超看来，变法图存的根本在"育人才"，但

---

① 如谭嗣同在《仁学二》中说道："君也者，为民办事者也。臣也者，助办民事者也。……事不办而易其人，亦天下之通义也。……君亦一民也，且较之寻常之民而更为之末也。"严复在《原强》中也说："彼西洋者，无法与法并用而皆有以胜我者也。……推求其故，盖彼以自由为体，以民主为用。"分别参见谭嗣同.仁学二［J］.清议报，1900（46）：3007—3008；王栻.严复集 第一册 诗文（上册）［M］.北京：中华书局，1986：11.

② 许纪霖.二十世纪中国思想史论［M］.上海：东方出版中心，2000：2.

③ 胡从经.晚清儿童文学钩沉［M］.上海：少年儿童出版社，1982：1.

④ 梁启超.梁启超全集［M］.北京：北京出版社，1990：15.

"育人才"的根本又在何处呢?《变法通议》接下来专辟一章《论幼学》,此中梁启超曰:"春秋万法托于始,几何万象起于点,人生百年,立于幼学。"① 由此而知,"人才"之最初来源,即幼儿。既然是要摧枯拉朽地变革旧制,那么"立于幼学"的意图,无疑也就是他所秉持的爱国并救国,即"故教小学教愚民,实为今日救国第一义"②。在《变法通议》这部政治论著里"论幼学",与卢梭在《社会契约论》里谈"儿童自由"一样,弊病丛生的国家,与幼弱孤独的儿童,注定会"相依相惜"。1900 年,梁启超在《清议报》上刊发《少年中国说》,国家与儿童首次以互寓互勉的方式公开"亮相",其"立于幼学"的真实意图昭然天下。"恶是何言,是何言,吾心目中有一少年中国在!"③ 此义正辞严地回应日本人一再称中国为"老大帝国"的力作,令长期沉湎于"父—子"式权力关系中的国人无不耳目一新,醍醐灌顶。儿童清新奋进的姿态就是国家维新变革的象征,文章将弊病丛生与幼弱孤独的苦闷既消解在"国为待死之国,一国之民为待死之民,万事付之奈何,一切凭人作弄,亦何足怪!"的反身质问里,更消弭在寄予少年以厚望重托的殷殷之情里:

> 造成今日之老大中国者,则中国老朽之冤业也;制出将来之少年中国者,则中国少年之责任也。……若我少年者,前程浩浩,后顾茫茫,中国而为牛、为马、为奴、为隶,则烹脔鞭棰之惨酷,惟我少年当之。中国如称霸宇内、主盟地球,则指挥顾盼之尊荣,惟我少年享之。……使举国之少年而果为少年也,则吾中国为未来之国,其进步未可量也,使举国之少年而亦为老大也,则吾中国为过去之国,其渐亡可翘足而待也。故今日之责任,不在他人,而全在我少年。少年智则国智,少年富则国富,少年强则国强,少年独立则国独立,少年自由则国自由,少年进步则国进步,少年胜于欧洲,则国胜于欧洲,少年雄于地球,则国雄于地球。④

国弱民穷,列强环伺,赔地丧权、任人宰割的苦闷激愤,好似千斤重担,压抑在心头,流露在笔尖。然而,"老朽之冤业"已成茫茫历史,唯今日之前程浩

---

① 梁启超 . 梁启超全集 [M]. 北京: 北京出版社, 1990: 34.

② 同上, 第 131 页。

③ 同上, 第 409 页。

④ 梁启超 . 少年中国说 [J]. 清议报, 1900 (35): 2255.

浩尤可追。梁启超以"天下兴亡，匹夫有责"的时代担当精神，将中国之命运毅然托付给"我少年"，着实惊天动地，意味深长。崇父尊老的传统"天命"气数已尽，后生可畏的时代"使命"翩然而至，儿童与国家，同生同体，血肉交融：

> 红日初升，其道大光；河出伏流，一泻汪洋；潜龙腾渊，鳞爪飞扬；乳虎啸谷，百兽震惶；鹰隼试翼，风尘吸张；奇花初胎，矞矞皇皇；干将发硎，有作其芒；天戴其苍，地履其黄；纵有千古，横有八荒；前途似海，来日方长。美哉我少年中国，与天不老！壮哉我中国少年，与国无疆！①

不止于此，梁启超1901年又在《清议报》上发表《卢梭学案》呼应声援《少年中国说》，批判旧俗专制，重估儿童之地位，认为"吾中国旧俗，父母得鬻其子女为人婢仆，又父母杀子，其罪减等。是皆不明公理，不尊重人权之所致也"②。为提高儿童之地位，梁启超在其发起的"诗界革命"中认定童谣为中国文学复兴之先河，并亲自创作爱国童谣，如《爱国歌》《黄帝歌》《终业式》等；在其所倡导的"小说界革命"中，梁启超提倡小说要成为儿童的精神食粮，亲自著译儿童小说，如《十五小英豪》和《世界末日》。除自己创作外，梁启超在其主编的刊物《新小说》上，还大量刊发爱国童谣，如黄遵宪的《出军歌》《幼稚园上学歌》，张敬夫的《警醒歌》，剑公的《新少年歌》，自由斋主人的《爱祖国歌》，珠海梦余生的《劝学》等；刊发的儿童小说则以译著为主，如南海卢藉东、东越红溪生合译的《海底旅行》，南野浣白子述译的《二勇少年》，新庵译述的《水底渡节》等。③ 怀抱爱国之心，肩负救国之责，梁启超就这样通过政治、教育、童谣和小说，既用革命雕琢儿童意象，又将儿童推到革命前沿：

> 英雄业，岂有天公能妒？殖民俨辟新土，赫赫国旗辉南极，好个共和制度。天不负，看马角乌头奏凯同归去，我非妄语。劝年少同胞，听鸡起舞，休把此生误。④

---

① 梁启超.梁启超全集［M］.北京：北京出版社，1990：411.

② 同上，第505页。

③ 胡从经.晚清儿童文学钩沉［M］.上海：少年儿童出版社，1982：2—12.

④ 梁启超.梁启超全集［M］.北京：北京出版社，1990：5664.

梁启超曾在《〈蒙学报〉〈演义报〉合叙》中说道："故吾恒言他日救天下者，其在今日十五岁以下之童子乎。"① 与其恒志相通，由其友人叶浩吾、汪甘卿等创办的《蒙学报》（1897）非常重视刊登爱国题材类文章，并告慰小读者道："师之覆，土之割，乃国之耻也。尔等将为国效死，如熊罴之猛乎？抑亦甘于奴役他族，为牛马之志乎？今日之时事，非我所敢知，且愿尔等自择之也。"② 告慰之恳切，与《少年中国说》如出一辙。我国第一份儿童报纸，由蔡元培、章太炎主办的《童子世界》（1903）也以直白明快的风格，开宗明义地阐明："然则二十世纪中国之存亡，实系于吾童子之手矣。则虽谓二十世纪之世界为吾童子之世界也亦宜。""中国存亡悬诸吾童子之掌上，诸君之前途为牛马为奴隶为英雄自取！"③ 殷殷之期待，与《少年中国说》仍为同路。其他的，如《杭州白话报》（1901）、《教育世界》（1901）、《中国白话报》（1903）等报纸期刊，黄遵宪、沈心工、李叔同、曾志忞、包天笑、林纾等文艺界名人，都从不同方面、不同领域或塑造儿童的革命意象，或强化儿童的革命责任。

终于，思想意识的启蒙共鸣、新旧交杂的转型氛围以及亡国危机的焦躁情绪共同燃烧起"我中国少年"的腾腾血气，连续不断的"学潮"此起彼伏，应接不暇。据统计，在1902年到1911年的十年间，国运动荡的中国最少发生了五百次、遍及二十个省、涉及各级各类学堂的"学潮"。④ "我中国少年"之血气方刚可见一斑。面对频频爆发的"学潮"，梁启超在发表《少年中国说》后的第三年（1903），不得不又称："鉴于近日少年风气之大坏……内地学校因革命思想传播之故，频闹风潮……因而极知革命不可行，劝人勿言。"⑤

然而，开弓没有回头箭。当儿童的国家—民族使命已经成为一个时代的意识，梁启超的劝诫阻挡也只能无功而返。以鲁迅为旗手的新文化运动健将接过梁启超手中的"少年中国"旗帜，在五四运动的热浪中，将其插向更高的山头。"时候已经是二十世纪了！"对于袁世凯复辟称帝与灵学派"请鬼画策"都高呼"寒心"且"害怕"⑥ 的鲁迅来说，以更彻底的反抗精神将自梁启超以来从国家

---

① 梁启超.梁启超全集［M］.北京：北京出版社，1990：131.

② 胡从经.晚清儿童文学钩沉［M］.上海：少年儿童出版社，1982：52.

③ 同上，第116页.

④ 张倩仪.再见童年［M］.北京：世界图书出版公司，2012：135.

⑤ 同上，第141页.

⑥ 鲁迅.鲁迅全集·坟［M］.北京：人民文学出版社，1982：116.

层面否定"父—子"式正统权力的浪潮继续往前推进，自当是身为新文化运动旗手所义不容辞的责任。革命终须要"革到老子身上"，"神圣不可侵犯的父子问题"也是时候要"发表一点意见"了。于是，《我们怎样做父亲》在进化论和生物学的支撑下，顺势而生。

在《我们怎样做父亲》中，传统家庭的伦常礼教照样被鲁迅以"吃人"式的可怕阵势当头摆陈出来：

> 中国的"圣人之徒"……他们以为父对于子，有绝对的权力和威严；若是老子说话，当然无所不可，儿子有话，却在未说之前早已错了。①

专制父权历经上千年的积蓄发酵后，所散发出来的威严气息森然静穆得足以让人窒息。而指责"父亲"的不是，来为"儿子"辩护，更无异于知错犯错，以下犯上，"道德"上就先输了一筹。因此，尽管持有"现在的子，便是将来的父，也便是将来的祖"的进化论盾牌，鲁迅仍不得不依然"摆出父亲的尊严"，来"谈谈我们和我们子女的事"，以求"一举两得"。并且，由于老年一辈已经中传统之毒太深，"没有法，便只能先从觉醒的人开手，各自解放了自己的孩子。自己背着因袭的重担，肩住了黑暗的闸门，放他们到宽阔光明的地方去；此后幸福的度日，合理的做人"②。

以康有为、梁启超、严复等为代表的维新派虽力推变法革新，但他们所着眼的是宏大的国家层面，对于传统的家庭父子问题只是针对诸如"鬻其子女为人婢仆"或"父母杀子"等极端"不尊重人权"的情况发表批议。无疑，正是这种对于家庭父子问题的"保留"看法，才为鲁迅继续发起家庭革命提供了空间。家庭式父子权力革命的重要度，并不亚于国家式父子权力革命。因此，与梁启超将中国之命运交托给中国之少年一样，鲁迅也将"因袭的重担""黑暗的闸门"，交扛在"觉醒的""父亲"肩头，以逐渐将孩子"释放"到"宽阔光明的地方去"追寻幸福的生活。当然，这先"觉醒的"父亲先得知道"怎样做父亲"才算是真正意义上的"觉醒"，因此，本着"现在的子，便是将来的父，也便是将来的祖"的立场，鲁迅所意欲教育、启发的真正对象，其实并不是现在的"父"，而仍然是"现在的子"，即现在的少年。如此一来，鲁迅意义上的这"背

---

① 鲁迅.鲁迅全集·坟［M］.北京：人民文学出版社，1982：129.

② 同上，第130页。

着因袭的重担""肩住了黑暗的闸门"的人,便与那梁启超意义上的"我中国少年"一样,都被着力灌注以深切期待,都被蓄意雕琢为革命先锋,两者一"国"一"家",前后砥砺,发人深省。

事实上,正如鲁迅所言,"我一向是相信进化论的,总以为将来必胜于过去,青年必胜于老年"①,因此,在他的内心深处,也"有一少年中国在"。少年中国当依凭少年,《文化至偏论》(1908)将"立人"作为强国兴业的首要之举②,与梁启超"人生百年,立于幼学"的主张一脉相承;《与幼者》借有岛五郎之笔,鼓励"一切幼者"要勇敢地踏上开路者的足迹去寻求解放,"前途很远,也很暗。然而不要怕,不怕的人的面前才有路"③。这与梁启超"劝年少同胞"成就英雄业的心迹,何其相似;《狂人日记》托狂人之口细数一番"陈年流水账"后,却仍相信有不曾"吃过人的孩子"④,救救孩子的呐喊,与梁启超"他日救天下者,其在今日十五岁以下之童子乎"的信念,又何其相通。国是家之倚,家是国之本,沙聚之邦,若要转为"人国",就需要打破重重"父—子"式专断权力关系,建立幼者本位,"用无我的爱,自己牺牲于后起新人"⑤。于是,儿童在鲁迅的家庭革命雕琢下,继续穿上反叛的甲胄,向着新生和未来冲锋。只有这样,中国才能"雄厉无前,屹然独见于天下"。只是,前路漫漫,只盼群雄,奋起担当:

> 总而言之,觉醒的父母,完全应该是义务的,利他的,牺牲的,很不易做;而在中国尤不易做。中国觉醒的人,为想随顺长者解放幼者,便须一面清结旧账,一面开辟新路。就是开首所说的"自己背着因袭的重担,肩住了黑暗的闸门,放他们到宽阔光明的地方去;此后幸福的度日,合理的做人"。这是一件极伟大的要紧的事,也是一件极困苦艰难的事。⑥

(三)儿童公育思潮兴起与传统家庭伦理的被批判

近代以来,世界资本主义大工业生产给工人阶级儿童的生存环境带来了深

---

① 鲁迅.鲁迅全集·三闲集 [M].北京:人民文学出版社,1982:5.

② 鲁迅.鲁迅全集·坟 [M].北京:人民文学出版社,1982:50—57.

③ 鲁迅.热风 [M].北京:人民文学出版社,2007:78.

④ 鲁迅.鲁迅全集·呐喊 [M].北京:人民文学出版社,1982:432.

⑤ 鲁迅.鲁迅全集·坟 [M].北京:人民文学出版社,1982:135.

⑥ 同上,第140页。

刻影响。乌托卢莱（Otto Rühle）在《无产者的儿童》(*The Proletarian Child*)一书中有这样的描述："父亲在工厂里，母亲在工厂里，年长的兄姊也都在工厂里。在家庭中，只有污秽杂乱和贫穷。火炉是冰冷的，厨房是关闭的。没有一个人来讲一句亲切的话或者伸出一只慈爱的手"，"那个可悲伤的营房就是家庭"。① "一战"结束后不久，又爆发世界性经济危机，各国婴儿死亡率居高不下，儿童的生存环境雪上加霜。据统计，德、法、意三国 1925 年婴儿死亡率都在 12% 左右，最高者印度竟达 63%，中国也高达 25%。② 为此，国际联盟儿童幸福委员会（Child Welfare Committee of League of Nations）建议欧美各国广设托儿所，运用科学化的保教方法降低婴儿死亡率，提高儿童生存质量。③

历经以鲁迅为旗手的新文化运动浪潮中"救救孩子"思想的洗礼，在中国社会经济结构发生巨大转型的时代背景下，随着欧美日及苏联托儿所事业被引介入国的，是民国学者发起的一场儿童公育思潮，以此来检讨我国的育儿现状，寻找我国育儿新出路，提升儿童在国家中的现实地位。传统慈幼机构乃至新兴幼稚园不合时宜造成的推力，与妇女劳动力人数日趋增多的现实拉力，结合成一股强大的变革需求，促使民国学者逐渐认清己国与他国的现实差距，重新对传统家庭伦理和中国育儿现状给予批判，将儿童、家庭、国家置于一体，试图在教育责任主体上辨明其间的逻辑关系。

1919 年，沈兼士在《新青年》上发表《儿童公育》，倡言："欲解决社会一切问题，非先解决妇人问题不可；欲解决妇人问题，非先解决家族问题不可；欲解决家族问题，非先解决儿童问题不可。解决儿童问题之一良法，曰'儿童公育'。"与康梁不同，沈还宣称："儿童归国家教养之说……今时机已经成熟，人类私有财产制度的历史行将告终，儿童本为社会之分子，今归之于社会公共教养，实合于自然之原理。"④ 此文发表后迅即被《北京大学日刊》分期转载，引起社会各界广泛关注。而沈将儿童公育作为解决社会、妇女、家庭、儿童等问题起点的思想更犹如一支兴奋剂，给本已活络的五四思想界带入一股劲力，引燃女权主义者与社会主义者之间关于儿童公育的大辩论。

儿童公育的论辩双方分别以杨效春和恽代英为代表。1920 年 3 月至 6 月，

---

① 予同.从儿童养护问题说到托儿所［J］.编辑者，1931（1）：2—4.

② 唐应晨.城市中的托儿所［J］.市政评论，1935（18）：9.

③ 叶冶钧.普遍推行幼稚教育与托儿所［J］.小学教师，1937（8）：24—40.

④ 沈兼士.儿童公育［J］.新青年，1919（6）：9—13.

两人以《时事新报》为阵地，展开了为期四个月的来回辩论。杨从保卫家庭出发，认为儿童公育不仅时机未到，而且会造成社会不安。恽则从破坏家庭出发，认为只有实现儿童公育，才能解放社会。两人表面上以家庭为攻坚堡垒各执一端，但实际上隐含着卢梭自然主义与马克思社会主义的理论较量。杨效春以卢梭、杜威、埃尔伍德和爱伦凯的家庭理论为基础，延伸出家庭是发达社会本能之中心的观点，主张"家庭复兴"和"非儿童公育"。而恽代英以保尔·拉法格（Paul Lafargue）、马克思、恩格斯及霍布斯的社会理论为基础，提出家庭是社会本能发展之阶段产物的观点，主张"家庭破坏"和儿童公育。家庭与社会何者为起源的问题成为论争的关键点。

双方笔战正酣之际，一些"旁观者"也不时发表评论为论战双方提供理论补缀。邵力子发表《儿童公育问题的注意点》，批驳杨只站在自己立场而无视劳工家庭疾苦的褊狭观点，将论辩双方的视线转移到国内家庭落后的现实上。综合杨恽之辩和邵力子的观点，沈雁冰接着发表《评儿童公育问题——兼质恽杨二君》，将杨恽之辩归结为一场爱伦凯式女权主义者与社会主义者之间的论战。沈无意在两种"主义"中作评判，但中国一般家庭的教养情形也让他"绝端赞成中国实行儿童公育"。恽代英、沈雁冰和邵力子坚持破坏家庭实行儿童公育的观点既与新文化运动的主旨一致，又符合俄国十月革命胜利后社会主义思潮在国内渐兴的总体趋势，因此获得了一大批社会精英的支持，蔡元培、毛泽东、李大钊、高维昌、俞荻、胡定安、马客谈、胡叔异等在杨恽之辩后仍不断发表论文，从而推动儿童公育这股思潮一直持续到 20 世纪 40 年代。

儿童公育机构是儿童公育主张的落脚点。在论证过程中，落后家庭、传统慈幼机构乃至新兴的幼稚园均被作为"反面"而成为被批判的对象，以衬托设想中儿童公育机构的必要和美好。在儿童公育者眼中，中国"家庭太腐败。不要说下层阶级的人没有组织良好稳固的家庭的能力，即凡上中流的家庭，他们的环境，也不敢恭维"[1]。"有钱的就把子女交给没有受过教育的仆婢，统统引诱坏了。没有钱的就听子女在家里胡闹，或在街上乱跑。"[2] 最可怜的是无产阶级，"他们只晓得拿儿童卖钱（婢女养媳），逼儿童挣钱（乞讨打盆拾粪斫

① 颂华. 儿童公育问题的我见 [J]. 解放与改造，1920，2（15）：10—14.

② 蔡元培. 贫儿院与贫儿教育的关系；转引自中国学前教育史编写组. 中国学前教育史资料选 [M]. 北京：人民教育出版社，1989：189.

柴）"，"中国的家庭，物质和精神两方面都不好"。① 因此，"我们的孩子，一年中死于不卫生的抚养的，合全国计不知有多少！我们的孩子，受了家庭内恶习惯的同化而变为坏东西的，合全国计，又不知有多少"②！与家庭教养功能失灵相较，传统的慈幼机构如育婴堂、孤儿院、习艺所等更是"残杀儿童"的场所，这些机构"大都是经费非常缺乏，堂受的孩子只能够'免死'，什么营养，什么教育，都说不到。况且因为一个乳娘要管七八个或者十几个孩儿，乳汁不够，照顾不周，结果却依然免不了死"。"即使不至死亡，长大起来，身体都不强壮，真是一种虐政。"③ 即使是作为一种新兴事业的幼稚园，也因为患了"花钱病""富贵病"和"外国病"，再加上其本身的年龄限定性和非强迫性，而与设想中的儿童公育机构相差甚远。总之，"现在的学校，自幼稚园至大学校止，都不是真正平等的"，儿童公育者一致认为："我们所主张的儿童公育，绝对不容再蹈此覆辙。我们要认定儿童公育是社会对于一切儿童应尽的义务。"④

现实的不完美迫使儿童公育者另辟蹊径，建构出一种全新的儿童公育机构。恽代英从终身教育和全民教育的立场出发，认为儿童公育机构不仅应该从"小儿落地甚至在母腹中即受公育的恩惠"，而且还应该力求教育的全面普及，使弱势阶层的儿童也能享受同等教育。介于家庭环境的"卑湫狭隘"和家长的"愚昧懒惰"，儿童公育机构还应选择合宜的场地以及具备教育能力与爱感的教师。俞颂华则力图在兼顾家庭、社会与现实平衡的前提下，建议先从设立半公育机关着手。所谓半公育机关，"即是所立的公育机关，如义务学校一般，早上由父母送儿童进去，晚上仍由父母领回家。其中父母不愿领回的，或没有父母的，则留在公共宿舍"。这俨然与日托和全托的设计理念不谋而合。杜从坡还发出成立中国儿童公育院启和意见书，建议将儿童公育机构定名为儿童公育院，这一倡议得到不少人认同，儿童公育院一度成为儿童公育机构的代称。然而，最完美且极富现代水平的设想要数沈兼士，他的儿童公育机构设想带有明显的社区色彩。认为社会应先设立一个调查机关，依据人口多少在地理上划分若干地域，每一地域内均设一个公共教养儿童区，区内包括胎儿所、收生所、哺乳所、幼稚园、小学校、儿童工厂、儿童图书馆、儿童病院等设施。对于教养人员，应

① 予同. 从儿童养护问题说到托儿所［J］. 编辑者，1931（1）：2—4.

② 沈雁冰. 评儿童公育问题——兼质恽杨二君［J］. 解放与改造，1920，2（15）：1—9.

③ 济苍. 儿童公育和会食［J］. 新妇女，1920，3（3）：2.

④ 邵力子. 儿童公育问题的注意点［N］. 民国日报·觉悟，1920-8-4（1）.

坚持体格壮健、常识完备和秉性亲切为合格标准。同时还应聘请儿童学、儿童心理学、儿童生理学、儿童教育学等专家组成一个儿童学研究会，一面随时调查讨论，一面组织各区联合开展比赛、评比等活动。这种儿童公育社区化的设想，与 20 世纪初期以来苏联和西方国家的儿童福利运动在制度和精神上都存在契合。

事实上，自洋务运动开启近代工业序幕后，在外资入侵与民族工业的挤压下，我国自给自足的传统经济开始崩溃，农村破产，城市手工业衰败，进而促使妇女角色与家庭结构产生变化，"成群的妇女，竞向都市里奔……一般的家庭已被时轮碾动而粉碎了"[①]。特别是全民族抗战爆发后，"原有的和乐而幸福的家庭被炮火打毁了，流落到后方来的夫妇都不得不就职谋生，许多一向生活在安舒的家庭里的妇女，被抗战唤醒，被一腔热血所驱使，走出家庭要求参加抗建工作"，"已经有了职业的妇女因战时机关的迁徙不定，工作的紧张与加紧，职务上要求着她们以全付精力来工作"。[②] 探索普遍解决劳工阶层儿童教养问题遂成为 20 世纪 20 年代以后中国社会的焦点，马克思主义学者和苏联仰慕者对此更是热衷追求，极力推崇。

---

① 沈兹九.从家庭谈到托儿所 [J].每月小品，1935，1（1）：38—42.
② 茂梓.普设托儿所的重要性 [J].福建妇女，1943，1（3）：10—15.

第二章
民国时期无产儿童的苦难图景

无产者指必须靠出卖自己的劳动力以获得生活资料避免忍饥挨饿的人。无产儿童即无产者中的儿童，他们因生活所迫而不得不早当家，靠出卖自己的劳动力分担家庭负担，以获得生活资料，避免自己或家人忍饥挨饿。民国时期的无产儿童为数众多，据 1930 年 4 月召开的第二次全国教育会议估算，若照全国有 436 000 000 人口推算，全国学龄儿童共有 43 600 000 名，除去已入初级小学儿童外，还有 37 190 000 余名儿童处于失学状态①，约占学龄儿童总数的 85%，表明当时绝大部分学龄儿童尚遍布于家庭和社会各处谋生活。

关于鸦片战争以后城市与乡村分割开来的中国近代社会整体格局，许纪霖曾给予这样一番描述：

> 沿海地带尤其是沿海的大中城市从古老的传统社会结构中剥离出来，开始了自己孤立的现代发展，并且形成了与广大腹地迥然相异的社会文化景观。当内地的土财主们还在放印子钱时，黄浦江岸边已矗立起外国银行、证券交易所的摩天大楼；当偏僻的乡村田野上农夫们还在重复几千年传承下来的自然耕种时，大机器生产已在通商口岸城市轰鸣作响；当肮脏的城镇集市上卖狗皮膏药的、算命的、看相的已喝声一片时，十里洋场的霓虹灯下时装表演、插花比赛也方兴未艾……完全是两种物质世界、两个精神人世。②

无产儿童在民国时期之所以能成为一种相对独立的社会现象，与无产儿童大量涌现并形成一个庞大而稳定的社会群体相关，是近代以来政治—社会环境剧烈变迁的结果。在近代中国，零星的现代城市散落点缀在广袤的传统乡土大地上，分割出两个世界，也孕育出两类迥异的无产儿童童年样态。一类是在破产农村中苦求温饱，穷苦人家孩子的童年被消磨在牛栏厨房、田间地头、山野树林、牛背河滩、逃荒路上；另一类则是在新兴城市中卖力谋食，城市底层儿童的童年流逝于工厂店铺、街头巷尾、矿井码头。这两种童年样态所处的城—乡社会环境虽然差异巨大，但无产儿童的生存处境以及对于苦难的过早体验无城乡之别。概而言之，无产儿童广布于农村和城市，包括破产农民家庭儿童、童养媳、灾童、童工、苦力儿童、童贩、学徒、流浪儿童等。

---

① 全国教育会议全部方案（二）[N].申报，1930-8-9（17）.

② 许纪霖.中国现代化的历史反思[J].天津社会科学，1992（4）：6—7.

一、农村无产儿童的走投无路

民国时期的农村中生活着占中国人口 80% 以上的农民，因此劳苦儿童的基数甚大。自晚清开始，外国资本家以倾销商品于中国市场并大肆掠取廉价农业原料的经济侵略，持续冲击着中国农村脆弱的自然经济基础。再加上战乱频繁，苛捐杂税增多，抓丁征兵盛行，人地矛盾紧张以及灾荒连连，农村危机重重，民不聊生。而由这种危机催生的农村高利贷债权债务关系，又使广大贫苦农民阶层与由少数官僚、地主和绅商构成的权势阶层之间贫富悬殊且对立。这种悬殊与对立"贯穿了整个中国近代史"①。因此，对于广大挣扎于生死线上的贫苦农民家庭而言，农村生活非但没有田园牧歌般的浪漫，反而充斥着抽脂吸髓似的残酷。而降生于这些贫苦家庭的儿童，用"命薄如纸"来形容一点都不过分。降生并不意味着能顺利长大成人，因为他们必须先后经历被溺死、被卖为童养媳或"过房仔"、干苦力、衣食无着等生死考验，另外还得忍受权势阶层的百般欺压，特别是因灾荒战乱而带来的家破人亡。

（一）破产农民家庭儿童的童年自述

"童年是'井'，是灵魂生长所需要的水源。当你走在人生途中疲惫了，焦渴了，就去这井中取水；饥饿了，就用这净水来加工你的食粮。"② 即使在往后的人生中历尽千难万险直至功成名就，功勋卓著的老共产党人对自己的童年经历也总是历历在目。

出身佃农家庭的朱德在回忆自己童年时曾说道：

　　我们一共六弟兄，二姐妹，有两个哥哥、一个姐姐，自己算老三。还有三个弟弟、一个妹妹。母亲生十多个小孩子。后来生下的女孩子，都没有要。……人口的增多，要家里很节省才够吃，遇上好年成，有一件新衣服，不然就没有。都是吃粮食，从来没吃过白米，多半吃豌豆饭、菜饭、红薯饭、杂粮饭。油盐很少。十多二十个人，过年杀一口猪，管一年，只

---

① 李三谋，李震，刘德雄.近代农村传统的资金借贷 [J].古今农业，1998（4）：54—61.

② 刘晓东.童年是人生的井——童年崇拜的隐喻表述 [J].山东教育，2012（Z3）：103—106.

在过年过节吃一点，分起来不过一个人一块两块……我小时候喜欢捉鱼，门前池塘鱼很多，田里水沟头都有大鱼、小鱼，栽秧时，放鱼进去，我们家养的鱼很大，但田主不让我们捉，他却用网去打。家里照例是容忍的。我们小孩子就恨他们。"为什么把我们的鱼捉去呢？"还有那些果树，有很好的梨、胡桃、枣、李子。成熟了，老板要我们摘下送去；树林子柴很好，可是一根小树都不准砍，竹子也是一根也不许动的。①

即使是这样的童年，朱德也仍是幸运的。因为他自己日后也感叹，童年再苦，至少有母亲任劳任怨的付出与博大无私的爱护支撑起一片精神天地来消解，另外还有伯父竭尽所能供自己读书识字，明理通事，家庭没有遭遇过因真正破产而带来的重大变故。

邓六金（女红军战士）刚出生十天，就被父母卖为望郎媳，对于自己的童年经历，她也曾自述：

> 我家有六个孩子，家里很穷，父母养活不起这么多孩子。当时只有一个姐姐出嫁了，我们其他四个女孩都是从小就送给了别人。他们也是实在没有办法。收养我的那家人没有男孩，只有老两口。我的养父是个理发师，算是手工业者，不算是农民。他是个瘸子。我经常帮助他抬着理发箱，从一个地方走到另一个地方，帮别人剪头发。六岁的时候，我开始当学徒，一边跟他挑着工具箱走村串户，一边和他学理发的手艺。开始我给人洗头发，后来我用理发刀给人剪头发和刮胡子。十岁的时候我开始学着犁地。我还到山里捡柴，从井里打水，干各种各样的家务活。
>
> 我们从地主那里租了一亩地。我们就靠这一亩地的收成和父亲理发赚的钱来养活全家。尽管我们一年种两季稻子，但是不得不将大部分粮食给地主交租，自己留下的粮食很少。我们还种植其他东西来养家糊口，比如红薯。我们一年到头每天都吃红薯，有时一日三餐都吃红薯。有时候我们实在没有东西吃了，遇到这种情况，我的养父母就会拿着粮袋到地主家去讨些粮食。他们不但不借给我们粮食，还放狗出来咬人。我的腿上现在还留着地主家的狗咬过的伤疤。地主就是这样欺负穷人的！

---

① 中央文献研究室二部. 朱德自述［M］. 北京：解放军文艺出版社，2003：17—18.

　　春节对我们来说是最重要的节日。辛辛苦苦工作了一年，过春节的时候，我们很想吃点肉。有时候我们靠养父理发挣来的钱买块布做件新衣服。我们通常一件衣服要穿三年。我清楚地记得有一年春节，我们三人正在一起吃年夜饭，有肉、豆腐和其他一些好吃的东西。几个地主家的仆人突然破门而入，要我们还债。我们当然没有钱。他们说："你们有钱买肉吃，却没钱还债。"接着他们就把桌子上所有的东西都拿走了。

　　我们怎么能这样生活下去啊？为什么穷人要一直这样生活？有许多许多像我们这样的人。地主只是少数人。除了三四户地主外，其余的都是穷人。我开始想这些问题。①

邓六金的望郎媳身份使我们能够从其自述中同时看到当时两个破产农民家庭生活的艰辛。

（图片来源：中国国家数字图书馆. 成都龙泉镇一个放牛的小孩）

① ［美］杨·海伦. 选择革命：长征中的红军女战士［M］. 朱晋平，等，译. 北京：中共中央党校出版社，2011：159—160.

（图片来源：中国国家数字图书馆．水牛背上的牧童）

　　相较而言，彭德怀的童年则更为艰辛曲折，典型地代表了破产农民家庭儿童所面临的生存困境。1898 年 9 月，彭德怀生于湖南省湘潭县一个贫下中农家庭，全家八口人以操持八九亩荒土山地为生。彭德怀 6 岁入私塾读书，但 8 岁时母死、父病，家道中落，一贫如洗，只能废学养家。10 岁时，一切生计全断，于正月初一带着弟弟沿户乞讨，但因不愿受人欺辱而宁愿饿昏倒地。从此，为了不再讨米，彭德怀就在数九寒冬砍柴、捉鱼、挑煤卖，"严冬寒风刺骨，无衣着和鞋袜，脚穿草鞋，身着破旧褥衣，日难半饱，饥寒交迫，就是当时生活的写真"①。10—12 岁替富农刘六十家看牛，13—14 岁到黄碛岭土煤窑做童工，15 岁在家打短工、推脚车、砍柴、捉鱼卖。后因参与"吃大户"被当地团防局捉拿，逃到湘阴县西林围做堤工。17 岁时入湘军当兵。② 在这所有的童年波折中，彭德怀终其一生都不能释怀的，便是 10 岁时那段讨饭的经历：

　　　　我满十岁时，一切生计全断。正月初一，邻近富豪家喜炮连天，我家
　　　　无粒米下锅，带着二弟，第一次去当叫花子。讨到油麻滩陈姓教书老先生

①　彭德怀．彭德怀自传［M］．北京：解放军文艺出版社，2002：2．

②　同上，第 1—6 页。

家，他问我们是否招财童子，我说，是叫花子，我二弟（彭金华）即答是的，给了他半碗饭、一小片肉。我兄弟俩至黄昏才回家，还没有讨到两升米，我已饿昏了，进门就倒在地下。我二弟说，哥哥今天一点东西都没有吃，祖母煮了一点青菜汤给我喝了。正月初一日算过去了，初二日又怎样办呢！祖母说："我们四个人都出去讨米。"我立在门限上，我不愿去，讨米受人欺侮。祖母说，不去怎样办！昨天我要去，你又不同意，今天你又不去，一家人就活活饿死吗?！寒风凛冽，雪花横飘，她，年过七十的老太婆，白发苍苍，一双小脚，带着两个孙孙（我三弟还不到四岁），挂着棍子，一步一扭地走出去。我看了，真如利刀刺心那样难过。他们走远了，我拿着柴刀上山去砍柴，卖了十文钱，兑了一小包盐。砍柴时发现柘树苑上一大堆寒菌，拣回来煮了一锅，我和父亲、伯祖父先吃了一些。祖母他们黄昏才回来，讨了一袋饭，还有三升米。祖母把饭倒在菌汤内，叫伯祖、父亲和我吃。我不肯吃，祖母哭了，说："讨回来的饭，你又不吃，有吃大家活，没有吃的就死在一起吧！"每一回忆至此，我就流泪，就伤心，今天还是这样。……在我的生活中，这样的伤心遭遇，何止几百次！①

朱德、邓六金、彭德怀对各自童年的描述，充满着饥饿、辛劳、被地主和富豪欺负，这些情景使他们到老年仍不能忘怀。从他们的自述来看，"过年"是童年期特别值得珍视的经历，但显然他们不仅没有经历过与之相应的喜悦，反而在此时期备受欺压，在心理和精神上感到愤懑乃至痛苦。了不起的是，他们没有被自己童年的苦难吞噬。

（二）童养媳的哀愁与不幸

"领养人家的小女孩做儿媳妇，等儿子长大后与之结婚，这样的小女孩叫作童养媳。"② 中国童养媳最早起源于宋末元初，历经元明，及至晚清民国而逐渐盛行。李奎原对童养媳历史的研究表明：

　　清代中晚期至民国时期，由于人口极度膨胀，再加上飘摇腐败的政治统治、残酷无情的自然灾害、痛不欲生的兵燹祸事和西方资本主义列强的入侵等因素的影响，各种社会问题层出不穷，娼妓、土匪、流民、乞丐、

---

① 彭德怀．彭德怀自传［M］．北京：解放军文艺出版社，2002：2.

② 何定华．童养媳考略［J］．社会，1983（1）：35—38.

烟毒、会道门等诸多社会问题均达到了中华有史以来的峰值。童养媳这种由贫困触发的封建包办婚姻也在这一时期走进了它的"黄金时代"。……民国时期的婚姻改革，对新式婚姻的大力提倡收效甚微，特别广大中西部地区，陈腐的婚姻制度依旧岿然不动。①

　　李奎原的研究观点是可信的。1936年，湖北省立教育学院通过在青山实验区内挨村、挨户展开调查，记录并保留下来当时实验区内有关童养媳的详细调查数据和资料（见表2-1）。

表2-1　1936年湖北青山实验区各乡乡民家庭中童养媳人数百分比

乡别		青山镇	八吉乡	湖洲乡	花山乡	福寿乡	九峰乡	峰南乡	永丰乡	招贤乡	白玉乡	横山乡	武丰乡	从善乡	合计
童养媳	人数	32	82	74	31	26	38	16	26	44	45	35	27	30	506
	百分比	6.32	16.21	14.62	6.13	5.14	7.51	3.16	5.14	8.69	8.90	6.91	5.31	5.93	100

　　通过表2-1可知，湖北青山实验区13个乡镇在1936年共有童养媳506人。对于此次童养媳调查的数据，调查者有详细分析：

　　　　全区乡民家中童养媳以八吉、湖洲两乡为最多，因为两乡乡民多为半自耕农，家庭经济地位比较低劣，故乡民为解决其子侄之婚姻问题计，不得不收养比较贫穷人家之女孩以为童养媳。盖一方面娶得之方式简便而又不多费金钱，他方面又可为家庭中帮同作事，一举两得，故乡民多乐为之。至于贫穷人家，则因其生活不易维持，同时更受重男轻女之心理所驱使，故对于所生女孩，当然不愿常养家中，而乐于给人作童养媳。其中虽有少数童养媳，乃从贩卖人者买来，然究占极少数，并非童养媳多之主要原因。至于其他各乡童养媳较少者，或因经济状况较优，或因壮年乡民离村无子女者过多所致。总之农村中童养媳之多寡，以经济为其主要因子，其经济状况较优劣者，则童养媳多，否则童养媳少，此一般之情形也。

　　关于该区童养媳年龄，调查者也分析指出：

---

① 李奎原.中国童养媳研究——以近代江西为中心的透视［D］.天津：天津商业大学，2017..

全区童养媳之年龄以九岁至十八岁为最多，至于少数二十岁以上之童养媳，则因其家长原无子女，在育婴堂领女孩作养女，其后本人又生子，则将该养女作童养媳，是以童养媳虽已年逾二十，而其未婚之子，则年龄尚小，故不能结婚也。

关于该区童养媳的籍贯，调查者指出：

农村童养媳之多寡，一般既以经济为其主要原因，故全区家庭中童养媳之籍贯，当然首推本地人。黄冈、黄陂、鄂城等三县，因与本区毗连，来此寄居或贸易者较多，社会交接较密，故童养媳亦较多。沔阳、汉川两县之童养媳，则因受今年水灾影响逃荒来此，而将其女孩卖给本地人收养者。汉口及其他外省之童养媳，则系从育婴堂领来之私生子，或从贩卖人口者买来。①

从湖北省立教育学院的此项调查可以发现，民国时期中部农村盛行童养媳的原因主要是贫穷，女孩成为童养媳是买卖双方家庭减轻经济压力而约定俗成的婚姻形式。童养媳买卖以本地为主，但在人口流动、灾荒的影响下，会促使童养媳出现跨地区买卖。

简玉祥根据北京市档案馆馆藏的 1912—1937 年 105 宗档案，梳理出当时北京地区童养媳盛行的原因（见表 2-2）：

表 2-2　1912—1937 年北京 105 家领养童养媳的原因统计 ②

原因	贫困	父亡	母故	父母俱亡	父母远迁	男家劳力	迷信愚弄	其他	原因不详
户数	26	15	14	10	5	4	1	2	28
百分比	24.8	14.3	13.3	9.5	4.8	3.8	1.0	1.9	26.7

资料来源：北京市档案馆馆藏档案。

简玉祥的数据表明，贫困是北京地区盛行童养媳的首要原因。除此之外，还有父母亡故、父母远迁、男方劳动力需要、迷信等原因，其中父母亡故、父母远迁是比贫困更严重的生存困境，在北京地区占 44 户，占比达 41.9%，远超贫困的 26 户，占比 24.8%。

---

① 王倘，薛建吾.湖北武昌县青山实验区户口与经济调查报告［R］.湖北省立教育学院，1936：79—90.

② 简玉祥.1912—1937 年北京地区童养媳问题研究［D］.开封：河南大学，2015：18.

关于童养媳的年龄，李奎原关于"红色童养媳"的研究成果非常详尽，可提供有价值的参照。在《红色童养媳——煎熬写就的巾帼传奇》一文中，他总结道：

康克清，朱德元帅妻子，生下40天做了童养媳；赖月明，陈毅元帅妻子，14岁做了童养媳；周东屏，徐海东大将妻子，10岁做了童养媳；王长德，谭政大将妻子，幼时做了童养媳；李贞，甘泗淇上将妻子，6岁做了童养媳；钟月林，宋任穷上将妻子，8岁做了童养媳；冯明英，王宏坤上将妻子，16岁做了童养媳；危秀英，钟赤兵中将妻子，6岁做了童养媳；刘坚（萧成英），杨梅生中将妻子，7岁做了童养媳；马忆湘，晏福生中将妻子，13岁做了童养媳；潘家珍，刘子云少将妻子，12岁做了童养媳；李桂英，罗湘涛少将妻子，4岁做了童养媳；权卫华，李基少将妻子，12岁做了童养媳；林江（向光莲），张广才少将妻子，7岁做了童养媳；何锐，袁克服少将妻子，13岁做了童养媳；张少先，汪少川少将妻子，11岁做了童养媳。

……不止如此，陈琮英，任弼时妻子，12岁做了任家童养媳；邓六金，曾山妻子，曾庆红之母，出生十几天做了童养媳；李坚真，邓振询妻子，出生8个月做了童养媳；刘群先，博古妻子，11岁做了童养媳；肖（萧）月华，李德妻子，幼时做了童养媳；王泉媛，王首道妻子，11岁做了童养媳；吴富莲，刘晓妻子，周岁做了童养媳；廖似光，凯丰（何克全）妻子，4岁做了童养媳；蒲云，郑位三妻子，9岁做了童养媳；曹文玉，李维汉妻子，12岁做了童养媳；毛泽建，毛泽东堂妹，15岁做了童养媳；钱希均，毛泽民妻子，满月做了童养媳；庞淑媛，毛泽青妻子，童养时年龄不详；陈映民（王营），王明（陈绍禹）之妹，生下7天做了童养媳。

"延安五老"中也有四位妻子是童养媳出身，她们是：何连芝，董必武妻子，14岁做了童养媳；王定国，谢觉哉妻子，15岁做了童养媳；熊立诚，徐特立妻子，11岁做了徐家童养媳；范乐春，林伯渠妻子，童养时年龄不详。

还有两对母女皆不幸成为童养媳的：何葆贞（宝珍），刘少奇妻子，十余岁做了童养媳；刘爱琴，刘少奇长女，8岁做了童养媳；周东屏，徐海东妻子，10岁做了童养媳；徐文金，徐海东之女，4岁做了童养媳。

统计来看，这些红色童养媳童养时年龄最小的是陈映民，生下仅7天，最大的是冯明英，16岁。童养时平均年龄（仅统计有效数字的33人）仅为8.4岁。①

---

① 李奎原.红色童养媳——煎熬写就的巾帼传奇［J］.党史纵横，2016（12）：47.

以上资料表明，"红色童养媳"的年龄从生下来 7 天，到 20 岁均有，以 12 岁左右者居多。

杨·海伦曾访谈过 23 名红军女战士，其中有 11 位是童养媳出身。李坚真出生 8 个月就以八吊铜钱的价格被卖给了另一个穷人家。对于自己的家庭及自己童养媳身份的原因，她说：

> 我的妈妈有十二个孩子，死了四个，活了八个。我们三个女孩都卖了，留了五个。我的四个哥哥也卖到了东南亚。最后，只有一个小弟弟留下来。在旧社会，我们称之为"卖猪仔"。你没法选择，只好生一个，卖掉一个，然后再生一个。①

贫穷的物质条件就像一双无形的大手，紧紧扼住这些可怜女孩命运的咽喉，使她们饱受各种精神和皮肉之苦。成为童养媳后的境遇普遍很差，受尽各种虐待。杨·海伦访谈的另一位红军女战士马忆湘在其自传体小说《朝阳花》中是这样描写自己在婆家的境遇的：

> 他们非常凶恶，家里虽然不是很有钱，但是他们有足够的食物。我猜想他们想变得更富有，经常只给我吃剩饭。每次吃饭时，我要先侍候全家进餐，等他们都吃完后，如果还有剩饭才会给我吃。如果没有剩饭，我就得饿着。他们天天打我、骂我。我吃剩饭的时候，他们就看着我，还要指责我说："你这个讨厌鬼，除了吃，什么都不会。"②

民国时期很多地方流行的民谣中也有不少以童养媳为主题的。1929 年，何中孚编辑出版的《民谣集》中收录了浙西民谣 60 首，关于童养媳的有 4 首，其中一首唱道：

> 养媳妇，屐屐轧，一日到夜赶人家；裹脚拖出三尺外，一赶赶仔十八

---

① ［美］杨·海伦.选择革命：长征中的红军女战士［M］.朱晋平，等，译.北京：中共中央党校出版社，2011：123—124.

② 同上，第 71 页。

家，鸡屎拖仔八斤外；汤罐里乡净里脚，阿婆一击活打杀。①

这首浙西民谣将童养媳的心酸与苦楚吟唱得感人肺腑。童养媳除遭受婆家劳力摧残和打骂体罚外，还面临着被虐致死、被逼改嫁、被逼自尽、被逼为娼、被诱骗拐卖的危险，当时各大报刊每年均有登载相关案件。这里仅举其中三案为例。

1921 年 5 月 5 日《申报》披露：

> 苏州妇人钱李氏之童养媳巧弟，被流氓双喜于上年冬间诱引成奸后，由原籍拐来上海，将巧弟售与菜市街瑞福里内刘杨氏所开之妓院内为娼。②

1922 年 3 月 19 日《民国日报》披露：

> 南昌大士院第十四号杨牛子之妻何氏，性极残悍。牛子慑于雌威，遇事罔敢拂其意。前几年抱永和门外左姓之女为童养媳，虐待无所不至，以致此女骨瘦如柴。日前晚上，女又不知何故，触怒何氏，何遂用种种非刑，除夏楚之外，并施以炮烙针刺，女痛极而号，声震屋瓦。邻居均为之心酸。然畏何氏之悍泼，莫敢过问。迨至牛子回家，偏听何氏一面之词，竟用极粗笨之旱烟管，向女头上猛击，登时血流如注，顷刻殒命。翌晨旁近邻居及街坊人等，咸来问讯，无不诧为未有之惨剧。③

1923 年 7 月 21 日《申报》报道：

> 惨无人道之虐媳案，奉贤胡家桥镇东市开设皮匠作之尹阿三曾为其子聘顾姓女为童养媳，尹夫妇对于顾媳素极虐待，动辄扎缚殴打，近日不知因何，至绝其饮食，该媳不得已，窃取作场内鞋子持典求质，该典因知私取，不予受押，讵事为尹夫妇所悉，即于十七日将该媳凶殴毙命，弃尸河中，以为自己失足落河之掩饰，迨翌晨尸身在河中浮起，尹夫妇又佯作惊慌，捞起成殓，乃尸母闻信赶至，力阻加盖，并报告奉贤县委员检验矣。④

---

① 何中孚. 民谣集［M］. 泰东图书局，1929：5—6.

② 寻获被人拐卖之养媳［N］. 申报，1921-5-5（3）.

③ 母子虐毙童养媳惨剧（南昌）［N］. 民国日报，1922-3-19（8）.

④ 地方通信·松江［N］. 申报，1923-7-21（3）.

民国时期的童养媳就像一座座漂浮在社会这片汪洋大海中的孤岛，各有各的哀愁与不幸，却又无力逃离。

面对童养媳被虐待的悲惨处境，当时的社会人士爱莫能助。1920 年 7 月 21 日《民国日报》副刊《觉悟》登载了一封自称"孤帆"的读者写给"力子"的来信——《童养媳的可怜》，原信为：

> 我家邻居有一个童养媳，伊的父母早已死去了。伊年纪还小，到婆家不满一年，天天受那老婆子底虐待——鞭笞——因为我和他们只隔一壁，所以他们底事情，常常听得很明白。有一天伊到袜厂里去做袜——伊年纪虽轻已能挣钱——回来底时候，已近黄昏；那老婆子藉口说伊在外边玩耍，就大加鞭笞，打得几乎死去。我看见这种情形，觉得心甚不快；但是终没有人去代伊诉辩。唉！可怜！你有法儿想么？请你赐教。

然而，对于"孤帆"为邻家童养媳发出的求助，"力子"对此信的回复只能是：

> 我现在代伊想有一个方法，就是请那位住在只隔伊家一壁的孤帆先生，挺身出来打一个抱不平。①

此处提及的"力子"，即邵力子，时任《民国日报》副刊《觉悟》主编。在缺乏法律和制度保障的情况下，对于民俗中的"别人家的事"，旁人只能出来"打一个抱不平"。童养媳的被虐待问题，只是"别人家的事"中司空见惯的事之一。

（三）灾童的被卖与被弃

民国时期中国农村经济的脆弱不堪与农村的普遍衰败，导致一旦遇到天灾人祸，农民就会面临灭顶之灾。纵观 1927—1937 年国民政府统治时期的灾荒情况，呈现出由点到面，重灾、大灾、奇灾连年不断的态势。② 灾荒的形式呈多样

---

① 孤帆，力子 . 童养媳的可怜［J］. 民国日报·觉悟，1920，7（21）：3.
② 翁有为 . 民国时期的农村与农民（1927—1937）——以赋税与灾荒为研究视角［J］. 中国社会科学，2018（7）：184—203.

化叠加的局面，包括震灾、蝗灾、旱灾、水灾、瘟疫等，灾荒的范围延及西北、华北、华东、华中、西南等地。据国民政府行政院报告，1932—1935 年，全国各省份发生自然灾害共 3 695 次。① 严重者如 1932 年豫、陕、皖、甘、青、鲁大旱，晋、陕、豫等省雹灾，吉、黑、晋、豫、皖、赣、冀、湘、陕、鲁、粤、北满等大水灾，鲁、皖、豫虫灾。②

　　灾荒之下，尽是人间悲惨，灾童更是这人间悲惨中的弱者，经受着各种命运波折。1921 年直隶旱灾，天津《益世报》对此次旱灾中贩卖灾童的情况首次进行了详细的专门报道。

　　　　此次直省旱灾，极人世之惨痛，凡有血气者，宜如何矜怜而拯救之，乃竟有一般全无心肝之徒，利用时机，贩卖灾孩，以致生别死离，惨不忍闻，是真人类所不齿，抑亦狗彘之不食也，兹特向各方面，查明详细情形，披露于左：

　　　　贩卖之情形。据顺丽舟牧师报告，伊近来调查五县所及，其被卖之数，至少有五千人之多，每县约千人上下，宁晋一县，尤为贩卖最甚之区，闻全县灾童之剩余者，实属寥寥，在邯郸肥乡，沿途多见被卖灾童，运往各处，有一中年夫妇，有子三人，少者皆已售出，只余长者，年约十二岁，亦愿出卖，曾有人询该童愿否被卖，伊言固非所愿，言未已，而泪如雨下，见者无不酸心，并闻顺德府天主堂，自去年秋季，收得被弃之婴儿，已有五百余人之多云。

　　　　贩卖之方法。一般人贩，均极狡猾，以种种方法，逃避法律，用正式红帖者有之，用契约者亦有之，其契约又分终身出卖，暨有期租借二种，往往灾童被卖，经五六人贩之手，亦有人贩雇用经理，在各灾乡借与灾民征款，后急索之，终以其子女作价售卖，在顺德及石家庄两处，灾童之被人窃取，尤属时有所闻云。

　　　　贩卖之价格。灾童之普通价额，大都在一元至十元，亦有价值较高，至四十五十六十八十百五十不等。据保定某神父报告，一女售至三百五十元之多，乡间灾民，见此高价，每有见财起意，以为奇货可居，亦有儿女

① 行政院秘书处.行政院工作报告（1934—1947）[R].北京：国家图书馆出版社，2013：517—519.

② 翁有为.民国时期的农村与农民（1927—1937）——以赋税与灾荒为研究视角[J].中国社会科学，2018（7）：184—203.

卖出后，即见赈济，悔恨无穷，其惨状有非言语所能形容者。

灾童之用途。人贩对于灾孩之用途，大都以年貌规定之，或为娼妓，或为妻妾，或为奴婢戏子，或为义子养媳不等云。

救济之办法。曾有数案由办赈人员，以银数元，或米数斗，立时救济，此外虽有可能救济者，惜因无特备之款，未免坐失机缘，又或安县曾告示禁止，并严拿人贩，惟因无相当之处所收容，难于积极进行，顺德分会，亦派有侦查，探寻人贩，曾拿获数案，交县查办，然亦或无处收容之苦云。

调查之报告。据华洋义赈会所得报告，现经国际统一救灾会，查明直西贩卖灾童之统计报告如下，（贩卖之中心）石家庄、顺德、邯郸、郑州、彰德、太原，（贩卖最甚之县）完县、宁晋、沙河、赞皇、巨鹿、广平、肥乡、成安、曲周、威县、大名、磁县、彭城，（五县村正报告之统计）唐山贩卖数目三百九十六人，饿死数目四百七十三人，内邱贩卖数目五百九十八人，饿死数目九百二十一人，任县贩卖数目九百四十七人，饿死数目一千二百六十六人，巨鹿贩卖数目二千八百三十五人，饿死数目三千六百六十人，平乡贩卖数目四千四百七十七人，饿死数目五千零五十七人，总计以上五县贩卖数目九千二百五十三人，饿死数目一万一千三百七十七人云。①

另据天津《益世报》补充报道，磁县天主堂查明该县被贩卖的灾童详细情况为：

计三十三村，已有一百十二名之多，（被卖分类）男四十、女四十一，妻二十一，媳十；（年岁分类）十岁下五十一人，二十岁下二十四人，三十岁下二十人，四十岁下七人；（卖出省份）山西三十五人，河南三十一人，直隶四十人，本村三人，不知者三人；（卖价分类）三元下二十五，七元下三十八，十二元下三十，二十元下九十三，十二元下四人。②

据笔者目力所及，天津《益世报》对此次直隶旱灾中贩卖灾童实情的披露是前无古人的，调查内容极为详细，包括灾童被贩卖之情形、方法、价格、用

---

① 本埠新闻贩卖灾童之凄情惨状 [N].益世报（天津），1921-5-20（2）.
② 磁县贩卖灾童之调查 [N].益世报（天津），1921-5-22（3）.

（图片来源：中国国家数字图书馆.1929 年的天灾人祸：卖儿惨状）

（图片来源：中国国家数字图书馆.1929 年的天灾人祸：卖儿）

途等，并对灾童贩卖的县、村情况进行数据统计、摸排调查，真可谓苦心孤诣，其调查结果实在是令人触目惊心。

除被贩卖外，更有被抛弃的灾童，因漂泊无着而落草为寇，如1922年湖南沅州发生严重旱灾，饿死者数以千计，饥民不断加入盗群焚杀掳抢，灾童亦多加入盗群，传教士倍克氏曾亲见"十余龄之幼童多人，各执大刀，随盗行劫，少年盗匪视年龄较大者尤横，常焚人房屋，伤人生命，城外居民因遭少年盗匪焚抢而无家可归者已有四百九十户"①。

（图片来源：中国国家数字图书馆．山东难民颠沛流离之惨状：阖家逃难）

（图片来源：中国国家数字图书馆．山东灾民逃难之惨况之一）

---

① 湘省灾况［N］．申报，1922-8-4（4）．

1932 年皖北水灾，尤以蚌埠为重，因为缺少赈济和救援，蚌埠一时间沦为人间地狱，还出现灾童自己卖自己的现象，据当时报纸报道：

> 每天都有数十老少男女，因为饥饿而倒毙路旁，这只是蚌埠附近的话，其他各县的乡间，不必再说。在马路上，常常是两个人一队，三人一簇的少年妇女，头上插了两条竹子杆，呼出一种悲惨的音声。她们是在叫卖自己！如果没有人买她，只有饿死；如果有呢，她也不知道自己的命运将何属？！青豆芽、树枝树叶树苗儿，草儿都已食尽；灾民们的面孔都是红的肿的跄跟的游鬼。①

1929 年陕甘豫等北方十省大旱，"造成空前未有之奇灾"。受旱灾影响，死亡者达数十万，"夫卖其妻，父卖其子以求生存"的现象屡见不鲜，达数百万之众，被父母抛弃的灾童随处可见，以至于街头巷尾，呼父呼娘之声，不绝于耳。②据当时慈善团体实地调查报告，甘肃境内"灾民子女，往往引至人多处，故意抛弃。君想卖几个钱，万无人要。人肉充饥，在甘肃已成平常事，不足为奇。旅店中有多数灾童，蹲在牲畜槽下，希望得点骡马遗弃麸料，拾以充饥"③。

除被卖掉、被抛弃的灾童外，还有众多灾童从农村流入城市，在城市社会底层苦苦挣扎，谋求生路。

二、城市无产儿童的苦谋生计

"照中国目前的境况，资本集中城市，乡村大有急趋直下之势，一般儿童的父母或儿童本身，大都来城市谋生，故流浪儿散居城市者特多。"④除流浪儿童之外，民国时期城市劳工儿童数量众多，仅以上海为例，工厂雇用的童工、小工业童工、手工业学徒、艺徒等合计约有 34 万。而上海市人口在 1929 年统计约 2 749 285 人，童工约占全市人口的 12%，约占全市工人数量的 46%。⑤ 离开

---

① 苗儿，草儿，食尽！少妇，幼女，卖身！[N].文艺新闻，1932-4-25（2）.

② 救妇女儿童性命拜求孝母敬妻爱子求嗣续健康大善士［N］.申报，1929-8-29（2）.

③ 甘赈代表之报告［N］.申报，1929-7-9（4）.

④ 吴政达.中国的流浪儿童［J］.教育研究，1933（3）:137—142.

⑤ 邱培豪.中国童工问题［J］.社会月刊，1930，2（6）:4.

农村进入城市谋生的儿童，再加上城市中原本存在的无产儿童，共同构成了城市无产儿童的主体。与农村无产儿童相比，城市无产儿童的生存境况并没有太多改善，反而因谋生出路更多而诞生了更多种类的无产儿童群体。

（一）被资本盘剥的童工

在城市里，雇用童工是自清末产业生产诞生以来直至民国便一直存在的严重问题。农村普遍破产的现实，使得许多儿童涌入城市谋求生计。因此，从清末开始，民族资本与外资资本都大量使用童工。如民族资本方面，1888 年的宁波通久源轧花厂踏板轧花机器均由大约 8 岁的童工操管，1893 年武昌织布局及 1896 年的通久源纱厂也多使用幼童上工；外资资本则更甚，仅 1899 年上海租界内外的缫丝厂、织布局、轧油厂、自来水公司共 43 家工厂就有约 7 000 名童工。[1] 到民国初期，随着资本经济的发展，童工问题日趋严重，以致全国各类工厂中均存在大量使用童工的现象。据估计，此时全国童工的总数已至少有 80 万人，并仍呈显著增加态势。[2] 总体而言，全国童工分布，南方以上海为中心，北方以天津为中心。[3]

（图片来源：中国国家数字图书馆.上海丝厂童工）

---

[1] 尹明明.清末民初劳工立法中的童工保护［J］.山东师范大学学报（人文社会科学版），2005，50（4）：122—125.

[2] 中国新民主主义青年团中央委员会办公厅.中国青年运动历史资料（5）［G］.中国新民主主义青年团中央委员会办公厅，1958：374.

[3] 邱培豪.中国童工问题［J］.社会月刊，1930，2（6）：4—8.

20世纪初期，上海杨树浦路就有一座"烟突凌霄，夏屋渠渠"的巨大纱厂，英国人哈定曾考察该纱厂，发现其工人中有一大半为"贫妇乡女与未成年之童子"，且该纱厂：

> 往往用包工之法，而匠目乃得藉是以牟利。匠目之责任，只求于若干工中缴纱若干磅而已。坐是雇用儿童遂为匠目图利必不可少之事。盖寻常并两童之佣值，犹不及一壮者。而其心机之灵，手艺之巧，则恢恢乎游刃有余，未稍逊于成人也。上海纱厂之成绩美，规模大者，八九岁之儿童往往服役其间，趋之若鹜。工匠每十人中，必有一儿童焉。夫雇用儿童以充劳役，从未有法律之限制。此不独纱厂一项工业然也。盖工厂设于租界，而租界之管理权直接间接之间即操诸诸大资本家之手也。①

1923—1924年上海公共租界工部局童工委员会调查表明，上海市内共有雇用童工的大小工厂275个，遍及棉纱厂、丝厂、制烟厂、机器及造船厂、印刷厂、火柴厂、洗衣业、建筑业等，童工总数173 272人，且6岁左右的童工为数不少。②天津有较大纺纱厂6所，雇用童工3 500人。③

在各工厂内，童工"包工法"依然被沿用且颇为通行：

包工之人常自乡间招

（图片来源：中国国家数字图书馆.
制作大型烛台的土山湾工艺所童工）

---

① ［英］哈定.外资输入中国实业界之危象［J］.严枚，译.中华实业界，1914（10）：2.

② 中国新民主主义青年团中央委员会办公厅.中国青年运动历史资料（1）［G］.中国新民主主义青年团中央委员会办公厅，1957：496.

③ 邱培豪.中国童工问题［J］.社会月刊，1930，2（6）：8.

集童稚入厂工作，每月每人给其父母工银两元，但所包工值，则以每人每月
六元计算，所以每包童工一名，每月可获利四元，此项童工之住所饮食，常
极不堪，简单言之，其生活殆与奴隶无异。①

关于童工的待遇，自是苦不堪言。不仅工资极低，"每日收入，供两餐之
用，且感不足"，还经常被克扣，工时极长，两班倒，每班 12 小时，有的工厂
还延时至最高 18 小时，生存条件极差，卫生、安全、食宿无保障。程婉珍在参
观一家天津火柴厂时，曾描述：

这个厂开办以来，已有十余年之久，我参观的时候，正在添造新屋，
想来彼底营业必定是很发达的。厂内的工作，除有几部分必需年龄较长的
人，方能胜任之外，其余工作都用童工。童工共有三百余人，内有几个女
童工，年纪很小，只有六七岁的模样。他们作工的时候，都是站立的。……
工厂中的空气，非常污浊；牛胶和磷的气味，极其难堪。我们参观了不多
时，已经觉着头痛目眩。②

童工还经常被打骂羞辱，致残致死情况时有发生。如"在英商怡和丝厂，
女童工遭工头毒打的事件屡见不鲜，有的被铜勺击伤头部，有的耳朵被扯伤，
一个月之中，这类事件多至 15 至 20 起，吓得有些童工不敢到厂上工"③，甚至
有将童工打死者④。除工头外，童工还遭受同厂成年女工虐待以致时常引发惨
案，如 1921 年 11 月 17 日上海大洋桥乾生丝厂曾发生一起案件：

打盆女工杨三宝在工厂工作时，受陈曹氏虐待，回家后诉知其父母，往与
理论，以致发生龃龉，彼此互殴，杨之父母，竟被人用小刀戳伤十余处，时天
已昏暗，不辨行凶者为何人，遂由警察第一分所将一干人证，解县讯办。⑤

① 调查上海童工状况委员会之缘起及报告：附表［J］.中外经济周刊，1925（104）：
9—14.
② 程婉珍，力子.天津火柴厂内的童工［J］.民国日报·觉悟，1922，7（30）：3.
③ 丁勇华，吕佳航.试论 1920、1930 年代上海童工问题［J］.上海大学学报（社会科
学版），2008，15（2）：91—98.
④ 纱厂童工被打毙命［N］.民国日报，1924-4-11（11）.
⑤ 丝厂虐待童工［N］.新闻报，1921-11-18（2）.

（图片来源：中国国家数字图书馆.
做炮仗的女童）

（图片来源：中国国家数字图书馆.
大同煤矿的童工）

不止在轻工业工厂，民国时期各地矿山及机器工厂也均有使用童工情况，关于儿童矿工的生存处境也时见报端，如河北柳江煤矿雇用幼童挑选出井后的块煤和末煤，每天每人得工资小洋六角至七角。①四川的炭窑童工，多有未满10岁的，"一入其中，每日工作，不准稍息，如有迟缓，鞭挞随之，暗无天日，狱囚莫及"②。云南锡矿中也存在童工，时人曾比较详细地揭露出这些锡矿童工的真实生存处境：

　　云南的锡矿是个残酷的大戏场：在其中，八岁至十二岁的小孩，忍受着人间极大的苦痛。

　　那些矿是由一窝窝左右散乱在山上的矿质所组成的。开采的时候，是由山腰开些小隧道，与水平面成三十度倾斜，伸入到软而易支碎的土里。它们是如此的低矮、狭小，只能容许一个小孩出入。其长度有六百至一千六百米突，当然无法使之通风换气。其中温度约有摄氏四十二度。

　　那班可怜的小孩就那样滑入隧道，带着个空袋，在黑暗中挣扎着前进，到了矿窖，他们装满了十五至二十基罗格兰重的袋子，重新拖着或背着他

①　邱培豪.中国童工问题［J］.社会月刊，1930，2（6）：8—9.
②　乐山县府严禁炭窑贩卖童工［J］.矿业周报，1934（281）：646.

们的重担回到道口。一天中他们可作三次来回。

但是这些锡矿在海拔二千米突以上的高山上。冬天的时候上面是冷极了。我们就可以想象到：那班苦孩子是处在何等温度的剧变之下。从空气热而浑浊的隧道中，走到海拔高处的冰冻的空气里。时常，当他们带了重担刚走到出口处的时候，他们即被压缩作一团，而失去了知觉。他们之中有百分之六十是患着肺结核症的。并且易支碎的土所成的隧道有时毁坏，正当小矿工打那处经过，于是就被压倒，而闷死在那里。有时，当回转的时候，他面前的土地下坠，阻止他重回到地面，于是他就此窒息在那儿。

那班小孩是困居在离矿不远的破陋的小居中，有武装守卫着防他们脱逃，他们在偷逃者的身上点起火来，起初当然是恐吓，但必要时，如果是第二次，便烧死他们。①

不管是工厂中的童工，还是矿洞中的童工，儿童从幼龄开始便已如成人一般，需在恶劣的工作环境中谋生计。他（她）们要经受由成人资本家操控的层层盘剥，承受着资本世界的种种不公正，这与农村地主对破产农民家庭儿童的欺压一起，犹如两座"大山"，压迫无产儿童在生活中劳碌奔波。

（二）竭力挣扎的苦力儿童

城市无产儿童中以出卖苦力为生的也为数不少，人力车夫中就有由 10 岁左右的儿童充当的现象。②1922 年，《大公报》曾发表时评指出天津和北京出现的儿童人力车夫现象：

未成丁之幼童，每多因生计上之压迫，而又毫无一技之长，饥来驱我，势难束手待毙。遂恃其所有微少之捐力，投身为人力车夫，以为糊口之捷径者。

人力车夫生涯之惨苦，记者曩曾于本报上，为文详论之矣。近来因四乡歉收，加以兵灾等项之结果，幼童之为人力车夫者，日益增多，通衢之中，汽车马车，纷纠错杂，往往见有年未成丁之幼童。

瘦如枯蜡，骨立若柴，而其所拖曳之人力车中，每多肥硕健壮之客，

① 务常.小矿工在云南［N］.海报，1942-12-3（4）.

② 中国新民主主义青年团中央委员会办公厅.中国青年运动历史资料（5）［G］.中国新民主主义青年团中央委员会办公厅，1958：372.

喘息奔驰，竭力挣扎，惨苦之状，殆非吾人之所忍言。此诚当局者所宜积极取缔，不容稍缓者也。

顷英文《京津泰晤士报》，亦载有评论未成丁之人力车夫事一则，亟为译录如下：北京街市上，近来常见有年幼之人力车夫，拖曳肥硕厚重之大腹贾，蹒跚喘息，几不能步，此种现象，日益增多，拖车之幼童，其年龄不过仅及十岁或十二岁，此类幼童筋力上所受之苦痛，其究也必致戕贼其生命而后已。幼童工作，本乖人道，惨目伤心，当以此类为尤甚。假使巡警当局，肯于发号施令，则一般警察，对于此事，不难加以严重之取缔也。然即北京使馆界中之警察当局，对于此种惨酷之事，亦并未加以制止，诚可怪已。

记者按：以上所论，因系根据该报京员通信，故仅就北京一方面而言。今津埠方面，未成丁之人力车夫，亦实繁有徒，吾愿地方当局，速加注意，并谋严重之取缔，否则来日之结果，有非忍言者已。①

据《大公报》所言，北京出现儿童人力车夫现象乃邻近乡村收成不好，加之兵荒所致，这是农村无产儿童流入城市卖苦力为生的又一种方式。除京津外，上海也存在儿童拉人力车的现象，并引发关注儿童问题者的反对，1923年《时报》曾载：

闸北公民许进贤等，以鉴于闸北方面近来童工拉车者日益增多，以致倾覆车辆，及残贼童工之事，时有所闻，查童工拉车本无例禁，奈淞沪警厅各区署明知故纵，对于此项童工，熟视无睹，毫不取缔，非特有伤人道，抑亦太觉蔑视大众之安宁，故昨特联名公呈淞沪护军使署，请即令行警厅重申禁令，对于此项童工拉车，务须尅日予以严厉之取缔云云。②

金侠闻也曾目睹：

沪上南市车马往来，较租界为稀少，于是拉人力车者，以南市为试验所，非老朽即童工。近来童工尤多，估量年龄，大约不过十五六岁，甚至十二三岁。

① 湛.时评·童工问题［N］.大公报（天津），1922-7-27（3）.
② 呈请严禁童工拉车［N］.时报，1923-9-14（6）.

一人之力，不能拉车，两童工合拉一部，或推或挽。每过街市，见辄心动。①

由上可知，对于儿童拉人力车的现象，无论南北，均无政府监管，也没有受到社会关注，只是见诸报端，呼吁政府重视。事实上，还有儿童纤夫、码头童工也从事苦力工作。直至 20 世纪 30 年代，即使有政府禁止使用童工的法律出台，苦力儿童仍然存在。如 1936 年署名为"扦子手"的作者，创作的诗歌《黄浦江风景线》，就是对黄浦江头苦力儿童艰辛生活的写照："慈幼昔闻国有律，竞存竟忍看摧残。憨娇世惯称天使，贫贱今沦作瘪三。"②

（三）风雨无阻的童贩

童贩是指以贩卖谋生的儿童，具体包括报童、零售儿童、差童等。其中的报童，在民国时期又被称为"卖报童子"，都出身城市贫寒人家。因报童在城市中数量众多，时人对当时报童生活的艰辛有颇多记载。

（图片来源：中国国家数字图书馆.
没有节奏的卖报声）

（图片来源：中国国家数字图书馆.
街头报童）

---

① 金侠闻. 坐人力车感想到童工问题 [J]. 农工商周刊，1929（65）：3.
② 扦子手. 黄浦江风景线 [J]. 关声，1936，5（3）：77.

1925 年"启之"在《生活》杂志上的《卖报童子》一文，对报童生活给予了细腻而富有同情的记述：

販卖报纸也是販卖生涯中的一种，販报虽不是甚么笨重的生活，然而确是一桩麻烦而最要耐苦的事，天拂晓，就要起身，到报馆前面等着开门，太阳上东南角，馆门才开；有时开了门，报还没有出版，只得挨着饥肠静候，好容易出版了，余了几十份沿街叫卖，卖完了偿还赊账，然后才回去吃这天的第一餐饭，这时差不多已正午了。

吃完饭，停一会儿，还要替报馆里尽送报的义务，因为要替报馆尽送报的义务，报馆始肯他享余报的权呢！定报的人家既多，又是五离四散，非到八九点钟，总没有休息的时间，九点钟以后，便是他们最安逸而极乐的时候了。其实是生理上正当的要求，那算偷安呢。

天气有寒有暖，有晴有阴，送报的责任，除夏历过年停几天或他自己害病以外，是一天不能间断的，热天罢！背着报纸在如蒸的空气里生活，肌肤热得红而发黑了，也是要跑；冷天罢！在冰冻的空气里生活，手上龟裂了，仍是要跑的。有时因为天气太热，站树下吹一阵凉风；或因太寒，躲檐下避一会冷风，而这薄命的生涯，好似催着：走罢！走罢！

我记得一次有个送报的童子，送报到我校里来，忽然大雨，那童子焦急极了，在他憔悴的面孔上，愈显出他那可怜的心理，他脱下外衣，裹了报纸，冒着雨走了。

又一回，我的朋友告诉我，他一次在某巷经过时，路灯息了，听得转角处呜咽的哭声，用电筒一照，原来是一个可怜送报的童子，以黑暗中不辨路径，报也满沾淤泥，送去人家人家不要了，回报馆又不能交账；我朋友见他委实可怜，给了他一枚银元，他熟视我朋友的脸，并问明了姓名和住址，谢一声去了。自此以后，他每日总要赠我朋友一份报，至今从未间过呢！

他们虽然饱受了外界的侵残，可是身体倒还很强健。也许是上帝给不幸者的一点恩惠罢！咳！他们风雨无阻地跑，受这样的痛苦，究为何事？①

风雨无阻努力奔跑卖报的无产儿童，为维持自己的工作，赚得微薄的收入，小小年纪就已经品尝到生活的艰辛，忠实地对待每一位成人"顾客"，将报纸视

---

① 启之.卖报童子［J］.生活，1925（10）.

若珍宝，以此获得自己在顾客和报馆心中良好的信誉。

与其他城市无产儿童不同，报童因需要与订报人家庭保持定期联系，且订报人家庭一般为知识阶层，因此在史料中存在不少订报人记述的其与报童之间发生的生动故事。如笔名为"春申旅客"者曾记载：

> 邑有贩报童某，年可十三，其送报也，按时必至，取价极廉，故人乐易之，一日大雨骤至，留滞余家，诘彼身世，童曰，父本经商，薄有家产，因年来病瘫，不能任事，致以坐食，贫困顿生，不得已，老母为人洗衣，余则售报博微利，冀稍分母之劳苦，噫，彼童子焉，而能语此，殊罕有也。①

就笔者目力所及的史料，有关报童的史料记载是所有无产儿童中最温暖的，不仅记载者的字里行间流露出对他们的悲悯，报童自己的遭遇与对白中也充满生气，有人情味。

（四）劳无闲暇的学徒

民国时期，与资本主义工商业发展并行的，是传统旧式雇主行业。与童工不同，我国自古以来的雇主行业均采用学徒制度，学徒在学徒期内没有工资，但由雇主供给膳宿，并负有教养责任。传统学徒制主要存在于洗衣业、建筑业、印染业、五金业、阳伞业中，虽然也有学徒逃跑、轻生、被虐待、意外死亡、受伤等情况发生，但雇主与学徒之间的矛盾并未普遍激化。关于我国的学徒制度，1922年《新嘉坡中华总商会月报》上刊登了一篇《中国商店徒弟制度之概要》②的文章：

> 吾国习俗贱商，故往昔商业人才，皆由徒弟制度养成，而无专设学校以造就之者，旧制相承，学识日窳，在昔闭关时代，尚可自持，若一入今日经济竞争之场，与优越者角逐，则失败立见矣，兹将其制度述之于次：
> 1. 投师。徒弟投师时，年龄约自十二三岁以上，至十七八岁以下，其手续先由亲友介绍，经本店经理人许可，由徒弟书立投师字，亦有由其父

---

① 春申旅客.灯下漫载［N］.新世界，1924-9-16（2）.

② 老学徒.中国商店徒弟制度之概要（附表）［J］.新嘉坡中华总商会月报，1922，1（1）：52—55.

兄书立者（书式详后，学习技艺者，用投师字，否则不用），请凭确切保认人担保，其窃逃货物银钱等事且须由其父兄具备保证金（俗称之押柜礼），金额视所学商业之大小而异，多者百金以上，少亦数十金，或数十串不等，亦有只须保证人，不用保证金者，日后学习期满，仍将额金退还，若中途辍学，亦退还之，但不算息，盖俗即以其额内之息金作学习期内膳费之弥补也，当徒弟进师之日，须按通常礼式，备酒请师（俗谓之进师酒），由其父兄或介绍人，带领徒弟拜本号之经理人为师，亦有拜店主为师者，习例以三年为学习期满。

2. 教授。徒弟于学习期内，凡关于商业上事务，多由经理人教授，号归完备者，则朝令习洒扫应对之事及店内其他一切杂役，夕令学簿书计算及本业内技艺，懒惰不遵教诲者，其师得谴斥惩戒之，挽近号规，多属松懈，为师父者，亦鲜能尽教授之责，如是徒弟习于荒嬉，而恒少成材矣。

3. 津贴。徒弟之资格较优者，可令实地练习业务，而为他伙友之助，但以尚在学习期内，多不给予工资，而习惯上则略具津贴，如平时与以鞋袜钱，岁终给以压岁钱之类，亦有学至一二年后，店中每月给以月费者，若徒弟于甲店学习，未及卒业而甲店已歇闭，转入乙店时，俗谓之参师徒弟，谓其曾学习一二年，距出师不远也。此种徒弟，可为伙友之助，而尝给以月费。

4. 死亡及失踪。商店距徒弟家属较近者，徒弟可时归省，其父兄亦可时为照拂，如有死亡失踪等事，店中自可不负责任；若徒弟来自远方，父兄无由照料，而遇病殁，或被人拐诱之类，虽按投师字店中可不负责（即无投师字，此种事变，其师亦不能负责），然病殁之棺殓，死于非命之根究，被人拐诱之访查，则师店皆无可推诿者也。

5. 出师。凡徒弟自进师日起，至三年届满日为出师，学习技艺者，多于投师字内，载明出师后，须帮本店一二年不等，其非习技艺者，虽多不立字据，第甫经出师，类不准遽入他店帮伙，此惯例也。又出师后，帮师一年，店中须略给工资，一年后再由本店荐引他店，则其信用亦可较厚也。

据甘培而（Gamblo）1921年的调查，北京当时学徒主要存在于理发、瞽目、牙刷、梳篦、鞋脸、眼镜架、括舌、猪行、羊行、地毯、批发煤、零售煤、糖果、厨、药、染棉、染丝、蚕、皮、捶金、帽、玉、裱糊、油漆、双线、金、造胰、零售胰皂、成衣、水车、染骨等行业，确切可统计者达23 595名。[①]

---

① 邱培豪.中国童工问题［J］.社会月刊，1930，2（6）：14.

然而随着民国以后机械工业的发展，民众生计困难，加之连年战乱，米价暴涨，导致传统旧式工商业雇主对待学徒变得异常苛刻，关于学徒被毒打、被虐待、逃跑、意外伤亡，以及学徒谋害雇主、卷款逃逸、斗殴闹事等现象不断攀升。

1928 年北平 ① 社会调查处调查发现，学徒的处境较之童工更为不堪。学徒的工作时间毫无限制，常遭受雇主打骂，时有逃师现象，逃出后因为没有依靠，便流为乞丐或被人拐骗贩卖。② 刘半农曾作学徒苦诗，表达当时学徒生活的悲惨：

食则残羹不饱，夏则无衣，冬衣败絮。腊月主人食糕，学徒操持臼杵。夏日主人剖瓜乘凉，学徒笼烧煮！学徒虽无过，塌头下如雨！学徒病，咤曰："孺子贪惰？作诳语！"清清河流，鉴别发缕，学徒淘米河边，照见面色如土，学徒自念——生我者，亦父母！③

另据上海公共租界工部局童工委员会调查，上海各业学徒为数最多的是建筑业，采用包工制，共计两万人，待遇极劣。其他如印染业、木业等学徒，一般由亲戚为保人或介绍人，去雇主家当艺徒，在未满师时，雇主仅每月给予少数月规钱，作学徒沐浴、剃头之费，年终只给予一二元的赏钱或鞋袜钱，此外

（图片来源：杨凤麟.你进过当铺吗？当票的字，是自成一格的，学徒每夜便必须秉烛学习那些当铺式的书法 [J].良友，1935（105）：26）

---

① 1928 年南京国民政府设立北平特别市，简称北平。

② 邱培豪.中国童工问题 [J].社会月刊，1930，2（6）：4.

③ 同上，第 1 页。

在一年三百六十天中间，便白吃了雇主的饭替雇主做工。有时除掉正式工作之外，还要替雇主或师父的家庭充当杂役，如烧火、洒扫、买物等。①

据时人总结，民国时期学徒被不人道对待的方式主要表现在三个方面：

> 虐待。雇主或业师的虐待学徒，在习惯上看来，似乎是当然的合法举动，其虐待方法，通常为辱骂、殴打、减食，或其他残酷的方法，甚至雇主的眷属和小孩，也可以随便加以侮辱，殴打！学徒在体力上，是不能抵抗虐待，在智能上，不敢宣泄苦痛，只有忍气吞声，度此非人生活，往往有不堪虐待而逃亡或身死的，是常常有的事。

> 过度劳动。使用学徒操作成年人以上的过度工作，也是见习的事。尤是工作时间，更谈不到，学徒自学业契约订定后，整个身体，是属于雇主或业师了，日继以夜地工作着，没有一刻休息，这于一个身体发育未全的儿童，自然是极不利的。

> 不习所业。学徒这个名词，顾名思义，可以知道是学习所要习的某种业务或技艺；然而事实却并非如此，往往一般雇主或业师，命学徒所做的工作，是操作杂务，甚至为家眷做家庭里烧饭、洗衣、抱小孩的工作，这实在离开学徒的本义太远了，并且这种无代价使用他人的额外劳力，是法律应该取缔的。②

学徒制本为中国旧式习艺制的主要形式，具有特定的匠艺传承优势和长足之处。参照上文提及的《中国商店徒弟制度之概要》中有关学徒的习艺内容和规范可知，当异化的学徒制成为无情剥夺儿童劳力的枷锁，成为成人虐待儿童的地狱，这与资本主义的吸脂抽髓般牟利并无二致。

（五）漂无定所的流浪儿童

民国时期，关于什么是流浪儿童，不同的人有不同的看法。吴政达认为，流浪儿童是指入学儿童以外的所有儿童。③ 王懋和认为，流浪儿童即"吾人在

---

① 邱培豪.中国童工问题［J］.社会月刊，1930，2（6）：9.

② 天朗.论学徒制与童工保护［J］.勇进，1934，2（10）：474—477.

③ 吴政达.中国的流浪儿童［J］.教育研究，1933（3）：137—142.

（图片来源：中国国家数字图书馆.
拾垃圾的小孩）

（图片来源：中国国家数字图书馆.
一个垃圾场附近拾垃圾卖钱的小孩）

各大都市所习见之行乞儿童及拾荒儿童是已"①。笔者此处采用王懋和对流浪儿童的定义。在王懋和看来，流浪儿童是彻底失去家庭依怙、真正的社会最底层，他们与乞丐无异，以乞讨和拾荒为生。与其他城市无产儿童不同，流浪儿童因没有任何约束和缺乏成人管控，处于自生自灭状态，他们像野草一般生长，常常为果腹而乞求施舍或偷窃财物。

　　大资本主义之下，生于赤贫人家之儿女，纵令父母俱存，且有职业，亦不过勉能维持生存，本无所谓生活，一旦父母死亡，或父母虽存而失业，又或父母胼胝手足之所入曾不足易糊口之饭粥，则惟有出于两途：一为从冻馁到死亡，一为从冻馁到流浪。从冻馁到死亡者无论矣，其从冻馁到流浪者，则或为极严重之社会问题。

　　盖此等儿童居社会之最底层，或求乞以为生，或向垃圾箱中寻觅可利用之废物以易三五枚之铜币，或拾途人所弃之瓜皮以果腹，昼则奔波无已时，夜即露宿于里巷，其所习知者，为上层社会之残忍性情，与夫金钱魔力之伟大，其所习见者，为小瘪三之浮荡狡狯之性行，其所习为者，为乞

① 王懋和君论救济流浪儿童［N］.益世报（天津版），1935-7-29（9）.

怜路人或偷窃财物之事。①

虽然没有确切的统计数据，但不少史料表明，民国时期的流浪儿童数量庞大，遍及全国。

在我们中国，无论在哪一个地方，只要一走出街头巷尾，便会看到成群结队的流浪儿童，在追逐嬉戏。这许多儿童，都是孤苦无告的。贫穷的命运，把他们的青春吞噬了。②

在上海，流浪儿童有一个特别的称呼——"小瘪三"。

我们的国土里不知道有多少这些可怜虫。他们从乡村里受了残酷的打击，

（图片来源：中国国家数字图书馆.
《流浪的孩子们》之片断）

（图片来源：中国国家数字图书馆.
上海街头的流浪者）

① 王懋和君论救济流浪儿童［N］.益世报（天津版），1935-7-29（9）.
② 海溶.为流浪儿童请命［J］.勇进，1935，2（1）：1—2.

漂流到都市来，找寻他们的生活。"小瘪三"便成了那些孩子的徽号。他们有的随着父母，度着沿门托钵忍饥挨冻的生活。大部分的流浪儿童，早从温甜的家庭里抛出来，孤零零地度着猪狗不如的日子。就在上海，在苏州河桥上帮助推车的，在马路边逢人求乞的，不都是那些可怜的孩子吗？他们……冬天披着麻袋或报纸，在雨雪中打抖。晚来就在垃圾桶边，蜷伏一宵。有的像湿地里的菌蕈，无声的死灭了。①

据此，当时有学者指出，政府和社会应该为这些流浪儿童提供必要的保障和帮助，但因国力和时局等原因影响，终未能解决。

如果说其他无产儿童尚且能够依靠出卖自己的劳动力勉强维生，那么流浪儿童就是连依靠自己劳动力谋生的机会也没有的真正的赤贫儿童，无依无靠，无家可归。他们与其他的如儿童小贩、报童、学徒、童工等一起，构成了一个庞大的城市儿童底层社会，经受着巨大痛苦和压迫。

三、无产儿童的自发抗争

不管是在乡村还是在城市，面对种种不公平待遇，一些无产儿童也会自发抗争，用自己力所能及的方式表达不满。

在城市，有的童工面对工厂施加的虐待及不公平对待，会主动寻求警察控诉。1922年《无锡新报》载：

中华袜厂童工周伯庆、倪积堃、王阿青、吴畊辛、虞进德、朱寿德等六人，以该厂司事时加虐待，每人月支饭金四元半，殊不能果腹，每晚睡卧并无床铺，均卧方砖地上，该童工等以天气日寒，而被褥又复单薄，实有不能支持之势，因向该厂司事告退，而司事以该童工等年幼可欺，即扣住该童工等行李，更不与清算工资，该童工等情极，因向警察所呈控该厂司事戈子祺，凌虐工人，请求将戈拘案究办，警察所据呈，当即传集两造，由侯警佐开庭质讯，审问一过后，侯君当论该工人既欲告退，戈子祺不应无故扣住该童工等行李工资，应着即行发还，至交与该童工等纱件，亦应

---

① 施瑛. 流浪儿童 [N]. 新闻报本埠附刊，1935-3-19（1）.

由该童工等如数点交清楚，论毕遂退庭。①

还有的童工甚至会自发组织罢工，以要求工厂满足自己的合法利益诉求。1925 年《新闻报》报道：

> 劳勃生路六十四号东亚麻袋厂，昨日有童工一百人，要求加薪一成未允，罢工，其他工人六百名，因亦连带停工，须待童工加薪事解决后，方可开工云。②

当面对工厂和家庭的双重虐待而无法申诉时，史料显示，更有不少童工会选择逃跑，以表达自己的不满。如 1926 年 1 月上海《时报》报道：

> 闸北宝山县彭浦乡南区保卫团巡逻队，昨在宋公园路查见迷途女孩一口，带至团部，讯悉名玉英，年十三岁，父殷龙凤住西门，伊于去年归王家做养媳，翁王全峰现住香山路鸿福里二十二号，因在大纶丝厂学打盆，被管车陈蔡氏毒打，并用开水烫烂手臂，忍受不过，而于翁姑面前又不能申诉，故想图逃等语，当经该团饬传该女家族具领善为教养外，并函劝该厂嗣后须改良待遇童工云。③

在乡村，如有的破产家庭儿童——朱德、彭德怀——在遭受地主剥削和家庭变故时，会自然地对身边的事物变得敏感，童年时的彭德怀会清楚地感知："正月初一，邻近富豪家喜炮连天，我家无粒米下锅。"而童年时的朱德会发出"（田主）为什么把我们的鱼捉去呢？"的疑问。饱受磨难的童养媳，对自己处境的认识也非常清晰，如马忆湘在从婆家逃回自己家时，马家非常担心其婆家会来找麻烦，她解释道："我们家实在太穷了，穷人总是被人欺负，我们没办法替自己说话。"④

不止于此，除对自身处境有着清醒的认识外，有的儿童在是非善恶、国危

---

① 袜厂司事凌虐童工被控 [N].无锡新报，1922-11-27（3）.

② 东亚麻袋厂童工要求加薪 [N].新闻报，1925-10-20（10）.

③ 丝厂童工受虐图逃 [N].时报，1926-1-3（4）.

④ ［美］杨·海伦.选择革命：长征中的红军女战士 [M].朱晋平，等，译.北京：中共中央党校出版社，2011：75.

家破的现实面前，他们也有自己的道德判断和反抗方式。朱德自述他是在幼年时庚子赔款、戊戌变法、富国强兵的国危朝亡氛围下开始懂得"问国家事"的。彭德怀也说童年的遭遇使他深受伯父影响，从小产生了打富济贫、消灭财主和为穷人找出路的思想。范用的回忆也说明儿童对日寇入侵这类国家大事的关心程度并不亚于成人：

> 十岁那年，"一·二八"日本鬼子在上海开仗。那时候，中国人连小孩子都晓得要抗日，打东洋鬼子。我早就知道"五三惨案"，日本人在山东杀了蔡公时，挖掉他的眼睛。知道日本人占了东三省，像大桑叶的地图从此缺了一大块。上海打仗，人人都关心十九路军打得怎样了。每天下午三四点钟，街上叫卖"号外"。我把人家看过的"号外"讨来，用小张纸把"号外"的大标题抄写五六份，送给人家看，不要钱。到现在我还记得写过"天通庵""蕰藻浜"这些地名，还有那不怕死的汽车司机胡阿毛。"号外"尽是好消息，"歼敌三百""我军固守"……看了，晚饭都要多喝一碗粥。①

对自身处境的敏感，就是对社会问题的某种程度的觉悟。并不是所有无产儿童都会敏锐地觉悟到自己所处社会的问题，他们是默默肩负生活的重担蜗行苟活的普通儿童。

马克思认为："有产阶级和无产阶级同样表现了人的自我异化……无产阶级在异化中则感到自己是被消灭的，并在其中看到自己的无力和非人的生存的现实。"②然而，当处于社会底层的那些有着敏锐心智的儿童在识尽家国破败及任人糟践的不公平的愁滋味时，鲁迅那种"人被压迫了，为什么不斗争？"的时代提示，就能在他们幼小的心灵里产生强烈共鸣，积蓄深厚、压抑已久的小小精神能量只待有时机，便能喷薄而出。无产阶级是阶级革命实践的承担者，肩负着自我解放乃至人的解放的历史重任。③无产儿童一旦被组织动员起来而成为无产阶级的重要组成部分，他们也会成为阶级革命的承担者，肩负起自我解放乃至人的解放的历史重任。

---

① 薛原.童年［M］.济南：山东画报出版社，2006：211.

② 马克思，恩格斯.马克思恩格斯文集（1）［M］.中共中央马克思恩格斯列宁斯大林著作编译局，编译.北京：人民出版社，2009：261.

③ 田毅松."究竟什么是无产阶级"：反驳与论证——基于异化论的无产阶级概念分析［J］.马克思主义与现实，2016（1）：59—65.

作为无产阶级的先锋队，中国共产党及其社会革命方案不可能不触及这广大的被压迫幼龄群体。中国共产主义青年团从早期活动开始便积极关注儿童"问题"的事实，正证明了他们对争取并组织这些被压迫儿童参与到政治生活中来，以谋求自我及被压迫者的共同解放，一开始便抱以了极大热情。无产阶级能够成为私有制的否定方面，是因为无产阶级对与"它的人的本性"相矛盾的"露骨的、断然的、全面的、否定的生活状况"表现出了愤慨。① 经受了多深重的苦难，被组织起来后就能爆发出多强大的能量。因此，当自上而下的社会革命，以儿童运动方式，与饱尝辛酸的劳苦儿童连通时，广大无产儿童似乎找到了释放那积蓄深厚压抑已久的精神能量的出口，看到了重获自由与解放的希望，均毅然选择投身于它，并甘愿冒死追随它、推动它蔓延壮大。正是这种"上""下"互选连通后所培育出的彼此深度信任，才支撑着儿童运动从大革命前后开始，历经土地革命战争、全民族抗战和解放战争而不衰竭，从而谱写出一首波澜壮阔的儿童革命史诗，改变了无数劳苦儿童的命运际遇。②

四、阶级革命儿童观诞生与共产主义儿童运动初兴

1919 年巴黎和会上的外交事件，促使中国早期马克思主义者尤为清醒地认识到，救国与革命不能仅仅依靠言辞上的清谈来实现。思想复杂、军阀混战、民主无望，与列强盘踞的残酷现实，更伴以俄国十月革命胜利的刺激③，使五四

---

① 田毅松．"究竟什么是无产阶级"：反驳与论证——基于异化论的无产阶级概念分析［J］．马克思主义与现实，2016（1）：59—65．

② 仅 1955 年授予少将以上军衔的当年 18 岁以下的"红小鬼"中，上将有 23 名；中将64 名；少将 524 名。参见王一楠，李一星．红小鬼：打开尘封半个多世纪的红色档案［M］．北京：中共党史出版社，2007：506—510．

③ 1917 年 4 月 1 日，陈独秀在《新青年》上发文《俄罗斯革命与我国民之觉悟》提醒国民关注俄罗斯革命，并直白地表示"非徒革俄国皇族之命，乃以革世界君主主义、侵略主义之命也。吾祝其成功"。见陈独秀．陈独秀文章选编（上册）［M］．北京：生活·读书·新知三联书店，1984：197；几乎与陈独秀同时，1917 年 3 月 19—21日，李大钊在《甲寅》日刊上发表《俄国革命之远因近因》，分析俄国国内反封建专制革命的状况："今昔所传，电音甚简，未能断其共和赤帜已否树于伯脱罗古拉德之城头，然而经此壮快的革命之风云，君主国体，纵不能一时推翻，而自由（转下页）

运动后新文化运动的思想阵营中毅然加入了马克思主义。1919 年 7 月起，胡适与李大钊关于"问题"与"主义"的辩论使马克思主义开始在公众中扩大影响，并在某种程度上促成中国共产党和中国社会主义青年团相继成立和恢复。而在这种试图通过阶级斗争来"根本解决"中国问题的理想及其党团领导下，儿童从此不再停留于思想者的言辞和笔端，仅作为一种象征性的革命力量存在；儿童也从此不再被禁锢在社会底层，仅作为一股沉默的被压抑力量存在。被压迫的无产儿童已被早期马克思主义者认定为一支能改造现实中国腐朽落后面貌的真实阶级革命力量，而需要被指引着投入到政治活动中"一面清结旧账，一面开辟新路"。阶级革命儿童观由此开启被雕琢的历程。

1919 年 9 月 15 日，李大钊在《少年中国》上发表《"少年中国"的"少年运动"》，以马克思主义为理论基础，来重新定义并分析"少年中国"与"少年运动"，从而首次为自梁启超以来逐渐形成的儿童革命意象打上了阶级烙印。李大钊认为，理想的"少年中国"需要经过"少年运动"，分别从精神与物质两方面充分改造才能实现。所谓精神的改造运动，就是本着人道主义的精神，用"互助""博爱""公善"来改造"堕落""残杀"和"私营"，清除"人心内部的恶"；而所谓物质方面的改造运动，就是本着"劳工主义"的精神，创造一种"劳工神圣"的组织，来解放"劳工"，使"人人都须做工，做工的人都能吃饭"。由于"物质"决定"精神"，因此精神的改造运动须以物质的改造运动为前提条件。并且，为着实践"劳工神圣"，李大钊号召"少年好友们"走出都市，融入到山林村落的劳动生活里去，挣脱"腐败家庭"与"狭隘爱国心"的拘牵，参与到世界大联合运动中。可见，马克思主义初步改造下的"中国少年"，已经开始被要求从"智识阶级"转入到劳工阶级，从书斋课堂转换到具体实践，从家庭民族走向联合世界无产阶级 ①，阶级革命儿童观初见端倪。

接受了马克思主义之后，有组织的政党成立以前，对劳苦儿童的关注似乎成为马克思主义者心照不宣的默契。继李大钊初步提出阶级革命儿童观之后，

（接上页）政治之基础，比缘兹而确立，为可无疑。"可见他对当时由俄国工党所领导的革命尤为关注并信心十足。其后，他又于 1918 年 11 月、12 月连续发表《庶民的胜利》和《布尔什维主义的胜利》，大力赞扬俄国十月革命胜利。见李大钊．李大钊文集（上）[M]．北京：人民出版社，1984：343，593，597．

① 中国新民主主义青年团中央委员会办公厅．中国青年运动历史资料（1）[G]．中国新民主主义青年团中央委员会办公厅，1957：77—80．

1919 年 10 月 23 日，《北京大学日刊》第 467 号接着刊登了毛泽东的《问题研究会章程》，据该文开头的"邓康启事"可知，毛泽东的这篇《问题研究会章程》很受"北京的朋友"欢迎。《问题研究会章程》共开列了 71 项有"研究价值"的"问题"，其中就包括"女子问题"之"放足问题""公共育儿院设置问题""公共蒙养院设置问题""私生儿待遇问题"，及"劳动问题"之"小儿劳作问题"等与儿童利益直接相关的"问题"。① 而与之相呼应，《劳动者》（1920）发刊词也提出"工人子弟怎样要求教育？妇孺劳动者怎样要求保护？"的问题 ②；《劳动音》（1920）则号召"劳动同胞"将其所在工厂的情形，包括"男女老幼，待遇情形，工钱的制度，做工的时间，工场的规则等"，告知该刊，以发表出来，让大家明白真相，促进问题的解决。中共上海党机关刊物《共产党》（1920）更是在系统介绍俄国共产主义理论与经验的同时，相当关注并介绍俄国解决儿童"问题"的经验，刊登出《新俄之儿童教育》（1920）、《俄罗斯的儿童问题》（1921）、《劳农俄国的教育》（1921）等文章 ③，这无疑为国内正在讨论的儿童"问题"提供了思路和参照。

当然，中共早期这些关于儿童的"观念""问题"与"经验"的转向与讨论，足以证明儿童在早期马克思主义者心目中的地位，但它仍然仅限于诉诸言辞和笔端。只有当中国共产党成立（1921 年 7 月）和中国社会主义青年团恢复（1921 年 11 月）以后，阶级革命儿童观才在党团的严格规范下正式形成，并通过具体的政治行动表达出来。1921 年 7 月中国共产党成立后，随即于 8 月 11 日成立中国劳动组合书记部，并于 8 月 16 日发表《中国劳动组合书记部宣言》，从而初步提出了关于团结组织劳工儿童争取改善自身地位的号召与构想。④《中国劳动组合书记部宣言》以极大的篇幅来陈述劳工儿童的悲惨状况：

> ……还有千万的小孩子们，不分日夜，到纺织等工厂里去作工，工作时间多半是每天十二个钟头起码。他们的康健是牺牲在这剥夺制度之下，

① 中国新民主主义青年团中央委员会办公厅.中国青年运动历史资料（1）[G].中国新民主主义青年团中央委员会办公厅，1957：82.

② 中共中央党校党史教研室.中共党史参考资料（一）[G].北京：人民出版社，1979：222.

③ 中国共产党上海发起组.共产党（影印本）[J].北京：人民出版社，1954：50，35，35.

④ 魏兆鹏.中国少年儿童运动史上限的认定[J].中国青年政治学院学报，1993（3）：22—24.

他们定不能得受教育的机会。他们从极年幼的时候，就变成了本国或外国资本家的富源开发者，并变成了资本家的新式奴隶。这种痛苦的工作状况，加在这班男女工人和童工的身上，一定会迫着他们自己团结起来，向着他们的东家——剥夺者——为有力的奋斗，这是我们敢断言的。

为拯救包括儿童在内的广大劳工于水火，团结并组织这些被剥削压迫者奋起反抗，《中国劳动组合书记部宣言》继续说道：

> 我们只有把一个产业底下的劳动者，不分地域，不分男女老少，都组织起来，做成一个产业组合。因为这样一个团体才能算是一个有力的团体，要这样的组织法，劳动者才能用他们的组织力，做奋斗事业，谋改良他们的地位呢。①

《中国劳动组合书记部宣言》首次以党组名义，着力阐明组织劳工儿童，启发他们的阶级觉悟，参加反抗压迫斗争的必要性，充分展示出阶级政党对广大劳工儿童巨大革命潜力的乐观预见。与自清末以来形成的革命儿童意象不同，《中国劳动组合书记部宣言》的阶级革命儿童观代表着一个政党对儿童的判断，具有强大的政治行动指导效力。1922 年 5—9 月安源儿童团的成立②，便是对这种效力的证明。同时，随着 1921 年 11 月中国社会主义青年团在上海恢复重组，阶级革命儿童观及其指导下的儿童运动从此便开始有了专门的领导规划者，并逐步传播兴盛起来。特别是到 1926 年 7 月共青团第三次扩大会议正式通过《儿童运动决议案》后，不仅阶级革命儿童观被明确表达出来，而且整个儿童运动的规划也更具体详尽，由此开启了青年团对儿童运动的系统组织化领导时代。1926 年《儿童运动决议案》开篇便指明：

> 现今正在生长的青年男女儿童，即是三、五年后社会活动的中心力量。教育这些儿童，养成他们勇敢牺牲的精神和团体生活的习惯，经过他们去

---

① 中共中央党校党史教研室.中共党史参考资料（一）[G].北京：人民出版社，1979：277—278.

② 魏兆鹏.中国少年儿童运动史上限的认定[J].中国青年政治学院学报，1993（3）：22—24.

影响现代生活，训练他们成为将来继续斗争的战士，是共产主义青年团极重要的使命。①

虽然在此前已通过罢工运动先后建立起安源儿童团、上海劳动童子团和省港劳动童子团，但直至此文件出台，青年团才正式首次明确提出儿童运动，并详尽表达自己对儿童运动所持的立场，明晰的阶级革命儿童观由此诞生。不止于此，1926年《儿童运动决议案》还明确规定了儿童运动的对象、组织形式、工作内容、与各种社会儿童团体的关系，及与青年团的关系等，从而为推动儿童运动不断发展壮大，特别是保证共产党在与国民党、基督教会、各军阀等争夺"未来一代"的问题上，未失先机。事实证明，《儿童运动决议案》发布后大革命期间的儿童运动曾盛极一时，影响极大。湘、鄂、赣、粤、沪等地各区乡有组织的劳动童子团，全国已有团员 12 万左右。② 其中上海在四一二反革命政变之前有 4 千余人，广东在四一五反革命政变之前有 4 万余人，两湖在马日事变之前共有 7 万人。关于童子团的活动，仅以两湖为例：

> 乡村童子团的主要工作就是帮助农民协会逮捕土豪劣绅、捣毁庙宇、张贴标语、散发传单等和本身操练教育，成分多系贫农子弟。城市童子团的成分除一部分产业童工与青工外，主要的是店员与学徒。童子团的工作，除本身经常操练教育和维持群众大会秩序外，就是发动本身利益的斗争，成为店员斗争的中心力量。因为它是一个斗争的组织，所以发展得非常迅速。又因为过去店员与学徒所受的压迫非常惨苦，尤其是学徒几乎成了店东和师傅的奴隶，所以一旦有了团结，便开始向他们过去的压迫者争斗。逮捕店东戴高帽子游街等现象时常发生。……过去店东师傅对于学徒的奴仆关系，几乎被这一潮流所冲破。③

可见，被组织起来的无产儿童通过阶级斗争这一有力工具，充分释放出强

---

① 中国新民主主义青年团中央委员会办公厅.中国青年运动历史资料（3）[G].中国新民主主义青年团中央委员会办公厅，1957：216.

② 中国新民主主义青年团中央委员会办公厅.中国青年运动历史资料（4）[G].中国新民主主义青年团中央委员会办公厅，1957：197.

③ 同上，第 497—498 页。

大的革命能量。不管是传统的经济关系，还是传统的精神象征，在童子团"摧枯拉朽"式的千军横扫下，被颠覆得彻彻底底，真可谓是实现了鲁迅"一面清结旧账，一面开辟新路"的宏愿。只是，由于大革命失败，劳苦儿童并没有就此实现"此后幸福的度日"的美好理想。在共产党和青年团的领导下，他们又重新投入到"首次共产主义实验"，即土地革命战争的洪流之中，从而谱写出一首波澜壮阔的儿童革命史诗。

第三章 革命根据地的共产主义儿童运动政策

"政策是革命党一切实际行动的出发点，并且表现于行动的过程和归宿。一个革命政党的任何行动都是实行政策。不是实行正确的政策，就是实行错误的政策；不是自觉地，就是盲目地实行某种政策。所谓经验，就是实行政策的过程和归宿。政策必须在人民实践中，也就是经验中，才能证明其正确与否，才能确定其正确与错误的程度。但是，人们的实践，特别是革命政党和革命群众的实践，没有不同这种或那种政策相联系的。"① 从土地革命开始一直到解放战争时期，中国共产主义儿童运动政策坚持"以实际行动为出发点"，在不同革命历史阶段的具体实践中，检验并支撑着共产主义儿童运动波澜壮阔地推进。

一、首次共产主义实验的先觉：苏区儿童运动政策

苏维埃的本质，就是无产阶级政党领导下的工农兵群众掌握国家政权，民主管理社会。② 而苏维埃革命，则是中国共产党引用苏维埃制度模式领导的革命运动。③ 土地革命战争时期的儿童运动既是苏维埃革命的重要组成部分，也是自大革命以来整个中国共产主义儿童运动过程中不可逾越的阶段。然而，虽然"近30年来，海内外学术界对苏区史的研究，呈现不断深入的总体态势"④，但对这一历史阶段中的儿童运动仍然鲜有关注，从而使其至今基本处于学术研究的空白区域。这固然与"有关少年儿童的资料不多"⑤ 有关，但如若将各处"不多"的、零散的资料收集整理起来，使其发挥"集腋成裘"的功效，也无疑将有助于我们概观并反思这一"中国共产党直接领导下建国与治国的第一次预演"⑥ 中的儿童集体生存状态。

---

① 毛泽东.毛泽东选集（第四卷）[M].北京：人民出版社，1966：1229.

② 何友良.苏区制度、社会和民众研究[M].北京：社会科学文献出版社，2012：13.

③ 同上，前言。

④ 同上。

⑤ 何友良.中国苏维埃区域社会变动史[M].北京：当代中国出版社，1996：203.

⑥ 同上，序。

（一）从起义到长征：土地革命战争时期共产主义实验的兴衰

自大革命失败后，中国共产党在面临严峻的政治形势情况下不得不开始深思中国革命的前途问题。经过几番酝酿与审思，最终于 1927 年 9 月 19 日在中共中央政治局会议上通过了《关于"左派国民党"及苏维埃口号问题决议案》，决定要在实践层面上用苏维埃取代国共合作。随后，在 11 月召开的中共临时中央政治局扩大会议上，又对此"决定"进行了肯定，并进而在 1928 年于莫斯科召开的中共六大上得到确认。

自此，中国共产党在发起 1927 年 8 月南昌起义、9 月秋收起义、9—11 月海陆丰起义、11 月麻城武装起义和江西万安等地起义以及 12 月广州起义后，于 1928 年起又陆续在江西、湖南、湖北、福建、陕西、广东、江苏、四川、安徽、广西等十多个省建立"零星"根据地。到 1930 年，这些"零星"根据地以"星星之火，可以燎原"之势又陆续相互连通。1930 年 9 月，中共中央为加强统一领导，遂将这些零星又开始连通的区域划分为九大特区，即赣西南、粤闽（闽江、东江）、湘鄂赣、湘鄂边（即湘鄂西）、鄂豫皖、赣东北、湘南、广西和琼崖特区。11 月又进一步将其集中划定为六大苏区：湘鄂赣与赣西南相连的中央苏区、赣东北苏区、湘鄂边苏区、鄂东北苏区（即鄂豫皖）、闽粤赣苏区（闽西、东江、赣南一部）和湘南苏区，并相互打通以形成六大苏区基本相连的大苏区。① 由此可见，从 1927 年零星"起义"到 1930 年"集中"划区，苏维埃区域和政权实现了由点及面、由小到大、由散到合的逐步连通，使红色政权遍及南方各地。

面对土地革命如此迅疾发展的势头，1930 年 10 月，南京国民政府开始集中"围剿"苏区，从而拉开了国民党军队与红军之间连续五次的"围剿"与反"围剿"之战。对于前四次"围剿"，中共方面不仅一一攻破，而且在反"围剿"过程中得以不断扩大版图，提高行政建制，最终形成了"各大苏区的鼎力局面"。② 特别是 1931 年 11 月 7 日至 20 日，中华苏维埃第一次全国代表大会召开，并选举产生了中央执行委员会主席，宣告中华苏维埃共和国临时中央政府的成立。议决《中华苏维埃共和国宪法大纲》《中华苏维埃共和国劳动法》《中华苏维埃共和国土地法令》和《中华苏维埃共和国关于经济政策的决定》等重要法令，11 月 25 日又成立了中华苏维埃共和国中央革命军事委员会，以此

---

① 何友良.中国苏维埃区域社会变动史［M］.北京：当代中国出版社，1996：44.
② 同上。

标志着在中国大地上出现了"两个政权""两条路线"和"两个阶级"分庭抗礼的局面。

　　然而，"八七会议以来，党内存在着浓厚的'左'倾情绪，虽然几次受到批评，但始终未能在指导思想上得到认真清理"[1]。特别是 1931 年 1 月 7 日中共扩大的六届四中全会在上海召开后，以王明为主要代表的"左"倾教条主义在党内开始了长达 4 年的错误领导。六届四中全会后，中共中央派遣许多中央代表或"新的领导干部"到全国各地去，对革命根据地和国统区的地方党组织进行所谓的改造。1931 年 9 月，由博古、张闻天、卢福坦三人担任常委的中共临时中央政治局（临时中央）成立，以博古为首的临时中央继续贯彻执行"左"倾教条主义方针。[2]1933 年 1 月，临时中央迁到中央根据地，开始在中央根据地全面贯彻"左"倾教条主义方针。"左"倾教条主义方针逐步在红军和革命根据地的推行给中国革命造成了极其严重的危害，使除陕甘以外的各主要根据地渐次丢失，红军被迫转移长征。具体而言，1932 年 7 月，蒋介石调动约 30 万军队发动对鄂豫皖根据地的第四次"围剿"。1932 年 10 月，在张国焘冒险主义和盲目轻敌的错误指挥下，红四方面军被迫放弃鄂豫皖根据地，历时两个多月行程 3000 里，于 1932 年年底由山西进到川北地区，开辟川陕边根据地。蒋介石方"围剿"鄂豫皖根据地的同时，另以 10 万兵力向湘鄂西根据地进攻。同样在当年 10 月，在夏曦冒险主义和盲目轻敌的错误指挥下，红三军被迫放弃湘鄂西根据地，历时两个多月于 1932 年 12 月月底到达湘鄂边的鹤峰地区，随后转战于湘鄂川边地区。1933 年 9 月，蒋介石调动 50 万军队对中央根据地发起进攻。在博古、李德的军事冒险主义方针指挥下，中央根据地被四面包围，红军伤亡重大。为调动和牵制敌人，减轻国民党军队对中央根据地的压力，1934 年 7 月，红七军团改编为北上抗日先遣队开赴闽浙皖赣边区活动。1934 年 8 月，任弼时等率领红六军团奉命撤出湘赣根据地西进，于 10 月 24 日与贺龙领导的红三军在贵州印江县木黄会师，会师后的红三军恢复红二军团番号。此后红二、红六军团统一行动，创建了湘鄂川黔根据地。10 月中旬，中央红军已无在原地扭转战局的可能，中共中央、中革军委率中央红军主力等 8.6 万余人，踏上战略转移

---

① 中共中央党史和文献研究院.中国共产党的一百年（新民主主义革命时期）[M].北京：中共党史出版社，2002：143.

② 中共中央党史研究室.中国共产党历史（第一卷）[M].北京：中共党史出版社，2002：395.

的漫漫长征，中央根据地因第五次反"围剿"失利而丢失。1935年1月15日至17日，中共中央在遵义举行政治局扩大会议，这次会议确立了毛泽东在党中央和红军的领导地位，开始形成以毛泽东为核心的第一代中央领导集体。1936年10月19日，中央红军主力行程二万五千里，到达陕北吴起镇，10月22日，红二方面军指挥部到达甘肃隆德将台堡，同红一方面军会师，红二、红四方面军完成长征。至此，红军三大主力胜利会师，这标志着具有伟大历史意义的红军长征胜利结束。

（二）苏区儿童运动政策的试误与调适

土地革命战争时期的儿童运动是共青团领导下的青年运动的"基脚"。大致统计一下，从1928年到1933年，自少共国际、团中央、苏区团第一次代表大会，到苏区中央儿童局等，各级儿童运动高层领导机关共发布专门针对儿童运动的重要"指示""来信""决议案""决议""决定""章程"以及"通告"等，约计10项（见表3-1），其重要性可见一斑。

表3-1 1928—1933年各级儿童运动领导机关文件

日期	发布者	名称
1928.7	中国共产主义青年团第五次全国代表大会	儿童运动工作决议案
1928.12	团中央	劳动儿童工作
1929.11	团中央	关于劳动童子团工作
1929.11	少共国际	共产主义儿童运动的形势与其急务
1930.6	国际儿童局	国际儿童局致共青团中央书
1930.12	团中央	儿童运动决议（草案）
1931.6	团中央	团中央关于儿童运动决议案
1932.1	苏区团第一次代表大会	苏区团第一次代表大会儿童运动决议案
1933.1	中央儿童局	苏区中央儿童局关于春季冲锋季中儿童运动的决定
1933.10	中央儿童局	中央儿童局给各省、县、区儿童局信

不可否认，正是在这种备受各级领导机关重视和获得各种政策性文件持续支撑的前提下，土地革命战争中的儿童运动才得以继承大革命前后的儿童运动而轰轰烈烈地延展开来，从而使它在整个中国共产主义儿童运动过程中扮演着奠基性角色。

总体来看，土地革命战争时期关于儿童运动的政策决议除与整个土地革命战争的发展形势息息相关外，还保有其自身发展的内在特性。因此，根据儿童运动所面临的历史情境和拟解决的关键问题，我们可将其整个过程具体划分为三个阶段以展开详细论述，即存亡危机与改造重振阶段（1928—1930 年）、革命工作与儿童利益协调阶段（1931—1932 年）以及深入发展与转移新生阶段（1933—1936 年）。

1. 存亡危机与改造重振（1928—1930 年）

虽然土地革命战争在 1928 年到 1930 年间呈现出"燎原"之势，但是其下的儿童运动未能与之"比翼齐飞"。自 1928 年 7 月中国共产主义青年团第五次全国代表大会通过《儿童运动工作决议案》，试图克服大革命失败所带来的儿童运动"溃散"危机后不久，它即又相继陷入"清谈主义"与"取消主义"的泥潭，从而引出了 1930 年年底试图改造此种"右""左"摇摆危机的《儿童运动决议》（草案）。此种危机与改造相互交织的状况，构成此一时期儿童运动最鲜明的特征。

"武汉政变后因团之转入秘密状态，本来在群众中有重大的政治影响，且数量达十二万的童子团的组织便在各城市中完全溃散了。"[①] 因此，土地革命战争初期的儿童运动，在需要帮助建立和扩大苏维埃政权的同时，还面临着克服大革命失败所带来的自身危机。

早在 1927 年 4 月，共青团第四次全国代表大会便接受了党第五次代表大会对于中国革命前途的决议，即决定走武装革命的道路，进行土地革命。到 11 月，共青团中央扩大会议根据中共临时中央政治局扩大会议的精神进一步指出："目前本团主要任务，就是领导青年工农群众团结在自己影响之下参加斗争与暴动。"[②] 而"发动农民斗争，领导农民暴动夺取政权"，建立苏维埃则更是共青团目前最重要的任务。因此，共青团不仅要在农村中普遍组织"少年先锋队"，恢复和普遍发展劳动童子团组织，而且强调要注意其"有一个更重要的原则，便是这些组织应当是阶级的斗争的"。1928 年 2 月 6 日，共青团中央发出通告，进一步明确地表示："广州暴动之后，更加确定了中国革命到了一个新的阶

① 中国新民主主义青年团中央委员会办公厅 . 中国青年运动历史资料（4）[G] . 中国新民主主义青年团中央委员会办公厅，1957：151.

② 中国新民主主义青年团中央委员会办公厅 . 中国青年运动历史资料（3）[G] . 中国新民主主义青年团中央委员会办公厅，1957：530.

段——苏维埃革命的阶段。"①

如前所述，到 1928 年，在中共领导下，刚刚兴起的苏维埃革命已陆续在江西、湖南、湖北、福建、陕西、广东、江苏、四川、安徽、广西等 10 多个省建立起"零星"的革命根据地。对于这些因取得了"局部"胜利而建立起零星根据地的地方，共青团显然非常关心童子团的发展问题。1928 年 4 月 9 日，团中央致广东省委的信指示："童子团在苏维埃治下，有其特殊的意义与作用。"因为"一切旧社会封建关系的根本改造，就靠这些新起的儿童"，因此"团必须有计划地运用儿童的革命作用，经过他们去影响他们家庭生活习惯的改良，引导他们参加一切社会工作，使之成为广大群众的共产主义学校"。②正是本着这种以儿童为"种子"来广泛散播和践行共产主义理想的立场，在稍后的《对 C.Y. 工作决议案（草案）》中，团中央表明："为着乡村的革命胜利，共产青年团必须切实进行农民协会、少年先锋队及劳动童子团工作，把青年农民中的革命部分放在自己影响之下。"③

进行了以上种种铺垫性工作后，1928 年 7 月，共青团第五次全国代表大会正式召开。这是国共合作破裂后土地革命战争初步发展时期团所召开的一次重要会议。大会在总结过往儿童运动所取得的成绩及反思其所存在的缺点的基础上，重新提出了《儿童运动工作决议案》，从而既对 1926 年《儿童运动决议案》以来的儿童运动工作进行了总结，又为接下来即将展开的苏维埃儿童运动提供了指南。与 1926 年《儿童运动决议案》相比，此次《儿童运动工作决议案》具有以下鲜明的特点：

首先，是对童子团性质的确定。自 1926 年以来，团对于童子团的性质未曾有过明确的界定。而此次《儿童运动工作决议案》则首次指出："童子团是广大工农儿童群众及一般贫困儿童的群众的 C.Y.，它是在组织领导之下参加政治的经济的斗争和进行文化教育的工作，它是在其所属团体（工农会等）之下参加各种斗争。"④此时对童子团的性质进行如此明确的界定，无疑是苏维埃革命的必然要求。因为苏维埃革命的最终目的"是要组织无产阶级，用阶级斗争的

---

① 中国新民主主义青年团中央委员会办公厅 . 中国青年运动历史资料（4）[G]. 中国新民主主义青年团中央委员会办公厅，1957: 27.

② 同上，第 100 页。

③ 同上，第 136 页。

④ 同上，第 198 页。

手段，建立劳农专政的政治，铲除私有财产制度，渐次达到一个共产主义的社会"，所以童子团再也不能像1926年国共合作期间那样淡化自身性质，相反，此时此刻的童子团只有在凸显其阶级性的前提下才能更好地为苏维埃革命服务。

其次，是对童子团团员年龄的调整。1926年《儿童运动决议案》未曾对童子团团员的年龄有过任何规定，只是在其后公布的《劳动童子团章程》中泛泛地将其规定为"十六岁以下"。直到1927年11月团中央扩大会议的《组织问题决议案》才明确规定童子团团员的年龄须为"八岁到十六岁"。而此次《儿童运动工作决议案》又对1927年的团中央《组织问题决议案》进行了调整，重新将团员的年龄分别往上和往下推两岁，即"六到十八岁"。扩大了吸收团员的范围就意味着儿童群众基础的增大，因此，放松团员的年龄限制，无疑将对大革命后"完全溃散"的儿童运动产生某种快速复原效应，从而为苏维埃革命的儿童运动提供了坚实的群众基础。

最后，是对不同区域的童子团提出了不同的要求。由于国共合作破裂，使得中共的活动范围骤然划分为两大区域，即可以公开活动的苏维埃区域和"白色恐怖"笼罩下的国民党统治区域。据此，"在各省、县、乡工农团体（工会农民协会等）的童子团，必须由该团体青年委员会（如农民青工部）直接指挥之。"而"在反动势力统治之下，童子团可以独立组织，童子团的名称不必划一，但尽量利用环境公开或半公开的可能，采取各种方式去进行我们的工作"。此种审时度势地采取区别对待的态度，无疑是保存并扩大儿童运动实力及影响范围所必不可少的考虑。

对于今后的工作方针，《儿童运动工作决议案》也给出了详尽指示，如城市儿童运动的关注重心、农村儿童运动的有效开展、童子团的组织编制、对"反动"团体的态度、儿童运动的方式等。其中，特别值得注意的是，《儿童运动工作决议案》表明要在今后的工作中特别加强儿童运动的组织性和斗争性。这具体表现为对童子团的组织采取军队"三三制"的编制，统一制服或标号；密切童子团与少先队的关系，规定"劳动童子团应经常输送勇敢分子到少年先锋队中去"；要使儿童在各种实际的工作中得到训练，如领导儿童参加政治的、经济的、文化的斗争，并举行讲演会、办平民学校、做识字运动等；切实使团取得一切儿童运动的实际领导，扩大团的影响，在童子团中组织团组，主持一切童子团的工作；以及密切团中央与地方的关系，团中央出版定期的儿童刊物，并编辑各种儿童运动小册子，以加强对地方的指导，地方则须随时向该地各团部报告儿童工作情况及经验等。

　　由此我们可以发现，团对儿童运动的具体指导策略虽然发生了变化，但对儿童运动的态度不仅没有转变，反而随着革命形势的发展而越发重视。这固然与少共国际的密切指导有关，但更重要的是团对自身领导下以往儿童运动所蕴含的巨大革命力量的深切体味，以及对苏维埃革命中儿童运动所积蓄的巨大潜力的乐观期待。这不仅表现在四一二反革命政变后《中国共产主义青年团第四次全国代表大会宣言》"深致嘉许于自己的小兄弟——十五万有组织的革命儿童的活动"，而且也正如此次《儿童运动工作决议案》开篇所言："在北伐战争中及工农运动中都表现他们伟大的力量，尤其是武汉的童子团起过非常大的革命作用，就是在最近白色恐怖之下，各大城市童子团虽被摧残，但还保有童子团的地方（乡村）仍旧可以看见他们在革命争斗中的作用——如帮助农军运输、侦探、守卫等工作。"

　　可以说，1928 年团代会通过的《儿童运动工作决议案》是挽救儿童运动危机和改造儿童运动以适应苏维埃革命需要的关键，更是其大会总路线——夺取群众——的一个重要组成部分。因为儿童作为整个共产主义组织的"塔脚"，不仅在少共国际，而且在中国，无疑已经成为一种"共识"。正是在此种"共识"的引导下，少共国际的"文件""来信"，以及团中央在其接下来的一系列文件和指示中都将这一"总路线"一以贯之，如少共国际的《国际青年形势与少共国际的任务》《论反帝运动》《少共国际致中国团书》和《共产主义儿童运动的形势与其急务》，以及后来团五届二中全会所通过的各种"决议案"和各种团中央"通告"等。特别是 1929 年 11 月 30 日，团中央就劳动童子团的工作问题又专门发出通告，以将其作为对少共国际指示——扩大共产主义儿童运动的群众基础——的回应，明确指示各级团部要在各大轻工城市、农村、街坊、苏区等地域，"动员广大的童工学徒群众，用最灵活的组织方式和工作方法去组织他们，在经常的斗争中培养他们的革命意志，特别是娱乐游戏方法的配合，在这中间进行文化教育，促进他们阶级的政治认识"①。这一通告在当时苏维埃区域逐步扩大和游击战争日趋发展，以及白区（特别是上海）童工发动罢工、参与政治运动热情不断高涨的背景下发布出来，自然对于扩大团的儿童群众基础、激发儿童群众斗争情绪、鼓舞各级团部开展儿童运动等有着莫大帮助。

　　然而，"压力"未必是动力，高目标也未必能催人奋进。当 1928 年的《儿

---

① 中国共产主义青年团中央委员会办公厅．中国青年运动历史资料（6）[G]．中国共产主义青年团中央委员会办公厅，1958：510．

童运动工作决议案》开始逐渐发挥效力驱走大革命所带来的危机时，团中央走马灯似的"通告""决议""指示"又于1930年将儿童运动卷入了"清谈主义"的危机中。

1930年1月7日，团中央在接续1929年年底专门对劳动童子团工作进行指示的基础上，又发出《共青团中央接受少共国际最近训令的决议》。《共青团中央接受少共国际最近训令的决议》在承续1928年以来儿童运动的一贯路线（即群众路线）以及根据少共国际指示的基础上，进而规定了"团在目前的"三大基本任务，即努力发展青年工人运动（组织并领导青工童工的斗争和罢工；建立学徒联合会、劳动童子团等），加强农村青年工作（积极发展巩固以贫雇农为基础的少先队、劳动童子团组织），重视士兵运动（组织革命青年团体对当地兵士群众做宣传鼓动、组织兵变等）。①且随着建立苏维埃政权逐渐成为党的目标时，为了配合党的革命需要，团越发加快了发动和组织青年群众的步伐。除1930年3月11日共青团中央发布通告，指示为了"建立苏维埃政权"，在"组织地方暴动的总策略下"，既要扩大城市童子团规模，又要扩大苏维埃童子团规模外②，自1930年2月以来，团便已开始积极响应并表达拥护中国共产党和全国总工会发起的在5月召开全国苏维埃大会的号召，从而将扩大儿童运动的规模和扩充劳动童子团的数目作为积极"拥护全国苏维埃大会"的中心任务之一。为此，团中央连连发布通告，特别是3月16日拥护全国苏维埃大会的团中央通告。在此通告中，团中央决定将于5月1日至30日举行"拥护苏维埃运动月"，在5月内，明确规定各级团部除了必须动员最广大的青年群众举行拥护苏维埃及苏维埃大会的示威运动、同盟罢工、同盟罢课（特别是一些重要城市），在苏维埃区域举行广大的群众大会、巡行、示威及青年的武装大会外，还必须于5月30日止在全国范围内发展八千城市劳动童子团（江苏三千，湖北二千，广东一千，顺直五百，满洲三百，河南二百，山东二百，其他八百）和四万农村童子团（广东一万，湖北一万，江西五千，福建五千，湖南二千，河南一千，江苏一千，顺直五百，其他五千五百）。③

而为了使此通告中的任务得以充分实行，团中央于3月30日又推出"五一

---

① 中国共产主义青年团中央委员会办公厅.中国青年运动历史资料（7）[G].中国共产主义青年团中央委员会办公厅，1959：18—22.

② 同上，第231页。

③ 同上，第266—268页。

工作行动大纲"。此"行动大纲"显然很突出劳动童子团在"行动"中的地位和作用，明确表明城市"组织'五一'示威中，团特别地要去组织广大劳动童子团来参加，使他成为示威中一个主要的力量"。为此，"从今天起，凡是团的工厂支部、店员支部、街道支部，都要一律坚决地去把他厂里的、街道的儿童组织起来，加入童子团和建立童子团"，且"各级团部都要有精密的计划去布置童子团工作，并且要帮助和督促支部去做，一点也不容许任何团部和同志对这工作的动摇"。同时，还要加紧童子团的政治教育，如叫口号、唱歌，在示威中怎样集中、怎样发动、怎样与敌人冲突等。而在示威中，团还"一定要把童子团组织起来，领导他们直接去打黄色工会、国民党部和敌人武装冲突"①。相应地，"少年先锋队和农村童子团是组织农村青年参加'五一'大示威之基本力量"。最大限度地发展童子团、举行童子团大会，除调动他们参加农村中的示威游行外，特别重要的是要调动他们参加城市中的示威运动。而对于苏维埃区域中的儿童，则要参加武装大示威、举行童子团大检阅、公开征集童子团团员、发动和参加"五一庆祝大会"以及全国苏维埃大会等。紧接着，3 月 31 日的团中央通告《怎样纪念今年的"五一"节》更是直陈："童子团的发展，成为团组织'五一'示威和准备'五一'示威的非常重要工作之一。中央特规定五月同时为发展童子团工作运动周。团能否有组织地调动工厂中之广大童工参加'五一'大示威，能否在'五一'大示威中表现出童工有组织的战斗力，是决定于童子团之发展与组织之巩固。"②之后 5 月 17 日的《怎样准备"五卅"的政治罢工和全国示威》和 6 月 8 日的《猛烈的扩大红军决议》，也都将童子团作为整个青年工作的重要组成部分。甚至在 5 月中旬召开的全国苏维埃区域第一次代表大会上的《告青年书》里，也号召"青年战友们"必须"发展少年先锋队、童子团成为广大的青年的战斗队伍，为全国苏维埃政权之建立和胜利而战"！

　　然而，从 1930 年 1 月至 6 月这半年，虽然有团中央"通告""决议"和"指示"等"马不停蹄"地催促各级团部加紧"童子团的发展"，甚至计划出"行动大纲"，但是其结果正如国际儿童局在 6 月 24 日致共青团中央书中所总结的：

　　　　……我们可以明白我们的指示是完全没有执行。你们并没有分门别类

① 中国共产主义青年团中央委员会办公厅.中国青年运动历史资料（7）[G].中国共产主义青年团中央委员会办公厅，1959：287.

② 同上，第 293—294 页。

的儿童团组织，在广大的童工群众中，并没有系统的工作，儿童团的组织（如上海）只包含了一些选择过的童工，而广大的群众本身并未组织在内，有许多可以建立半公开儿童团的机会，你们没有利用；对于各大城市中被反动势力所破坏的儿童组织也没有下很大的决心去恢复它起来。最后，中央的指导与当地干部的领导，完全是不够的不够。①

而团中央对国际儿童局的来信也表示：

　　这"……立即引起了我们极强度的震动和惊觉，而开始了连续三天的极热烈透彻的讨论……少共国际……的来信，恰恰万分正确地针对着目前中国团的工作，极透彻极严格地指出了目前中国团工作现状的严重特征及其原因……"②

《共青团中央宣传部六、七月份的工作计划》更是直言不讳：

　　……我们可以写的很多，说的很多，但做起来大打折扣，甚至于在写的一方面，说的一方面，也是把空洞的、一般的、原则的话，说得天花乱坠，到了实际的具体的工作方式与方法，则又大打折扣了。③

如此"热热闹闹"的开始之所以落得个"冷冷清清"的结果，是因为团中央这半年来的"指示"大多流为了"清谈"。团中央之后在给全团的信中坦言，截至当时"劳动童子团只在上海有一点微弱的组织（童子团不及 300 人）和工作，农村青年的组织（少年先锋队、童子团），全团只有 30 万人左右（并且是偏于广东的东江，湖北的鄂西、鄂东、鄂东北，江西的西南、东北，福建的西部，湘鄂赣边）""除这几省外，青年群众工作特别是青工群众工作，还没有开始"。④ 甚至在团苦心经营的"红五月斗争"中，还出现了与团的系列"通

---

① 中国共产主义青年团中央委员会办公厅.中国青年运动历史资料（7）[G].中国共产主义青年团中央委员会办公厅，1959：681—682.

② 同上，第 714 页。

③ 同上，第 730 页。

④ 同上，第 716 页。

告""决议"完全相反的情况："全上海的斗争浪潮泛滥着，但是完全在团领导之下的青工斗争却仅有少见。""团在青年群众中的宣传活动，绝无计划的去做，就是做也是零碎的、敷衍的；特别是附属组织的发展，简直没有成绩。"如此，先不管离之前所定的"八千城市劳动童子团"和"四万农村劳动童子团"目标还有多远，单就上海在红五月斗争中大批童工被捕，许多单独罢工的童工反遭雇主"欺骗"或"打压"来讲，"清谈主义"的领导着实令本处险境的儿童运动又雪上加霜。①

面对如此结果，通过"激烈的讨论"和深刻的反思，团中央不久又制定出一系列"工作计划"。如《C.Y. 中央局六、七两月份的工作计划》和《全国六、七月份经斗工作计划》都分别对儿童运动的相关工作进行了重新规划。9 月 4 日团中央又在《为成立苏区团中央分局的任务致小关同志的指示信》中，提出了组织"劳动童子团联合会"以及成立"儿童局"的问题。② 而此既是对少共国际 1929 年 11 月《共产主义儿童运动的形势与其急务》的"遵照执行"（即"把儿童运动的领导机关改造并扩大"），也是对上半年因各级团部松散"清谈"而导致童运工作"教训"连连状态的改造。"劳动童子团联合会"和"儿童局"的成立，无疑将对贯穿中央与地方思想、协调团部与团部工作、团结与整合童子团组织发挥良好作用。此指示随即在 9 月 5 日《坚决的切实的执行转变》中通过。

然而，祸不单行，当各级团部还没有来得及将这些"反思"结果付诸实施时，李立三"左"倾冒险错误又指引着党和团在 8 月份成立"全国中央行动委员会"，以实现党团合并。而党团合并后又将团的工作卷入了更大的危机之中，即"取消了青年运动"。因此，9 月 10 日《少共国际代表致中国团的中央及各省委书》遗憾地表示：

> 上海"九七"的结果——其他省份我们还没有消息——应当公开地承认是没有成功，没有党员青工群众，因此他们没有到街上来示威。③

---

① 中国共产主义青年团中央委员会办公厅 . 中国青年运动历史资料（7）[G]. 中国共产主义青年团中央委员会办公厅，1959：652—653.

② 中国共产主义青年团中央委员会办公厅 . 中国青年运动历史资料（8）[G]. 中国共产主义青年团中央委员会办公厅，1960：160.

③ 同上，第 192 页。

11 月 12 日《共青团中央检查上海团部纪念十月革命工作决议案》也失望地表明：

> ……总的情形，是非常不能满意，并且证明上海团的工作，现在正处于极严重的时期。……甚至连现在已有的少年先锋队、童子团群众也未完全参加这一运动。①

甚至到 12 月 20 日《上海纪念广暴工作的检查与目前紧急任务决议案》更无奈地指明：

> 事实是：参加总示威的青年群众非常稀少（在一千数百基本示威的群众中，团所调动参加者仅二百八十人），而参加示威的青年，……少先队、童子团在示威中全无作用。②

对此，为了扭转此种日趋被"取消"的儿童运动形势，团中央一方面在 9 月接到少共国际的指示要求"必须把党和团的支部组织上分开"后，连续在 9、10、11 月发出各种指示，要求划分党团，"团马上照旧存在"；另一方面又开始对儿童运动采取大刀阔斧式的改革。从 10 月 26 日召开的团五届三中全会对儿童运动问题指明了改组的大致方向，到 11 月 15 日团中央局公布《最近全国工作计划》以恢复、推动和集中布置全团工作，再到 12 月 11 日《儿童运动决议》（草案）③ 又在重新确定儿童运动的性质与任务、组织原则的基础上，敦促各地"根据这些来改组儿童运动"。至此，经过整整一年的"右""左"摇摆，团的儿童运动才算是又回到了 1930 年 6 月《国际儿童局致共青团中央书》与 1929 年 11 月少共国际《共产主义儿童运动的形势与其急务》所指示的路线上。在此，我们且具体来分析一下最能表现这次儿童运动"改造"精神的《儿童运动决议》（草案）。

---

① 中国共产主义青年团中央委员会办公厅.中国青年运动历史资料（8）[G].中国共产主义青年团中央委员会办公厅，1960：360.

② 同上，第 489 页。

③ 同上，第 471 页。

首先，《儿童运动决议》（草案）在指明全国儿童运动目前正处于"危机状态"的基础上，又进一步揭示出现这种危机状态的根本原因，就在于"我们"对儿童团的性质与具体工作方式、党与团对儿童运动的领导都存在"极大的错误"。因此，重新确定儿童运动的性质与任务、组织原则，并根据这些来改组儿童运动便成为当务之急。

其次，《儿童运动决议》（草案）根据少共国际决议首次将儿童运动的性质明确地定位为"共产主义儿童运动"，并站在儿童的立场上规定其具体任务"是要使广大的无产儿童群众，知道他们自己的阶级状况，认识阶级斗争的必要，并且在使他们参加阶级斗争的基础之上，以共产主义精神教育他们"。并且还将儿童团的年龄上限从十八岁下移为十四岁，而下限则不做规定。此处再次对年龄做出调整无疑是为了更好地处理儿童团与少先队之间的衔接关系。

最后，对于儿童运动的组织问题，此次《儿童运动决议》（草案）更是"从上至下"做出了自儿童运动以来最大动作的"步步为营"式调整。其具体操作：第一步，将以前通过团组来领导儿童运动转换为直接由团的儿童局（注：共青团中央儿童局第一任书记曾镜冰，第二任书记陈丕显，第三任书记赖大超）来领导，以此加强其领导力、组织性和独立性；第二步是在明确儿童团体共同原则及责任的基础上，解放非苏维埃区域的组织名称，仅将苏维埃区域统一为"共产儿童团"，从而在为同时促进苏区与非苏区儿童运动的开展提供保障时，又不失去对两者的统一领导；第三步是对儿童组织的口号、礼节和章程标志等按少共国际的标准统一重新规定，用严明的纪律来规范儿童运动；第四步是提供与"改造""原理"相匹配的"具体方法"，为《儿童运动决议》（草案）精神的迅速有效执行解决了操作上的困扰。

可见，与1928年《儿童运动工作决议案》相比，此次《儿童运动决议》（草案）有了显著不同。如在性质的明朗、年龄的调整、任务的分明、组织的灵活、纪律的严明以及领导的加强等方面都有了明显改变。而这除了与革命形势发展、少共国际指导、以往经验总结和自身危机紧迫等因素有关外，还与"两大阶级营垒对立和战斗"局势下国民党童子军运动日趋兴盛而加剧了争夺儿童群众的难度，以及国民党开始"围剿"苏区而急需扩大战斗队伍的忧虑有关。

虽然从1928年到1930年儿童运动几次面临危机，但共青团总是能够在关键时刻对其临危改造，并在这屡次改造中使其不断精进，从而使党和团在对儿童运动的理解更为深刻，领导更加强化的基础上，为下一阶段苏维埃革命中儿童运动的发展和壮大铺垫深厚基础。

2. 革命工作与儿童利益协调（1931—1932 年）

到 1930 年年底，全国苏维埃区域已经实现了相当程度的发展。不仅从湘鄂赣到赣西南区域已发展为苏维埃的中心区域，而且在湘鄂赣、赣西南、赣东北、湘鄂边、闽粤赣、鄂东北等六大苏维埃区都已有团的特委组织。正是出于对苏维埃革命如此迅速发展的警惕，国民党开始于 1930 年 10 月发动了其连续"围剿"苏区的攻势。如此，"帮助党执行苏维埃区域内的一切最紧迫的任务，改正一切土地、经济、组织政策上的差误，建立工农群众自己管理的苏维埃政权，巩固政府机关、红军、工会、贫农团，发展游击运动"便从一开始就成为团 1931 年的主要政治任务。① 且随着革命形势的发展，特别是 11 月中华苏维埃第一次全国代表大会在瑞金召开而宣告中华苏维埃共和国临时中央政府成立时，"两个阶级""两条战线""两个政权"之间的斗争越发尖锐起来，团在苏区与非苏区的政治目的也越发明朗起来。1931 年 12 月《团的建设问题决议》（草案）即指出：反动统治区域的团在"地底下"工作，它的一切任务的执行必须以动员组织和领导广大劳动青年为苏维埃而斗争为目的；而在苏区内则国民党的反动政权已被推翻，它的总任务应该是动员组织和领导最广大的劳动青年，用他们组织的斗争的力量实现苏维埃法令中所规定的一切青年利益，以共产主义的精神教育他们并领导他们参加阶级斗争，为巩固苏维埃根据地，争取苏维埃在全国胜利而斗争。②

相应地，团领导下的儿童运动也必然要以团的"主要政治任务"和"政治目的"为依据来做出调整。如 1931 年 2 月 19 日团中央在《团在苏区中的任务决议》中提出目前三大"团的紧急任务"之后，对儿童运动也提出了如下要求：

> 必须尽量的发展童子团的组织，它应该团结广大的劳动儿童，并且将工作建立在吸收儿童参加苏维埃政权、青年团及职工会的一切社会的政治的争斗之上。应该组织儿童的共产主义教育，应该采取一切适合于儿童心理的工作方法（体育游艺等），来达到童子团的政治目的。在今年五月间，各苏维埃区必须进行童子团的大检阅。③

① 中国共产主义青年团中央委员会办公厅. 中国青年运动历史资料（9）[G]. 中国共产主义青年团中央委员会办公厅，1961：40.
② 同上，第 629 页。
③ 同上，第 59 页。

尤其在 6 月，团中央正式通过了《团中央关于儿童运动决议案》。其最大的特点便是在 1930 年 12 月《儿童运动决议》（草案）的基础上，又将少共国际的指示与中国革命目前的实际情形相结合，即以少共国际的儿童运动精神来指导中国革命实际情形下的儿童运动，使其在现实活动中贯彻国际路线。这具体表现在：

首先，《团中央关于儿童运动决议案》在明确了性质的基础上又首次将共产主义儿童运动定义为："是用儿童所了解的方法（唱歌、图画、游艺、体育、故事，以及参加阶级斗争）来教育劳动儿童（八岁至十四岁）以共产主义。"且在此基础上，改变了 1930 年《儿童运动决议》（草案）照搬、援引少共国际文件来规定儿童运动任务的方式，直接指明苏区与非苏区"中国团的儿童运动任务"。其次，以列举各地苏区具体案例的方式来指出儿童运动中仍然存在的"左""右"倾错误，并分别对苏区与非苏区指明改造这些错误的不同"任务"。由此可见，团在继续反思以往对待儿童运动的"清谈"姿态的同时，又开始注重其儿童化、中国化和实践化。特别是在"中国化"这一问题上，既坚持了少共国际对儿童运动的基本立场（如性质、仪节、口号、标志等），又保持了中国革命特殊形势对儿童运动的主要需求（如反对"左倾"取消儿童团和右倾"儿童党"现象）。

这次《团中央关于儿童运动决议案》虽然强调"儿童化"，但这种"儿童化"带有非常明显的"任务"倾向，即尤其偏重于"用儿童所了解的方法"来使儿童"拥护苏维埃红军""拥护土地革命""参加反对地主、富农的斗争""反对国民党反动派的统治"以及"参加阶级斗争"等（在这些任务中，各地儿童尤其在"阶级斗争"中表现得特别积极），而对于儿童自身特殊利益、自身特点以及自身局限性等却没有关注到。可以说，正是这种偏重"任务"性的导向，为之后各地儿童运动出现消极、暴动倾向埋下了隐患。事实也表明，在极度缺乏童运干部和相关人才，以及面临国民党连连"围剿"的情势下，要实现此种儿童运动的"儿童化"，不仅地方在具体实践中普遍表示无奈，如湘鄂赣童子团由于"工作方法不对，使儿童在工作中得不到兴趣，以致儿童不愿加入劳动童子团"[1]，赣东北童子团的"日常的工作，只是打菩萨放哨，整天整天会操"[2]，皖西北童子团也"工作方式还有些呆板，还没有从游戏娱乐中去提高儿童工作的

---

[1] 中国共产主义青年团中央委员会办公厅.中国青年运动历史资料（9）[G].中国共产主义青年团中央委员会办公厅，1961：185.

[2] 同上，第 461 页。

兴趣"①，鄂豫皖童子团的工作方式则"完全是抄袭青年团甚至于党的工作方式，使童子团成为死气沉沉有要求退出的现象"②。（即使是儿童后来积极参加的活动，如拥护红军、反封建反压迫、秋收秋耕、为前线的红军"送茶、送饭、送菜、送米"等，要么仍带有"暴动队"色彩，要么是夹杂在"男女老少"队伍里而没有独立性。）甚至连团中央在危急情势下也不得不要求儿童要以"参加阶段斗争"为中心而舍弃其他教育方法（即唱歌、图画、游艺、体育、故事等）。这具体表现在，当国民党调动十四个师的兵力集中进军鄂豫皖边苏区开始实施第四次"围剿"的危机时刻，12月3日团中央特别发出《为反对四次"围剿"苏区致鄂豫皖苏区劳动童子团书》。在此文件中，团中央在充分肯定鄂豫皖苏区童子团在第一、第二、第三次反"围剿"中的重要贡献——"苏维埃红军三次的光荣胜利，也就是劳动童子团的光荣胜利"后，又指示童子团在第四次反"围剿"中必须：

> 无论拥护红军，拥护苏维埃，参加生产，站岗、侦探的工作成绩都要比以前加倍来回答敌人，你们应该加紧操练、学习、团结，坚决地拥护苏维埃政府，杀败一切的敌人，冲破敌人的"围剿"。亲爱的小兄弟们！高呼：不让一寸土地、一粒谷子给敌人！我们在第二次代表大会时要有三十万童子团！苏维埃红军胜利万岁！③

然而，在通过整整一年的具体实践以及中央与地方的往来互动后，特别是认识到了此种"任务"导向的儿童运动所带来的消极和暴动后果后，1932年1月召开的苏区团第一次代表大会又通过了《苏区团第一次代表大会儿童运动决议案》，在对1931年《团中央关于儿童运动决议案》及其指导下的儿童运动进行批判性反思的基础上，又对儿童运动做出了重要调整。与1931年的《团中央关于儿童运动决议案》不同，此次《苏区团第一次代表大会儿童运动决议案》站在"实现劳动儿童的利益"之立场上，明确批评了诸如"把少先队、儿童团作为青年红军，打菩萨打庙宇强迫群众"，以及"叫儿童团做极不适宜的经常工

① 中国共产主义青年团中央委员会办公厅.中国青年运动历史资料（9）[G].中国共产主义青年团中央委员会办公厅，1961：363.

② 同上，第323页。

③ 同上，第555—556页。

作（送信、放哨、捉反动派、看路票等）"① 等将儿童运动纯军事化，将儿童团视为"暴动队"的"立三路线"，要求"儿童运动必须彻底转变"。

更进一步地，为了使各地区的"彻底转变"能够有效开展，《苏区团第一次代表大会儿童运动决议案》规定了"完全实现苏维埃法令中规定劳动的儿童的利益""领导儿童入学读书""改组儿童团的组织系统""训练儿运干部"等 10 个围绕儿童利益而展开的具体任务。概而言之，此次《苏区团第一次代表大会儿童运动决议案》在认清了以往儿童运动错误和缺点的基础上，又将"儿童化"的内涵提高了一个层级，即"儿童化"不仅指儿童运动要用儿童所能了解的方法来教育他们，而且还指儿童运动要站在"实现劳动儿童利益"的立场上。确实，以往的事实以及将来的事实都证明，超出儿童能力、损害儿童利益的政治"任务"在特定情形下不仅对儿童来说是一种伤害，甚至对国家来说也会酿成巨大灾难。

经过这次代表大会，苏区内的"儿运状况是在开始转变，得到了相当的成绩。一切儿童团所不应做的事，如'下操'、放哨、查路条、扩大红军等，都已经不做了；而读书、游戏、唱歌、卫生等应做的事，是在开始做了。儿童团的生活，逐渐活泼起来了"②。如赣东北、湘鄂赣在改善童运态度、改组组织系统和丰富儿童活动方面都取得了显著成绩。特别是赣东北，其 5 月份给团中央的报告中一扫儿童运动以往"只是打菩萨放哨，整天整天会操"的僵硬局面，而在建立模范团、改造儿童局工作的基础上，绘声绘色地开展了以"做游戏来做一切共产主义的教育"，广泛开设"列宁小学"和"劳动小学"并使"一切课本适合儿童心理"，筹备红五月中"开一次儿团运动大会，用竞赛的方式来启发儿团的对政治、文化、军事的学习性和斗争"等活动。但是诸如警戒、盘问口号、站岗等任务，童子团仍在执行。

其实，像赣东北这样没有取消儿童团警戒、盘问口号、站岗等任务的现象并非"只此一家"，更没有"都已经不做了"，相反，就连将"儿童团作为青年红军，打菩萨打庙宇强迫群众"等非"儿童化"的情况也仍普遍存在。典型者如盘石红五月武装示威中，童子团也成为行动的中坚，"在中国地主武装向他们

---

① 中国共产主义青年团中央委员会办公厅.中国青年运动历史资料（10）[G].中国共产主义青年团中央委员会办公厅，1960：130—131.

② 同上，第330—331页。

游行队伍开枪射击时，童子团走在前面，一点儿也不惊惶，仍然勇敢前进"①；湘鄂赣的儿童团抓到"反革命"时集体将其淹死，在反迷信中打菩萨、烧菩萨，在解放妇女运动时成群结队地去剪头发，在禁止鸦片与赌博时"不间断地、不碍面子地去检查"②。甚至在江西儿童局书记联席会上，"同志们"还"一致起来坚决反对"以"读书、唱歌、游戏，是儿童工作的全部任务，和禁止儿童放步哨查路票"的做法，认为"这都是错误的，是抑制儿童对革命的积极性"。③之所以在具体的实践中会出现这样的矛盾现象，究其根源还是在于《苏区团第一次代表大会儿童运动决议案》一方面在呼吁儿童运动要站在儿童利益的立场上"必须彻底转变"的同时，另一方面在"具体任务"中仍规定"团要领导儿童用他能力所及的方法参加一切革命工作"。在此，我们且不说儿童"能力所及"这一极富伸缩性的概念充满了制造矛盾的可能，仅要求领导儿童"参加一切革命工作"就足以为儿童团走上"暴动"之路敞开大门。况且团中央在坚守"儿童利益"的立场上也显得摇摆不定。5月10日在《共青团中央为拥护红军新的胜利给各地团部的信》中，团中央就又极力赞扬："苏区的少年先锋队、儿童团在帮助红军的胜利中起了很大的作用，动员大批的队员到红军中去，帮助放哨、站岗、交通、运输、慰劳等"，而这显然是《苏区团第一次代表大会儿童运动决议案》中所反对的。可以说，这种始终不忘要领导儿童积极参与"阶级斗争"以及事到临头又动摇立场的做法，正是儿童不断制造出"暴动"的决策根源。

3. 深入发展与转移新生（1933—1936年）

1933—1936年是苏维埃革命发展中的"悲喜交加"期。喜的是，1933年一开年便传来了红四方面军西征胜利而另辟了川陕革命根据地的捷迅，以及继其后1934年红六军团又突围西征成功并与红三军会师而另辟湘鄂川黔根据地。悲的是在第五次反"围剿"失败的情势下，中央红军最终也不得不被迫突围西征，从而结束了苏维埃革命以南方诸省为主要根据地的时代。而与苏维埃革命这种一面以高昂的斗志反"围剿"，一面又逐渐西征转移另辟根据地相对应的，则是儿童运动也呈现出一面深入发展，又一面转移西迁的状态，直至1936年红军三

---

① 共青团中央青运史研究室，中央档案馆.中国青年运动历史资料（11）[G].北京：中共党史资料出版社，1988：137.

② 同上，第462—463页。

③ 同上，第213页。

大主力胜利会师而进驻西北革命根据地为止。

苏区儿童运动的深入发展是随着苏区广泛开展的"春季冲锋季"①的到来而到来的。1933年1月5日《苏区中央儿童局关于春季冲锋季中儿童运动的决定》便是这一春季儿童运动的指导纲领。《苏区中央儿童局关于春季冲锋季中儿童运动的决定》表明团中央意在通过这一持续三个月（从1月15日到4月15日）的儿童运动冲锋季，以广泛发展革命竞赛的方式，来"克服团内一切对儿童运动忽视消极的错误倾向，加强对儿童运动的领导，以最高度的积极性和速度，发展儿童运动，将冲锋季工作普遍地深入工农劳苦儿童中去"②。

总体而言，此次春季冲锋季中儿童运动的任务包括："要用儿童所了解的方法，领导广大工农劳苦儿童，用他们所能做到的方法，拥护红军和苏维埃，参加民族革命战争，粉碎敌人的四次'围剿'和大举进攻，参加反地主富农资本家的斗争，争取儿童的特殊利益，争取儿童生活的改善，教育他们共产主义。"其具体工作则包括五个方面，即拥护红军，拥护苏维埃，争取儿童生活和教育状况的改善，儿童节工作和发展儿童团组织，健全儿童团的生活等。可见，冲锋季的儿童运动在没有改变《苏区团第一次代表大会儿童运动决议案》精神的基础上，对儿童运动的内容做出了更加概括化和精细化的规范，并继续在革命工作与儿童利益之间进行了"微调"，以适应第四次反"围剿"和反日侵华的大环境。

具体而言，对比1932年1月的《苏区团第一次代表大会儿童运动决议案》与1932年8月的《中央苏区儿童干部会议决议案》，我们首先便能发现在革命工作与儿童利益之间，与《苏区团第一次代表大会儿童运动决议案》和《中央苏区儿童干部会议决议案》均将儿童利益置于首位不同，《苏区中央儿童局关于春季冲锋季中儿童运动的决定》则将革命工作提置首位，以表明此时儿童利益须以"拥护红军"和"拥护苏维埃"为皈依；其次，与《苏区团第一次代表大会儿童运动决议案》和《中央苏区儿童干部会议决议案》均将反封建、反迷信和卫生运动分别独立开展不同，《苏区中央儿童局关于春季冲锋季中儿童运动的

---

① 1932年12月27日已事先发布《少共苏区中央局关于春季冲锋季的冲锋计划》，据此可以判断《苏区中央儿童局关于春季冲锋季中儿童运动的决定》是专门针对冲锋季中的儿童团发布的。

② 共青团中央青运史研究室，中央档案馆. 中国青年运动历史资料（12）[G]. 北京：中共党史资料出版社，1989：7.

决定》则将三者都置于"争取儿童生活和教育状况的改善"之中，以期通过教给儿童相关知识的方式来改变其以往"暴动"或"盲动"的缺陷；再次，《苏区中央儿童局关于春季冲锋季中儿童运动的决定》接受了 1932 年年底《少共苏区中央局关于春季冲锋季的冲锋计划》，将 4 月 1 日确定为劳苦儿童自己的节日，从而在突出儿童地位的同时，又强调"今年的儿童节要成为改善儿童生活、教育儿童和动员儿童参加粉碎敌人大举进攻的斗争，并举行中央苏区的儿童团大检阅"，由此更进一步地加固了儿童与党政军之间的联系；最后，在继《中央苏区儿童干部会议决议案》将《苏区团第一次代表大会儿童运动决议案》的儿童团基本单位"少队"细分为以乡为"大队"和以村为"小队"的基础上，又增添了小队和大队的活动内容和时间表，从而使儿童团的组织系统在保持严密性和系统性的同时，又增添了活力和效力。由此可见，虽然《苏区中央儿童局关于春季冲锋季中儿童运动的决定》是为"一时之需"服务的，但从总体而言，它代表了自 1928 年以来所通过的各种儿童运动"决议""决定"的最高境界。由于它也是苏区中央红军西征前所颁布的最后一个儿童运动决定，且 1934 年以后的苏区儿童运动也都以此为指导，因此，它也可以被看作是 1928—1934 年整个苏维埃革命中儿童运动的总结。

事实也证明，虽然"冲锋季是动员所有力量实行最猛烈的有计划的活动，去执行主要任务的非常时期，而不是经常的工作形式"①，但此次春季冲锋季中发动的儿童运动确实给苏区儿童团工作带来了不小的成绩。如湘赣苏区的儿童工作在冲锋季中就实现了"大的转变和进步"：儿童团的数量得到提高，阶级异己分子在大多数地方"完全洗刷了一个干净"；调整和加强了团对儿童的领导；儿童的特殊利益进一步得以实现；儿童在扩大红军的宣传和拥护红军中表现了非常大的积极性；以及学校教育有很大的进展等。②且借着此次冲锋季中儿童运动所取得的可观成绩和营造的热烈气氛，以及第四次反"围剿"大获全胜的振奋形势，团又一鼓作气地趁势"努力将这一非常猛烈的活动转变为全团的经常的工作方法"，借助特殊的纪念日将苏区的儿童团又高度地动员起来。1933 年10 月 5 日《中央儿童局给各省、县、区儿童局信》首次专门转达了共青团对各级儿童局就纪念十月革命和中央政府成立两周年的指示，要求此次纪念要为着

① 共青团中央青运史研究室，中央档案馆 . 中国青年运动历史资料（12）[G]. 北京：中共党史资料出版社，1989：26.

② 同上，第 32 页。

"完成并超过中革军委扩大红军计划""拥护第二次全国苏维埃代表大会""保卫与扩大苏区"和"粉碎第五次'围剿'"等口号而斗争。不仅如此,中央儿童局还要求各级儿童局须"领导每个儿童团员"以开展生动、活泼、热烈、丰富的活动来完成任务①,从而将苏区的儿童运动又推向一个新高潮。

然而,"冲锋""动员"下的儿童运动虽然蓬蓬勃勃开展起来并取得了显著成效,但儿童工作又面临着一个老问题,即领导儿童参加革命斗争与针对儿童自己的特殊工作之间出现了严重偏差,它使得"教育儿童、改善儿童工作、发展组织,都是十分的不够"。为此,之后召开的"四省县以上儿童局书记联席会"又试图将这一偏差调整过来,认为"只有为着儿童特殊工作执行,才能领导儿童参加革命战争工作,积极性提到最高限度"。并要求"现在"的儿童工作必须在强调"儿童阶级教育"和增加"一倍团员"的基础上,来"拥护苏维埃红军"。②但是,随着9月以来国民政府第五次"围剿"的发动,以及党的"左倾路线"错误占领导地位,此次"四省县以上儿童局书记联席会"所试图纠偏的努力在战云密布和错误路线的大环境下也只能算是"杯水车薪"。可以说,一直到第五次反"围剿"失败前,苏区儿童运动都以且必须以"参加革命斗争"为首要任务,1934年8月30日《中央儿童局给少共国际师的一封信》便是最好的证明。在信中,中央儿童局以"儿童"的口吻对第五次反"围剿"中儿童运动的内容进行了如下总结:

> ……用一切方法宣传鼓动自己的哥哥爸爸加入红军;加入赤少队,游击队;每人节省三升米;在秋收中每人捡三升谷;收集铜铁子弹壳;做草鞋;帮助解决你们家属的困难;我们强大的儿童加入耕田队;小的组织牧牛队,砍柴班;参加赤色戒严帮助政府捕捉反革命;学习军事等。同时,我们进行自己的共产主义教育,努力读书,宣传未入学的儿童特别是你们家属的儿童入学读书……③

可见,与"高强度"的革命斗争工作相比,儿童"自己的特殊工作"则无

---

① 共青团中央青运史研究室,中央档案馆.中国青年运动历史资料(12)[G].北京:中共党史资料出版社,1989:267.

② 同上,第290页。

③ 同上,第703页。

疑显得有些"单薄"。正是在此种热烈而积极的革命斗争工作中，儿童在实现"用血肉的搏斗，来捍卫苏维埃"的光荣使命时，也不觉使自身的能力与年龄开始"渐行渐远"。对此，有国民党方面的材料可供佐证。国民党占领苏区后，组织"曾受赤化教育之儿童"查填居民户口、职业等表格，他们惊讶地发现，这些儿童"因说话清顺，工作努力，成绩且在成人之上"。①

然而，与儿童运动深入发展相随的，是儿童运动的逐步西迁转移。在先后开辟的川陕根据地、湘鄂川黔根据地以及最后的陕甘根据地，儿童运动都得以继续蓬勃开展。湘鄂川黔到 1935 年已在其根据地范围内普遍建立起儿童团，其中永保县有儿童团员约九千人，郭亮县约一千人，大庸县永定镇八百多人，桑植城关镇也有三十多人。②特别是川陕苏区，由于它"是中华苏维埃共和国的第二个大区域，……在争取苏维埃新中国伟大战斗中具有非常巨大的作用和意义"③，因此，川陕苏区的儿童运动不仅仍然是苏维埃革命的重要组成部分，而且还是团中央对儿童运动的指示精神与鄂豫皖苏区儿童运动经验在川陕根据地上的重新实践。根据地创建以后，建立严密的儿童运动组织系统便很快纳入了具体实施中。1933 年 3 月，川陕省团委首先在中心区域的赤北县、赤江县、红江县、巴中县、南江县、巴中特别市和陕南特区等建立了团的县（市、特区）委和县（市、特区）儿童局，并在区设大队部，乡设中队部，村设分队，分队下再设小队（每小队十至十几人不等）。且规定城市设大队部，直接受县儿童局领导。随后，在省委印发的《少先队、童子团代表大会口号标语》中明确提出了童子团的性质、任务等口号后，又召开了川陕少年先锋队、劳动童子团第一次代表大会，从而逐步将川陕苏区的儿童运动引向正轨。到 1934 年 10 月，共青团川陕省第四次团员代表大会通过了《关于童子团工作决议》，既对以往的儿童运动工作进行了总结，又为整个川陕苏区的儿童运动提供了专门的指导。

综上可见，土地革命战争时期关于儿童运动的政策决议是一个承载着探索与总结、危机与克服、权衡与较量、服从与突破等不同力量之间"角逐斗争"的矛盾体。虽然在这些不同力量的较量中，整个政策决议的历程几经波折，然

---

① 何友良.中国苏维埃区域社会变动史［M］.北京：当代中国出版社，1996：214.

② 《湘鄂川黔革命根据地史稿》编写组.湘鄂川黔革命根据地史稿［G］.长沙：湖南人民出版社，1985：69—70.

③ 毛泽东.中华苏维埃共和国中央执行委员会与人民委员会对第二次全国苏维埃代表大会的报告［J］.江西社会科学.1981（S1）：97.

而其总的趋势却是一直推动着党和团及其各级儿童运动领导者，在不断加深对儿童运动性质理解的基础上，使其组织系统、任务和具体工作得以逐步精细化和可操作化，从而为自身在各方政治力量持续"争夺下一代的战役"中积累胜利的资本和有效的经验。

二、集党政期待与民族道义于一体：
抗日根据地儿童运动政策

1931 年 9 月 18 日，日本悍然发动"九一八"事变，开始全面武装侵略中国东北。由于国民政府实行"不抵抗政策"，日军在短短几个月内便迅速占领东北并扶植成立"满洲国"。随后，日军又逐步占领热河、察哈尔，侵入华北。[①] 与国民政府面对日军步步入侵中国东北和华北采取"不抵抗"态度不同，日军大规模入侵中国的野蛮行径不仅激起了中国人民抗日救国的热潮，而且越发坚定了中国共产党的抗日决心，从而拉开了中国人民长达 14 年的英勇抗战的序幕。如"九一八"事变发生后，中共中央在事发当月便连续三次采取坚决行动，于1931 年 9 月 20 日发表《中国共产党为日本帝国主义强暴占领东三省事件宣言》，反对日本帝国主义强占东三省，痛斥国民政府出卖民族利益[②]；于 9 月 22 日通过《中央关于日本帝国主义强占满洲事变的决议》，深刻分析日军侵占满蒙的原因、动机和影响，并提出党在这次事变中的中心任务即"加紧地组织领导发展群众的反帝国主义运动，大胆地警醒群众的民族自觉，而引导他们到坚决的无情的革命争斗上来"[③]；于 9 月 30 日发表《中国共产党为日帝国主义强占东三省第二次宣言》，揭露国民政府的"不抵抗"政策，号召"全中国的工农兵学生及一切劳苦的群众"，"罢工，罢课，罢操，罢市，反对日本帝国主义！"[④]

1937 年 7 月 7 日，日本帝国主义发动蓄谋已久的卢沟桥事变，发起全面侵

---

① 中共中央党史研究室第一研究部．中华民族抗日战争史（1931—1945）[M]．北京：中共党史出版社，1995：4．

② 中央档案馆．中共中央文件选集（7）[G]．北京：中共中央党校出版社，1991：396—399．

③ 同上，第 421 页．

④ 同上，第 429 页．

华战争，卢沟桥抗战由此成为全民族抗战的起点。1937年7月8日，中共中央向全国发出《中国共产党为日军进攻卢沟桥通电》，向"全中国的同胞们"大声疾呼："平津危急！华北危急！中华民族危急！只有全民族实行抗战，才是我们的出路！"①8月，中共洛川会议随即通过《中国共产党抗日救国十大纲领》，进一步号召"全中国人民动员起来武装起来，参加抗战，实行有力出力，有钱出钱，有枪出枪，有知识出知识"②。1938年3月29日至4月1日，国民党在武汉召开临时全国代表大会正式通过《抗战建国纲领》以表示对中共《抗日救国十大纲领》的承认，"请求全国人民捐弃成见，破除畛域，集中意志，统一行动"③。至此，抗日民族统一战线终将"各党各派"和"无党无派"的中国人拧成为一股合力，共赴国难。

当然，战争也普遍将儿童卷入剧烈的政治旋涡中。作为民族新生力量的他们，自然成为多方政治力量关注的对象。如毛泽东号召"儿童们起来，学习做一个自由解放的中国国民，学习从日本帝国主义压迫下争取自由解放的方法，把自己变成新时代的主人翁"④。宋美龄发表《谨为难童请命》陈言难童"是未来中国的壮丁，也就是支持国家实力的一部分，我们怎能够任他们去流浪，变成乞丐，变成匪徒，变成嗷嗷待哺的饿莩"⑤？而与此相反地，为了消灭中国新生力量，日寇无所不用其极地摧残、杀戮、掠夺、奴化中国儿童，使无数儿童或溘然消逝，或落难流徙。当然，被组织和鼓励起来而敢于迎风破浪投入救国救民浪潮中去的"小战士"是抗战中的生力军。与国民党动员童子军投入全民族抗战各线一样，中共也将其儿童运动不断推进到全民族抗战前沿，儿童，也用其稚嫩的肩膀挑起万千重担，一头是深厚的民族道义，另一头则是深切的党政期待。

（一）从对抗到合作：全民族抗战时期中共总体战略方针的筹谋

早在1937年1月，中国共产党便已制定《中央关于统一战线区域内党的工作的基本原则草案》，从总体战略上构思如何领导中国人民取得全民族抗战胜利的问题。《中央关于统一战线区域内党的工作的基本原则草案》开篇就摆正立场："为了驱逐日寇出中国，建立统一的民主共和国与达到社会主义的终极目的，党

---

① 中央档案馆.中共中央文件选集（11）[G].北京：中共中央党校出版社，1991：274.
② 同上，第328页。
③ 陶希圣，等.抗战建国纲领释义[M].重庆：黄埔出版社，1940：293.
④ 叶圣陶，冰心，等.我和儿童文学[M].上海：少年儿童出版社，1980：198.
⑤ 蒋宋美龄.谨为难童请命[J].妇女生活，1938，5（11）：1—2.

在统一战线区域内应该成为共同纲领最坚决的执行者，成为民族革命领导的核心。"接着又强调："共产党在任何环境下，应保持自己的政治面目与组织上的独立性。不放弃（用）共产主义教育来教育群众，动员群众与组织群众的独立工作。共产党坚决为统一战线的纲领而斗争，决不同其他党派混同，或融化在其他一般的组织中去。共产党在统一战线中，应实现自己是唯一组织者与领导者的任务。"① 可见，在即将到来的全民族抗战中，中国共产党不仅从未中断依靠群众争取胜利的初心，而且还筹谋着更加积极深入地投入动员群众参与民族解放的战争中。② 在抗战的旗帜下，中共采取或明或暗的策略，将革命力量不断渗透到"一切有群众的团体中去，争取其中的领导"。

1. 军事武装方面

标志着"中国大规模全国性抗战"开始的卢沟桥事变以后，1937 年 7 月 15 日，蒋介石亲率张冲、邵力子在庐山与应邀而来的中共代表周恩来、秦邦宪、林伯渠就两党合作抗日举行谈判。谈判中，周恩来将《中共中央为公布国共合作宣言》面交蒋介石。③ 以中共为代表的国内主张抗日的呼声不断高涨，而被国民政府寄予厚望的国际调停却屡遭挫顿。7 月 17 日，蒋介石不得不发表"庐山讲话"，第一次表明中国决心抵抗日本侵略、捍卫国家主权的严正立场，这标志着国民政府的对日政策由妥协退让转变为积极抗战。对此，毛泽东在 7 月 23 日发表的《反对日本进攻的方针、办法和前途》中评价道："七月十七日，蒋介石先生在庐山发表了谈话。这个谈话，确定了准备抗战的方针，为国民党多年以来在对外问题上的第一次正确的宣言，因此，受到了我们和全国同胞的欢迎。"④ 8 月 13 日淞沪会战打响，8 月 14 日国民政府发表《自卫抗战声明书》，郑重声明"中国之领土主权，已横受日本之侵略"，"中国决不放弃领土之任何部

---

① 中央档案馆.中共中央文件选集（11）[G].北京：中共中央党校出版社，1991：146—149.

② 洛甫在 1937 年 6 月的白区党代表会议上说："民族统一战线只是改变了阶级斗争的形式（如武装斗争，没收土地斗争等），但并不取消阶级斗争，而且为了使统一战线有雄厚的群众的力量，发动组织与领导工农小资产阶级日常的经济政治的斗争，威逼剥削者统治者的让步以满足他们最迫切的需要，是完全必要的。借口统一战线而取消阶级斗争，那只是过去陈独秀机会主义的复活。"见中央档案馆.中共中央文件选集（11）[G].北京：中共中央党校出版社，1991：227.

③ 田勇."庐山谈话会"与蒋介石讲话评析[J].江西社会科学,1997(9):76.

④ 毛泽东.毛泽东选集（第二卷）[M].北京：人民出版社,2005:344.

分，遇有侵略，惟有实行天赋之自卫权以应之"。①8月18日，蒋介石同意红军改编为国民革命军第八路军，任命朱德、彭德怀为正、副总指挥。8月22日，国民政府正式发布改编命令，举全国之力与日决战。中共中央也随即于8月22日至25日，在陕北洛川冯家沟召开政治局扩大会议，正式确定中共及其红军在整个全民族抗战中的总体战略方针。毛泽东在会上指出，我们的任务是动员一切力量争取抗战的胜利，最基本的方针是持久战。红军的基本任务是创造根据地；钳制和相机消灭敌人；配合友军作战（战略支援任务）；保存和扩大红军；争取民族革命战争领导权。红军的战略方针是独立自主的山地游击战，包括在有利条件下消灭敌人兵团和在平原发展游击战争。游击战争的作战原则是分散以发动群众，集中以消灭敌人，打得赢就打，打不赢就走；山地战要达到建立根据地，发展游击战争，小游击队可到平原地区发展。要坚持抗日民族统一战线，要巩固和扩大抗日民族统一战线，共产党在统一战线中必须坚持独立自主的原则，对国民党要保持高度的阶级警觉性。红军主力全部出动要依情况决定，要留一部分保卫陕甘宁边区。② 会议临近结束时，也即8月25日，中央革命军事委员会发布《关于红军改编为国民革命军第八路军的命令》，宣布按照国民党中央军事委员会改编要求，将西北的红军改编为国民革命军第八路军，前总指挥部改为第八路军指挥部，以朱德为总指挥，彭德怀为副总指挥，下辖三个师，即以林彪为师长的115师、以贺龙为师长的120师和以刘伯承为师长的129师。8月底开始，三大主力以及八路军总部分别东渡黄河，开赴山西前线。与此同时，则是以毛泽东为代表的中共高层领导连续对八路军发出指示，即毛泽东致林彪等《关于我军应坚持以游击战配合友军作战方针的指示》，毛泽东致彭德怀等《关于独立自主山地游击战原则的指示》，毛泽东致朱德等《关于华北我军作战的战略指示》和毛泽东致周恩来等《关于整个华北工作应以游击战争为唯一方向的指示》③，这些"指示"都一再强调红军唯一的工作是要采取山地游击战，伏于敌人侧翼，以创造根据地发动群众为依托。同样重要的是，还要"借着红军抗战的声威，发动全华北党（包括山东在内）动员群众收编散兵散枪，普遍

---

① 中共中央党史研究室第一研究部.中华民族抗日战争史（1931—1945）[M].北京：中共党史出版社,1995:153.

② 张宪文，等.中华民国史（第三卷）[M]，南京：南京大学出版社，2006：320—321.

③ 中央档案馆.中共中央文件选集（11）[G].北京：中共中央党校出版社，1991：338，339，350，353.

的但是有计划的组成游击队"①。由此，我们不难发现，也不难理解，八路军在为华北抗战提供军事凭恃的同时，又有力地配合了中共在华北的党、民、政工作，正是这种党军政民紧密结合的策略，为广大敌后抗日根据地的开拓和巩固构筑了无比坚实的屏障。

紧接着八路军的开赴前线与毛泽东的一再叮嘱要发动群众创建敌后根据地的，是10月份国民党同意将散落在南方八省坚持游击战的红军和游击队改编为新四军（全称为国民革命军新编第四军）。"南方各游击区，是今后南方革命运动的战略支点"②，在与国民党进行多轮谈判而力争保存这些"支点"的不懈努力下，1938年1月，新四军军部终于在南昌成立，叶挺为军长，项英为副军长。全军共四个支队，10300余人。事实证明，在漫长的全民族抗战中，不管形势如何恶劣，与八路军将华北置于中共绝对掌控之中相当的，是新四军在与敌伪、国军的一次次对抗中，成功保证了东南地区从未脱离过中共的强大影响力。伴随着新四军改编，中共方面由此拉开了发起全面游击战（主要是在敌占区敌人防备薄弱的乡村地区）且广泛建立敌后根据地的序幕。

2. 地方工作方面

根据政治形势的不同以及政治力量对比的强弱，中共一直都采取因地制宜、或公开或秘密的工作策略。土地革命战争时期的白区、苏区和苏白交界区工作分化，以及全民族抗战前夕的恢复地区、友军撤退地区与友军统治地区工作分明，都是最大限度地拓展并保存党的政治组织影响力和群众基础的有效方式。全民族抗战爆发后，站在抗日民族统一战线的立场，中共中央对地方工作的原则又特别予以调整。七七事变后不久，7月15日中共中央随即发布《中央关于组织抗日统一战线扩大救亡运动给各地党部的指示》，号召各地共产党员积极发动救亡运动、组织救亡团体，"以诚恳坦白谦逊之态度与努力的工作，取得信仰及这类团体中的领导位置"③。8月12日《中央关于抗战中地方工作的原则指示》又进一步规定："一切地方工作，以争取抗战的胜利为最基本原则，一切斗争的方法与方式，不但不应该违犯它，而且正是为了取得抗战的胜利。"④然而，这种以统一战线谋取抗战胜利的工作并不是有原则而无立场的，中共中央书记洛

---

① 张宪文，等.中华民国史（第三卷）[M]，南京：南京大学出版社，2006：324—325.

② 中央档案馆.中共中央文件选集（11）[G].北京：中共中央党校出版社，1991：362.

③ 同上，第290页。

④ 同上，第318页。

甫即指明："我们应该成为执行民族统一战线的共同纲领的模范与支柱，成为他的组织者与领导者。"因为"只有我们坚决执行民族统一战线的共同纲领，我们才能使全中国人民了解我们为民族事业的忠诚，引起他们对于我们的同情与拥护，争取最广大的群众在我们的周围"①。可见，在全民族抗战中扩大和巩固党的群众基础，是全党上下在全民族抗战中需精诚所至的"使命"。由此，依据全民族抗战新形势，重新划分工作区域以安排不同任务，骤然变得紧迫起来。六届六中全会顺时而开。1938 年 10 月 15 日，中共中央书记洛甫在六届六中全会上做了《关于抗日民族统一战线的与党的组织问题》报告，在报告中，他阐明全民族抗战中全国可划分为三种区域，即敌后方、战区和我后方，"这些地区是互相交叉着的，而且是经常变化的"②。按照因地制宜的惯例，洛甫又详细地指示了敌后方、敌人占领的中心城市与据点、战区、近后方、远后方以及陕甘宁边区等地区的具体任务。③ 特别是为了加强党对各地工作的领导，洛甫指示要"在全国组织几个中央局，如北方局、中原局、东南局、南方局等，由中央直接指导，并代表中央直接指导各地方党"。在敌后方则要将省委改为区党委（区党委下为地委、中心县委或县委、分区委、支部），受中央局直接领导，掌管一切党、政、军、民工作。为了密切上下级工作联系，中央除设立各种地方工作委员会直接听取基层意见外，还采用苏区经验设立巡视员制度，以传达上级指示，视察下级工作。④ 洛甫对党的组织问题的全新阐释和部署，无疑直接影响并指导了各地党政工作的全局。仅以中央局来说，华北和华中地区均在会后进行了重大调整。华北地区的北方局于 11 月开始分设晋察冀分局和山东分局，分别管理晋察冀根据地和山东根据地工作；华中地区的工作调整则采取三步走的策略，首先，中原局于 11 月正式成立，负责所有长江以北、陇海铁路以南，河南、湖北、安徽、江苏等地工作；其次，1939 年 1 月，以周恩来为书记的南方局在重庆成立，直接领导四川、云南、贵州、湖北、湖南、广东、广西、江苏、江西、福建以及香港、澳门等地区的工作；最后，原长江局东南分局于 1939 年 3 月正式改为东南局，负责领导南方老苏区赣北、闽浙等地和江南苏南、皖南等根据地工作。此后，虽然根据形势各中央局、分局又历经调整，但此次六届六中全

---

① 中央档案馆.中共中央文件选集（11）[G].北京：中共中央党校出版社，1991：226.

② 同上，第 677 页。

③ 同上，第 678—679 页。

④ 同上，第 713—714 页。

会的整体部署无疑为整个全民族抗战期间的组织工作奠定了基调。正是得益于这种精当的工作布局，到抗战结束解放战争前夕，中共先后在华北、华中、华南等地建立起晋绥、晋冀豫、冀鲁豫、山东、淮北、淮南、苏北、浙东等十九块敌后抗日根据地，从而使得中共在兼顾国统区工作的情形下，又着重掌握了华北、华中的绝对控制权（根据地不仅提供军事上的依托，而且还源源不断地提供人力、物力、财力补养军队，同时通过广泛发动群众，又扩大了中共在当地的影响力），为解放战争的胜利提供了坚实保障。

3. 根据地建设方面

国民党五届五中全会是国共两党从合作磨合逐步走向分歧矛盾的变奏点。在 1939 年 1 月召开的这次全会上，国民党直陈"抗战建国"中不能"因信仰不笃与意志不坚，致生顿挫"，蒋介石也提出其"防共限共"思想，特别是会议决定发动的"国民精神总动员"更显示出强烈的钳制中共的色彩。[1] 对此，中共中央保持高度警惕，除直接就国共关系问题发电给蒋介石外，还发出一系列指示安排部署党内、军内工作，如《中央关于我党对国民党防共限共对策的指示》《中央关于国民党五中全会问题的指示》《中央关于国民精神总动员的指示》等。自此以后，不仅国民党区的中共活动逐渐遭受打压，如中华民族解放先锋队、学生救国联合会和青年救国联合会等青年组织均遭受不同程度的限制乃至解散，潜伏在各地、各团体、各学校中的大批地下工作者也被逮捕被驱逐，"事件""惨案"不断，而且各根据地及其部队与国民党及其军队之间的摩擦冲突也不断升级，以致边区"自一九四〇年以来，政府即无颗弹、片药、文钱、粒米之接济"[2]。1941 年蒋介石又《通饬不得沿用八路军名义电》，意指废除中共军队合法番号。[3] 然而，抗日根据地是中共实践自身政治主张和谋求独立自主发展的基地。站在抗日民族统一战线的立场上，以《抗日救国十大纲领》为基本原则，1939 年 12 月，中共陕甘宁边区第二次代表大会又进一步发布《告边区全体党员书》，更为具体明确地规定战时边区应着力开展八项任务，即"动员全边区人民积极参加全国范围内反投降、反分裂、反倒退的斗争""继续抗战动员，扩大和提高我们的军队，巩固人民自卫军""加强锄奸保卫工作，肃清敌探奸细""更加密切政府同群众的联系""继续发展边区经济，更加改善人民生活""提高人民的

---

① 张宪文，等 . 中华民国史（第三卷）[M]，南京：南京大学出版社，2006：370.

② 中央档案馆 . 中共中央文件选集（14）[G]. 北京：中共中央党校出版社，1992：342.

③ 张宪文，等 . 中华民国史（第三卷）[M]，南京：南京大学出版社，2006：375.

文化生活""充实民众团体的经常工作""更加巩固我们的党"等。① 与中共针对国共摩擦所发出的一系列指示一致，"八项任务"同样充分体现出中共根据国民党五届五中全会积极抗战的因素，来实际解释所坚持的正确路线。当然，随着战争形势的不同以及国共两党关系的起伏，根据地任务也随之调整。面对日益严峻的经济形势，也是从 1939 年开始，各根据地开始在毛泽东的号召下掀起大生产运动浪潮，"一面战斗，一面生产，一面学习"的自给自足号召将工农商学兵各条战线上的人群纷纷引入种田喂猪、织袜做鞋、办合作社、教劳合一的行列中，从而为根据地解决因经济封锁和自然灾害而加重的物质困难找到了自救之路。1943 年 7 月，为消除国民党、日伪、日寇的种种宣传和教育渗透，适应整风运动的形势，强化党的信仰和领导，毛泽东又重新提出敌后根据地的八项政策，即"一、对敌斗争；二、整顿三风；三、精兵简政；四、统一领导；五、拥政爱民；六、发展生产；七、审查干部；八、阶级教育"(1943 年 7 月 30 日毛泽东致彭德怀电《关于敌后工作方针、政策和任务的指示》)。②10 月，这八项政策又被增加到十项，且在各政策次序和个别条目上有所调整，这十项政策为"一、对敌斗争；二、精兵简政；三、统一领导；四、拥政爱民；五、发展生产；六、整顿三风；七、审查干部；八、时事教育；九、三三制；十、减租减息"(1943 年 10 月《中共中央政治局关于减租生产拥政爱民及宣传十大政策的指示》)。③ 显然，由"阶级教育"调整为"时事教育"，并在坚持强化党性的基础上增加"三三制"和"减租减息"两项政策，充分释放出中共在根据地建设过程中对民主的执着与渴望，从而为参与讨论 1943 年 9 月国民党提出的宪政问题以及由此开启的持续性国共谈判做好了准备。

(二) 抗日根据地儿童运动政策的转向与稳定

"一·二八"事变后不久，1932 年 2 月 23 日，《共青团中央为上海事变致各地团部的信》首次发起并号召引导儿童参与反日活动。在信中，共青团中央指示各地团部要"发动广大的劳苦青年和劳动儿童参加民众反日会内"，并且"民反内应当吸收广大的劳动儿童参加，组织民反内的儿童队"，强调"这种组织应

---

① 张宪文，等.中华民国史（第三卷）[M]，南京：南京大学出版社，2006：380.
② 中央档案馆.中共中央文件选集（14）[G].北京：中共中央党校出版社，1992：82—83.
③ 同上，第 101 页。

当完全在团的领导之下，就是劳动儿童团的公开组织"。①（民反即中共上海党组织于 1931 年 12 月 6 日积极促成的上海民众反日救国会，也即民众反日会。）以国统区儿童反日活动为起点，中国共产主义青年团逐步拉开抗日根据地儿童运动的序幕。

1. 改造转变

1932 年 5 月，共青团满洲省委首次在盘石发动中韩群众武装反日示威，在示威中童子团尤为勇敢，从而拉开了儿童有组织性反日活动的序幕。此后，"反对帝国主义进攻苏联瓜分中国""扩大民族革命战争"等口号在共青团领导下的儿童运动中逐步扩大开来。特别是位于"反帝""拥苏"第一前沿的满洲团，反日运动一直是其儿童运动工作的中心。1932 年 11 月，在《民族革命战争猛烈开展中满洲团的战斗任务》中，满洲省委向中央表示要"在哈市、奉天、长春、抚顺、大连建立儿童团的组织……特别要领导儿童参加日常斗争和民族革命战争"②。1933 年 5 月《塘沽协定》的签署刺激了国内反日情绪的高涨，从而加速了满洲团工作的进度。1933 年 9 月《团满洲省委报告》："新正阳河找到基础，'九一八'开了一部分儿童的会，可正式建立组织。"且南满"七月份以前……儿童团一百五十人……最近……发展了六十青年的及五十儿童的反日群众"③。1934 年 1 月，团中央因此特别发出《团中央关于反日战争问题致满洲团省委的信》，分别指示并督促满洲省委要注重外县儿童团工作，编辑专门的儿童读物及注重朝鲜儿童中的工作等。到 1935 年，在由华北事变而导致的民族危机不断升级的情境下，因苏区大量流失而奔波于长征途中的中共和共青团更是将工作的重心倾注于国统区和敌占区的抗日运动，借此转移并削减国民党对长征施加的压力。特别是 10 月，少共国际六次大会根据共产国际七次大会的精神，通过了青年统一战线的任务与改变青年团性质的决议，从而成为改造儿童运动的最高指示。④11 月 28 日，中华苏维埃共和国中央政府和中国工农红军革命军事委员

① 中国共产主义青年团中央委员会办公厅.中国青年运动历史资料（10）[G].中国共产主义青年团中央委员会办公厅，1960：224—225.

② 共青团中央青运史研究室，中央档案馆.中国青年运动历史资料（11）[G].北京：中共党史资料出版社，1988：702.

③ 共青团中央青运史研究室，中央档案馆.中国青年运动历史资料（12）[G].北京：中共党史资料出版社，1989：249—253.

④ 共青团中央青运史工作指导委员会，等.中国青年运动历史资料（15）[G].北京：中国青年出版社，2002：635.

会随即联名发表《抗日救国宣言》，号召"一切爱国志士们""抗日反蒋"。12月9日爆发的北平学生爱国运动以及在此引发下席卷杭州、武昌、上海、武汉、南京、广州、济南、天津、广西、长沙、安徽、厦门、开封等地的全国性学生爱国运动（其中有很多小学生和中学生参加），就是中共和共青团领导及组织青年学生应对华北事变的成果。接下来的1936年，日本大举屯兵华北和进行大规模走私活动，以及国民党的"不抵抗"政策，更是催生了以"促成全国统一战线抗日救亡争取民族解放为宗旨"的，中共和共青团领导下的中华民族解放先锋队和中国学生救国联合会的相继成立。① 在此宏观背景下，共青团以自身改造为前提，使其所领导的儿童运动也越来越凸显出抗日指向。

　　1935年12月，中共中央《关于目前政治形势与党的任务决议》以及毛泽东《论反对日本帝国主义的策略》的报告，确定了党的基本策略是"组织千千万万的民众，调动浩浩荡荡的革命军"，以建立广泛的抗日民族统一战线。② 与此相应，12月20日，中国共产主义青年团中央委员会向全国各界青年发布宣言，称愿意转变团的性质和组织，以接纳和团结一切抗日救国的青年。③ 由此，为了扩大参加抗日救亡运动的儿童群众基础，1936年共青团中央一面"号召少先队、儿童团和各地青工部，有组织地加入抗日救国会，成立革命学生会"，一面着手将阶级的共产儿童团转变为包容全体儿童的形式多样的组织。11月1日，针对共青团自身的改造问题，中共中央特别做出《中央关于青年工作的决定》，提出要"根本改造青年团，及其组织形式，使团变为广大群众的非党的青年组织，把吸收广大青年参加抗日救国的民族统一战线中，把建立为发扬文化与争取民主自由的广大的青年运动，当做自己为民主共和国而斗争的最中心任务"④。

---

① 共青团中央青运史研究室，中央档案馆. 中国青年运动历史资料（12）[G]. 北京：中共党史资料出版社，1989：198，225. 中华民族解放先锋队和中国学生救国联合会均为秘密组织，抗战后因其影响不断扩大而一度转向公开。但特别是自1939年1月国民党五届五中全会以后，两者与西北青年救国联合会一起皆成为其政治打压对象，以致在各地被迫解散或被限制。参见共青团中央青运史工作指导委员会，等. 中国青年运动历史资料（14）[G]. 北京：中国青年出版社，2002：524.

② 中共中央党史研究室. 中国共产党历史大事记：1919.5—1987.12 [M]. 北京：人民出版社，1989：89.

③ 共青团中央青运史工作指导委员会，等. 中国青年运动历史资料（13）[G]. 北京：中国青年出版社，1996：146.

④ 同上，第308页。

《中央关于青年工作的决定》无疑是中共策略转换在青年运动问题上的具体体现。然而，它虽然提出了改造团及其相关改造要求，但对于以何种形式替代团，以发挥其对新形势下青年运动的组织领导作用，却没有明确指出。因此，11月9日《西北青年救国联合会组织法》（草案）的出台便成了理所当然。它不仅使共青团自身为西北青年救国联合会取代，而且宣告了土地革命战争时期共青团领导下的儿童运动的结束，标志着中共方面领导下的儿童运动开始进入以抗日救国为中心任务的阶段。《西北青年救国联合会组织法》（草案）规定，从7到23岁凡是"愿意参加抗日不反对苏维埃的青年儿童都可以加入"，儿童所属的团体名称"不适宜共产儿童团，只称为儿童团"。在保留儿童团小队、大队、礼节和标志的情况下，于青年救国会指导机关内设立专门的儿童部门作为儿童抗日活动工作的指导者，规定儿童团员即青年救国会会员。① 可以说，《西北青年救国联合会组织法》（草案）是中共对其所领导的儿童运动为适应全民族抗战环境而做出的首次重要调整，由此确立了中共方面对于整个抗战时期儿童运动的基本立场。1937年4月12日至17日，西北青年第一次救国代表大会正式召开，会议选举了名誉主席团、正式主席团及执委会执委，并通电国民党中央、中共中央、世界及全国青年团体和南京国民政府（为营救上海被捕救国七领袖）。特别是4月16日通过的《全国青年救国纲领草案》，号召青年要在"放弃派别成见"的前提下，帮助、教育儿童担当起成为"民族后备军"和"未来社会主人"的重担。②

至此，通过将共青团改造为青救会，将共产儿童团改造为儿童团，中共领导下的儿童运动完成了其历史性的改造任务。西安事变后，随着日本帝国主义全面侵华战争的不断升级，国共两党再次合作，1937年八一三淞沪战役打响后，全面建立起抗日民族统一战线，中共取得了合法地位，中共方面的儿童运动也开始在民族危亡的血雨腥风中遍地开花。

2. 部署开展

经过改造，青年救国会的儿童运动从以往的共产主义儿童运动转变为谋求民族解放抗日救国的儿童运动。在新的政治形势下，本着"不拘泥于名称""利用公开合法，争取公开合法"的原则，它通过渗透或组织一切公开合法的群众性团体而充分展示出巨大的包容力和吸收力。1937年4月18日西北青年第一次

---

① 共青团中央青运史工作指导委员会，等．中国青年运动历史资料（13）［G］．北京：中国青年出版社，1996：315—316．

② 同上，第450—451页。

救国代表大会通过的《目前政治形势与青年救亡运动任务的决议》表示，为了广泛开展抗战救亡的工作，"必须以最民主的、群众的、合法的方式去创立各种各样青年工人的、农民的、学生的、失业青年的、妇女的、儿童的救亡团体"，且"一切组织的名称，必须适合当时当地的环境而出现之。可以用文化的、体育的、音乐的、文艺的、戏剧的，甚至是兄弟的、姊妹的等组织。必须取得公开的半公开的活动，只有这样才更能去团结最广大的青年到救亡运动中来。我们千万不要幻想用一种组织形式与名称去组织所有的青年"。① 然而，改造并转变儿童运动并不意味着要放弃或削弱党对它们的领导，恰恰相反，它意味在复杂的战争环境下党要有策略地扩大并加强对其领导。1938 年冯文彬在全国党的青年工作人员会议上所做的报告《中国青年运动现状及任务简要大纲》，就是对此最明确而详尽的说明。冯文彬的报告阐明，中央青委根据整个政治形势，将其领导下的青年运动具体划分为四大区，即抗日根据地、战区、我后方和敌后方，各个地区因情况不同而肩负不同的任务。具体而言，抗日根据地是中共领导下的自由区，在此区域内"可以组织独立系统的青年统一组织"，其中心任务便是在切实动员青年参战和建立青年武装或半武装组织系统的基础上"一切为着巩固根据地"；战区是随时随处弥漫着"火药味儿"的地方，其强烈的战争氛围使其成为"最好动员并组织青年的地区"，不拘形式地组织动员青年"准备游击战争"是这一区域的中心任务；我后方是国民党统治的地区，所以"一切工作应记着：不要突出，要隐藏自己的力量"，并以文化教育工作为主；敌后方，则是敌伪防守空虚但民怨激愤的地区，因此宜采取游击、暴动、秘密的方式去瓦解、孤立敌伪力量。②

正是在此种大的战略部署背景下，与此相应，青年救国会领导下的儿童运动怀着强烈的抗战爱国精神，在以青救会抗日儿童团为一般形式的前提下，又以灵活多样的组织形式在各地呈现出来，如文化的（读书会、中小学生同学会、新安旅行团、永嘉儿童服务团）、经济的（合作社、店员学徒会）、军事的（少先队、少年团、儿童建国团、少年工作队）、文艺的（儿童剧团、孩子剧团、歌咏队）、宗派的（同乡会、兄弟会、姐妹团）等。特别是为了在战区和我后方争取公开身份、扩大影响、提高威信、网罗更多的儿童群众，青年救国会还积极

① 共青团中央青运史工作指导委员会，等.中国青年运动历史资料（13）[G].北京：中国青年出版社，1996：454.

② 共青团中央青运史工作指导委员会，等.中国青年运动历史资料（14）[G].北京：中国青年出版社，2002：372—374.

(图片来源：中国国家数字图书馆.
新四军战地服务团儿童团)

(图片来源：中国国家数字图书馆.
新四军中战地服务团儿童团的小乐队)

"透过国民党的形式"来发展自身儿童运动，如广东青年抗日先锋队、山西青年抗敌决死队、浙江青年服务团、全国学联、第二战区动委会儿童团等；另外，参与统一战线下国民党领导的儿童救亡工作，在获得参与权利的基础上，又通过地下工作者谋取众多相关领导职位，也是青年救国会借以渗透儿童运动影响力的重要方式，如中国战时儿童保育会。当然，由地下工作者直接领导，通过官方宣传机构努力经营而使其获得强大社会影响力和广泛社会同情心的，公开活跃于战区、我后方的儿童抗日团体，更是中共巧妙赢得民心特别是童心的有效途径，如孩子剧团、新安旅行团和厦门儿童救亡剧团等。此外，吸收各地儿童救亡团体中的领导分子（即"种子党员"）入党，或派地下工作者和青年干部打入各地儿童救亡团体的领导层引导其发展，也是加强青年救国会儿童运动政治影响力的灵活方式，如晋西南儿童救国会、河南舞阳少年团和永嘉儿童服务团等。

当然，在国难当头，"战争成了今天中国青年运动的中心问题"的背景下[①]，专门制定出统一的战时政策以指导势力范围内（主要是抗日根据地和游击区）的儿童运动，是虽本着"统一战线"但仍保持组织上独立的中共所着意注重的。在号召全民总动员保家卫国的热烈浪潮下，第二战区战地总动员委员会率先于1938年3月31日通过《第二战区战地总动员委员会抗日儿童团组织大

---

① 共青团中央青运史工作指导委员会，等.中国青年运动历史资料（14）[G].北京：中国青年出版社，2002：198.

纲》，宣布其所领导的儿童组织为抗日救亡儿童团，以"练习儿童自治能力，发动爱国情绪，养成抗日救亡精神为宗旨"。规定凡战区年龄在 7 岁以上、16 岁以下的儿童，"志愿参加本团者，均得为本团团员"①。

同年 11 月，西北青年救国联合会召开第二次代表大会，正式通过《抗日少年先锋队章程》和《儿童团组织章程》，对 7 至 18 岁抗日儿童运动的性质、宗旨、资格、组织、任务等分别做出了全面而正式的规定，从而成为中共方面领导儿童积极参与全民族抗战时期活动的最高纲领。以 14 岁为分界，西北青年救国联合会将儿童所属的组织分为少先队和儿童团两种，两者在年龄上相互联接，在性质、宗旨、组织、任务上却又相互区分。具体而言，《抗日少年先锋队章程》规定，抗日少年先锋队简称少先队，是 14 岁至 18 岁"不脱离生产之半军事性的少年组织"，宗旨为"锻炼体格，学习军事，发扬少年英雄英勇卫国精神，成为抗日军的坚强后备队伍；平时戒备锄奸巩固后方，遇战争迫近时并配合正规军自卫军与敌人作战保卫家乡"。其具体组织由总队部（直属青救会）、大队部（区）、中队部（乡）和小队（村）组成。遇紧急战事时，各级队部还须集合意志坚定、身体强壮、具备精良武器（刀、矛、土枪等）之少队成立特殊的模范少队，以保证与正规军自卫队配合作战。此外，《抗日少年先锋队章程》还对教育方针、纪律、队风、队旗、队歌、队徽等做出了详尽规定。② 可见，抗日少年先锋队是在继承并发扬苏区少年先锋队基本精神的基础上，为适应全民族抗战需要而适时调整的结果（包括年龄的调整），它对于中共紧密武装并笼络儿童群众具有重要的政治和军事意义。

与少先队相比，儿童团则显然不带有强烈的军事性，其宗旨和资格也相对要宽松些，但其组织、任务和礼节仍非常严格。《儿童团组织章程》规定，7 至 14 岁儿童所属的团体为抗日儿童团，宗旨为"联合全（西北和华北）中国的小兄弟小姐妹结成好朋友，大家共同学习工作和游戏，参加救国工作"。与加入少先队须"本队正式队员一人"介绍或"其他抗日团体"保送不同，儿童团只"愿意参加儿童团的都可以成为儿童团员"。然而，作为青救会基本的三层组织（抗日青年队、少先队和儿童团）之一，抗日儿童团有其独特的信条"五要""五不要"，有其严密的组织，即由儿童科（县以上青救会）、儿童团（区）、大队

---

① 共青团中央青运史工作指导委员会，等.中国青年运动历史资料（14）[G].北京：中国青年出版社，2002：36.

② 同上，第 270 页。

（乡）和小队（村）组成，还有具体而明确的六大日常任务以及标准的仪节。据此，我们可以发现，抗日儿童团较之共产儿童团，在保留原有组织形式和部分日常任务的基础上，已明显褪去了附着于其上的浓烈阶级色彩，体现出为抗日民族统一战线服务的精神。然而，也正是由于抗日儿童团保留了原有的组织形式和细致的日常任务，使得它与少先队一样，依然是中共紧密笼络和聚集儿童群众的重要方式，具有双重政治意义。也正是由于这一原因，决定了它能公然存在和活跃的空间仅限于中共领导下的抗日根据地和游击区，或者是经国民党地方驻军长官首肯的战区。在国民党统辖的主要后方区域，它只能在中共地下党的领导与影响下，以其他多样和灵活的方式谋得生存发展。

3. 调整发展

1938 年年初，冯文彬建议中共中央在各级党内设立青委，既加强党对青年工作的领导，"以争取广大青年群众及其组织团结于我党周围"，又保证青年工作顺利开展（苏区时期是在共青团中设党代表）。[1]1938 年 5 月 5 日中共中央正式接受这一建议，发布《中央关于组织青年工作委员会的决定》，规定：一、县委以上各地方党部直至中央，成立青年工作委员会，青委内至少有一个不兼别的工作，而专做青年工作的人，同时吸收在青年团体中的负责党员参加青委，隶属于同级党部领导之下。上级青委对下级青委应给予经常的指导，下级青委应对上级党委及青委做工作报告。二、党的委员会不应随便调走青年工作干部，必须调动时，应该不使青年工作受损失。同时应顾及青年群众团体组织上的独立性。三、各地党部应该把青年工作当作自己主要工作之一，实行经常的检查与推动。[2]青委的设置，无疑使政治纷纭、战事复杂情境下的青年工作得以与党的各级组织工作的开展保持同步关系。中共六届六中全会决定采取在全国组织"几个中央局"来代表中央直接指导各地方党的策略，由此也直接影响了此后的儿童运动工作。[3]事实上，各地各级青委在切实依据西北青年救国联合会通过的

---

[1] 共青团中央青运史工作指导委员会，等.中国青年运动历史资料（14）[G].北京：中国青年出版社，2002：20.

[2] 中央档案馆.中共中央文件选集（11）[G].北京：中共中央党校出版社，1991：513.

[3] 1941 年 6 月 4 日《中央关于青年工作的决议》决定在中央、中央局、中央分局、区党委设立青委，以掌管青运政策，总结青运经验，调节青运干部。区党委以下不设青委，原来青委的工作人员加入青救会领导机关，各级党部经过青救会内的党团去领导青运。1942 年《关于根据地各级青委组织与工作暂行条例》，规定只在中央局、中央分局、区党委各级内设立青委，区党委以下，一般不设青委，并且无（转下页）

《抗日少年先锋队章程》和《儿童团组织章程》展开儿童工作时，也积极根据中共中央青委的各种指示，结合本地的特殊情势，审时度势地对其予以灵活调适，从而使得中共方面的儿童运动在抗战烽火中既表现出旺盛的生命力，又体现出鲜明的区域性。

　　由于华北地区是中共掌控最为牢固的地区，因此我们将以此为例来概览其政策决议上调适发展的过程。在北方局的领导下，华北地区逐步建立起晋绥、晋察冀、晋冀豫、冀鲁豫和山东等五块根据地，其中晋察冀和山东的发展尤为耀眼。晋察冀于 1938 年 7 月召开了边区青救第一次代表大会，并通过《晋察冀边区青年抗日救国会组织简章》，规定执委中设立儿童部，并设部长一名。① 1940 年 7 月又通过《晋察冀边区抗日儿童团工作纲领》和《晋察冀边区抗日儿童团团章》，详细规范了儿童团工作和组织系统。② 1938 年 11 月，晋察冀分局和山东分局成立。之后，山东分局也于 1940 年 8 月召开青年救国联合会第一次代表大会并通过《山东省青年救国联合会组织条例》，同样规定常务会中设立儿童工作部。③ 1944 年 7 月 1 日，进而发出《山东省县儿童团团章草案》，详细规范儿童团组织工作。④ 值得注意的是，虽然晋察冀与山东在重视儿童工作的程度上旗鼓相当，但两者的工作风格显然有异。概而言之，晋察冀偏重儿童工作的军事性，而山东则偏重儿童工作的教育性。如 1942 年 3 月，中央青委首次提出在边区、华北各根据地建立童子军组织的建议。⑤ 晋察冀分局对此颇为积

（接上页）论何级青委，凡在自己所辖范围内，同级的统一青年团体已建立时，便需将青委全部工作人员转入到同级的青年团体领导机关内，使青委与党团合一，加强青年群众团体的领导，只在有特殊必要时可留一人于党委机关内，以便保持与党委经常联系。

① 共青团中央青运史工作指导委员会，等.中国青年运动历史资料（14）[G].北京：中国青年出版社，2002：151.

② 河北省社会科学院历史研究所，等.晋察冀抗日根据地史料选编[G].石家庄：河北人民出版社，1983：359.

③ 共青团中央青运史工作指导委员会，等.中国青年运动历史资料（15）[G].北京：中国青年出版社，2002：81.

④ 山东省档案馆，山东社会科学院历史研究所.山东革命历史档案资料选编（第12辑）[M].济南：山东人民出版社，1983：243.

⑤ 共青团中央青运史工作指导委员会，等.中国青年运动历史资料（16）[G].北京：中国青年出版社，2002：29.

极，于 4 月 14 日发出《晋察冀分局关于少年儿童组织变动致北方局和中央电》，陈述其根据边区少年儿童组织及工作状况，决定将少年儿童组织作出变动，即将 13—17 岁的男女少年组织童子军，为少年之军事教育训练组（男女分编），主要任务是学习军事；12 岁以下的男女儿童组织幼童军，为童子军之一部，其任务大致与儿童团相同，但还求其简单。晋察冀的这一积极响应立马得到了北方局和中央的支持，其随后发布的《晋察冀分局关于青年工作的指示》便是将"请示"落实为行动的证明。① 与此不同的，山东则一直较为偏重儿童的文化教育工作。1940 年 8 月《山东青年救国联合会工作纲领》指明青救会要"组织儿童，教育儿童，领导儿童，发动儿童参加生产，改善儿童生活，培养训练儿童干部"②。1943 年 4 月《中共山东分局青委关于 1943 年山东青年工作的指示》也表明："……至于 16 岁以下的少年儿童，则主要着重于文化教育，在思想上给以逐渐的启发和诱导。"1944 年的《山东青年救国联合会工作纲领》还是重申青救会要"组织儿童，教育儿童，领导儿童，发动儿童参加生产，改善儿童生活，培养训练儿童干部"。到 1945 年 10 月，《山东省青联行动纲领》则在此基础上提出要关爱孤儿，强调联合会要"协助政府与社会慈善团体，设立孤儿院，收养无家可归的孤儿进行抚养教育，扶助少年儿童组织起来，养成团结自治的精神，进行学习，从事劳动，锻炼体格，达到其身心正常的发育健康"。可见，虽然晋察冀被称为华北的模范区，但在具体的儿童运动策略上，并没有被山东照搬。如果从不同的角度来思考，它们都堪称模范。

此外，直属北方局的晋西区与晋察冀、山东的儿童运动同样存在差异，其对儿童工作的重视也值得关注。1939 年 3 月中共中央青委发出《关于儿童工作的决定》，要求各地青委要以儿童工作为自己中心工作之一，号召青委多编通俗读物、民谣，广泛传播当时当地的抗战时事和动员号召，并鼓励各地青委要以更大的积极性、创造性，深入敌区开展儿童工作。此外，还布置了各地纪念"四四"儿童节的具体任务。为贯彻中央青委的决定，华北各根据地均纷纷响应，特别是晋西区青委，为此还发出《中共晋西区委青年关于新形势下晋西青年运动新的方针与新的任务》，不仅预备在"四四"节以区为单位举行儿童团检阅，要求儿童

---

① 但是基层的活动仍是以儿童团的名义出现。见董纯才.中国革命根据地教育史（第二卷）[M].北京：教育科学出版社，1991：271—272.

② 共青团中央青运史工作指导委员会，等.中国青年运动历史资料（15）[G].北京：中国青年出版社，2002：84.

团也要经常讨论自身生活及如何领导斗争问题，而且还下决心"争取 1/2 村青救与儿童团的建立（敌区可灵活行之）"。1939 年 2 月，晋西北青年救国联合会第一次代表大会召开。9 月，晋西北青年救国会工作纲领规定青救会要"帮助推进儿童团的工作"，且指明在青救联合会常委会中设立儿童部秘书。[①]1940 年 6 月 7 日，中共中央发出《中央关于加强战区青年工作的指示》，明令华北及战区青年工作要以下列四项为中心：一、建立青年半武装（不脱离生产的及半脱离生产的）及武装组织（正规军的、补充性的）；二、加强青年中的文化政治教育，并协助党政机关开展国民教育及文化运动；三、改进青年生活，提倡青年服务以提高青年社会地位；四、积极参加瓦解敌伪军工作。[②]为此，晋西区委也随即于 7 月 18 日发出《中共晋西区委关于贯彻中共中央〈关于加强战区青年工作的指示〉的决定》，开展一系列响应工作，如将自卫队中 23 岁以下 14 岁以上的男女青年单独编为抗日青年队，敦促青救会在各级学校组织少年队、儿童团，动员儿童入学，加强儿童工作，将 13 岁以下之儿童编入儿童团。特别是区委还认识到儿童团的经常工作主要在于进行文化教育，特要求青委克服以往把儿童团认为是半军事自卫队中一组成部分的偏见，强调如有工作需要，还可在各级儿童团配备干部负责。[③]更进一步地，8 月 13 日晋西青年代表大会还专门通过了《晋西抗日儿童团组织简章》，依此对儿童团工作进行更为详尽的规范。由此可见，晋西区儿童运动的发展带有取晋察冀方式与山东方式中庸而行的意味，从偏重军事性转变为偏重教育性，至少在认识上意味着某种进步。

值得指出的是，不管是晋察冀、山东还是晋西，它们虽然在具体的执行策略上存在差异，但对于儿童运动的基本立场以及执行中共中央、中央青委和北方局的指示上都是忠诚而积极的。之所以出现这种即使在一个地区内也表现出鲜明区域性的最大的原因，也许就在于上级"指示"本就具有开放性，而各地青委对此中内容关注角度又各有出入。以 1940 年 4 月的《中共中央北方局青委对召开边区青年代表大会的提议》为例，北方局青委对儿童工作给出了这样的指示："儿童工作，以后中心应加强系统的领导，充实各级儿童部，当事人

---

① 共青团中央青运史工作指导委员会，等.中国青年运动历史资料（14）[G].北京：中国青年出版社，2002：651.

② 中央档案馆.中共中央文件选集（12）[G].北京：中共中央党校出版社，1991：399.

③ 共青团中央青运史工作指导委员会，等.中国青年运动历史资料（15）[G].北京：中国青年出版社，2002：24.

负责儿童工作，儿童团改军事编制，县设团团长由儿童团长兼，区设营，乡设连，下设班排工作，方式切实儿童化，另遵照中央青委指示。"① 由此指示我们可以发现，北方局青委一面要求改变儿童团的组织形式而释放出强化其军事性的信号，另一方面又强调方式要"切实儿童化"，这种暧昧的指示无疑给各地进行多种解读留下了很大的发挥空间。当然，战争局势在很大程度上对各地的解读与选择起着催化作用，如果我们将晋察冀偏重于儿童工作的军事性与百团大战以及由此带来的日伪强化"清乡""扫荡"联系起来，那么对其军事化工作方式的理解也就会豁然开朗起来。事实上，在"地无分南北，年无分老幼，无论何人，皆有守土抗战之责，皆应抱定牺牲一切之决心"的全民抗战中，儿童也确实积极参加到百团大战及其后的反"扫荡"战斗之中，并贡献了自身不小的力量。

综上可见，全民族抗战时期中共方面由青救会领导的关于儿童运动的政策决议是一个历经改造、部署和调适，以不断将千百万无组织的儿童逐渐吸收到组织中来，并使他们融入抗战洪流中去的过程。在国共合作、统一战线的战略合作下，通过将儿童工作上升到党政战略高度，并上下齐心地对其倾注以无限的关注，无疑是这株成长在抗战烽火中的幼苗得以茁壮成长的保证。与土地革命战争时期儿童运动政策决议强烈的阶级性和波折性相比，这一时期的政策决议虽然更展示出民族性和稳定性，但其背后所寓含的极力"争夺"儿童群众的意图也显而易见。此种将儿童工作的主持大权转移到党内，以及将全国划分为归属不同中央局领导下的各级区域，命各地本着"利用公开合法，争取公开合法"的原则，见机行事、因地制宜地组织儿童，便是中共儿童运动最为高明智慧之处。

三、自卫战争与土地革命的追随：解放区儿童运动政策

在"爱国自卫的正义战争"中，解放区的儿童运动继续在深切的党政期待下，再次被公开引入到与国民党及其政府决裂对抗的道路上，并在新民主主义青年团的创建过程中，逐步被定格于"少年先锋队"这一组织系统内。

---

① 共青团中央青运史工作指导委员会，等.中国青年运动历史资料（14）[G].北京：中国青年出版社，2002：822.

（一）从谈判到决战：解放区扩大巩固的设计与胜利

全民族抗战即将胜利之际，中国的前途问题就为国内不同政治派别思量已久。虽然政见不同，但争取抗战彻底胜利的决心，并结束国民党一党专政的期待，是国民党以外各党派的普遍愿望。

迫于政治压力，全民族抗战期间，国民党曾两次提出宪政问题。第一次是1939年国民党五届六中全会决定于1940年11月12日召集国民大会制宪，但无果而终。1943年9月，国民党五届十一中全会又通过《关于实施宪政总报告之决议案》，宣布国民政府"应于战争结束一年内，召集国民大会，颁布宪法，实施宪政"，并给予各地各团体某种自由以讨论宪政问题。对此，1944年3月1日，中共中央政治局向各中央局、中央分局发出《关于宪政问题的指示》，要求"我党参加此种宪政运动，以期吸引一切可能的民主分子于自己周围，达到战胜日寇与建立民主国家之目的"。于是，中共除派代表参加国民党召集的宪政协进会会议外，还在延安举行宪政座谈会，各根据地也举办有多数党外人士参加的座谈会，以团结"这些党外人士于真正民主主义的目标之下"①。随后的3月12日，周恩来在延安各界纪念孙中山先生逝世十九周年大会上的演讲《关于宪政与团结问题》，则在此背景下首次公开摆明了中共对于宪政问题的立场，即中国应实行孙中山先生的民族、民权和民生的新民主主义的宪政；如欲实行宪政，应先实行宪政的三个先决条件，即保障人民民主自由、开放党禁和实行地方自治；彻底修正国民大会的选举法和组织法；在时间上，应于抗战期间召开国民大会，实施宪政等。②对此，6月5日《国民政府对中共问题政治解决之提示案》及8月10日《国民政府代表王世杰、张治中致中共中央代表林祖涵的信》均以重申国民党五届十一中全会精神作为回应。③可见，对于宪政问题，国共双方均以守为攻。

然而，日军自4月17日起发动的大规模战略进攻——豫湘桂战役，却为中共在宪政谈判上赢得了筹码。随着河南、湖南、广西等正面战场战事节节败退，损失惨重，国民政府陷入了抗战以来最为严重的军事政治危机。值此关键之时，中共中央于9月4日发出《关于提出改组国民政府的主张及其实施方案

---

① 中央档案馆.中共中央文件选集（14）[G].北京：中共中央党校出版社，1992：178.
② 同上，第180—188页。
③ 同上，第313—347页。

给林伯渠、董必武、王若飞的指示》，表明："目前我党向国民党及国内外提出改组政府主张时机已经成熟，其方案为要求国民政府立即召集各党各派各军，各地方政府，各民众团体代表开国事会议改组中央政府废除一党统治，然后由新政府召开国民大会实施宪政，贯彻抗战国策实行反攻。"[①] 自此指示发出后，中共步步为营，不断施压。9月15日，面对重庆国民参政会议上国民政府代表蒋介石与张治中坚决表示中央政府"只求军令统一政令统一"[②]的态度，林伯渠在会上极力敦促国民党中央在全国应"立即实行民主政治"[③]。9月23日，《解放日报》也发表文章《延安观察家评国内战局》，号召"各党各派各界各军各人民团体各地方抗日力量"召集紧急国事会议，"立即废除国民党的寡头统治，彻底改组国民政府及统帅部"。[④]10月10日，周恩来的国庆讲演《如何解决》则更是痛陈国军抗战不利，一党专政，主张"由国民政府立即召集全国各方代表，开紧急国事会议，取消一党专政，成立联合政府，改弦更张，以一新天下之耳目"[⑤]。然而，国共双方均各持立场态度强硬，虽历经美国总统代表赫尔利（Hurley）调停，但终以蒋介石拒绝在《延安协定草案》上签字而告失败。

1945年4月，中共七大召开，"光明的中国之命运和黑暗的中国之命运"问题在毛泽东的阐释下已经将谋求解决战后建国问题的"重心"扛在了共产党肩上，他说："到了现在，我们的党已经成了中国人民抗日救国的重心，已经成了中国人民解放的重心，已经成了打败侵略者、建设新中国的重心。中国的重心不在任何别的方面，而在我们这一方面。"[⑥] 同时，《论联合政府》的政治构想则为中共联合"各党各派"和"无党无派"共同改组国民政府，建设新中国提供了方向和解析。5月，为应对包括中共在内的各党派提出的民主政治要求，并规划抗战胜利后自身政纲方案，国民党在重庆召开第六次全国代表大会，会议特别通过了《对于中共问题的决议案》，提出宜以政治、商谈之道来解决与中共的分歧。8月日本投降后，蒋介石与毛泽东打开和谈之门，先后开启重庆谈

---

① 中央档案馆.中共中央文件选集（14）[G].北京：中共中央党校出版社，1992：333.

② 同上，第339页。

③ 同上，第325页。

④ 同上，第355页。

⑤ 同上，第36d页。

⑥ 毛泽东.毛泽东选集（第三卷）[M].北京：人民出版社，1967：928.

判和召开政治协商会议，只是与众望相悖，长达一年多的谈判和美国总统杜鲁门遣华特使马歇尔调停正式失败后，全面内战于 1946 年 6 月爆发。中原、华东、晋冀鲁豫、晋察冀、晋绥、陕甘宁、东北、广东等解放区和游击区先后成为战场，迎击国军进攻但均被逐一破解。到 1948 年秋，中共开始实行战略性大反攻，先通过辽沈、淮海、平津三大战役取得了军事上的决定性优胜，后在"将革命进行到底"和"向全国进军"的命令下，逐步实现解放全中国。1949 年 9 月 21 日至 31 日，中国人民政治协商会议在北平举行，会议通过了《共同纲领》，选举出中央人民政府委员会，毛泽东当选为主席。《共同纲领》郑重宣布："中国人民解放战争和人民革命的伟大胜利，已使帝国主义、封建主义和官僚资本主义在中国的统治时代宣告结束。中国人民由被压迫的地位变成为新社会新国家的主人，而以人民民主专政的共和国代替那封建买办法西斯专政的国民党反动统治。"[①] 从此，我国新民主主义革命基本结束而进入社会主义革命阶段。

综上可见，从谈判到决战的整个解放战争期间，中共的政治策略集据理力争与兵戎相见于一体，而为这种策略提供坚实保障的，则无疑是不断扩大的解放区范围，逐步推广的生产、土改政策，及由此带来的广大中间力量的支持。

1. 扩大解放区

1944 年，日军为打通大陆交通线而大量收缩华北、华中兵力到豫湘桂正面战场，从而为敌后抗日根据地实施战略反攻提供了有利之机。中共中央军委趁此提出"扩大解放区，缩小敌占区，打通各战略区的联系，夺取反攻阵地"[②] 的战略指示，山东、晋冀鲁豫、晋察冀、晋绥等老解放区纷纷反攻，并在扩大原根据地的基础上又相互打通联系，从而使各根据地之间往来互通。而毛泽东致程子华《关于扩大解放区的指示》的电文则还希望在夺回并巩固原有根据地的基础上再"努力向雁北、绥东、察哈尔、热河及冀东敌占区发展，扩大解放区"[③]。同时，中共还沿日军新的攻陷路线，尾随其后不断开辟新根据地，如1944 年 10 月 14 日《军委关于开辟河南根据地问题给郑位三、李先念、任质彬、陈少敏的指示》表明，在河南"现正从事建立根据地，并分向各地活动中"[④]；

① 中央档案馆 . 中共中央文件选集（18）[G]. 北京：中共中央党校出版社，1992：584.

② 张宪文，等 . 中华民国史（第三卷）[M]，南京：南京大学出版社，2006：587.

③ 中央档案馆 . 中共中央文件选集（14）[G]. 北京：中共中央党校出版社，1992：430.

④ 同上，第 272 页。

10 月 24 日《军委关于向苏浙豫皖发展给华中局的指示》指明，"新四军（除五师外）在最近的任务，是向南（苏、浙）向西（豫东、皖北）发展"①；而 12 月 18 日毛泽东致程子华《关于扩大解放区的指示》则直接指明，"沦陷区扩大，如我党能执行正确政策，便可使现有军队获得巩固，并可在新发展地方扩大军队"，豫、湘、鄂、浙等四省便是最大可能发展地。如此，以华北为原点，解放区逐渐向南、向东拓展扩大。

面对此种战事回暖的大好形势，毛泽东在 1944 年底布置 1945 年的任务时，进一步强调"必须把一切守备薄弱，在我现存条件下能够攻克的沦陷区，全部化为解放区"②。此种积极灵巧的游击战术收效甚著，到 1945 年春，中共已开辟出陕甘宁、晋察冀、晋冀豫、山东、晋绥、冀热辽、苏北、苏中、苏浙皖、浙东、淮北、淮南、皖中、河南、鄂豫皖、湘鄂、东江和琼崖等遍布华北、华中、华南的十九块解放区，总面积约达 95 万平方千米。③ 到日寇投降前夕，1945 年 6 月中共七大通过的《关于军事问题的决议》为抢夺扩大解放区的先机，继续指示军队要"向一切被敌伪占领而又可能攻克的地方，不论是占领已久，或是新占领的，发动广泛的进攻"④。1945 年 8 月，苏联对日宣战出兵东北，15 日日本无条件投降，中共中央东北局及中共各路部队趁此迅速开赴东北各地，接收城市，到 1945 年年底，原伪满各省均接收完毕，东北解放区又成立 10 个省和 2 个特别市。⑤ 即使是在重庆谈判期间，不仅国民党，中共也一面谈判，一面命令各地部队"今后一时期内仍应继续攻势"，对一些交通要道，"凡能控制者均控制之，哪怕暂时也好""同时以必要的力量，尽量广占乡村和府城县城小市镇"。⑥ 正是凭借此种灵活策略，总体而言，解放战争前中共已开辟出东北、华东、华北、中原和西北五大解放区，并延续全民族抗战期间的管理策略，分别设东北局、华东局、晋冀鲁豫中央局、晋察冀中央局（1948 年 5 月 9 日，晋冀鲁豫和晋察冀及其领导机构合并，组成华北局）、中原局和西北局，各自管理所

① 中央档案馆.中共中央文件选集（14）[G].北京：中共中央党校出版社，1992：386.
② 同上，第 417 页。
③ 中共中央党史研究室.中国共产党历史大事记：1919.5—1987.12 [M].北京：人民出版社 1989：140.
④ 中央档案馆.中共中央文件选集（15）[G].北京：中共中央党校出版社，1991：113.
⑤ 田茂纯.东北解放区的建立与发展 [J].兰台世界，1994（10）：30.
⑥ 张宪文，等.中华民国史（第四卷）[M]，南京：南京大学出版社，2006：29.

在区内的党、政、军、民工作。此种局面随着解放战争的逐步推进、国民政府军的节节败退而不断开扩，直至全国解放。

2. 巩固解放区

大力开展生产运动、发动人民自力更生既是中共反思苏区经验教训的结果，也是在支援战争的同时，谋求自身发展壮大的生存之道。早于 1944 年 12 月 25 日《中央关于目前形势的分析与任务的指示》就对此给予了明确解释："如果……用极大努力，在军民生产方面有一个普遍的高涨，由现在的克服困难，走向不久将来的丰衣足食，我们就能在经济上（粮食及日用品）胜过大后方及沦陷区，而永远立于不败之地。内战时期，我党不懂得发展生产，也不懂得节省人力，以致后来经济枯竭，不能持久。鉴于这个教训，现在必须充分注意发展生产与节省人力，使战争愈持久，我们愈丰富，愈强盛，数年之后，我们将出现为中国最强有力的政治力量，由我们来决定中国命运。"[①] 可见，与军事部署一样，中共将生产自给也作为其巩固解放区及长远政治战略规划的重要组成部分。随着国共内战局势的日趋紧张，人力、物力、财力的持续消耗都使"自己动手，克服困难"的重要性与日俱增，中共中央的这一生产指示充分体现了其先见之明。之后，毛泽东自 1945 年起又就此持续发出指示，敦促各解放区注重自身生产，如 1945 年 3 月 1 日《中央关于坚持自力更生的财政原则等问题给河南区党委的指示》，1945 年 4 月 9 日《关于开展生产自给运动及群众工作给郑位三、李先念、陈少敏的指示》，1945 年 11 月 7 日《减租和生产是保卫解放区的两件大事》，1945 年 11 月 27 日《中央关于抓紧进行减租运动和生产运动的指示》，1945 年 12 月 15 日《一九四六年解放区工作的方针》，1946 年 3 月 28 日《中央关于解放区经济建设的几项通知》以及 1947 年 10 月 24 日《中央批准华北财经会议决议及对各地财经工作的指示》等。

此外，为了稳定和发动群众，改变全民族抗战时期的减租减息政策，进行土地改革，实现"耕者有其田"也是巩固解放区的重要战略政策。1946 年四五月间，为了纠正群众运动在减租减息"狭窄"框架下对土地问题的"过火"行为，满足农民迫切获得土地的要求，中共决定将减租减息政策改为没收地主土地分配给农民的政策。[②] 以 1946 年 5 月 4 日中共中央发布、由刘少奇起草的《关于土地问题的指示》（即"五四指示"）为标志，解放区土地改革运动正式拉开

① 中央档案馆.中共中央文件选集（14）[G].北京：中共中央党校出版社，1992：433.
② 刘少奇.刘少奇选集（上卷）[M].北京：人民出版社，1982：377.

帷幕。这份以没收地主土地、保护富农土地、不侵犯中农土地以及以坚决斗争汉奸豪绅恶霸为主要特征的土改方案发布后，各解放区均在不同程度上展开阶级斗争，进行清算翻身，"1946 年到 1947 年年初，约有 2/3 的解放区，解决了农民的土地问题，许多农民获得了千百年来所热烈追求的土地"①。到 1947 年 7 月，为了克服执行"五四指示"过程中的"政策不彻底""党内不纯"和"官僚主义的领导"②，以及进一步调动农民生产、参军的积极性，刘少奇又主持召开了全国土地会议，并于 9 月通过《中国土地法大纲》(草案)(《中国土地法大纲》的正式公布，是以 1947 年 10 月 10 日中国共产党中央委员会发布《关于公布中国土地法大纲的决议》为标志)，以期通过依靠贫雇农，团结中农，警惕富农，打破"不到百分之十的地主富农，占有约百分之七十至八十的土地"的历史局面③，更充分地实现彻底平分土地的目的。《中国土地法大纲》(草案) 颁布后，各解放区因之进入土改深层阶段。与此同时，以"三查""三整"为主要内容的整党运动也悄然兴起，从而为以土改为中心的激烈阶级斗争又增添上几把火力。自然地，大力发动生产运动与深入开展土地革命犹如解放区建设的"双翼"，它们为引导解放区群众在切身收益中不断认识"农民团结的力量"，以及提升对"无产阶级政党及人民武装自卫及拥护八路军的热情与觉悟"④ 提供了有力保障，从而为实现解放战争的最终胜利提供源源不断的后方人、财、物支援。

（二）解放区儿童运动政策的重定与规范

与土地革命战争时期和全民族抗战时期的儿童运动兴盛蓬勃不同，解放战争初期的儿童运动在整个青年运动舍留无定、轮番讨论的状态下，也呈现出蛰伏沉寂的态势。最突出的表现，就是在此期间，包括中央在内的各级党政机关很少发出关于儿童工作的专门指示，地方也很少就此方面做出汇报总结。当整个青年运动处于被重新讨论时，儿童运动也因之略显低沉，自然，当新民主主义青年团被广泛实验与逐步确定时，儿童运动也随之得以重整旗鼓。

1. 过渡与讨论

1945 年年初，随着解放区范围的不断扩大及其相互联系不断加强，各解放

---

① 张宪文，等 . 中华民国史（第四卷）[M]. 南京：南京大学出版社，2006：239.
② 刘少奇 . 刘少奇选集（上卷）[M]. 北京：人民出版社，1982：385.
③ 中央档案馆 . 中共中央文件选集（16）[G]. 北京：中共中央党校出版社，1992：536.
④ 紧张的自卫战争面前必须更加放手贯彻新区群众运动 [N]. 新华日报（华北版），1946-8-1（1）.

区之间青年运动的统一领导问题也变得迫切起来。为此，4 月 6 日《中央关于准备成立解放区青年联合会的指示》向各中央局、中央分局表明，中共中央准备成立解放区青年联合会，以加强对整个解放区青年运动的指导。对此，各解放区虽然均纷纷响应，但由于尚未触动并解决解放区"青年工作与青年运动到底该搞些什么"这一根本问题，因此各解放区仍然对新时期青年运动问题茫然无措，收效甚微，从而导致在后来的地方实际工作中出现只保留青联名义乃至连青联名义都考虑取消的现象。①

进入 1946 年，由于解放区青年运动持续消沉混乱，关于是否需要以及如何组织青年运动的实质性问题越来越受到关注，逐渐被提上议事日程。首先，是青年运动的性质问题被重新审视。如山东就提出"抗战胜利了，青年团体是否还是抗日救国的性质？名称要不要改变？青年的统一战线是否还坚持？"等问题。②此后，青年组织形式问题也被以华东局为代表的地方中央局提出，中共中央以此为契机，转发华东局呈送中央的原文给各解放区，并要求各解放区就此"于最近加以讨论，提出意见，以便中央作最后决定"③。经过第一轮讨论，党内大致得出五种结论：一、取消单独的青年团体；二、保留青年小团体，但无须设政治性青年大团体；三、应保留青年单独团体；四、在工会农会中设青年部即可，或由政府领导，无须设青年单独团体；五、在整改青救会的基础上加强青年工作。④对此，1946 年 6 月 25 日《关于成立新民主主义青年团的建议》（草案）（此文件原件没有注明发出者，但可能是由中共中央青委发出。因为从 1946 年 5 月开始，"中共中央青委着手研究重建青年团的问题"⑤）在陈述解放区青年工作仍然具有重要地位的基础上，条分缕析地辨明党政机构与群众团体、青年工作与生产教育、青年工作与农会工会之关系，并反思青救会的时代局限性，进而提出在解放区"建立一个新式的，完全适合党在今天的需要的青年团"（即新民主主义青年团）的提议。具体而言，这个新的青年团，"是一个完全由党直接掌握的青年积极分子的核心组织。它将在党的生产、文化、民主的建设中，最有效最有力地去组织青年的积极作用、先锋作用。它将是党的最忠实的助

---

① 共青团中央青运史工作指导委员会，等.中国青年运动历史资料（16）[G].北京：中国青年出版社，2002：504.

② 同上，第 328—329 页。

③ 同上，第 477 页。

④ 同上，第 506—507 页。

⑤ 董纯才.中国革命根据地教育史（第三卷）[M].北京：教育科学出版社，1993：106.

手"①。因此，作为一个政治性、教育性的基干组织，与青救会全体全面地包容各类青年的统一战线性质不同，这个以新民主主义标榜的青年团具有明确而严格的阶级性和先锋性，即 15—23 岁的男女团员必须"坚决跟着共产党走"，且要"在党的各项事业中领头去干"。② 而为了保障这种阶级性和先锋性得以维续，除了"有相当严格的组织生活与纪律，有一定工作责任与政治义务，受较深组织锻炼与较深的思想训练"外，还有一套完备的从下而上的领导系统（团支部、区、县、分区、区、省、边区、中央的各级团委员会）。③ 可见，此处所述的新民主主义青年团除强调受党的直接领导外，在其他方面均有试图恢复当年苏区共产主义青年团的意向。④

特别是 1946 年 8—9 月经任弼时主持召开了两次中共中央座谈会，研究中央青委关于重建青年团的建议，在不断反思与讨论以往共产主义青年团先锋主义错误和青救会全面全体统一战线式局限后，1946 年 9 月，《中共中央关于组织民主青年团的提议》（草案）又着意淡化青年团此种过于鲜明的阶级性和先锋性，重新提议民主青年团应该是一个政治性、教育性和群众性的青年组织，它与共产党或政府没有法律上的隶属关系，共产党除了通过青年团内的党员对其产生影响外，不干涉青年团的一切生活，政府也不能强迫命令青年团担任某项工作。并且，民主青年团实行民主集中制，其所吸收的青年应开放为 15—23 岁"一切坚决拥护民主，并愿为民主事业积极奋斗的男女青年"⑤。但是，突出民主青年团的民主性，并不意味着要放弃其阶级性和先锋性，它具体又通过青年团的三

---

① 共青团中央青运史工作指导委员会，等.中国青年运动历史资料（16）[G].北京：中国青年出版社，2002：512.

② 同上，第 514 页。

③ 同上，第 515 页。

④ 虽然这份"草案"是抗战胜利后第一次提议重建青年团的文件，其具体的执行方案还历经后续的多次讨论调整，但我们可通过蒋南翔在 1949 年 4 月《关于中国新民主主义青年团团章的报告》中的观点来明了其意图。蒋南翔说："新民主主义青年团仅仅是在政治纲领及社会基础的广泛性这一点上和过去共产主义青年团有区别，至于这两个团体的基本性质和主要任务——作为共产党领导下的团结青年的核心组织及以马列主义、毛泽东思想教育青年的革命学校，那是完全一致的。"参见共青团中央青运史工作指导委员会，等.中国青年运动历史资料（19）[G].北京：中国青年出版社，2002：380.

⑤ 共青团中央青运史工作指导委员会，等.中国青年运动历史资料（16）[G].北京：中国青年出版社，2002：599.

大"基本任务"体现出来。历经一个月讨论，在对9月"草案"做出适当修改和补充后，中共中央根据毛泽东的意见于11月又发布《中央关于建立民主青年团的提议》，进一步宣布在解放区废止青救会式的组织而成立民主青年团或新民主主义青年团。《中央关于建立民主青年团的提议》的基本精神与9月草案一致，只是更为特别地对草案中的"教育性"内容进行了具体规定，即经常地进行毛泽东思想教育和政治思想教育。此外，《中央关于建立民主青年团的提议》还对青年团的组织作用进行了明确规定，即在党的领导下，协助党、政、军、民、武在各种运动和工作中起突击、先锋、模范作用，成为党的有力助手。对于青联的归向，《中央关于建立民主青年团的提议》也表示"在青年团普遍成立后，现有的青联会拟转化为各种青年团体的联合大会性质，仍为各地全体青年的代表机构"①。当然，《中央关于建立民主青年团的提议》仍非最终决议，中央依旧要求各中央局、中央分局对此进行充分讨论和择地实验，由此拉开了各解放区后续两年多以此为蓝本的青年运动实验摸索期。②

总体而言，抗战结束后，中共并没有放弃或放松对青年运动的领导，相反，在不断讨论与反思共产主义青年团和青救会经验的基础上，继续肯定"青年运动有无限前途"。③因此，解放战争初期即诞生的新民主主义青年团重新成为信仰共产主义的先进青年群众的聚集地和支撑者，从而不仅使得中共将运行未止的青年运动推向了新的征途，而且也将其领导下的儿童运动不断引向远方。

2. 实验与摸索

青年团问题与土改问题在时间上的交织重叠，使中共中央对两者的讨论与实施得以同时进行，由此也足可见中央对青年运动问题的重视。《中央关于建立民主青年团的提议》发布后，中共中央、中央青委又积极与各中央局、中央分局通电询问建团意见，或派遣相关人员到地方协助开展建团工作，并在陕甘

---

① 共青团中央青运史研究室，中央档案馆．中共中央青年运动文件选编［G］．北京：中国青年出版社，1988：633—635.

② 到1948年10月，仅晋冀鲁豫除外，据冯文彬报告"自从中央发出试建青年团的提议以后，已将两年了，各个解放区都讨论与发出了指示，进行了试办，并已开始较普遍地建团。只有晋冀鲁豫只传达了一下，并未讨论，直至今夏前，还没有试办一个村"。参见共青团中央青运史工作指导委员会，等．中国青年运动历史资料（18）［G］．北京：中国青年出版社，2002：598.

③ 共青团中央青运史工作指导委员会，等．中国青年运动历史资料（16）［G］．北京：中国青年出版社，2002：617.

宁、晋绥、晋察冀和山东进行较大规模的试建青年团工作，收获颇丰。如山东于 1947 年 2 月率先发布《山东新民主主义青年团团章草案》；晋绥六地委于 5 月发布《关于试办青年团给各级党委的指示》后，晋绥分局又于 6 月发出《关于在土地改革中建立青年团的通知》；华东局也于 5 月发布《关于建立新民主主义青年团的指示》等。关于试建团的情况与效果，冯文彬在 8 月全国土地会议上表示，青年团在试建过程中均得到了青年、家庭和党政负责人的积极支持，其效果"据初步的检查，可以肯定是好的。（青年）团在土地复查中，战争中动员担架、动员青年组织游击队，参加军队等工作中都起了很大的作用"①。正是基于此种试建成效，9 月份召开全国青年工作会议后，刘少奇、朱德和冯文彬联名向中央提交《关于青年工作会议与建团意见布置情况的报告》，建议中央"开始在全国各解放区正式建团"，开设团干训练班并创办团刊，中央随即批示同意。②

　　伴随着民主青年团正式而广泛建立的③，是少年先锋队与儿童团融合改造序幕的拉开。对于少年儿童工作，各解放区均在建团时依照以往经验，规定于各级团委设立少先儿童委员（部），或在各级党委下设立青委统一管理青年团工作与村中少先队儿童团工作。随着建团工作的逐步深入，以晋绥边区为代表的儿童运动改革工作也随之开启。1948 年 5 月，《晋绥边区少年先锋队组织简章》（草案）在 1946 年 6 月草案的基础上，切合建团工作的形势，重申少年先锋队"是少年儿童自己的群众性的文化组织，同时也是半武装性的军事组织"，并强调它以毛泽东思想为指导，旨在将少年儿童培养为独立、自由、民主、统一与富强

----

① 共青团中央青运史工作指导委员会，等.中国青年运动历史资料（17）[G].北京：中国青年出版社，2002：364—365.

② 同上，第 417—418 页。

③ 从 1948 年 5 月起，各解放区曾一度流行将民主青年团或新民主主义青年团称为毛泽东青年团，并对此出台了一系列文件决议，如晋绥的《毛泽东青年团团章》（草案）、东北的《毛泽东青年团暂行团章》（草案）和冀中的《关于建立毛泽东青年团的决议》等，都突出强调"团应当紧紧地团结在毛主席周围……使青年跟随毛主席革命到底"。直到同年 9 月，《中共中央对东北局关于东北解放区青年工作会议情况报告的批示》指示："全国都定名为新民主主义青年团，东北亦应用新民主主义青年团名称，不要用毛泽东青年团名称"，此种流行态势才得以转变。参见共青团中央青运史工作指导委员会，等.中国青年运动历史资料（18）[G].北京：中国青年出版社，2002：224.

的新中国的后备人才。与土地革命战争时期和全民族抗战时期的少先队、儿童团一样，整合后的少年先锋队仍以提高自身文化水平、政治觉悟为前提，将拥护并执行党和政府的命令、政策作为中心任务，如站岗放哨、清查户口、防奸惩恶以及参加各类运动等。少年先锋队以7—16岁的少年儿童为吸收对象，只要处于这一年龄段的儿童愿意参加，即可请求登记为少年先锋队队员。由于尚处于实践少先队与儿童团融合改造的尝试性开创阶段，晋绥边区给予少年先锋队的组织工作以很大保留，规定仅在民主集中制下，以行政村为单位，由毛泽东青年团领导，村中按小队、分队、中队编制，校内校外之少先队则可根据情况分别编制或联合编制，且高小以上的学校不设少先队，只组织学生会。1948年11月，晋绥党代表大会胡健所做的报告《关于青年工作的意见》进一步重申："在老区农村及初级小学中，组织少年先锋队（少先队），包括全体少年儿童，不再组织儿童团与青年的一般群众组织。"[1] 由此可见，以晋绥边区为代表的解放区少年先锋队的重新组建，已经开始呈现出中华人民共和国成立以后党团领导下的儿童组织形式的雏形。晋绥模式预示着，儿童团将为少年先锋队所包容而逐步淡出中共领导下的儿童运动历史舞台。

综上可见，从1946年开始讨论建团问题，到1948年各解放区着力实验建团，新情境下的中央与地方均处于摸索与探寻青年运动新途径的艰难阶段，青年运动整体态势的不确定性带来的是儿童运动问题的暂时被搁置。但随着青年团工作的不断深入，儿童工作问题自然也被纳入议事日程，晋绥模式便是此间最典型的代表。到1949年，随着中央委员会发布关于新民主主义青年团问题的正式决议，不仅青年运动得以从实验走向定型，而且儿童运动也获得了新的定位与规划。

3. 规范与复苏

1949年1月1日，中国共产党中央委员会于解放战争胜利前夕发布了《关于建立中国新民主主义青年团的决议》[2] 及《中国新民主主义青年团团章草案》[3]，标志着历时两年多的解放区实验建团阶段结束，而进入在全国普遍建团的定

---

① 共青团中央青运史工作指导委员会，等.中国青年运动历史资料（19）[G].北京：中国青年出版社，2002：67.

② 共青团中央青运史研究室，中央档案馆.中共中央青年运动文件选编[G].北京：中国青年出版社，1988：707.

③ 中国新民主主义青年团团章草案[N].新华日报（华北版），1949-1-9（3）.

型阶段，它们是接下来即将召开的中国新民主主义青年团第一次全国代表大会的预备令和定奏书。《关于建立中国新民主主义青年团的决议》和《中国新民主主义青年团团章草案》将青年团的名称统一规定为"中国新民主主义青年团"，并在充分肯定解放区实验建团所取得的巨大成就基础上，又高度概括地将青年团定性为"是党以马克思列宁主义教育青年的学校"，规定其基本任务是"团结和组织先进青年的积极分子，再经过这种青年积极分子的组织去团结和教育广大的青年群众，和中国人民一道，为了彻底推翻帝国主义、封建主义与官僚资本主义在中国的统治，为了建立新民主主义的中华人民共和国，为了全中国和全人类的彻底解放事业而奋斗到底，并在这种实践的奋斗中不断地教育中国的青年"。可见，与中央对解放区发布的实验建团"提议""指示""建议"不同，《关于建立中国新民主主义青年团的决议》和《中国新民主主义青年团团章草案》作为一个全国性建团工作指示，充分体现出准执政党的气势，在强调青年团应以中共为领导核心的同时，又不失兼顾民主、民族与民生的责任感和道义感。尤为重要的，是《关于建立中国新民主主义青年团的决议》还首次从中央文件的高度对解放战争时期的儿童运动予以明确指示，特别突出地将少年儿童工作列为青年团四大任务之一，指示青年团要肩负起领导少年儿童工作的重任，"吸收七岁到十二岁的儿童参加儿童团，吸收十三岁到十七岁的少年参加少年先锋队，较小的农村则合组为少年儿童团。青年团应选派最好的干部领导这一工作，并在各级团委之下设立少年儿童部，或少年儿童委员会，作为儿童团和少年先锋队的领导机关"①。虽然此时的《关于建立中国新民主主义青年团的决议》仍以年龄为限将儿童组织细分为儿童团和少先队，但消沉一时的儿童运动问题重被中央提及，这不仅意味着对过去中共领导下的儿童运动予以充分肯定、高度重视，而且还为后续并持续至今的儿童运动铺设了道路。

《关于建立中国新民主主义青年团的决议》和《中国新民主主义青年团团章草案》发出后，由任弼时领导的全国青年团筹委会在二月间成立，青年团获得更大关注和发展，并由此带动了各解放区纷纷着手整理恢复或重建少年先锋队和儿童团，少年儿童工作重新成为党团工作中思考的中心问题之一，如陕甘宁

---

① 共青团中央青运史研究室，中央档案馆.中共中央青年运动文件选编［G］.北京：中国青年出版社，1988：707—712.

在其第一次边区团代会上反思，"少年儿童工作过去很少注意，这次会议亦未提出进行必要的讨论"①；晋绥团筹委也总结报告，"团对于青年群众、少年儿童工作也没有怎么工作"②；而山东分局青委则在建团过程中建议全代会对"少先队儿童团的性质任务，及领导方法应规定"③；华中团筹委会也建议全代会应"制定少先队、儿童团的组织章程与工作纲领草案"④。在各解放区此种不断反思与要求规范的复杂而热烈的情绪中，1949 年 4 月，中国新民主主义青年团第一次全国代表大会在北平召开，任弼时、冯文彬、蒋南翔分别作重要报告。会议宣告中国新民主主义青年团正式成立，并讨论了青年团的方针与任务，通过《中国新民主主义青年团工作纲领》与《中国新民主主义青年团团章》，选举产生全国青年团的中央委员会。其中，4 月 17 日通过的《中国新民主主义青年团工作纲领》第六条规定：7 至 14 岁（足岁）的儿童参加少年先锋队（即少年儿童队，——团中央组织部附注），青年团应选派优秀的干部领导这一工作，并在各级团委之下设立少年先锋队队部，作为儿童团少年先锋队的领导机关。可见，与 1 月 1 日发布的《关于建立中国新民主主义青年团的决议》不同，《中国新民主主义青年团工作纲领》在对年龄进行适当"微调"后，基本完成了将儿童团与少年先锋队融合为一的历史性举动。并且，与晋绥少先队组织仅限于行政村的模式不同，《中国新民主主义青年团工作纲领》规定在"各级团委之下设立少年先锋队队部"，从而使得少年儿童工作在领导力度和活动范围上都实现了大超越。⑤ 同时，同样于 4 月 17 日通过的《中国新民主主义青年团团章》对 1 月 1 日的《中国新民主主义青年团团章草案》也有所调整，不仅将入团年龄调适为 14—25 岁，而且在入团要求中增加一项，即凡少年先锋队队员已达入团年龄，志愿申请入团者，得由少年先锋队的基础组织负责介绍，由本人填写志愿

---

① 共青团中央青运史工作指导委员会，等 . 中国青年运动历史资料（19）[G]. 北京：中国青年出版社，2002：326.

② 同上，第 336 页。

③ 同上，第 320 页。

④ 同上，第 323 页。

⑤ 然而，10 月 13 日出台的《关于建立中国少年儿童队的决议》又对此予以调整，指示在学校、工厂、村庄、街道有少年儿童队组织的各单位设立队部，各单位以上不设队部，这是考虑到刚建立的少年儿童队，其自治能力和其他条件不可能有自己的单独组织系统，因此规定单位少年儿童队，直接由新民主主义青年团各级团委少年儿童部负责领导。

书，经团支部委员会审查与支部团员大会通过，团区委（或相当于团区委的团委）批准，举行入团仪式。[1] 关于这一规定的增设，蒋南翔解释道："这样不但表明了青年团与少先队的密切关系，而且加重了少先队需要输送年满 14 岁以上优秀队员参加青年团的责任，可以更有助于青年团的巩固和发展。"[2] 可见，少先队——青年团——共产党的组织设置仍然保留着中共倾力打造与维护组织结构"金字塔"的意图。1949 年 6 月 14 日，中共中央委员会发出《关于批准新民主主义青年团一大文件的通知》，批准团一代会上通过的《中国新民主主义青年团工作纲领》《中国新民主主义青年团团章》及任弼时、冯文彬、蒋南翔的报告。

1949 年 10 月 13 日，中国新民主主义青年团中央委员会特别发出《关于建立中国少年儿童队的决议》和《中国少年儿童队章程草案》，正式宣布将少年先锋队和儿童团合组为少年儿童队。[3]《关于建立中国少年儿童队的决议》和《中国少年儿童队章程草案》均指出中国少年儿童队是在中国新民主主义青年团领导下的少年儿童组织，吸收学校、工厂、街道、农村中 9—15 岁"愿意进步积极参加活动"的少年儿童参加，它旨在通过学习和集体活动来团结、教育少年儿童（队的活动包括努力学习、参加劳动、娱乐游戏、体育卫生、积极工作等），培养他们成为爱祖国、爱人民、爱劳动、爱科学和爱护公共财物的新中国的优秀儿女。为了使少年儿童队能迅速组建，团中央指示各级团委须加强领导和宣传少年儿童工作，在取得教师的支持和协助下，首先从工作条件较好的学校，与人口较集中、团的工作基础较好的村镇开始。此外，由各级团委聘请进步的小学教师和中学教师担任少年儿童队辅导员，以及责成地方团委召集少年儿童工作者会议，总结经验并讨论《中国少年儿童队章程草案》等，都对新时期儿童工作顺利开展具有指导意义。1950 年 4 月 23 日，青年团中央在北京召开第一次全国少年儿童工作干部大会，毛泽东、刘少奇、朱德、林伯渠、董必武等接见了与会代表。通过此次会议，少年儿童队的队旗、队歌、标志（红领巾）、口号等正式确立。

至此，中国共产党领导下的儿童运动在历经大革命——土地革命战争——全

---

[1] 共青团中央青运史工作指导委员会，等.中国青年运动历史资料（19）[G].北京：中国青年出版社，2002：389.

[2] 同上，第 373 页。

[3] 到 1953 年 6 月，青年团第二次全国代表大会一致通过正式将中国少年儿童队改名为中国少年先锋队。

民族抗战——解放战争等革命炮火硝烟洗礼后，终于由星星之火发展为燎原之势，闪闪的红星将革命的热情缓缓照耀进全中国儿童的心中，澎湃迭起，直至如今。

第四章
儿童团与儿童革命意志锻造

共产主义儿童团（简称共产儿童团）是苏区共产主义儿童运动的组织载体，它以形态化的方式将抽象的共产主义理念导引下的儿童运动转化为具体组织，通过接受来自各级青年团团部的政策决议而释放其政治能量。抗日儿童团以陕甘宁边区为范本，是抗战时期由青年救国会领导的抗日根据地儿童运动的具体组织，其影响范围遍及边区中央局、北方局、中原局、南方局、东南局等中共领导下的广大根据地。解放区儿童团是中国新民主主义青年团领导的解放区儿童运动的具体组织，最终在 1949 年与少年先锋队合组为中国少年儿童队。概而观之，儿童团是中国新民主主义革命时期始终存在于我国革命根据地的儿童组织，具有悠久的革命历史。

一、共产儿童团及其运作机制

共产儿童团拥有严密的组织系统，儿童团员在精神和行动上都被组织规约起来。从 1926 年共青团中央第三次扩大会议通过《儿童运动决议案》，开始对儿童团的组织原则进行初步规范，到紧跟其后的《劳动童子团简章》正式规定对儿童团采取排、队、团编制，大革命时期的儿童运动已经为苏维埃儿童运动铺设好通往儿童组织化的道路。

（一）组织结构

土地革命战争时期的儿童团组织结构历经多次调整打磨，逐步趋于完善稳定。1928 年 7 月，中国共产主义青年团第五次全国代表大会通过的《儿童运动工作决议案》反思"过去儿童运动""组织散漫而缺乏经常性"的缺点后，强调此后儿童团的组织要采用军队的"三三制"编制，并尽量给儿童团员配备制服，至少也会给他们一种标号。随后的 12 月 6 日，共青团中央特别发出名为《劳动儿童工作》的通告，发布统一的儿童团组织系统图，以统一各地儿童团编制，既为弥补之前散漫而零乱的缺点，也为组织儿童加紧操练、训话、学习、讨论及参加一般斗争等工作提供依托。（但此时的儿童团属独立组织，直接受工会或农会执委之指导，如有青年部则附属青年部指导）其苏维埃区域组织系统图如下 [①]：

---

① 中国新民主主义青年团中央委员会办公厅.中国青年运动历史资料（4）[G].中国新民主主义青年团中央委员会办公厅，1957: 415.

（正副队长各一人）（排长一人）（八人）

```
                          ┌──大队──中队──小队──排长──排员
代表大会  总团部   正副主任  秘书处
或团员大会 委员会           ├──组织科（包含调查核计等）
                          ├──教育宣传科（包含体育游艺等）
                          └──财政科
  └──各级会议
```

（单排长联席会可在队长指导之下）
（如各队长排长联席会议各科会议等）

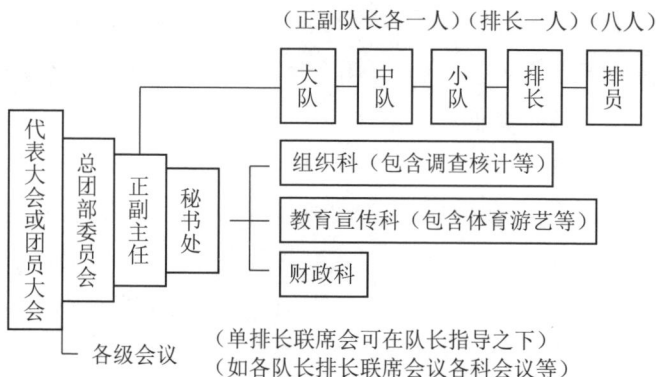

　　然而，此种独立的儿童团组织系统历经"清谈主义"和"立三路线"的摇摆挫折后，少共国际执委决议与国际儿童局均指示中国团要注意强化儿童团组织系统，特别是要设立一个"有力的中央局（儿童局）成为中央委员会的一部分"，克服儿童运动或"任其自然"，或沦为"暴动队"的缺点。于是，1930 年 12 月 11 日，共青团中央发出《儿童运动决议》（草案），重新改组儿童团领导组织系统，提出要将儿童团归入共青团各级儿童局领导之下，吸纳专门人才组建儿童局，并统一儿童团口号为"准备着！时时刻刻准备着！"，礼节为"举手礼，依照国际儿童团的礼节，举手高过于头，五指并列"，标志为"红领带"。随后，1931 年 6 月团中央通过的《团中央关于儿童运动决议案》又补充纠正道："儿童团的组织，不应当如军队那样严格地编制，可以以村为单位，每村一队，人数过多的地方，则分为数队"，又附《国际劳动儿童的仪节》《国际劳动儿童的口号》及《国际劳动儿童的标志——红领带》各一份，严格按国际标准规范儿童团礼仪。1932 年 1 月《苏区团第一次代表大会儿童运动决议案》进一步根据组建儿童局的现实情境，重新对 1928 年的儿童团组织系统予以调整，并公布新的组织系统图[①]。

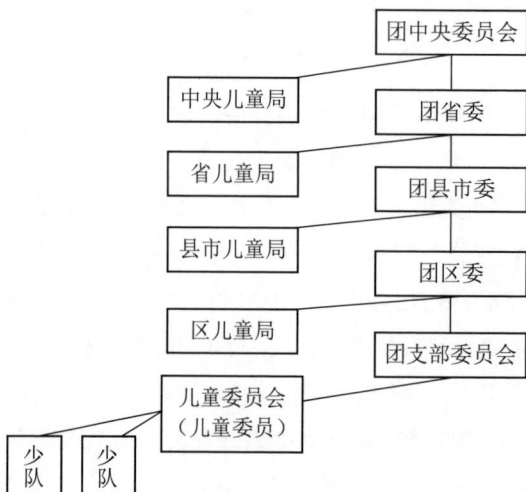

```
中央儿童局 ── 团中央委员会
省儿童局 ──── 团省委
县市儿童局 ── 团县市委
区儿童局 ──── 团区委
              团支部委员会
儿童委员会
（儿童委员）
  ┌────┴────┐
少队        少队
```

① 中国共产主义青年团中央委员会办公厅.中国青年运动历史资料（10）[G].中国共产主义青年团中央委员会办公厅，1960：132.

至此，苏区共产儿童团的领导与组织系统终于完全建立起来，并通过不断完善的儿童干部训练机制培训大批干部充实到系统中而发挥出强大效力。

（二）核心使命

土地革命战争时期的儿童运动政策决议虽历经摇摆反复，但最终还是倚靠1933年1月5日发布的《苏区中央儿童局关于春季冲锋季中儿童运动的决定》做出了高度概括性总结，共产儿童团的核心使命因此也借以被阐释得最为详尽精当。仅以《苏区中央儿童局关于春季冲锋季中儿童运动的决定》为蓝本，通过展示其给儿童团员布置的具体工作项目（见表4-1），来大致描绘出苏区儿童团的具体任务，进而勾勒出苏区儿童运动的边际与轮廓，以在此基础上对共产儿童团所承载的使命及其实现机制进行更为深入的考察与分析。

表 4-1　1933年《苏区中央儿童局关于春季冲锋季中儿童运动的决定》
中共产儿童团具体工作项目

总要	细目
拥护红军	1. 鼓励自己的父兄和青年工农去当红军。用各种热忱的感动的方法欢送新战士去前方，鼓动士兵归队，对经过无数次鼓动仍不归队者，则耻笑他
	2. 红军经过或驻扎某地，须沿路欢迎欢送，唱歌呼口号；参加联欢会，×会，演说，唱歌，游艺，并不断与红军士兵个别谈话，亲近
	3. 见到红军士兵行敬礼，要自动常写信给在前方的父兄和认识的战士，鼓励他们勇敢杀敌。每一红军胜利，要举行庆祝，并以儿童团名义派代表到附近的红军部队去庆祝，还要写信庆祝鼓励前方部队。一地儿童团与一地红军部队要建立亲密关系
	4. 医院附近的儿童团，应常常组织慰问队去医院慰问伤病战士，并积极做看护工作
	5. 优待红军家属，参加"少共礼拜六"，帮助红军家属看牛、砍柴、捡肥料、建设肥料所、耕种公田。在红军家属联欢会上，以表演安慰和宣传红军家属
拥护苏维埃	1. 拥护苏维埃各种法令的实施，参加轻骑队，反对苏维埃政府中的官僚腐化分子
	2. 宣传鼓励父兄快些购买债票和缴纳土地税，积蓄粮食、经济和日常用品，准备大战到来时供给红军和自家需要
	3. 鼓励并与家人一起提早春耕，参与发展生产的运动。参与"清明节"植树运动
	4. 参加肃反斗争，侦察反革命，监视一切阶级异己分子的活动

（续表）

总要	细目
争取自身利益	1. 参与反对童养媳制度，反对缠足的运动，说服和制止顽固父母。反对打骂儿童、禁止子女接受教育的父母
	2. 参加反地主富农资本家的斗争
	3. 积极参与并动员工农劳苦儿童参与读书运动，到列宁小学或野外学校读书；参与识字运动
	4. 参与体育运动，如运动会和晚会，唱歌做游戏，以滋润儿童生活
	5. 改良不卫生的陋恶习气，养成良好的清洁卫生习惯。宣传注意个人和公众的卫生，清洁自己的家，通畅沟渠，清洁街道。组织儿童卫生检查队，改进公众卫生
	6. 参与反神教运动，以解释和说服的办法来向群众宣传不信神教
儿童节工作	儿童节要成为改善儿童生活、教育儿童和动员儿童参加粉碎敌人大举进攻的斗争，在中央苏区举行儿童团大检阅
参与儿童团生活	1. 肃清儿童团内的地主富农子弟
	2. 接受政治文化教育和军事性训练，在唱歌和游戏运动中接受革命知识
	3. 站岗放哨，查烟查赌打菩萨，带路送信，侦察敌情，瓦解劝降敌人等

由此可见，1933 年《苏区中央儿童局关于春季冲锋季中儿童运动的决定》将共产儿童团员的具体工作划分为五大模块，即"拥护红军""拥护苏维埃""争取自身利益""儿童节工作""参与儿童团生活"等，并在此基础上依次对每一个核心模块的工作又做出更为细致具体的规定，共计 19 项，从而基本上囊括了土地革命战争期间儿童团员所需要参与的革命工作范畴，只是在工作侧重点上随着党团阶段性任务与中心性工作的调整而相应有所变更而已。

（三）运作机制

通过梳理苏区儿童运动与儿童团相关史料，特别是透过《苏区中央儿童局关于春季冲锋季中儿童运动的决定》所开列的上述儿童团员具体工作清单，我们可以发现共产儿童团作为培养无产阶级预备军的学校，它着实将阶级性和革命性的基本立场贯穿其中，为儿童在"活生生"地参与苏维埃实验中获得共产主义教育、体验、锻炼和成长提供无微不至的空间与机会。具体而言，共产儿童团的具体运作机制，就在于将革命与利益融合、革命与教育融合、革命与生活融合，而这也正是共产儿童团所承载的各项使命能顺利地为广大工农劳苦儿童接受拥护的巧妙机制。

1. 革命与利益融合

中华苏维埃政权以谋求通过工农革命在中国胜利而彻底改善工农劳苦民众的生活为目的[①]，青年团的主要任务也"就是如何获得青年工农学生和一切被压迫的青年群众，从思想上组织上行动中去领导他们从自己的利益斗争中去参加党所领导的一切政治活动"[②]。工农劳苦儿童作为受压迫民众中的幼龄群体，以他们的自身利益为突破口，促使他们为此而斗争自然也成为党和团所欲团结争取其加入"一切政治活动"中来的策动点，《苏区中央儿童局关于春季冲锋季中儿童运动的决定》将"争取自身利益"作为儿童团应承载的重要使命之一便是最好证明。

然而，阶级斗争是实现共产主义理想的工具（《中国共产党宣言》1920），工农劳苦民众的幸福生活尚需要在推翻强大的资本主义、封建主义和军阀主义等阶级敌人的残酷统治后方能实现，儿童自身的利益当然也需要他们自己在党团的领导下融入真实的政治活动中，并在政治活动中不断提出自己特殊的利益要求，进而通过争取苏维埃革命的最终胜利来实现并保障。如此一来，我们又会发现，《苏区中央儿童局关于春季冲锋季中儿童运动的决定》在将"争取自身利益"作为儿童团应承载的重要使命时，又将某些具体细目嵌入整个苏维埃政治活动中，如"参加反地主富农资本家的斗争"，以及"参与反对童养媳制度，反对缠足的运动"。

推而论之，正是由于劳苦儿童自身利益与苏维埃革命之间如此息息相关，才不仅使得儿童与成人一样有义务和责任来肩负起保卫苏维埃的重担，以饱满的热情参加革命斗争，促使党和政府各项政策、法令、号召顺利施行（包括将其引入自己家庭中贯彻执行之）；而且它还使儿童所肩负的革命工作骤然变得神圣且伟大起来，在党和团的领导庇护下，儿童仅以革命工作为护盾，便必须（也可以）所向无前，横扫一切阻碍革命发展和工作施展的力量（包括来自家庭的阻力）。如此，我们继而可以理解清单中儿童的具体工作项目何以全面到囊括苏维埃政治活动中的一切，又何以精细到规范儿童言行举止上的全部。

诚如表 4-1 所示，使儿童自身利益最高度地与整个苏维埃革命利益保持一致，是将儿童顺利引入苏维埃革命中所必然采取的巧妙之举。严酷的革命战争和阶级斗争必然迫使敌我双方在有限的空间内不懈争夺并拓展谋求自身生存发

展的资源，牺牲"你""敌""坏"永远是实现"我""友""好"的被迫选择。如此，我们也就不难明白共青团为何在引导儿童使自己全身心地投入革命具体工作中去的同时，又须使其带动并督促自己的乡邻、朋友、兄弟特别是父母也参与其中；且对"新战士""红军""伤病战士""红军家属"等，进行"欢迎""亲近""鼓励"和"优待"的同时，对于"不归队者""官僚腐败分子""阶级异己分子反革命""富农资本家""富农子弟""顽固父母""进攻敌人"等，则要"耻笑""斗争""肃清""打倒""制止"和"粉碎"。

由是观之，在革命与利益融合的逻辑机制调制下，苏维埃儿童运动中的儿童团员身兼苏维埃利益、党政利益与自身利益于一身，这种多重利益借助革命的威力，将广大劳苦儿童牢牢凝聚于党、政、团麾下，忠实而勇猛。总而言之，革命与利益融合所欲表达和达成的机制，即"以儿童的痛苦，革命的利益，特别是马克思列宁主义去训练他们"，并且将儿童运动斗争"与一般斗争相联系，才能互相推动斗争的胜利"。①

2. 革命与教育融合

苏维埃文化教育的总方针"就在于以共产主义的精神来教育广大的劳苦民众，在于使文化教育为革命战争与阶级斗争服务，在于使教育与劳动联系起来"②。儿童作为革命的"小兄弟"和"后备军"，理所当然地需要接受这种为"革命战争"与"阶级斗争"服务的苏维埃文化教育的熏陶，以启发他们的阶级觉悟，坚定他们的革命立场，净化他们的革命情怀。对此，1933年《苏区中央儿童局关于春季冲锋季中儿童运动的决定》在"争取自身利益"的细目中明确包括"反对打骂儿童、禁止子女接受教育的父母"及"积极参与并动员工农劳苦儿童参与读书运动，到列宁小学或野外学校读书；参与识字运动"两项，便是要求共产儿童团承载起将革命与教育融合的使命的最直白指示。而从1931年3月《苏区党第一次代表大会关于青年团工作决议案》开始，苏区儿童运动与儿童教育之间日臻密切的"协助运动"则再恰当不过地为这种直白指示提供了现实对照。

当然，儿童团本身就是一所学校。1934年1月，毛泽东在《中华苏维埃代表大会的报告》中就明确指出："儿童们同时又组织在红色儿童团之内，这种

---

① 中国共产主义青年团中央委员会办公厅.中国青年运动历史资料（8）[G].中国共产主义青年团中央委员会办公厅，1960：149.

② 陈元晖，璩鑫圭，邹光威.老解放区教育资料（一）土地革命战争时期[G].北京：教育科学出版社，1981：20.

儿童团，同样是儿童们学习共产主义的学校。"更何况，共产主义儿童运动的任务，就"是要使广大的无产儿童群众，知道他们自己的阶级状况，认识阶级斗争的必要，并且在使他们参加阶级斗争的基础之上，以共产主义精神教育他们"①。认识到此种定位，我们才会发现《苏区中央儿童局关于春季冲锋季中儿童运动的决定》所欲谋求的儿童团的教育效能远远不止于"反对打骂儿童、禁止子女接受教育的父母"及"积极参与并动员工农劳苦儿童参与读书运动，到列宁小学或野外学校读书；参与识字运动"两项。一言以蔽之，整个《苏区中央儿童局关于春季冲锋季中儿童运动的决定》工作项目清单就是一份共产主义儿童教育的课程表。"使教育训练工作与实际斗争密切相联系，不要一提起训练就只想到训练班（训练班当然是训练同志方法之一种，但更重要的教育训练乃在实际斗争中），应该在实际斗争中提高同志对于我们理论与政策的认识及应用方法。"② 对于同志如此，对于儿童则更加。细致入微地引导儿童采用多种方式拥护红军与苏维埃，拥护土地革命，参加反对地主富农的斗争，争取儿童自身利益，布置儿童节工作，以及参与儿童团生活等，无疑是此种将教育训练与实际斗争密切联系的理想方式。

不止如此，将教育训练与实际斗争密切结合起来的儿童团式学校，其更为强大的效力，在于它既完美地教育了广大劳苦儿童，又同时以这些儿童为"中介"，运用其强大的革命爆发力带动并改造包括其家人在内的广大成人群众，引导他们也参与为革命战争与阶级斗争服务的队伍中来（1928年《儿童运动工作决议案》就指出："……训练儿童的活动能力，使他们能够促进父兄的革命性和打破一切宗法社会的恶习惯"），如说服"开小差"的"归队"，鼓动包括父兄在内的青壮年参军、购买债票、缴纳土地税、提早春耕等；而当这些工农劳苦儿童与其所带动的成人民众一起参加"一切实际拥护苏维埃政权的斗争"和"帮助苏维埃执行一切法令和政策"③ 的活动中时，旧的乡土宗法封建关系及其他敌对关系又因此被撼动并被迫接受摧枯拉朽式的改造。人的改造与社会秩序的改

① 中国共产主义青年团中央委员会办公厅.中国青年运动历史资料（8）[G].中国共产主义青年团中央委员会办公厅，1960：472.

② 中国新民主主义青年团中央委员会办公厅.中国青年运动历史资料（4）[G].中国新民主主义青年团中央委员会办公厅，1957：407.

③ 中国共产主义青年团中央委员会办公厅.中国青年运动历史资料（9）[G].中国共产主义青年团中央委员会办公厅，1961：86.

造亦步亦趋，滴水不漏。正是由于儿童运动具有如此强大的政治凝聚力和教育辐射力，才使得"儿童团的组织和工作，都和学校及幼稚园绝对不同，而其效力亦大过学校及幼稚园几倍"①。

值得一提的是，到 1933 年年初，四一儿童节作为苏区儿童自己的专属节日，即诞生在"参加粉碎敌人的大举进攻"的任务中。自此，儿童节也被纳入共产革命纪念日，它使儿童借助年复一年的"大检阅"，更直接地展示其革命力量并发挥其教育效力，由此也不断证明他们在苏维埃政治运筹中的重要地位。

3. 革命与生活融合

对于儿童而言，儿童运动领导与组织系统的完善严密，所带来的最大变化，无疑是原本的生活被重新调整。

首先，苏区儿童团的组织结构虽然历经调适，逐渐从独立组织发展为统一组织，但组织生活一直存在并贯穿于儿童团，从未发生变化。自 1930 年 12 月《儿童运动决议》（草案）通过后，苏区儿童团员开始拥有自己的机构、编队、口号、礼节和标志，这是他们革命身份的象征，也是他们进入苏区生活的"通行证"。

其次，苏区儿童团细致入微的任务清单，既使儿童团员的生活被规划得井井有条，又使苏区不同类型群体的日常生活与儿童团员发生直接关联。儿童团员在日常中要与红军、父兄、青年工农、伤病战士、红军家属、劳苦农工、家人等革命群体保持积极联系，要与官僚腐化分子、阶级异己分子、顽固父母、地主富农资本家、敌人等保持对抗关系，对于自身，则要积极参与读书运动、识字运动、体育运动，要改良不卫生的陋恶习气，养成良好的清洁卫生习惯。除此日常生活外，儿童团员还要参与"儿童团生活"，包括"肃清儿童团内的地主富农子弟""接受政治文化教育和军事性训练，在唱歌和游戏运动中接受革命知识""站岗放哨，查烟查赌打菩萨，带路送信，侦察敌情，瓦解劝降敌人等"。

最后，儿童团的行动是在生活中进行且真实而有实效的，许多当年的老团员在回忆中都不约而同地提到："我们童子团呢，站岗、放哨、搜山、宣

---

① 中国新民主主义青年团中央委员会办公厅. 中国青年运动历史资料（3）[G]. 中国新民主主义青年团中央委员会办公厅，1957：296.

传，一天到晚都有事。"① 在儿童团使革命与生活融合，使"他人"的生活和自身的生活都发生改变的过程中，儿童团员自己的生活境遇也开始被改善，如毛泽东在《兴国长冈乡的苏维埃工作》中所言，通过加入儿童团，"小孩子现在也聪明得多了，如父母打骂过去反口的少，现在多起来了（父母不打骂，小孩子也不会反口）"，并且"过去九岁十岁的小孩为地主富农看牛，现在没有了"。②

当战争打破生活的日常进入非常时期，战场上的儿童团员配合红军作战时表现出来的"紧张有序"往往令成人对他们刮目相看。战事紧急时，重要据点的儿童团须在红军指挥下，拿起武器，参加战斗。在这较量生死只认胜负的战争中，儿童团尽管因其活泼热烈而往往为严肃无情的战场增添几分愉悦感，但其所表现出来的组织纪律性更能折射出他们强烈的使命感。张德崇在回忆当年自己所在的童子团参加红四军杀牛坪战斗时说道："自从红军退守杀牛坪，就积极准备利用这里的险要地形，阻击敌人，我们中队也接受了光荣的战斗任务——在红军的指挥下，参加杀牛坪战斗的准备工作，放哨啦，侦察敌情啦，修筑工事，给战士送水啦，军事训练啦，工作可多啊。不管工作多么繁重，任务多么艰巨，我们全中队的童子团员都做到了有呼即到，有令即动，认真实践自己的誓言。"而当战斗打响时，童子团又在战场上打前阵，通过战略有序的撒三角钉、喊话、放"土大炮"和"机关枪"以及诱敌深入等来密切配合红军作战。③ 在整个战争中，他们的活动往往会表现得紧密有致，节奏分明，极富纪律。

当然，深处斗争与战争之中便会有伤亡，儿童也概莫能外。2006年南京军区"赴江西、福建革命圣地和驻闽某集团军采风团"在兴国县革命烈士碑廊参观后，留下了这样的文字：

> 当我们来到兴国县革命烈士碑廊时，便被深深地震动了。因为黑石白字、密麻如蚁的无数姓名中，屡屡会出现些格外奇怪的名字——王四月生、孙五月生、熊小猪婆……询问当地党史专家，回答说都是些小孩子，还没

① 王明渊，张一军.川陕苏区童子团［G］.成都：四川少年儿童出版社，1989：61.

② 毛泽东.兴国长冈乡的苏维埃工作（续）［J］.斗争，1934（43）：14—19.

③ 王明渊，张一军.川陕苏区童子团［G］.成都：四川少年儿童出版社，1989：31—33.

有成年。当地的风俗是小孩都不取大名，等成年后再请私塾先生按族谱辈分取名。……这么小的孩子，还没有长大，还没有名字，还不懂得什么是命运，就参加革命成了烈士。石碑刻下的是悲壮肃穆，投射在今天人心中的，却是无尽的伤痛。①

可见，与成人战士相比，儿童团员的英勇无畏并不逊色。在血与火、生与死的严酷考验下，他们刚正不阿精神的掩映下，生活中的强烈组织纪律性不仅得以一以贯之，而且越发显得壮烈无畏。

二、抗日儿童团及其运作机制

全民族抗战时期中共领导下的儿童运动，本着"凡是有党的地方就有儿童工作，凡是有党组织的地方就有儿童组织"的原则，在不断争取抗日救国言论、出版、集会、结社、武装抗敌自由权利，开放党禁，以及废除一切束缚人民爱国运动旧法令等基础上，使得儿童运动的范围遍及边区中央局、北方局、中原局、南方局、东南局等领导下的广大地区，深刻地影响了社会各阶层对儿童的态度。由于陕甘宁边区是"抗日模范的民主区"，全民族抗战时期中共中央所在地，处于相对安全稳定的大后方，因此它所开展的儿童运动因最大程度地实现了中共中央的期待，从而成为整个抗日根据地的范本。

（一）组织结构

1937 年 4 月，延安召开西北青年救国联合会第一次代表大会，西青救宣告诞生，成为组织领导全国儿童运动的总机构，并监管陕甘宁边区的儿童运动。由于具有陕甘苏区儿童运动的深厚基础，并处于中共中央与西北青救会驻地，因此全民族抗战时期的陕甘宁边区儿童运动开展得尤为耀眼。西北青年救国联合会第一次代表大会后，陕甘宁边区青救会的组织系统如下图所示②：

---

① 黄雪薇. 从红小鬼到老红军 [J]. 军营文化天地，2006（7）：7—9.
② 鲁芒. 陕甘宁边区的民众运动 [M]. 汉口：汉口大众出版社，1938：20.

```
┌─────────────────────────┐
│     边区青年救国代表大会      │
│      边区青救执委会         │
└─────────────────────────┘
     │          │          │
┌──────────┐ ┌──────────┐ ┌──────────┐
│直属市代表大会│ │县代表大会 │ │分区代表大会│
│ 市执委会  │ │ 县执委会  │ │ 分区执委会 │
└──────────┘ └──────────┘ └──────────┘
                 │
          ┌──────────────┐
          │ 区（镇）代表大会 │
          │ 区（镇）执委会  │
          └──────────────┘
                 │
          ┌──────────────┐
          │乡俱乐部全体会员大会│
          │  俱乐部干事会   │
          └──────────────┘
```

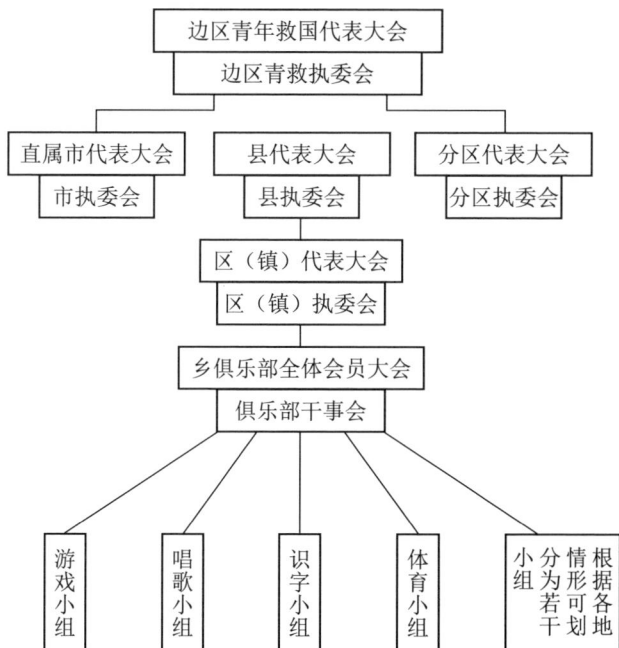

与此相对应，儿童团的组织系统为①：

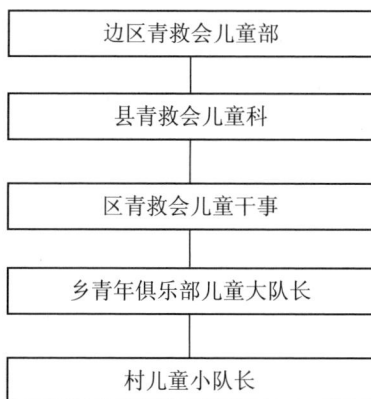

```
┌─────────────────────────┐
│       边区青救会儿童部       │
└─────────────────────────┘
             │
┌─────────────────────────┐
│       县青救会儿童科         │
└─────────────────────────┘
             │
┌─────────────────────────┐
│       区青救会儿童干事       │
└─────────────────────────┘
             │
┌─────────────────────────┐
│     乡青年俱乐部儿童大队长     │
└─────────────────────────┘
             │
┌─────────────────────────┐
│        村儿童小队长          │
└─────────────────────────┘
```

可见，从边区青救会到村，自上而下均设有相应的儿童领导组织，以负责各级组织中的具体工作。为便于开展工作，青救会除设执行委员会选出执行委员外，还于执委会下设常务委员会和常务委员，具体分为七个部门：（1）主任；（2）组织部；（3）文化教育部；（4）军事体育部；（5）社会工作部；（6）儿童

---

① 陕西师范大学教育研究所 . 陕甘宁边区教育资料：小学教育部分（下）[G]. 北京：教育科学出版社，1981：265.

部；（7）秘书处等。① 这种在区以上的青救会中专门设立负责领导儿童运动的
儿童（科）部之举，不仅为全民族抗战初期陕甘宁的儿童入学运动、识字运动
以及夜校、半日校、识字组等工作顺利开展提供了强有力指导，而且还对儿童
团的相关组织与活动提供了巨大保障。在青救会儿童部的领导下，全民族抗战
初期的陕甘宁在城市、学校和农村中都极力普及儿童团，使得"有组织的儿童
为数已达六万人以上，百分之九十的儿童都加入了组织"②。且儿童团经常举行
组织会议（一般每周一次）讨论简单的时事问题，进行军事操练、打球、游戏、
唱歌等，并在文化教育活动以及社会活动（如帮助政府征收救国公粮、慰劳前
线战士、放哨和查路条等）上往往起着先锋作用。

　　与儿童团蓬勃发展同时的，还有少先队的整顿工作。苏区少先队由 16—23
岁的青年组成，它与由壮年组成的赤卫军一起，通常被称为赤卫军少先队，是
正规部队的辅助力量。到全民族抗战时期，为了"吸收全边区的男女（老幼残
弱的在外）都参加自卫军与少先队"，遂将 1937 年 11—12 月定为整理与扩大自
卫军少先队运动月，要求凡 18 岁以上的边区青年，都参加自卫军，少先队中凡
18 岁以上的队员也都输送到自卫军中去，由此少先队就被整顿为纯粹由 14—18
岁的儿童组成，并以此为基础建立起日常生活。③ 在少先队整理过程中，全边
区少先队员总数达"六万余人，由原来少先队有计划有组织地输送给自卫军去
的有 21 300 人，新扩大少先队队员 11 000 名"。整理后的少先队同样由青救会
领导，以乡为单位，按大队、中队和小队编制，担负放哨、戒严、送信、送消
息及其他勤务工作。④ 此后，1938 年 11 月西北青救第二次全国代表大会通过的
《抗日少年先锋队章程》及 1939 年 1 月陕甘宁边区第一届参议会通过的《对陕
甘宁边区政府工作报告的决议》⑤ 又都进一步强调少先队在必要时应到战场配合
军队作战。到 1942 年 5 月，陕甘宁边区青救会第二次配合自卫军整顿少先队，
除规定将年十九岁以上的队员一律有计划地输送到自卫军中，将地方凡在十五
岁至十八岁间的青年，不分阶层、党派、宗教、民族、籍贯、职业，均吸收到

---

① 鲁芒．陕甘宁边区的民众运动［M］．汉口：汉口大众出版社，1938：21.

② 同上，第 27 页。

③ 共青团中央青运史工作指导委员会，等．中国青年运动历史资料（13）［G］．北京：
中国青年出版社，1996：607.

④ 鲁芒．陕甘宁边区的民众运动［M］．汉口：汉口大众出版社，1938：29—35.

⑤ 陕甘宁边区第一届参议会对陕甘宁边区政府工作报告的决议［J］．解放，1939
（68）：21—22.

少先队中来外，还对少先队组织系统予以调整，规定要在中心地区建立模范少先队，以乡、区、县为单位分别建立起小队（正副小队长各一）、中队（正副队长各一）和大队（由县主席直接领导）。少先队的任务也更为明确具体，在平时协助政府维持社会治安，进行盘查、放哨、抓汉奸、抓赌博；在战时则需帮助军队进行侦察、送信、担架运输、破路等勤务工作。模范少先队除担负平时一般勤务外，还要在战时协助地方部队、自卫军，保护地方政权，并掩护其撤退与人民的转移，必要时还得配合军民作战。可见，全民族抗战时期陕甘宁边区中的少先队已然在相当程度上近似于苏区的少共国际师。①

然而，随着西青救驻地由延安迁移至安吴堡，边区儿童运动遂由西青救委派边区临时青救领导。②1938 年 10 月，边区青救会第一次代表大会召开，推选蒋介石、毛泽东为代表的名誉主席团，推选高朗山、白向银为代表的正式主席团和执行委员会，从而标志其正式成立。概括而言，一代会后，边区的青救会组织较之前略有调整，分为区、乡、村三级，区、乡以代表大会为最高权力机关，设执委会代行职权，村以全村党员大会为最高权力机关，设干事会代行职权，通过在区设儿童科，乡和村设儿童股，来分级管理儿童运动。③另外，一代会还通过决议要建立青年的领导系统——少年先锋队边区总队部。④可见，一代会后的青救会对基层儿童运动更为加强，不仅其儿童领导组织直接延伸进驻到村，而且少先队也获得了独立自主的组织系统。1941 年中共中央西北局成立，根据 1938 年 5 月的中央规定，县委以上各地方党部直至中央局都须单独设立青委，以统一加强所统辖区域内的青年运动，因此，与其他敌后根据地一样，边区儿童运动也开始直接接受党的领导。

令人费解的是，领导和组织系统虽进一步加强，但据笔者目力所及，一代

---

① 1940 年 4 月《西北青年救国联合会常委会关于纪念青年节的决定》还指示"为了争取反攻阶段的到来，必须扩大军队，为此必须积极的发展加强青年中军事组织，如少先队……"参见：西北青年救国联合会常委会.关于纪念青年节的决定 [N].新华日报（华北版），1940-4-11（4）.

② 共青团中央青运史工作指导委员会，等.中国青年运动历史资料（14）[G].北京：中国青年出版社，2002：174.

③ 共青团中央青运史工作指导委员会，等.中国青年运动历史资料（15）[G].北京：中国青年出版社，2002：555.

④ 共青团中央青运史工作指导委员会，等.中国青年运动历史资料（14）[G].北京：中国青年出版社，2002：186—187.

会后与此相关的边区儿童运动史料寥寥无几。只是通过 1946 年西北局《关于陕甘宁边区青运工作方案的决定及陕甘宁边区青运工作方案》，我们可以确定边区确实仍存在除学校以外的少先队和儿童团组织，且本着"不拘泥于名称"的统一战线原则，根据儿童团体的组合方式，它们有着不同的名称和任务，如小先生团、放牛娃娃队、儿童团、识字组（班）、少先队等。值得关注的是，尽管关于此种零散多样的具有儿童团性质的组织史料缺乏，但不能否认陕甘宁边区儿童运动以另一种更为合法、更为组织化的途径开展开来的事实，即小学校。

（二）核心使命

与陕甘宁边区安宁稳定的环境不同，敌后根据地则一直处于充满斗争气息的氛围中，它既要设法应付日伪的"扫荡"和"清乡"，又要面对国民党的种种阻挠。在灵活地应对困局并控制各种力量消长之中，敌后根据地虽历尽艰难困苦，但终究同样是抗战期间中共活跃的广阔天地。儿童运动在这种复杂的斗争环境中，既在精神上保持着与陕甘宁的契合，又在策略上创造出独树一帜的风格。

战火硝烟虽湮没摧毁了城垣房舍，但也孕育出遍地开花的各式各样的儿童救亡组织，全民族抗战时期中共领导的儿童运动依此充分赋予儿童以积极投身救国于危亡的神圣使命。不管是在沦陷区，还是大后方，特别是随着敌后根据地、游击区的逐步扩大，在党的启发和组织下，作为先知先觉的群体之一，与众多舍身为国的仁人志士一样，弱小的儿童也以各种方式承担起超乎常人想象的繁重抗战工作（见表 4-2）。①

敌后根据地日益巩固和扩展的趋势，及青救会的普遍成立与统一工作的逐渐加强，自然逐渐将名目繁多的儿童救亡组织日益收归统一，抗日儿童团成为根据地儿童最主要的救亡团体。

---

① 据由叶伟才、吴克强、黎昭佶主编的《抗日小勇士的足迹：抗日战争中著名抗日儿童团体的故事》统计，抗战期间"从华中、华东到华南，从大西北到大西南，二十多个省、市里，在共产党的领导下，组织了一百六十多个抗日儿童团体。"该书附录有 105 个不包括华北在内的各地抗日儿童团体。详见叶伟才，吴克强，黎昭佶. 抗日小勇士的足迹：抗日战争中著名抗日儿童团体的故事［G］. 北京：中国少年儿童出版社，2002：480—484.

表 4-2　全民族抗战时期儿童运动的任务、组织形式与具体行动

日常任务	各种组织形式	具体行动
宣传大家打日本	儿童剧团、歌咏团（队）、话剧团、宣传团（队）、壁报队、乡村服务团、儿童工作团、少年工作队、儿童救国会（团）、儿童抗日联合会、学生战时工作团、儿童服务团、儿童团、孩子剧团、同学会、回乡工作团、前哨社、青年呼声社、抗敌剧社儿童演剧队	唱歌、演剧、发传单、献金募捐、反抗"一切妨害儿童民主自由的人"、争取儿童抗日工作合法、动员人们抗战参军、宣传反"扫荡"
侦察敌情捉汉奸	少年锄（除）奸团、小青年队（属自卫队）、儿童团	查护照、抓逃兵、抓汉奸、为抗日军侦察敌情
站岗放哨送书信	儿童团、儿童通讯网	戒严、查路条、传送情报、带路、禁止运粮资敌
尊敬抗战官和兵	战地服务团、救护队、儿童剧队、洗衣队、唱歌队	慰劳受伤将士、看护伤员、服务前线、写信慰劳前方将士、欢送新战士、后方生产支援前线、募捐运动
帮助抗属来做事	代耕队、拾柴队、放牛队、儿童团	帮抗属耕田、拾柴、放牛、打水、拾粪、看小孩、拜年、慰劳、打扫庭院
学习生产不稍停	读报识字组、小先生团、冬学宣传队、群众产销合作社儿童队、儿童集股合作社、变工队、秋收队、儿童看麦团、儿童游击组	当小先生、动员入学、宣传冬学运动、扫盲运动、帮助运送粮食、割草、除虫、拾肥、拾柴、借粮、开荒种地、饲养、植树造林（儿童林）、春耕、秋收、开辟儿童园地、儿童农场
帮助政府行命令	儿童团、儿童自卫团	执行减租减息运动、借粮运动、借种子运动、节约运动、卫生运动、归队运动、国民参政运动、制裁坏富坏绅、查烟灯捉烟犯、劝懒汉、查赌、禁烟禁酒禁毒、反顽固分子、帮助改造政权宣传民主选举运动、破除迷信、放足运动、反托派、动员购买救国公债、帮助征收救国公粮
辅助作战勇争先	儿童守望队、少年团、少先队、抗敌决死队、儿童游击队（小组）、少年大刀队、儿童建团、童子军、儿童团、少年营、学生游击队、师生游击队、少年铁血队	参加正规战与游击战、参军、担任抗战勤务、慰劳救护、配合破坏敌人交通、烧毁敌人炮垒、反"扫荡"、抬伤兵、埋地雷、布置战场、开展"爆炸运动"、协助战后安抚救济工作、掩护群众转移

（三）运作机制

全民族抗战爆发后，男女老幼皆守土自卫，积极参战。护卫民族国家之存亡，无疑已上升为一切之最高原则。只是对于儿童而言，战争所带来的混乱纷

争局面更加使他们犹如置身于由多重利益所织就的网络中。

1. 抗战与利益融合

全民族抗战初期中共领导的儿童运动首推民族利益。在中共中央要求各地党员"组织全体青年，努力把千百万无组织的青年，吸收到组织中间来"的命令下 ①，全民族抗战初期有党组织活动的各地儿童也在抗日民族统一战线原则下被广泛动员和组织起来，如浙江、山西、福建、上海、广东、山东、陕西等地均建立起主要由儿童组成的抗日剧团、歌咏队、服务团等，孩子们各处奔波呼喊，启发人们的民族觉悟，鼓动大家团结起来打倒日本帝国主义。在国共合作氛围较宽松的地方，党组织较为活跃的偏远乡村以及中共军队所覆盖的游击区，儿童还担负起站岗放哨、联络通讯、侦察敌情等重任。保家卫国在儿童的热烈躬行中造成了强烈的社会反响。

随着总体战事的推移与中共整体战略的生效，敌后根据地逐步建立与扩大，游击区逐步开辟与巩固，统一由青救会和青委组织领导下的儿童也开始由零散、多样和弱小走向聚集、统一和强大。而在积蓄和保存着中共实力的广大敌后根据地和游击区，保卫敌后根据地就是保卫自己的家乡，建设敌后根据地就是建设自己的家乡，已成为党政军民生死与共的精神信仰。② 于是以儿童团、小学校和少先队为代表组织起来的儿童在战事频仍的流离经历中，通过不断强化的政治教育、气节教育和应敌教育 ③，又随之化身为敌后根据地忠实的守卫者、生产者、宣传者、通信者和政令推行者，在危急情况下，他们甚至还化身为士兵开赴战场，破坏敌人防御系统或直接扛枪杀敌。将谋求民族利益化约为或包容于谋求敌后根据地利益，无疑是全民族抗战中儿童所肩负的民族道义与党政期

① 共青团中央青运史工作指导委员会，等.中国青年运动历史资料（14）[G].北京：中国青年出版社，2002：241.

② 流行于华北的歌谣《打铁谣》对这种共同信仰表达得非常贴切："叮叮当，我打铁来你炼钢。叮叮当，叮叮当，你打累了我来帮。/一人力量总是小，两人力量不算强；大伙一齐来打铁，打得铁锤响叮当。/叮叮当，大家一齐来炼钢。根据地好像一块铁，老百姓好像打铁匠；铁锤打得叮叮响，打出个政府赛过钢。/赛过钢，力量强，抗战堡垒铁太行。太行山上讲民主，太行山上学炼钢；人人学打铁匠，一直打到鸭绿江。"打铁谣[N].新华日报（华北版），1941-6-15（2）.

③ 中央教育科学研究所.老解放区教育资料（二）抗日战争时期（下）[G].北京：教育科学出版社，1986：413.

待双重责任的必然结果。

当然，儿童是"小兄弟"，是"民族解放的后备军；是未来的主人"，民族利益和敌后根据地利益都应以启发、鼓励并帮助儿童追求实现自己的利益为策动点。因此"加紧小学生与儿童的抗战教育""改善儿童生活，提高儿童地位""救济失学儿童与劳苦儿童""普及免费的儿童教育""改变旧教育旧课程""救济抚养难童""禁止残杀婴儿和早婚"，以及"废除奴婢、缠足、童养媳制度"等关乎儿童切身利益的问题，与苏区的儿童运动一样，都是全民族抗战时期中共及其政策特别关注并着力解决的基本问题。并且，"儿童是青年的预备队、后备军，儿童有其参加各种活动的愿望与要求"①，因此，不仅党和青救会有责任领导他们积极参加"各种活动"，而且《抗日少年先锋队章程》和《儿童团组织章程》中所规定的"纪律""日常任务"更被认为是应儿童之所需而生。如此一来，民族利益、敌后根据地利益和儿童自身利益之间的关系在党及其儿童工作者的阐释下不仅不冲突矛盾，反而贯通互生、彼此依存起来。

可以说，正是参与全民族抗战儿童运动的儿童集民族利益、党政利益和自身利益于一身，使得这种特殊使命和多重身份，将近代以来愈演愈烈的儿童崇拜风潮充分凝聚于中共麾下，并借助抗战烽火化而扩之形成一股强烈的旋风，从而使其席卷之处"子女与家庭对立、学生和学校摩擦、青年同成年不合作，形式铺张，独树一帜"②。

2. 抗战与革命融合

抗战既是一场民族战争，也是一次国内革命。不管是中国共产党的《抗日救国十大纲领》，还是国民党的《抗战建国纲领》，都对各自原有的军事、政令、政府机构、外交、经济、教育等"破除畛域"，彰求民主，以图建立起抗日民族统一战线，共御外敌。然而，与国民党依然不愿真正放松其党政统治一样，中国共产党虽然愿意将陕北苏区改制为陕甘宁边区，受国民政府行政院直辖，但其革命的脚步未因此而停顿。以抗日民族统一战线为旗帜，在将苏区的革命性政策进行"柔化"处理后，共产主义革命继续以接连不断的各种"运动"在陕甘宁边区推进深化，并扩展至各敌后根据地、游击区。而儿童作为"革命的后

---

①　共青团中央青运史工作指导委员会，等.中国青年运动历史资料（16）[G].北京：中国青年出版社，2002：330.

②　同上，第401页。

代"，儿童工作作为使儿童"时刻准备着"补充到革命队伍中去的"事业"①，以革命的精神，通过各种"运动"，"从文化、思想、政治、组织、工作、劳动等斗争中加强对儿童的教育锻炼"无疑仍然是全民族抗战之中党的儿童工作的基本方针。②

粗略地概括，各根据地凝聚革命精神而发动的大大小小的"运动"大致有：减租减息运动、锄奸运动、劳军运动、归队运动、征收救国公粮运动、国民参政运动、每年的春耕秋收运动、普及教育运动（包括识字运动和冬学运动）、生产运动、整风运动、卫生运动、节约运动等。而在这些运动中，又以"减租减息、反恶霸"这一率先触及各阶级利益最深的农民"第一个革命"运动为最。因为，令各根据地均有同感的是，"经过减租运动后，在农村青年中，似乎起了一个变化，揭开了阶级分化的裂口。因此家庭被斗的上层青年与贫苦青年之间也产生了仇视对立的心理""一般的青年不要上层（青年）参加自己的组织，甚至儿童团选团长也懂得选穿破衣裳的，这种意识是革命的"，也"是阶级斗争的自然规律"。③继而在青年儿童内部产生出阶级分化的，是儿童团员及少先队员与阶级成人之间也在减租减息反恶霸运动中分化斗争开来，劳苦儿童对地主的仇恨心在查减斗争和"民主大运动"中被极大地激发出来，他们会"勇敢地"为自己的父母讲理、报仇④；于斗争会前后在农安会办公室专设的儿童团部看押地主恶霸；甚至在斗争大会上与农民、妇女一起，连番上阵，毫不留情地批斗地主恶霸。⑤此外，儿童团员还经常到各地主家户调查地契，遇到拒不交出或有意藏匿者，则去报告动员工作团查办。

自此阶级分化的"裂口"被扯开后，相继而至的"第二个革命"——生产运动——又令广大群众"逐步走上户与户的老少变工"之路。不管是地主老财，还是贫农佃户，也不管是壮丁小伙，还是妇孺老弱，大生产运动都改造着他们原有的生活秩序，自食其力既成为人人平等的生存之道，也成为被"封锁"的根据地求存自保的自救之道。特别是在长期战争的消耗下，根据地青壮年人

---

① 培养与教育革命的后代［N］.新华日报（华北版），1942-4-4（1）.

② 纪念四四儿童节［N］.新华日报（华北版），1941-4-3（1）社论.

③ 共青团中央青运史工作指导委员会，等.中国青年运动历史资料（16）［G］.北京：中国青年出版社，2002：329.

④ 同上，第328页。

⑤ 谢忠厚.冀鲁豫边区群众运动资料选编［G］.石家庄：河北人民出版社，1991：926.

力不断地输入队伍而导致劳动力紧缩，变工生产的任务自然也压到了儿童身上。割草、除虫、拾肥、拾柴、借粮、放牛羊、开荒种地、饲养家畜、植树造林（儿童林）、春耕、秋收、开辟儿童园地或儿童农场等繁复的生产活动是各根据地有组织的儿童革命积极性的表征。在"发扬革命竞赛精神"的助威下，儿童更是通过不断刷新生产成果记录，及塑造属于自己的儿童劳动英雄，以证明对革命的忠诚。当然，儿童在生产运动中依然充当着"小先生"角色，如组织"鸡叫队""改造懒汉队"，争当劳动"小英雄"等都是儿童以身作则地教育并改造成人落后分子的有效方式。

除减租减息运动和生产运动这两大革命外，由于继续坚持"教育为政治服务，为革命斗争服务"，因此普及教育运动所蕴含的深刻含义自不待言。其他的如整风运动、动员入伍运动、卫生运动、节约运动、征收救国公粮运动等也都从不同方面轮番组织儿童参与、配合以帮助党和政府推行之、示范之。尤其是根据地一度盛行的禁烟运动，又为儿童在减租减息运动和生产运动以外，提供了改造烟犯地痞的机会，如晋西二十里铺、寨上、城关、文水二区梁家堡等地的儿童抓到吸大烟者都迫其戴纸帽子游街示众。① 与苏区儿童运动一样，儿童革命的灵魂在这一次次亲历性"运动"中接受洗礼、不断净化。可以说，全民族抗战中的儿童运动在继续启发阶级觉悟的道路上，为共产主义革命聚拢起、培养出深厚而忠实的后备力量，蓄势待发。

3. 抗战与生活融合

以抗日儿童团取代共产主义儿童团，使抗战为儿童日常生活继续组织化提供了机会。西青救的《儿童团组织章程》以救国名义，指示西北和华北应在县以上青救会内设立儿童科（部），领导儿童工作，另以区为单位成立儿童团（正副团长各一名），区以下的乡设大队（正副队长各一名），村设小队（小队长一名），分层分级组织7至14岁儿童。同时规定各级领导人都由全体大会或代表大会选举，每半年改选一次，大队每四个月改选一次，小队两个月改选一次。② 以此为参照，有的根据地又加以演绎发挥，更为突出其战时军事性色彩，如晋西将儿童团按团营连编制，以区为单位成立儿童团（正副团长各一），主村设儿

---

① 共青团中央青运史工作指导委员会，等.中国青年运动历史资料（15）[G].北京：中国青年出版社，2002：532.

② 共青团中央青运史工作指导委员会，等.中国青年运动历史资料（14）[G].北京：中国青年出版社，2002：272.

童营（正副营长各一名），副村设儿童连（正副连长一名），连下分排（排长），排下分班（班长）。① 但更多的根据地则直接以村为单位，设立儿童团。如山东设立起由县、区、联防区直到村的儿童团团部，组织管理各级儿童团②；晋察冀也"以行政村为单位建立"儿童团，采取村儿童团员大会、区儿童团部、区以上青救会儿童部的组织形式。③ 同时，在严密的组织系统下，各地儿童团均有明确的团规（纪律）、仪礼、任务、标志，乃至武器配备（如晋察冀儿童团配备木棍、木刀、木枪、木手榴弹及其他武器；其他地区还有红缨枪、霸王鞭等）。

此外，儿童团除具备以上正规组织系统外，尚还有一些辅助性组织，通常为儿童识字班、儿童夜校、小先生队、儿童剧团、儿童工作团、宣传队、秧歌队等，灵活机动地配合行动。无疑地，如此系统完善的组织架构，不仅有助于将儿童吸引其中，而且还有助于迅速有效地教育、动员、部署及支配他们集体行动，使其日常生活在极富组织纪律性的气息中，"紧张活泼""有条不紊"地通过各种各样的"运动"呈现开来。

政治力量引控下的儿童日常生活组织化，影响最大的莫过于对家庭生活的改造。在"个人服从组织，少数服从多数，下级服从上级，全党服从中央"的基本原则规范下，儿童团此种日常生活的严格组织纪律化，使得根据地儿童成为一股密切联系党、政、军、民的活力。他们以其极富亲和力的沟通能力和极具灵效性的渗透力量，逐一将党政军的各种号召和政令化解成广为民众接受的生活常识，并逐渐令家庭生活也成功让位于组织生活。归队运动中力阻"父兄"开小差并劝其归队的"大义凛然"；冬学运动和识字运动中动员督促家人参加学习的"一丝不苟"；站岗放哨中忠于职守的"六亲不认"；优抗运动中关怀备至、事必躬亲的"不独亲其亲"；生产运动中不知疲倦、奋勇争先的"大公无私"；对待敌伪汉奸勇敢无畏、宁死不屈的"嫉恶如仇"；宣传民主选举运动时"拜门"苦劝解答宪政问题的"不辞劳苦"等，无不证明儿童已然从各自家庭生活中抽身脱离，并在融入由党、政府和青救会领导的"大家庭"生活中锻炼出

① 共青团中央青运史工作指导委员会，等.中国青年运动历史资料（15）[G].北京：中国青年出版社，2002：34.

② 山东省档案馆，山东社会科学院历史研究所.山东革命历史档案资料选编（12）[G].济南：山东人民出版社，1983—1984：243.

③ 河北省社会科学院历史研究所，等.晋察冀抗日根据地史料选编（上）[G].石家庄：河北人民出版社，1983：359.

纯然革命性，肩负起民族道义和党政期待的双重使命，从而与包括其父母在内的"懵懂无知"的普通大众相比，显然要"进步"得多。无疑，儿童正是凭借此种总是能在党政启发和教育下，率先觉悟，并身躬力行的先知先觉优势，证明"小先生"制的高明，并赋予其意味深长的政治意义。

总之，当抗战救国伟大的历史使命和党政革命深切的信任期待转化为儿童团具体的日常任务时，不仅儿童生活的内容被"文件""规定""指示""会议"等指定并更新，而且儿童生活的步伐也因之被计划并调整，抗战融入日常生活，日常生活也化解到了抗战之中。

三、解放区儿童团及其运作机制

全民族抗战时期，各根据地蓬勃发展的抗日儿童团为解放战争时期的儿童运动奠定了深厚的组织基础。虽然受解放战争初期青年运动去留无定的影响，但儿童运动仍以多样的组织形式时断时续、星星点点地在广大解放区继续存在，并受到相关团体组织的关注。如冀鲁豫边区"各救总会"在 1945 年 8 月 15 日就发出《为紧急动员起来参战告各救总会员儿童姊妹团员书》，号召包括儿童团、姊妹团在内的后方人员"加劲生产"，慰劳伤兵，守卫解放区。[①]1945 年 10 月 10 日出台的《山东省青联行动纲领》也决心要"扶助少年儿童组织起来，养成团结自治的精神，进行学习，从事劳动，锻炼体格，达到其身心正常的发育健康"[②]。

（一）组织结构

解放战争中的儿童运动虽然没有整齐统一的组织系统，但并不意味着各解放区内部没有相对严密的儿童独立组织。事实上，在建团工作的带动下，以土地革命为振奋契机的各解放区儿童运动纷纷出台政策，将分散、孤立、弱小的儿童囊括进正规化的组织编制中，同样使他们通过将自己的日常生活在严格的

① 谢忠厚.冀鲁豫边区群众运动资料选编［G］.石家庄：河北人民出版社，1991：581—582.
② 共青团中央青运史工作指导委员会，等.中国青年运动历史资料（16）［G］.北京：中国青年出版社，2002：279—280.

"义务""权利"或"纪律"规约下，汇聚并释放出强大的集体革命性能量，以谋取解放。

华中和华北的儿童运动均以儿童团为主要组织形式。其中，华中解放区于1946年1月第一次工农青妇民兵代表会议通过的《关于儿童工作决议》和《儿童团团章》指出，华中解放区"凡是从8岁至15岁的儿童，不分穷富，不分男女，志愿加入本团，遵守团章，过团的生活，并愿意积极工作的都可成为本团团员"。儿童团在青联的领导下按村或乡组织，并"先以学校为中心团结与组织儿童团，从校内发展到校外，在有儿童工作基础地区，则整理健全现有儿童团，并大量发展团员"。儿童团的组织生活依然严格有序，它具体以团章所规定的团员八大"义务"和十大"权利"为标准。八大"义务"即（1）工作做好，（2）团章遵守好，（3）开会一定到，（4）团规都记牢，（5）读书要认真，（6）小先生要做好，（7）团员多多找，（8）生产要搞好。十大"权利"为（1）有话大家讲，（2）干部大家选，（3）困难大家帮，（4）道理大家学，（5）有书大家读，（6）有事大家做，（7）有歌大家唱，（8）游戏大家玩，（9）干不好大家来罢免，（10）不对的事情大家来批评等。华北解放区的儿童团也按此模式组织起来。①

与华中和华北的儿童团组织模式不同，晋绥于1946年6月发出的《晋绥边区少年先锋队组织简章》（草案）则规定②，少年先锋队在边区青联的领导下，兼具文化组织和军事组织于一体，任务是：（1）积极学习，提高政治水平；（2）配合民兵，站岗放哨，清查户口，防奸爆炸；（3）辅助大人生产；（4）参加社会活动，如拥军优抗、文化活动、卫生运动等。凡是7至17岁的儿童，愿意参加者，经请求登记，均可收编入队。少先队实行民主集中制，队员在享有"三项权利"的同时，还须履行"两项义务"，遵守"两大纪律"。其组织以行政村为单位，按小队——分队——中队编制，首先按男女每7至15人分别编为小队，各选小队长1人。其次，以自然村为单位，每两个小队至五个小队（不分男女小队）编为一个分队，选举分队长1人，不限男女，且不论小队与分队，均可设副队长1人。最后，由行政村选正副中队长各1人（不限男女），领导全行政村之各个分队，受本村青联领导。行政村以上各级不设组织。对于校内校

① 董纯才.中国革命根据地教育史（第三卷）[M].北京：教育科学出版社，1993：115.

② 共青团中央青运史工作指导委员会，等.中国青年运动历史资料（16）[G].北京：中国青年出版社，2002：499—500.

外的少先队，则可根据情况分别编制或联合编制。与晋绥稍有不同，陕甘宁的少先队采取以村和学校为单位，按小队——中队（分队）——大队编制，凡愿加入者除需本人提出申请外，并要有一名队员介绍，经小队讨论通过，中队批准，报大队备案后方可成为队员。①

东北解放区也于1946年冬在东北局青委书记蒋南翔的领导下，以东北民主青年联盟为助力，在哈尔滨市内和附近农村组织儿童团。1947年2月21日，哈尔滨儿童团成立大会召开，并发表了《儿童团宣言》。1947年4月22日《东北日报》刊登的《哈尔滨特别市儿童团团章》②则更为详细地指明："凡年在9岁以上、16岁以下，具有爱国热情、品行端正的男女儿童均有入团资格。"具体而言，儿童团的组织系统由本部和分团构成，本部由团员代表大会选举执行干事15人，其中又选出常委干事9人，组成儿童团本部，分任正副团长、总务、戏剧音乐、社会服务、生活管理、生产部长等职。分团则以学校、街道、村屯为单位建立，组织与本部大致相同，分团长及各部之下分小队，每队10至15人。

综上可见，虽然形式不一，但各解放区显然均极为注重对以"村"为单位的基层儿童的组织管理，且此时的学校经抗战影响已成为发展儿童组织的基地。这种倚靠学校来严格制度化的管理模式，无疑为成功地将广大儿童从家庭束缚、封建秩序和反动势力中抽身而出，并积极参与政治活动，减少了阻碍又提供了保障。富有组织纪律性的儿童在儿童团、少先队和小学校的组织领导下，不仅积极不断地帮助分担党政"中心工作"，而且还补充以"拥护解放军""争取自身利益""参与组织生活"等"分内"工作，从而使他们与苏区和抗日根据地的儿童一样，日常生活完全被繁忙的"政务"所充斥。可见，通过将儿童引入到制度里来谋求解放，其中所蕴藏的悖论式难题其实就是人与政治的难题，处理好两者的关系，需要高超的智慧。

（二）核心使命

自1946年各解放区开始反思讨论新时期的青年运动问题，中央青委着手研究重建青年团问题，任弼时主持研究中央青委关于重建青年团问题，直至11月5日，根据毛泽东意见由中共中央向各解放区发出《中央关于建立民主青年

① 董纯才.中国革命根据地教育史（第三卷）[M].北京：教育科学出版社，1993：115.

② 郭永泽.青春的足迹——哈尔滨青运史资料汇编（第一辑）[G].共青团哈尔滨市委员会，哈尔滨青运史研究会，1990：93.

团的提议》，儿童运动在轰轰烈烈的试建团运动及土改运动前后又被广泛发动起来。只是，与全民族抗战时期根据地儿童运动拥有相对严格统一的组织系统不同，试建团运动中的儿童组织系统却显得分化多样，参差不齐。总体而言，少先队在晋绥边区和陕甘宁边区比较普遍，而儿童团在华北、华中和东北各解放区内更为流行。① 直到1949年4月，中国新民主主义青年团第一次全国代表大会将儿童组织统一为"中国少年儿童队"，此种多样性的局面才最终结束。尽管如此，但儿童运动中的儿童依靠儿童相关组织所担负的解放工作依然围绕着党政"中心工作"而展开，繁复多样，热烈非凡（见表4-3）。

表4-3　解放区儿童组织的"中心工作"与细目

总要	细目
拥护解放区党和政府的"中心工作"	1. 拥护党和政府法令及各项"中心工作"，并采用各种方式（如演剧、歌咏、黑板报、街头宣传等）积极到新老解放区宣传造势、教育解释，提高群众阶级觉悟
	2. 参与反奸、清算、减租、增资等斗争；参与土地革命中的诉苦运动、翻身运动、挤封建运动，守护斗争会场，并为斗争大会造势，帮助没收搬送地主财物分给雇贫农等；协助农会看守浮财，监视地主富农藏粮食财物，破坏农具，破坏生产行为，清查户口和地契，抓赌博，反封建迷信
	3. 参与大生产运动，如查懒汉懒婆、春播秋收、开荒种地、拾粪积肥、纺花织布、割柴送饭、办合作社等，并配合除虫救灾工作。此外，还收集破铜烂铁、扫硝，为武器制造提供原料
	4. 承担后勤任务，参加支前工作，如运粮、送鞋袜衣物到前线，募集钱粮，缝慰问袋，给路过的部队送水送饭，热烈迎送解放军
拥护解放军	1. 参与扩兵运动，不"拖后腿"地鼓动与支持包括自己父兄在内的解放区成人参加解放军；动员归队
	2. 解放军经过或驻扎某地，积极慰劳；特别是前方有伤病员路过或安置的地方，热情无私地接待照护，帮助解决困难
	3. 写信鼓励慰劳前方将士，并优待军属，帮烈军属做家务，特别在大生产运动中互助出力
	4. 募捐献金，传播前方动态，上前线慰劳
争取自身利益	1. 反对打骂虐待儿童、缠足、溺婴、童养媳及禁止子女接受教育的父母
	2. 开展入学运动，动员儿童接受文化教育
	3. 宣传男女平等
	4. 开展卫生运动，改良不卫生的陋恶习气，养成良好的清洁卫生习惯。并宣传注意个人和公众的卫生

① 董纯才.中国革命根据地教育史（第三卷）[M].北京：教育科学出版社，1993：114—115.

（续表）

总要	细目
儿童节工作	儿童节是大力改善儿童生活，提高儿童地位，表彰儿童模范，动员并规划儿童参加相关运动的契机；举办大型纪念会、展览会、表彰会、游艺会；动员家庭、社会为儿童提供优待服务
参与组织生活	1. 反对和肃清儿童团、小学校内的小汉奸，帮助教育及改造地主富农子弟
	2. 接受教育学习知识，并开展"小先生"运动，帮助家庭和群众提升觉悟，增进教育
	3. 站岗放哨查路条，侦察敌情送情报，带路掩护辅作战

透过清单所开列的活动项目，我们不难发现，除在"中心工作"上稍有调整外，它与土地革命战争时期的儿童工作清单非常相似。只是尤为突出的是，解放区儿童运动的政治活动在以"土改"为中心任务的背景下，其阶级性和革命性基本立场不仅依然贯穿并渗透于活动始终及方方面面，而且还呈现出"膨胀"和"激越"态势，从而使其在整个任务清单中显得尤为"耀眼"。这是国内阶级革命烈火重新被点燃的背景下，儿童运动以少先队和儿童团为载体，响应中央"中心工作"号召的必然选择。

（三）运作机制

历经十四年艰苦抗战而开辟经营出的繁荣解放区，在面临美蒋联合进犯的攻势下，为中国共产党赢得了舆论上的同情和支持，国统区纷纭汹涌的学生运动在某种程度上就是这种"民意"的反映。而"先知先觉"的老解放区儿童，则早已在全民族抗战时期国共双方频繁迭起的摩擦纠纷中，建立起坚定的反蒋立场，美蒋联合"进犯"只会更为加深他们的仇恨。解放区儿童团延续将利益、革命与生活融于一体的传统，并将这一传统延伸至少先队和小学校中。

1. 解放与利益融合

解放区是中共谋求全国解放的根据地，也是生活于其中的人民的家园，这种重叠交揉的地理和心理界域在以利益为关节的政治需求的渲染发挥下，又可进一步完美而充分地将党与民、国与家、友与我等关系在精神上萦绕统一起来。

然而，对于两军交战更为重要的，则依然是稳定的据点及其源源不断的人、财、物援给。于是，高度调动并集中解放区资源，最大限度地满足解放区人民群众的利益，便成为中共在解放战争期间尤为努力解决的中心问题。自 1945 年秋起，一些新解放区开始开展反奸、清算、减租、增资等"热身性"斗争①，到1945年12月，毛泽东在《一九四六年解放区工作的方针》中明确指示，各地要在1946年发动一切新解放区开展大规模的、群众性的，但是有领导的减租减息运动。于是广大新解放区人民群众开始在阶级斗争中翻过身来，当地政府在发动包括儿童在内的群众上，也渐渐取得较大成绩。

到1946年"五四指示"发出，各解放区又更为轰轰烈烈地进入更深层次的以没收地主土地，斗争汉奸、豪绅、恶霸为重任的土地改革运动中，农村原有的社会秩序在此接下来的两年时间中被彻底颠覆，联合起来进行阶级斗争的农民终于"获得了千百年来所热烈追求的土地"。雇贫农翻了身，劳苦儿童也随之在积极而热烈的翻身运动、诉苦运动、挤封建运动的真切参与中做了主人，并在家庭经济状况改善的条件下纷纷被动员进学校，进一步实现"文化上的翻身"。如此，除"农会影响扩大了，政府威信提高了，共产党的政治影响普遍的印在广大群众的心中了"之外，群众的"翻身果实"与解放区的存亡骤然之间也变得攸关起来，"没有自卫战争的胜利，就没有一切"。因此，"保卫解放区"和"保卫翻身果实"再合理不过地成为解放区民众在各条战线上坚决地展开战斗以支援前线的理由。

当然，儿童是"新中国的新主人""国家新生的一代"，这种从大革命时代开始便一直延续下来的着眼于未来的儿童观，使中共在解放战争期间仍尤为关注当下的儿童利益，为解放儿童劳心费力。正如蒋南翔所云："儿童时代好比一棵幼年的树一样，你注意灌溉培养，就成为有用的材料；不注意就不成器……"②因此，在实现儿童"文化上的翻身"的号召下，令教员挨家挨户地动员儿童入学，并大力推行"民办公助"的学校教育方针，最大限度地放宽条件吸纳儿童入学，接受新民主主义教育等，都为儿童"成器"铺就出道路。同时，继续严令禁止并动员儿童抵制打骂、缠足、溺婴，积极宣传男女平等，开展卫生运动等，也为切实改善儿童生存处境推波助益。特别是每年的"四四"儿童节，各解放区政府、教育部门都提前安排动员，号召家长在儿童节当天给儿童"吃好饭""穿新衣"，号召书店、合作社及城市集镇的澡堂、戏院给儿童折扣优惠，学

<hr/>

① 中央档案馆，河北省社会科学院，中共河北省委党史研究室.晋察冀解放区历史文献选编：1945—1949［G］.北京：中国档案出版社，1998：136.

② 郭永泽.青春的足迹——哈尔滨青运史资料汇编（第一辑）［G］.共青团哈尔滨市委员会，哈尔滨青运史研究会，1990：91.

校为儿童庆祝联欢、奖励模范，医院为害病儿童免费治疗。儿童的社会地位在各地政府此种持续而热烈的烘托关注下继续蹿升。

概而述之，儿童运动以其灵活而巧妙的转化机制，不着痕迹地将全民族抗战时期根据地令儿童集民族利益、党政利益和自身利益于一身的成果在解放区顺利继承下来，从而赋予儿童运动以新的动力。儿童的解放与国家的解放，在神圣的自卫战争和土改运动中交织互融。

2. 解放与革命融合

"男女老少团结起，翻身才能翻彻底。"① 蛰伏之中的儿童运动，正是借助这股革命"东风"而重新振奋，它在组织起广大儿童争取自身利益谋取解放的同时，自然而然地导引他们积极融入革命洪流，为谋取更广大贫苦群众的彻底解放而服务。由于中央采取建团工作与土地革命同步进行的策略，因此许多解放区的儿童团或少先队差不多都在这一时期或壮大发展，或重新诞生，如 1946 年1 月华中解放区第一次工农青妇民兵代表会议在惩奸运动、查组算账运动的背景下通过了《关于儿童工作决议》和《儿童团团章》，决定吸收 8—15 岁的儿童参加儿童团；晋绥于 1946 年 6 月发布《晋绥边区少年先锋队组织简章》(草案)，决定吸收 7—17 岁的儿童组成少年先锋队；晋冀豫的群运典型鱼台县则直接在1946 年的反奸清算运动中组织起 8 253 人的儿童团和 740 人的姊妹团 ②；哈尔滨市也于 1947 年 2 月召开哈尔滨儿童团成立大会，并通过《儿童团宣言》，决定吸收 9—16 岁的儿童参加。概括而言，以土地革命的发动为标志，西北、华北、东北、华中、华东等各解放区内均已活跃起儿童团或少先队组织，儿童运动至此悄然苏醒，从而为轰轰烈烈的土改群运注入一股强大的革命活力。

苏维埃革命和抗日战争的历史都证明，儿童总是在强烈的敌我意识支配下，于革命中扮演急先锋角色。而经由全民族抗战期间减租减息反恶霸运动中被扯开的阶级分化"裂口"持续酝酿发酵，解放战争期间更为彻底浓郁的群众阶级斗争氛围，更是重新点燃起儿童堪与土地革命战争时期相似的革命热情。有组织的儿童除了在翻身运动中被组织起来帮助没收、搬送、分配地主财物给参斗群众，协助农会监视地主富农藏匿粮食财物及破坏农具、破坏生产的行为，清查户口和地契外，举凡在有儿童参加的各大翻身诉苦批斗场合，他们要么身兼

---

① 共青团中央青运史工作指导委员会，等.中国青年运动历史资料（16）[G].北京：中国青年出版社，2002：398.

② 谢忠厚.冀鲁豫边区群众运动资料选编［G］.石家庄：河北人民出版社，1991：687.

守护斗争会场并为斗争大会造势之职，要么直接参与诉苦批斗为自己及被压迫群众挺身而出，仗言执刑，以点燃群情仇恨愤怒之火。如此，儿童团或少先队与由汉奸、恶霸、军阀、官僚、地主及非法富农组成的阶级成人压迫群体之间骤然公开分化对立起来。且与之相应，儿童团体内部的分化对立也随之公然扩大化。小学校作为解放战争期间儿童运动的主阵地，使得家庭被斗的阶级儿童与翻身做主的劳苦儿童之间互相仇视攻击的对垒表现得尤为紧张，不仅有许多小学儿童拿着文书向地主进行说理斗争，而且小学校中还出现了诸如挤"小特务""小地主""小封建"；撤换儿童干部，由贫雇儿童担任；管制地主子女，剥夺其学习机会，加重其勤务任务；开除被斗户儿童，没收其书籍分给贫雇儿童；组织校内"翻身先锋队""贫雇儿童学习委员会（小组）"等现象，关于"被斗户子弟上学问题"也被提上研究讨论之列。小学校此种愈演愈烈的"贫雇路线""阶级斗争"趋向，后因 1948 年以来入学儿童大量减少，小学校大批"垮台"而得以遏制"纠偏"，到 1948 年 6 月土地革命宣布基本结束才逐步停止。[①]

解放区深入彻底的土改翻身为相伴而行的"第二个革命"——生产运动——也提供了无限激情并释放出大量劳力。因为不管是地主富农破落户，还是新兴富中农主力军，"耕者有其田"的土改运动使他们都成为自食其力的劳动者。在妇孺老弱都需下地生产的号召动员下，解放区的儿童除模范地担负起劳动任务外，依然在生产运动中充当着"小先生"角色，帮助政府调查"懒汉""懒婆"，进行说服教育，劝其参加生产。土改结束后，当大生产运动成为"今后压倒一切的中心工作"时[②]，儿童更是在"努力生产学习，争当模范参加青年团"的鼓舞下，不断以积极革命者的姿态投入其中，继续证明"小孩子也能办大事情"的豪言。

3. 解放与生活融合

与土地革命战争时期和全民族抗战时期不一样，解放战争时期的儿童运动没有统一的组织系统，但在华中、华北、晋绥、陕甘宁、东北等不同的解放区仍存在以"村"为单位的儿童团或少先队组织，通过继续依托并深化"小学校"的"儿童工作"机能，各种儿童组织与小学校继续为调动并发挥儿童在"村"中的影响力提供了严密的制度保障。

---

① 中央档案馆，河北省社会科学院，中共河北省委党史研究室. 晋察冀解放区历史文献选编：1945—1949［G］. 北京：中国档案出版社，1998：444.

② 中共中央华北局关于开展农业生产指示［N］. 新华日报（华北版），1949-4-5（1）.

　　解放区儿童团或少先队的生活可被划分为日常生活和组织生活两种。在日常生活方面，他们要采用演剧、歌咏、黑板报、街头宣传等方式，积极到新老解放区进行宣传造势、教育解释，提高群众阶级觉悟。当大批乃至整个村的青壮年都被动员奔赴前线进行"自卫战争"时，留守后方的儿童在各种组织领导下，也要自动肩负起保卫解放区和保卫翻身果实的重任。他们或独立地承担战勤任务，如宣传动员造声势，站岗放哨查路条，配合民兵去作战，侦察敌情送情报，慰劳军属劝归队、运送物资到前线等；或与妇女、老人一起，投入大生产运动中抢收抢种、互助帮工，与风灾霜灾虫灾"作斗争"缓解灾情，分担家庭杂务及生产任务，兼照护转移至后方的伤病员等。

　　此外，民办小学的儿童还需要与教员一起劳动生产、开荒耕种、捡拾割养，许多儿童还入股所在小学校经管的儿童合作社，通过摆小摊、开杂货店、捣磨豆腐、开茶炉、卖烙饼、贩卖农具、纺花织布、种地养殖等赚取收入贴补学费和家用。儿童对前方的保障与后方的稳固与全民族抗战时期相比，功绩更为昭著。

　　解放区儿童团、少先队和小学校的组织生活也相当丰富，主要包括反对和肃清儿童团、小学校内的小汉奸，帮助教育及改造地主富农子弟；接受教育学习知识，并开展"小先生"运动，帮助家庭和群众提升觉悟，增进教育；站岗放哨查路条，侦察敌情送情报，带路掩护辅作战等。解放区儿童组织对儿童组织生活的纪律养成非常重视，以侦察敌情送情报为例，我们可以从国民党方面的相关史料来予以反证。1948 年 2 月 21 日《申报》报道：

　　　　十七日正值匪"华中人民解放区海防第一纵队"丁锡山残部流窜青松边境之时，两路警务处长王兆槐接获报告，悉共匪已派遣曾受特训之儿童七十人，潜入两路境内刺探军情，并图破坏交通。当饬所属严加防范。当日傍晚六时许，该处锡沪警务段无天锡路警正于巡逻时，发现站内有衣衫褴褛之儿童二人，形迹可疑，当加监视。后见该两孩屡次窥视站内各项设备，及混入往来军人间听取谈话，知非善类，当加拘捕，带段严询。该两孩初犹图狡赖，经严审后，承认系共匪不讳。据供共匪此次派遣曾受特殊训练之儿童七十名，潜入两路沿线探听军情。渠两人方至锡站，不意即遭拘捕。两孩一名刘红宝，一名刘绿宝，刻已由锡押解来沪。一面下令缉捕其余共党。[1]

----

[1]　锡站捕获共匪两小间谍［N］. 申报，1948-2-21（4）.

从这则史料可以发现，解放区儿童组织生活至少具有三个方面的特点，首先，解放区儿童会在经受特殊训练后才被派往敌区侦察敌情；其次，解放区儿童在敌区的侦察行动与解放军的军事行动是一致的；最后，国民党方面对解放区儿童侦察行动的特别敏感和留意，表明解放区儿童的侦察行动具有威胁性。这三方面特点无不表明，解放区儿童组织生活具有严密性、纪律性和行动性。

从性质上来看，不管是日常生活还是组织生活，解放区儿童组织的这两种生活都是政治生活，都是为谋求解放事业的顺利实现，而为解放区儿童规划和设计的生活。

第五章　儿童运动与学校教育
"协助运动"

从土地革命战争开始，儿童团承革命、利益、教育与生活于一体的属性，使儿童运动与儿童教育之间衍生出微妙而深刻的历史关联。因此，在研究儿童运动时，我们很难将儿童运动中儿童团员的革命任务与文化教育断然分离。事实上，共产主义儿童运动与学校教育从未双向平行发展，它们之间从苏区"协助运动"开始，一直被导引着在革命实践中探索交融汇通之道，最终确立起"以学校为儿童工作的主阵地""以学校为中心团结与组织儿童团"的儿童运动策略。

一、苏区儿童运动与学校教育"协助运动"历程的开启

苏区共产儿童团的活动内容除上一章所开列的工作清单外，还包括对儿童施以诸如"唱歌、图画、游艺、体育、故事"等适合儿童心理的"积极启发式"教育。在入学运动的推动下，大量儿童团员还带头进入列宁小学接受学校教育。而对于学校教育，由于儿童运动与学校教育分属不同领导机关，其工作内容与任务也有差别，因此两者一开始并未产生直接关联。但随着苏区形势的稳定与儿童普及教育的需要，在党的指示下，中央儿童局与苏区教育部便开始频繁密切合作，使儿童运动中的文化教育乃至革命工作，与学校教育互融渗透，从而演绎出儿童运动与学校教育之间绵长而深厚的"协助"历史。据此，阐明中央儿童局与苏区教育部之间的"协助"由来，便成为理解全民族抗战、解放战争，乃至现今儿童教育状态的必要之举。

以儿童运动与学校教育、中央儿童局与苏区教育部之间所开启的"帮助"为转折，中共及共青团对儿童运动的文化教育策略，在时间上呈现出两个前后分明的阶段，即初期的宣传教育阶段，和中后期的对学校教育的"协助运动"阶段。

（一）宣传教育阶段

此阶段是在扩大劳苦儿童群众基础的前提下，广泛吸纳儿童团成员，建立各种活动组织，以此对儿童团员进行共产主义教育。

"在农村经济剧烈破产，一般农民没有饭吃的情况下，办学读书显然不是一般青年的迫切要求，我们若是机械地去发动斗争，结果，客观上是妨碍了一

般的革命斗争之进行。"①并且，在夺取根据地建立苏维埃武装政权的初期阶段，师资匮乏、教材短缺、经费困难以及频繁的战争冲突与据点流动等都无法保障稳定的文化教育顺利开展。因此，虽然"在苏维埃治理之下，当然要废除旧有的一切教育文艺，而代以阶级的教育文艺，并且使全部儿童与青年有受教育的机会，但是在政权尚没有到稳定的时期，还没有实现的可能"②。可见，土地革命战争初期不稳定的政治局面，农村经济的普遍惨淡现实以及教育基本条件的匮乏，共同构成限制正规学校教育立足发展的瓶颈。由此，在打开苏维埃革命场面并建立苏维埃政权的过程中，积极扩宽渠道，寻求灵活方式，使儿童了解、同情、接受并拥护苏维埃革命，便成为儿童运动与儿童教育的当务之急。

几经摸索，"进行各种宣传与煽动"以启发劳苦儿童的阶级觉悟，并"努力使我们的口号成为群众自己的呼声"，进而推动他们广泛而热烈地加入童子团参加革命斗争，便成了解决"当务之急"最灵活而有效的方式。为了扩大影响范围和加深影响效果，此时宣传教育的时机与地点可谓是"见缝插针"：对于工厂，在上工之前，放工以后或当罢工时，在工厂门外召集露天大会，组织工人兄弟会、姊妹会，甚至径直到工人寄宿舍里宣传；对于部队，则特别在兵士开拔上前线时抓住机会动员宣讲，剖析利弊，争取儿童兵反戈投奔；在乡村地区则选择到人口集中的市场、节日、神会中演讲、发传单、贴标语，组织感兴趣的儿童开展野外旅行，并兴修开辟儿童游戏场吸引儿童聚集等；对于学校，也利用召开学生大会的形式宣传演讲并深入动员，逐步发展团员建立儿童团组织。此外，宣传教育还特别注意采用通俗、可行、灵活、多样的"花式"，如开办农民夜校，发动识字运动和游艺运动，编制教唱革命歌谣小调，出版革命小报、画报、标语、小册子，组织粉笔队、宣传讲演队、散发队等活动小队，召集青年农民大会或代表大会等，另外还主动派员参加一切群众的迎神赛会，或单独举行大小讲演③，乃至在墙壁上及厕所中写革命口号等。④

---

① 中国新民主主义青年团中央委员会办公厅．中国青年运动历史资料（5）[G]．中国新民主主义青年团中央委员会办公厅，1958：445.

② 中国新民主主义青年团中央委员会办公厅．中国青年运动历史资料（4）[G]．中国新民主主义青年团中央委员会办公厅，1957：95—96.

③ 中国新民主主义青年团中央委员会办公厅．中国青年运动历史资料（5）[G]．中国新民主主义青年团中央委员会办公厅，1958：448.

④ 中国新民主主义青年团中央委员会办公厅．中国青年运动历史资料（4）[G]．中国新民主主义青年团中央委员会办公厅，1957：173—174.

　　与之同步，为了在苏维埃区域中随时强化和落实共产主义宣传教育带来的效果，共青团一方面积极禁止在学校中教授三民主义，查禁一切"孔孟之书"，并"改造小学教师与学生"①，或"帮助苏维埃驱逐那些向苏维埃政权怠工的最反动的教员"②，以消除旧式教育和"反动"教育的影响因素；另一方面还想方设法开设平民学校、工人子弟学校、儿童俱乐部、夜校、新剧团和谈话会等带有共产主义教育性质的团体，甚至还根据儿童的兴趣、能力与需要的不同而设立学校的、识字的、运动的、打拳的、工艺的、旅行（远足）的活动组织。③ 于是，在已经建立苏维埃政权的区域内，辅之以轰轰烈烈的识字运动和文化运动（文化运动内容具体涉及反宗教、反神权、放足、剪发、改造旧教育、改造旧习俗、禁止反动书报等；而文化运动方式则包括文字刊物、传单、标语、飞行集会、呼口号等）。此外，随着革命的进展，童子团规模的不断扩大，由各苏区独自开展的特别针对儿童的文化教育活动也逐渐兴起。如1929年鄂东北的黄安县就有童子团员约一万人，平时除开会、做体操外，还做识字运动，由青年团或农民协会替他们办贫民夜校、农村小学等，教育他们认识文字④；到1930年，不仅闽西的各级政府普遍建立了学校，青年儿童入学不要钱，有贴书册读书的机会等⑤，湘鄂赣也以乡或村为单位开办了红色小学，以区或某一市镇为单位开办列宁高级小学校（如平浏等县）。⑥

　　进入1930年，苏维埃区域和政权实现了由点及面、由小到大、由散到合的逐步连通，也正是在此种红色政权已然遍及南方各地的形势下，建设和巩固苏维埃的稳定步伐开始取代夺取政权时期的波动不定。因此，团领导下的儿童文

① 中国新民主主义青年团中央委员会办公厅.中国青年运动历史资料（4）[G].中国新民主主义青年团中央委员会办公厅，1957：187.
② 中国共产主义青年团中央委员会办公厅.中国青年运动历史资料（9）[G].中国共产主义青年团中央委员会办公厅，1961：58.
③ 中国共产主义青年团中央委员会办公厅.中国青年运动历史资料（8）[G].中国共产主义青年团中央委员会办公厅，1960：472.
④ 中国共产主义青年团中央委员会办公厅.中国青年运动历史资料（6）[G].中国共产主义青年团中央委员会办公厅，1958：328—329.
⑤ 中国共产主义青年团中央委员会办公厅.中国青年运动历史资料（8）[G].中国共产主义青年团中央委员会办公厅，1960：215.
⑥ 中国共产主义青年团中央委员会办公厅.中国青年运动历史资料（9）[G].中国共产主义青年团中央委员会办公厅，1961：651—652.

化教育工作也开始摆脱宣传教育此种流动游击模式，而转向为探求建立稳定的文化教育模式。

　　一开始，各地在引导并丰富儿童日常文化教育上普遍显得"束手无策"，如湘鄂赣的童子团由于"工作方法不对，使儿童在工作中得不到兴趣，以致儿童不愿加入劳动童子团"①；赣东北童子团的"日常的工作，只是打菩萨放哨，整天整天会操"；皖西北的童子团也"还没有从游戏娱乐中去提高儿童工作的兴趣"；鄂豫皖的童子团的工作方式则"完全是抄袭青年团甚至于党的工作方式，使童子团成为死气沉沉有要求退出的现象"。但几经探索，诸如"唱歌、图画、游艺、体育、故事"等适合儿童心理的"积极启发式"教育逐渐在中央与地方的共同摸索中收获创新与突破。到1932年以后，"束手无策"状况开始大为改观。不仅"体操、唱歌、游戏，大部分地方能定期举行"②，而且各大苏区要么以村为单位设立游戏场，经常领导儿童去打球、踢毽子、滚铁环、捉迷藏，到俱乐部去打锣鼓，参加新剧团演新剧，时常集合唱革命歌曲、呼口号③；要么举行各种竞赛工作（识字比赛、农事比赛、贩报竞赛、募捐竞赛）④；设立儿童学校、组织音乐班；甚至有些地方的儿童团还能单独表演很有趣的戏剧、化装宣传、召集开晚会、参加旅行等。⑤最后，连童子团员自己也开动起脑筋，为解决自身文化教育问题想方设法。如湘鄂西的儿童"能很巧地应用革命竞赛的方法在一切工作上，譬如下操、整理武装、打菩萨、唱歌、识字等工作，都互相举行比赛，甚至有热心做工作彻夜不愿回家睡觉的"⑥。又如川陕苏区的童子团为了加快理解和记忆，采取编识字顺口溜的方法，将字的笔画和字意简单结合起来，有《一字歌》为例⑦：

───────────────

①　中国共产主义青年团中央委员会办公厅.中国青年运动历史资料（9）[G].中国共产主义青年团中央委员会办公厅，1961：185.

②　陈元晖，璩鑫圭，邹光威.老解放区教育资料（一）土地革命战争时期[G].北京：教育科学出版社，1981：397.

③　同上，第390页。

④　中国共产主义青年团中央委员会办公厅.中国青年运动历史资料（9）[G].中国共产主义青年团中央委员会办公厅，1961：208.

⑤　陈元晖，璩鑫圭，邹光威.老解放区教育资料（一）土地革命战争时期[G].北京：教育科学出版社，1981：397.

⑥　何友良.中国苏维埃区域社会变动史[M].北京：当代中国出版社，1996：213—214.

⑦　王明渊，张一军.川陕苏区童子团[G].成都：四川少年儿童出版社，1989：62.

　　一横读一,二横读二,一心革命莫二意。一竖中间加一横,十大苏区万万人。一竖加在二字中,工农专政天地红。工字一竖往上伸,土地革命是中心。工字一竖往下伸,干革命要当红军。

　　由共青团开创,并逐渐有声有色起来的儿童团文化教育,无疑为从1931年才开始起步的苏区儿童学校教育提供了丰富经验,并积累起广泛的儿童群众基础。因此,也就是在1931年,苏区党即指示共青团要"协助"教育部兴办苏区儿童学校教育。

(二)"协助运动"开启阶段

　　在广泛实施"社会教育"和"普及教育"的热切浪潮推动下,苏区党开始重新审视共青团所承担的文化教育责任,并在1931年3月《苏区党第一次代表大会关于青年团工作决议案》中首次提出:"团应帮助苏维埃组织列宁小学、平民夜学和广泛的识字运动而逐渐达到普遍的义务教育的实现。"[1]

　　自此以后,团开始将普及文化教育作为自身的重要职责之一,并在给各地的"指示"中频频提及此事,如《C.Y.苏区中央局对赣西南工作的决议》要求:"特别是文化工作、识字运动、劳动小学、俱乐部等工作团应该积极去发展。"[2]《苏区团中央局给团闽西特委的信》也表明:"俱乐部与列宁小学的工作亦应加紧。"[3]《苏区团第一次代表大会政治决议案》则直言:"团必须在群众中解释无智识的害处,发动群众帮助政府,进行开学读书的运动。并且要做到各地政府用极大的力量来注意这个事业。团并且要成为各地俱乐部、识字班、读报团、读书班、歌舞团、戏剧团等的组织者与积极分子。"[4]

　　与此相应,承担着双重重担的共青团此时必须开始改变其单管儿童运动中的文化教育方式而采取"双管齐下"的策略,但对于该如何运用,并非一蹴而就。1932年1月《苏区团第一次代表大会儿童运动决议案》就充分表现了团试图在积极推行"普及教育"的同时,又力图保持儿童运动自身独特性所做出的

[1]　中国共产主义青年团中央委员会办公厅.中国青年运动历史资料(9)[G].中国共产主义青年团中央委员会办公厅,1961:86.

[2]　同上,第172页。

[3]　同上,第245页。

[4]　中国共产主义青年团中央委员会办公厅.中国青年运动历史资料(10)[G].中国共产主义青年团中央委员会办公厅,1960:127.

努力。对于普通教育，团中央直陈：

> 领导儿童入学读书，是团目前在儿童运动中主要任务之一。团要负责做到每个学龄的儿童（八岁以上的）不论男女都入列宁小学读书。为要达到这个目的必须在儿童中作有力的鼓动，向儿童父母经常地不倦地解释工作。同时要努力工作。使列宁小学很普遍地建立，并且有很好的工作。①

而对于儿童运动中的文化教育，团中央也申明：

> 儿童局与儿童委员会应当团结一些革命的教师、体育家、歌舞家、音乐家、图画家及革命的儿童父母在自己的周围帮助工作，儿童运动中要彻底废除过去立三主义的专作兵暴的方式。要经常作政治的和军事的文化的游戏、唱歌、跳舞、听故事、看图画等。同时必须坚决反对过去不注意儿童清洁及健康的倾向，要在革命的儿童父母的帮助之下进行。②

可见，承担起帮助学校教育开展工作的共青团此时并未找到协调儿童运动与学校教育共同开展工作的有效路径，分属不同领域的两件工作，仍旧各有套路。然而，儿童作为联结二者的桥梁，使共青团不得不寻找"帮助"的具体方法。接下来的 1932 年 8 月，《中央苏区儿童干部会议决议案》就是改变"一代会"中"双管分明"做法的开始，《中央苏区儿童干部会议决议案》直接要求：

> 1. 没有办学校的地方，要求苏维埃政府立即开办，如因种种困难一时无法办学校的地方，应即举办读书班，由团指定团员负责。2. 动员全体儿童团员，到学校或读书班去读书，发动儿童团向阻止儿童读书的父母做宣传解释工作。3. 对学校及读书班的工作，儿童局应经常注意检查，如有教老书的，应即向其提出立刻改教新书；如有以私塾式的老方法教授的，亦应要求采用适合儿童心理的新方法，对那些不肯改正的教员，应要求政府

---

① 中国共产主义青年团中央委员会办公厅. 中国青年运动历史资料（10）[G]. 中国共产主义青年团中央委员会办公厅，1960：131.

② 同上，第 133 页。

撤换他。4.委托中央儿童局与政府文化部审查和编订各种学校课本。①

《中央苏区儿童干部会议决议案》中的团充分展示出其老到的儿童工作经验，以全盘责任者的姿态投入创办学校、动员入学、检查督促、教学指导、教材编审等具体办学细节中。到 1933 年，团中央更是直接发起"团对教育部工作的协助运动"。8 月 30 日，团中央与中央教育人民委员部召开联席会议，通过了《关于目前教育工作的任务与团对教育部工作的协助的决议》，团中央在《关于目前教育工作的任务与团对教育部工作的协助的决议》中主动提出"协助运动"，并得到教育部首肯而充分体现出其"当仁不让"精神：

　　团对于教育部的协助运动必须是全团的事情，从支部起到区委、县委一直到中央局为止，必须担负着对于教育工作与各级教育部的协助任务。各级团部应当与各级当地的教育委员会开联席会议，共同地讨论这一决议，订出具体的协助的项目与条件。协助运动的成功与否，责任是在团的身上。协助运动的成功，就依靠于每个团员参加协助运动，团应当成为一切俱乐部、列宁室、识字班的协助者，团应当成为一切学校的协助者，为着胜利地完成协助运动，应当加强在校中的活动，加强对于学校中的组织的领导。②

9 月 8 日，时任代部长的徐特立又专门签发《中华苏维埃共和国中央教育人民委员部训令第五号》强调：

　　团中央局所发起的团对教育部工作的协助运动，无疑的是今后开展苏区文化教育的最有力的推动力量。各级教育部应与各该级团的领导机关发生最密切的关系，并在一切教育工作中，求得广大的团员同志热烈地参加与协助，这样，我们才能很迅速地来完成目前教育的任务。③

---

① 共青团中央青运史研究室，中央档案馆.中国青年运动历史资料（11）[G].北京：中共党史资料出版社，1988：431—432.

② 陈元晖，璩鑫圭，邹光威.老解放区教育资料（一）土地革命战争时期[G].北京：教育科学出版社，1981：38.

③ 同上，第 34—35 页。

无疑地，共青团与教育部之间"协助运动"的开启将对苏区教育的发展提供强大助力，毛泽东9月15日签发的中央人民委员会第17号《训令》便盛赞"协助运动""将成为苏区文化教育战线上有力的突击，使能迅速地消除教育工作的落后现象得到极大的开展"。① 更为重要的是，共青团在通过"协助运动"越来越紧密地将其所领导的儿童运动中的文化教育与"领导儿童入学读书"交融起来的同时，还以其共产主义教育的审视立场积极参与基础教育的具体建设。如此，儿童运动无疑将赢得双重"收获"，即一方面加强了儿童团员的文化教育，另一方面又扩大和传播了共产主义教育的范围，从而为儿童运动全面而深入地进驻基础教育（或者将基础教育儿童运动化）做好了先期准备。

（图片来源：中国国家数字图书馆．皖西苏区列宁小学旧址——六安独山镇王氏祠）

事实证明，共青团与教育部此种"协助"式合作是相当成功的。在接到《苏区团第一次代表大会儿童运动决议案》所带来的不小冲击后，各地团部就已纷纷开始在反思以往儿童文化教育工作的基础上提出新的发展规划，并迅速在大会后不久的具体实践中取得了可喜的"双重"成绩。如《赣东北团省委关于儿童团工作决议》表示：

> 可以明白看出的，儿童踊跃地到劳动小学去读书，参加俱乐部等现象。

① 董纯才．中国革命根据地教育史（第一卷）[M]．北京：教育科学出版社，1991：182—183．

关于以前不愿去劳动小学读书的不良倾向，是比较转到有些成绩，因此，最近儿童团团员文化是有相当的开展。①

早在 1930 年，湘鄂赣的"赤色小校及列宁高级小校"就已经成立了不少。②但到 1932 年《××同志关于湘鄂赣工作的报告》则表明：

> 对劳动儿童的共产主义教育，比以前是要稍好一点，因儿童局公开直接指示，在各个工作与问题上，要得更进一步的了解。运用识字班的方式亦收微小成绩。③

随后，特别是随着春季"冲锋季"的到来，《少共苏区中央局关于春季冲锋季的冲锋计划》紧接着规定：

> 寒假过后，列宁小学开学，发动广大的读书运动，使最大多数的儿童入学读书，并派好的团员去任教员，帮助苏维埃改进列宁小学的教育。如因战争关系，列宁小学不能开办，则团应普遍地建立"野外学校"，进行对儿童的教育工作。④

此后 1933 年年初，《苏区中央儿童局关于春季冲锋季中儿童运动的决定》又对《少共苏区中央局关于春季冲锋季的冲锋计划》加以追认。实如其名，《少共苏区中央局关于春季冲锋季的冲锋计划》的出台在将苏区儿童文化教育工作的热潮推向一个新高度的同时，又使其影响延及深远。特别是湘赣苏区，在被迫西征前，它通过《湘赣苏区团省委给团中央报告》表明：

> 在冲锋季中，边境的文化工作有了它的进步。这里表现在：列宁学校

---

① 中国共产主义青年团中央委员会办公厅.中国青年运动历史资料（10）[G].中国共产主义青年团中央委员会办公厅，1960：323.
② 中国共产主义青年团中央委员会办公厅.中国青年运动历史资料（9）[G].中国共产主义青年团中央委员会办公厅，1961：651.
③ 共青团中央青运史研究室，中央档案馆.中国青年运动历史资料（11）[G].北京：中共党史资料出版社，1988：462.
④ 同上，第 729 页。

从村到县都普遍建立了。在冲锋季中建立了 626 个初小学校，12 个高小学校，儿童有十分之六的去学校读书，列宁室识字运动、读书班、俱乐部、游艺场、阅报处等大多数地方建立起来了。青年及儿童识字娱乐情绪比前提高了。他们的文化程度也提高了。①

即使在被迫西征与贺龙红三军团会师而建立湘鄂川黔根据地以后，它同样以"协助运动"方式将新根据地的儿童文化教育工作办得红红火火：

> 一些区、乡先后办起了工农群众自己的学校——列宁小学和红军小学。……据永保、郭亮、桑植、龙山四县的调查，一九三四年至一九三五年，就办了列宁小学和红军小学一十三所，有教师十九人，学生八百三十多人。其中贫雇农子弟占百分之七十，中农子弟和工商子弟占百分之十五。②

此外，毛泽东于 1933 年 12 月整理发表的《长冈乡调查》以一种轻松愉悦的笔调为我们描绘出了一幅儿童运动"带领"下普及基础教育的活泼画面，值得一提。据毛泽东调查，长冈乡有四所列宁小学，每村一个，各有校长、教员。

> 学生：长冈五十五，塘背五十三，新溪三十三，泗网四十六，共一百八十七，占全乡学龄儿童总数百分之六十五。余百分之三十五，不是父母不要他们去，他们自己好玩不肯去，学生去"捉"，捉来有罚扫地的，有罚禁闭的，罚饿饭的也有个把——那是"又大又蛮"的。学生之间自己发动斗争，"精神很好"。那些顽皮小孩来读的时间少，不来读的时间多，父母送他们出门，"他们溜到山上打仗去了"。（惩罚的方法有些是不适当的。）③

此种将儿童运动中的文化教育与基础教育结合起来的热情，即使是在第五次反"围剿"失败前两个月的紧张局势下，也通过坚守苏区的儿童团员的骄傲

① 共青团中央青运史研究室，中央档案馆.中国青年运动历史资料（12）[G].北京：中共党史资料出版社，1989：35.

② 《湘鄂川黔革命根据地史稿》编写组.湘鄂川黔革命根据地史稿[G].长沙：湖南人民出版社，1985：79—80.

③ 中共中央文献研究室.毛泽东农村调查文集[G].北京：人民出版社，1982：317.

"宣称"流溢出来："我们进行自己的共产主义教育，努力读书，宣传未入学的儿童特别是你们家属的儿童入学读书。"[①] 由此可见，共青团自 1931 年开始受党委托"帮助"教育部开展学校教育工作，到 1933 年自告奋勇发起对教育部的"协助运动"，为儿童运动的文化教育与儿童学校教育均赢得了蓬勃兴盛的局面。然而，更为重要的，是团中央通过适时抓住兴建学校教育的契机，而顺利地将儿童运动引入到基础教育内。历史证明，此举正为儿童运动在后继的全民族抗战与解放战争中不致于因遇到重大挫折而遭致"全盘覆灭"危机准备了后路。

总之，文化教育（特别是后来的学校教育）在帮助共青团组织起散落于乡野、街头、店铺、作坊以及富户等地方的穷苦劳动儿童的工作上，发挥了无可比拟的优势。特别是，苏区儿童的文化教育在一方面经历了一个"毫无头绪"的摸索期后，终究在探索适合儿童心理的"积极启发式"教育上收获了可喜的成绩；另一方面共青团借助对教育部的"协助运动"又成功地逐步将儿童运动全面而深入地引进基础教育，从而为化解那历久的难题——如何将高深枯燥的共产主义政治理论集中有效地"灌输"给劳苦儿童——寻找到了行之有效的路径。从此，儿童运动通过将包括学校教育在内的共产主义儿童教育与"活生生"的共产主义革命工作完美地融于一体，而不断成功地将广大儿童群众紧密地围绕在党团周围，并充分发挥其作为广大群众的"共产主义学校"的辐射、渗透、革新作用。

二、抗日根据地儿童运动与学校教育"协助运动"的扩展

儿童教育历来是中共方面儿童运动的重要战略组成部分，它不仅使儿童团本身成为一所"学校"，而且也促使学校成功转化为儿童团。正是因其具有此种强大的"改造"力量与成效，包括中共中央在内的各级党组织从未放松过对这一工作的指导与强调。全民族抗战的爆发使教育为政治服务的内涵更为聚焦到为战争服务上。早于 1937 年 4 月，西北青年第一次救国代表大会通过的《全国青年救国纲领草案》便提出国防教育规划，并要求"实行免费的普及教育，使全国学龄儿童都能得到教育机会"。1937 年 8 月，洛川会议通过的《中国共产党

① 共青团中央青运史研究室，中央档案馆.中国青年运动历史资料（12）[G].北京：中共党史资料出版社，1989：703.

抗日救国十大纲领》是整个抗战时期中共方面的抗战宣言和行动纲领，其中的第八条——抗日的教育政策——也即是其整个全民族抗战时期教育政策的指针，进一步提出要"改变教育的旧制度旧课程，实行以抗日救国为目标的新制度新课程；实施普及的义务的免费的教育方案，提高人民民族觉悟的程度；实行全国学生的武装训练"①。由此，中共指导下的教育开始转向抗战化、普及化和军事化。为了从总体上概观整个敌后抗日根据地儿童教育的全貌，我们将从纵向时间和横向内容两个视角对其进行分析。

（一）纵向时间

随着全民族抗战形势和政治环境的变化，敌后抗日根据地教育的发展总体而言经历了 1937—1940 年的双管齐下、1941—1943 年的收缩整顿和 1944—1945 年的复苏融合等过程。无疑地，整个儿童教育也由此大致经历了这样一个发展阶段。

1. 全民族抗战初期

由于环境与资源的限制，全民族抗战初期（1940 年以前），敌后抗日根据地的中共儿童教育，主要采取双管齐下的方式，即一方面以儿童团体为单位来实施儿童教育，另一方面又以创办或改造地方学校为支点来实施抗战教育。对此，中共中央有明确指示。1938 年 6 月中共中央发出《关于加强战区青年工作的指示》，要求"青救的一切工作必须深入到村，其支点放在青年武装及民革室小学校"，小学校直接成为儿童团驻足的据点。10 月，中共中央书记洛甫在六届六中全会上的报告《关于抗日民族统一战线的与党的组织问题》又原封不动地重申了这一要求，从而为各地切实执行此种双管齐下的教育提供了路线上的引导。

以儿童团体为单位来施行儿童教育，基本上均以"练习儿童自治能力，发动爱国情绪，养成抗日救亡精神"为宗旨。②在动荡的政治环境下，诸如救亡室、训练班、民族革命室、识字班、夜校、冬学、流动教育组织、巡回教育团等社会教育，以及读报、演讲、娱乐、壁报、戏剧等活动，均是为了保障儿童团体在进行繁忙的抗战工作外，还能根据教育政策接受相当文化教育而设置的灵活教育形态。此种灵活的教育形态，往往围绕某些特别的活动为中心来展开，

---

① 中央档案馆.中共中央文件选集（11）[G].北京：中共中央党校出版社，1991：330.
② 共青团中央青运史工作指导委员会，等.中国青年运动历史资料（14）[G].北京：中国青年出版社，2002：36.

如晋西北岢岚的儿童由青年工作团的同志组织起来，"每天下午召集许多小朋友们聚在一个院子里，不间断地唱歌"①。

而以创办或改造地方学校为支点来实施抗战教育，所依靠的途径则主要有三种，其一，是通过秘密把持学校的领导权或由地下工作者（多为青救会干部或会员）潜入学校当教师，以掌握学校的教育权，如琼崖琼山县的文和特区，里面有3间小学校，学生300余人，在这3个学校任教的教师均为"我们的同志"，这些学校也均被称为"红色学校"②；其二，是通过"积极团结小学教员，组织小学教员联合会，吸收进步的小学教员，参加区村青救的领导"，以此依靠改造小学教员来带动并改造旧式小学教育；其三，是通过将统一战线合办的进步学校作为据点，密集地、突击地发展儿童团员，进而以儿童团为核心，开展学校内外的课外活动，如民族革命小学和抗日小学。

值得注意的是，这两种方式并不是并行不悖的，与苏区采取共青团协助教育部工作一样，全民族抗战期间也实行青委"普遍而深刻地注意及改进小学教育和师资"③，以及青救会"协助党政机关开展国民教育及文化运动"④，陈云甚至直言"青救会有责任调动干部去当小学教员"⑤。在苏区深厚"协助运动"经验的指引下，以及中共逐步活跃于南方游击区并绝对握有华北控制权的形势下，小学校与儿童团体之间的联系变得更为密切而灵活。许多地区的青委、救国会或民先，一方面采取"以学校作为儿童运动的支点和集散地"，组织大量既能接受教育又能参与抗战工作的学生团体，如浙江的青年读书会、学生歌咏队和永嘉儿童服务团，汕头的小学生少工队，闽西的小学生抗日儿童团等；一方面又积极恢复、兴办义务小学校，招收大量儿童接受抗战教育，并以此为据点密集地、突击地发展儿童团员，如晋绥地区的民族革命小学和山东的抗日小学，"大部都是儿童团团员"。此外，使抗日儿童团体逐步演化成为小学校，也是实现儿

---

① 共青团中央青运史工作指导委员会，等.中国青年运动历史资料（14）[G].北京：中国青年出版社，2002：610.

② 同上，第277页。

③ 同上，第449页。

④ 中央档案馆.中共中央文件选集（11）[G].北京：中共中央党校出版社，1991：521—523.

⑤ 共青团中央青运史工作指导委员会，等.中国青年运动历史资料（15）[G].北京：中国青年出版社，2002：18.

童团体与学校教育相融合的巧妙方式，如晋西北静乐使当地的儿童救护队先发展为儿童团，再以此为基础建立抗日学校；同属晋西北的河曲则以少先队为基础，逐渐发展出许多民办学校。① 殊途同归，全民族抗战初期学校教育与儿童团体之间此种互相促进、转化的局面为最终儿童团与学校合二为一奠定了坚实基础。到后来根据地稳固以后，有的根据地甚至要求教育部门与青救会订立协定，令"各级政府之文教机关与相当之青年组织，得相互聘请双方负责人，参加领导机关，以求得密切配合"。且"儿童团的每个团员，都要保证上学""每个小学教员，均须负责帮助与指导儿童团工作，青救会要吸收每个小学教员参加并组织他们学习"。②

特别是 1940 年 3 月《中央关于开展抗日民主地区的国民教育的指示》出台，为催化各地将儿童团与学校迅速融合起来提供了直接刺激。它不仅要求"尽可能地恢复与重新建立各地小学校，达到每村有一个初级小学校，每乡（或每编村）有一个中心小学或模范初级小学，每个中心区有一个两级小学或完全小学，以建立广泛的小学网"，以及"用说服解释方法及政府法令的强制力量，大量地动员学龄儿童入学，同时设法克服学龄儿童不能入学的实际困难。一切革命者家属的儿童，应首先入学，起模范作用"，而且还直接指明"青年救国会及其领导下的儿童团，其最主要任务之一，即为文化教育方面的活动。他们应该成为党与政府在国民教育方面的第一个助手。他们的会员的最大多数应积极参加国民教育的活动，在学校中，在社教中成为成年、青年、儿童的模范"。③ 4 月《中共中央北方分局关于国民教育的指示》和 9 月《中央青委关于开展国民教育工作的决定》接连发布以响应中央指示。1941 年 4 月 3 日《新华日报》（华北版）在社论《纪念"四四"儿童节》中还明确表示："小学校内儿童，高小可成立学生会，初小则一律组织儿童团，必须注意加强校内校外儿童联系，用校内的儿童工作来推动校外的儿童工作，这是十分要紧的。"④ 为此，各根据地纷纷行动，从而掀起了第一轮融儿童团体与小学校于一体的热潮。如山东于 1940

① 共青团中央青运史工作指导委员会，等 . 中国青年运动历史资料（16）[G] . 北京：中国青年出版社，2002：242.

② 山东省战工会暨省青联协力青年儿童教育 [N] . 新华日报（华北版），1942-4-7（1）.

③ 中央教育科学研究所 . 老解放区教育资料（二）抗日战争时期（上）[G] . 北京：教育科学出版社，1986：80—83.

④ 纪念"四四"儿童节 [N] . 新华日报（华北版），1941-4-3（1）.

年 12 月即发布《山东省战时国民教育实施方案》，在遵照中央的指示下，又具体提出"学生分别年龄大小，参加儿童团、青救会，并以此种团体活动作为集团活动与自我教育的基础"①。晋西在 1941 年 5 月的《一年来晋西儿童工作总结与（后）半年工作布置（1940 年 12 月—1941 年 5 月）》中也指示："小学校是儿童团在农村文化教育工作的中心，是开展国民教育的桥梁。"② 极端拥护者晋冀鲁豫甚至于 1941 年 1 月发布《晋冀鲁豫边区强迫儿童入学暂行办法》，规定"凡八岁至十四岁之学龄儿童，除有特殊情形，经当地主管教育机关之特许外，概须强迫入学。……至第六年全部入学"③。此次由上发起、由下积极响应的儿童入学运动在短期内便获得了显著成效，据 1941 年的统计，整个华北地区入学儿童约达到 93%。④

2. 全民族抗战中期

然而，1940 年 8 月开始的百团大战，以其出色表现和战斗效应极大地鼓舞了备受轰炸与战争之苦的国民党区军民，但也更加刺激了日伪对敌后根据地采取肃严封锁措施。从 1941 年开始，华北和东南等敌后抗日根据地均陷入到日伪"彻底肃正占领区内之治安"的"扫荡"及"清乡"困局中，根据地面积急剧缩减。再加上 1942 到 1943 年北方旱灾、蝗灾、水灾、雹灾和时疫等灾荒又使处于水深火热中的敌后抗日根据地雪上加霜，天灾人祸不断煎熬着苦难的人民，根据地的财力、人力均面临巨大压力。同时，从 1942 年年初开始一直持续到 1945 年年初的整风运动也在教育战线开展得轰轰烈烈，在反主观主义与教条主义的浪潮中，儿童教育开始转向群众办学路向。所有这些因素共同催促着 1941—1943 年的敌后抗日根据地在继续推行国民教育的同时，必须一方面针对日伪在被"扫荡"地区广设伪小学进行奴化教育的情势，采取各种灵活措施反奴化教育；另一方面放缓国民教育的步伐，以收缩整顿学校，减小学校规模和减少小学校数量来求其质量的提高。

---

① 中央教育科学研究所.老解放区教育资料（二）抗日战争时期（下）[G].北京：教育科学出版社，1986：111.

② 共青团中央青运史工作指导委员会，等.中国青年运动历史资料（15）[G].北京：中国青年出版社，2002：525.

③ 中央教育科学研究所.老解放区教育资料（二）抗日战争时期（下）[G].北京：教育科学出版社，1986：431.

④ 共青团中央青运史工作指导委员会，等.中国青年运动历史资料（16）[G].北京：中国青年出版社，2002：88.

从 1941 年开始，日伪开始大肆"扫荡"根据地，到 1942 年达到高峰。日伪对抗日根据地的逐步"蚕食"与反复"清剿"政策，使得根据地范围大大缩小，许多巩固区变为敌占区或游击区。从 1941 年开始，冀东、冀中、鲁南、鲁中、晋西北、北岳、太岳、太行等先后被强力"扫荡"。同时，苏北、苏中、苏南等也被"清乡"。到 1942 年，日军又重新袭扰冀东、冀中、冀南、太行、太岳、冀鲁豫、山东等根据地，整个华北根据地陷入支离破碎、重度"缩水"的困境。同时，敌伪为了稳固其所"清剿"的地区，一面屠杀教员，一面在各村设立伪小学，通过强迫儿童入学，实施奴化教育。对此，在呼吁华北青运走向统一以应"囚笼政策"的声浪中①，各根据地、游击区均"各显身手"，灵活应对。如冀中区对其范围内的小学生全部采取军事编制，七人编成一组，选出组长，"一个学校俨如一支队伍"。上课形式则根据距敌远近灵活选择，离敌稍远的地方，用游击式的集体教授；公路旁二三里的村庄，便用分组教学。为了安全，往往是在村子偏僻处、大院落或村外树林里，儿童成群结队地学习，而在村外还站上一个个儿童放哨。就是这样，冀中保证了"每天有十六万以上的儿童都在过着战时的读书生活"②。1942 年 3 月，晋察冀边区行政委员会进一步号召边区儿童贯彻"三大号召"，开展"五不运动"，以反对日本法西斯的奴化教育。"三大号召"：（1）积极入校学习；（2）努力帮助家庭生产；（3）按时出操上课。"五不运动"：（1）不上鬼子校，不念鬼子书；（2）不听鬼子话，不参加鬼子会；（3）不吃鬼子东西；（4）不见鬼子面，不告诉鬼子一句实话；（5）不受鬼子骗，不参加鬼子少年团。③ 在具体的反奴化教育行动中，则采取公开斗争、隐蔽斗争与合法斗争相结合，实行抗日的两面政策，"隐蔽小学"和"抗日两面小学"便是这种灵活应对奴化教育的典型。④ 而晋西北则站在"积极开展

---

① 关于呼吁与讨论华北青运统一问题的过程，详可见：为华北青运统一致华北各区青年团体的信［N］.新华日报（华北版），1940-9-7（4）；冀南青救为响应华北青运统一复山西青救的信［N］.新华日报（华北版），1940-11-27（4）；为统一华北青年运动再致华北各青年团体电［N］.新华日报（华北版），1941-11-3（6）；今年的中国青年节应该做些什么？于青年节召开华北青联筹备会［N］.新华日报（华北版），1942-4-23（1）.

② 冀中的战时小学教育［N］.新华日报（华北版），1940-4-3（1）.

③ 《晋察冀抗日根据地》史料丛书编审委员会.晋察冀抗日根据地（第三册　大事记）［G］.北京：中共党史出版社，1991：211.

④ 《晋察冀抗日根据地》史料丛书编审委员会.晋察冀抗日根据地（第二册　回忆录选编）［G］.北京：中共党史出版社，1991：206.

游击区与敌占区国民教育，欢迎优待敌占区青年儿童来根据地学习，以与敌伪奴化教育作斗争"的立场上，一面通过加强教员集训、规范学校制度、扩大儿童入学、提高学校战斗化及解决教材困难等措施整顿提高根据地小学教育质量；一面又积极加强政治宣传并印发报纸给敌占区学校，争取敌伪新民小学师生到根据地。如此一来，此间的根据地小学不仅在 1941 年冬实现了"一个行政村一所小学"的计划，甚至还取得了在一个行政村有好几所小学的成绩，尤其是"各校都有儿童团"。①

与此同时，1941 年 5 月到 1942 年 2 月，毛泽东连续发表"改造我们的学习""整顿学风党风文风"和"反对党八股"三次演讲，党中央也由此发出《关于调查研究决定》《关于延安干部学校的决定》和《在职干部教育的决定》三个文件，从而拉开了根据地整风运动的大幕。② 随后，《解放日报》也连续于 1941 年 9 月、1942 年 1 月、1942 年 4 月发表社论《打碎旧的一套》《教育上的革命》和《反对教育工作中的急性病》。1942 年《新华日报》于四四儿童节发表社论《培养与教育革命的后代》，要求在充分认识到"儿童工作的中心在于教育"的基础上，在儿童教育中"坚决肃清主观主义、教条主义和空洞的八股作风"。③ 而 1943 年整个华北青年运动总方针也规定"16 岁以下的少年儿童……应主要着重文化教育，在思想上给以逐渐启发和诱导"④。由此，1943 年 4 月，晋察冀边区行政委员会发布《关于整理小学加强儿童生产教育的指示》，要求主要取"合并"方式来"适当地紧缩小学数目，减少教师数目，提高现任教师质量，并争取更多的学令（龄）儿童入学。"另外，为配合生产救灾的"政治任务"，还要求加紧整理小学，以普遍缩减教学时间的方式来增加领导儿童参加生产劳动的时间。⑤1943 年 10 月，晋冀鲁豫边区政府也颁布《加强学校教育决定》，特别提出"为了避免过去无条件发展学校的毛病"，要求首先注意师资人选，提高教员的征聘条件；其次，严格规范小学增设条件，充实巩固现有小学；

---

① 中央教育科学研究所.老解放区教育资料（二）抗日战争时期（上）[G].北京：教育科学出版社，1986：170—173.

② 根据地普通教育的改革问题 [N].新华日报（华北版），1944-4-13（1）.

③ 培养与教育革命的后代 [N].新华日报（华北版），1942-4-4（1）社论.

④ 共青团中央青运史工作指导委员会，等.中国青年运动历史资料（16）[G].北京：中国青年出版社，2002：126.

⑤ 中央教育科学研究所.老解放区教育资料（二）抗日战争时期（下）[G].北京：教育科学出版社，1986：390—393.

最后，高小以每两个行政区合设一个为原则。与此相应，对于严格管理教育经费，限制公费生名额，以及提高小学教员的经济待遇和政治地位等也都有明确规范。①1943 年的晋中区则以有效的行动在国民教育工作中取得了很大成绩。本着依靠群众的立场，晋中区的教员以发动群众动员儿童入学和筹措教育经费的方式，使得"超过二倍以上的儿童入学"。同时并通过灵活地将学校教育与儿童家庭生产相结合，令小学校与村政府建立经常协作制度，以及加强小学校的领导管理等，极大地提高了群众对教育的支持度和儿童入学的积极性。②可见，积极采取措施整改小学教育的地区，均在确保国民教育的影响范围不至于缩小的情况下，还注重提高教员质量，调动群众及儿童入学兴趣。如此一来，入学儿童的数量不仅没有下降，反而得到了提高。

3. 全民族抗战后期

历经 1943 年根据地军民的不懈奋战以及日军在太平洋战场上的受挫，日伪对根据地的"扫荡"已呈现出疲软之态，"各抗日根据地逐步走出谷底，走向发展的道路"③。因此，从 1944 年起，根据地的儿童教育便在"文教统一战线"号召下承续着国民教育的精神与整风教育的步伐，"加紧整顿与提高抗日根据地巩固区的学校，坚持与开辟游击区、近敌区的教育工作"④。在此种全面恢复发展争夺儿童教育权的热烈气氛中，儿童团教育与学校教育在入学率不断增加的势头下又高度融合起来，小学校成为儿童工作和文娱工作的中心，儿童团则成为小学校的一个儿童群众组织，儿童由此普遍身兼起儿童团员与小学生两种身份。

坚持并不断争取游击区和近敌区的儿童教育仍然是反"扫荡"斗争临近结尾时的重要工作。仅以晋察冀为例，1944 年 2 月晋察冀边区行政委员会便特意就此问题发出《关于加强游击区小学的领导，打击与争取敌伪小学的指示》，从领导、教员、教材、小学性质、组织形式和教学方法等方面，为全面部署并争取游击区小学教育工作的领导权提供了详细的策略性指导。⑤《关于加强游击区

---

① 中央教育科学研究所.老解放区教育资料（二）抗日战争时期（下）[G].北京：教育科学出版社，1986：448—449.

② 同上，第 451—452 页。

③ 张宪文，等.中华民国史（第三卷）[M].南京：南京大学出版社，2006：355.

④ 董纯才.中国革命根据地教育史（第二卷）[M].北京：教育科学出版社，1991：24—25.

⑤ 中央教育科学研究所.老解放区教育资料（二）抗日战争时期（下）[G].北京：教育科学出版社，1986：401—405.

小学的领导，打击与争取敌伪小学的指示》引导下的儿童教育工作迅速取得了成绩，以冀中区十专区 8 个县为例，1944 年年初，敌伪小学由 237 所减少到 90 所，学生 1 956 人；"抗日两面小学"则增加到 482 所，学生 15 570 人；抗日隐蔽小学增加到 422 所，学生 21 050 人。随后，有些隐蔽小学也转变为公开的抗日小学。①

　　1943 年 10 月，中共中央政治局发出《关于减租生产拥政爱民及宣传十大政策的指示》，要求各根据地于 1944 年发动"一切公私军民男女老少，绝无例外"地参加大规模生产运动，"实行按家计划，劳动互助……吴满有运动（农业劳动英雄），赵占魁运动（工业劳动英雄），黄立德运动（机关学校种菜英雄），奖励劳动英雄，举行生产竞赛"。在此背景下，1944 年 11 月，陕甘宁边区文教大会又通过《关于培养知识分子与普及群众教育的决议》，指出："目前群众教育的中心任务就是扫除广大成人与失学儿童的文盲，提高其文化与政治的觉悟。群众目前迫切需要的是起码的读写算能力；而成为群众生活中最大问题的生产与卫生两项知识应构成读写算的主要内容。"②当"大规模生产运动"与"普及群众教育"相联合，其结果便是在 1944 年这一男女老幼大生产运动时期，儿童教育实现了"教育生活不分家，学校社会一疙瘩"的景象。就像晋察冀于 1943 年 4 月发布《关于整理小学加强儿童生产教育的指示》，要求加紧整理小学，以普遍缩减教学时间的方式来增加领导儿童参加生产劳动的时间一样，各根据地也都纷纷将生产劳动列入正式课程，或要求在儿童识字班内添加有关生产知识的内容，由老师或请有经验的老农民加强生产教育，组织儿童参加生产实践。在此期间，诸如全校师生一起参加生产劳动，各小学校之间展开劳动生产竞赛，以及儿童与教师劳动英雄不断涌现等现象，将整个生产与教育联合领域烘托得热火朝天、激情万丈。劳动教育也硕果累累。如左权上武小学师生计划于 1943 年种四亩地，解决全年经费。从 3 月左右开始每天下午自习后，师生便一齐拾粪。临城抗高师生七十多人，从 1943 年 2 月份开始给太和油房砸核桃。每天每人除上课外，至少还要砸两斤核桃。另外，每人还要栽树、种菜，准备每人交

①　《晋察冀抗日根据地》史料丛书编审委员会 . 晋察冀抗日根据地（第二册　回忆录选编）[G]. 北京：中共党史出版社，1991：221.

②　中央教育科学研究所 . 老解放区教育资料（二）抗日战争时期（上）[G]. 北京：教育科学出版社，1986：97.

一百二十斤菜等。① 磁武南峧小学除对十几个五六岁的小孩子实行全天教学外，对较大的孩子则直接在学校组织不同的劳动组，半天学习，半天生产，有女生纺织组、男生刨地组和拾粪组，劳动所得都归个人带回家，如此学校人数不减反增。也有将课堂直接搬到田野的，马店头初级小学学生每天带书、镰刀和篮子跟教员到野外，学习之余分组割柴、刨地、挖菜等。崇水峪小学还将全校编为一个连，连下分三排，每排选一生产委员，排内又分三个班，每班设生产干事。全校游戏时间改劳动时间，星期日改为劳动日。一周一检讨一计划。每天早钟后起床抓懒汉，分组开荒、拾粪。头十天就拾粪三万斤。② 小学校已然成为儿童开展工作的据点和中心。

在热火朝天的大生产运动中，小学校与儿童团等各种儿童团体这种越发高度融合的态势，使得根据地有必要对它们之间的关系进行厘清。对此，1944 年2 月盐阜行政公署发出的《一九四四年春季初等教育工作指示》便是对这一问题进行澄清的代表。《一九四四年春季初等教育工作指示》指明：

> 儿童团是独立的儿童从事抗日建国的群众团体，也是儿童自治团体或一种学习组织。现在，有些学校有儿童团，有级长，又有儿童自治会，称什么××乡政府或市政府这一类架床叠屋的多重组织。这是应该立即取消的。我们学校里，只须有儿童团组织便够了。但他是独立的团体。教师既不能代替包办，不能强迫命令，作为自己的御用品，只能从旁加以帮助。儿童团可以聘教师为顾问。③

可见，《一九四四年春季初等教育工作指示》对儿童团做出的解释，已然传达出这样几个信息：（1）儿童团是儿童在学校中自己的唯一的群众性组织；（2）儿童团是独立的组织，教师只能以辅助者或被邀请者参与其中；（3）通过总结前两点，我们可以进一步发现，此时的儿童团须依托学校而存在了。另外，《一九四四年春季初等教育工作指示》还列出了小学校中儿童团的组织系统图④：

---

① 一群小英雄［N］.新华日报（华北版），1944-3-21（1）.

② 小学教育开始与生产结合［N］.新华日报（华北版），1944-4-13（1）.

③ 中央教育科学研究所.老解放区教育资料（二）抗日战争时期（下）［G］.北京：教育科学出版社，1986：500—501.

④ 同上，第 501 页。

```
                                                 ┌─ 小队（小队长）
                        ┌─ 中队（中队长）（一级）─┼─ 小队（小队长）
                        │                        └─ 小队（小队长）
                        ├─ 社会服务委员
  ┌──┐ ┌──┐ ┌──┐       ├─ 卫生体育委员
  │儿│ │团│ │正│       ├─ 生产委员
  │童│ │务│ │副│       │
  │团│ │委│ │团│───────┼─ 时事委员─读报小组时事讨论会
  │团│ │员│ │长│       │
  │员│ │会│ └──┘       ├─ 壁报委员
  │大│ └──┘            │
  │会│                 ├─ 歌舞委员─歌舞队
  └──┘                 └─ 戏剧委员─儿童剧团
```

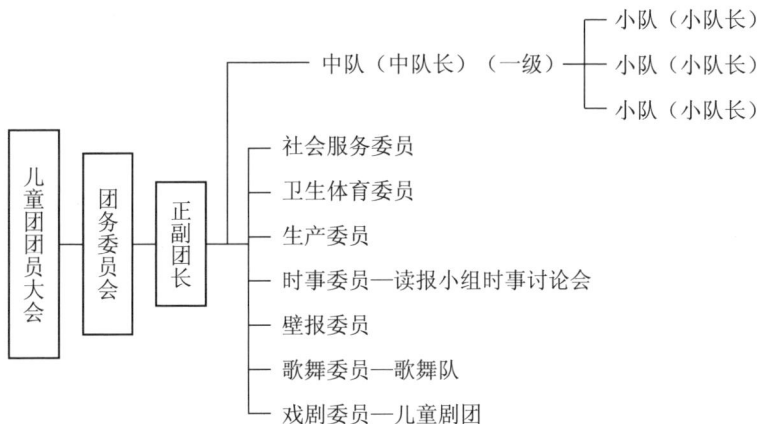

　　各委员、正副团长和中队长都是团务委员会的委员。依此结构,《一九四四年春季初等教育工作指示》点明,要把儿童团搞好,教师只须抓住儿童中的积极分子为骨干。而如果要改造小学校,则必须通过儿童团活跃儿童,推动学校。《一九四四年春季初等教育工作指示》对儿童团与小学校之间关系的这种精妙阐释无疑具有重大意义,它意味着,中共领导下的儿童运动在根据地普及教育不断深入推进和儿童工作强度不断加重的情况下,终于实现了将儿童团组织寓居于学校组织之中,但又保持相对独立性的使命。当儿童团与少先队合并为一,并被规定统称为少先队时,我们会发现,它无疑就是中华人民共和国成立后正式确立并一直延续至今的学校中少年先锋队的雏形。

（二）横向内容

　　儿童教育的内容是概观整个抗日根据地儿童教育全貌的另一重视角。虽然它也在纵向时间上有些许变化,但总体而言,儿童干部教育、军事教育、文化教育和生产教育等一直都是其所关注的领域。

1. 干部教育

　　干部教育,是指对儿童干部的教育,而儿童干部,通常是儿童中的领袖。由于全民族抗战初期儿童工作普遍"缺乏领导和推动",致使有些地方要么儿童工作根本没有,要么有也无法进一步开展,因此,为了使儿童运动能在复杂的全民族抗战形势下广泛而有效地发展起来,挑选一些儿童进行培训和教导,以作为干部分散各地,就变得举足轻重起来。1939 年 2 月,中共中央青委《关于晋西北青年工作指示电》对林枫、赵林和罗周有这样一条指示:

　　　　请抽调儿童干部 15 名来延学习，将来送还。条件：

　　　　（1）12 到 16 岁男女均可。

　　　　（2）初小以上。

　　　　（3）聪明活泼有一技之长。①

　　由此条电报我们可以获得相当丰富的信息。首先，在全民族抗战初期，延安已经开设有专门的儿童干部教育班或课程，以专门为各地儿童运动培训干部人才；其次，儿童干部一般自身也是儿童；再次，备受重视的儿童干部须受过某种程度的教育，并"聪明活泼有一技之长"；最后，"将来送还"的保证道出了儿童干部在各地仍属紧缺人才的事实。随后，中共中央青委于 1939 年 3 月 4 日发出的《关于儿童工作的决定》为我们证实，"延安青年校设有儿童班训练儿童干部"。可见，虽然没有直接关于延安青年校儿童班的详尽信息，但它的确切存在至少证明了中共对儿童干部人才的重视。此外，为了尽快充实各地儿童干部队伍，《关于儿童工作的决定》还要求："各地亦应尽可能扩大各种方式培养儿童干部，以养成儿童化的作风。"② 对此，各地同样纷纷响应。如晋西北 1939 年 9 月的《晋西北青运的过去与现在》就决定要"开办青年儿童工作干部训练班，大批培养干部"③。1940 年 8 月《山东省青年救国联合会工作纲领》也规定要"培养训练儿童干部"，并在此间的短短一个月中，仅泰西一县就训练了三百多名儿童干部。④（另据《三年来山东青年工作成绩统计表》统计，截至 1940 年 4 月，山东省共训练儿童干部 1 183 人。）1941 年新四军军部所在地盐城则在鲁迅艺术学院华中分院及时举办了"儿童宣传训练班"，训练了首批学员 30 余人，分赴各地开展儿童工作。⑤ 事实上，由各地青委或青救会协助党政机关创办或控制的小学校，在战时交通不便、政治环境恶劣和教育资源有限的情况下，

---

① 共青团中央青运史工作指导委员会，等.中国青年运动历史资料（14）［G］.北京：中国青年出版社，2002：448.

② 同上，第 450 页。

③ 同上，第 616 页。

④ 共青团中央青运史工作指导委员会，等.中国青年运动历史资料（15）［G］.北京：中国青年出版社，2002：53.

⑤ 董纯才.中国革命根据地教育史（第二卷）［M］.北京：教育科学出版社，1991：270—271.

往往是地方培养儿童干部的重要基地。1944 年 11 月陕甘宁文教大会通过的《关于培养知识分子与普及群众教育的决议》就表明："完全小学的高小部分，在文化发展地区属于所谓国民教育范围，但在边区目前情况下，高小也负有干部教育的一方面任务。"① 对于具体的儿童干部训练开展情况，晋西的儿童干部培训班资料可以管窥一豹：

儿童干部培训班，兴县一次有 30 多人，（受训）10 天，年龄 12 至 17 岁，中、贫农成分占一半，都是高小生与小学中年级生。其中有学生会主席、团长、营长等主要干部 19 人。北临训练一次，南临与青年干部在一起训练一次。

训练目的：培养大批的儿童干部，开展今后儿童工作。由县青联儿童主席领导。

……

教育内容：政治课，儿童工作课，文化课——排剧、唱歌、跳舞以及各种作业，如漫画、壁报、日记等。

教育训练的方式方法：上课、用问答的方式提醒讨论、实际做示范、测验，用竞赛的方式增强他们的竞争心。

成绩与收获：讲 7 个钟头政治课，使儿童干部了解些抗战常识。讲 9 个钟头儿童工作课，学会 1 个剧《春耕活报》，学会 2 个舞（空军舞、抗战舞），唱会了 7 个歌［学（习）竞赛歌、保卫春耕、春耕活报、自卫军、儿童团之歌、文化战］，出了 2 次壁报，写了 2 次日记，画了 2 次画，测验了 2 次，了解了儿童干部，开了 2 次晚会。

优点：运用民主方式进行了领导，领导上儿童化，按儿童的特点、特性，进行各种活动……②

由此可见，儿童干部训练班属于短期培训性质，它通过采取集中、密集、速成的教授方式，将最富实用性的基本知识动静结合地传授给有一定文化基础的儿

① 中央教育科学研究所.老解放区教育资料（二）抗日战争时期（上）［G］.北京：教育科学出版社，1986：96.

② 共青团中央青运史工作指导委员会，等.中国青年运动历史资料（15）［G］.北京：中国青年出版社，2002：529.

童，以此达到培训效果的最大化。无疑地，这种偏重于文化宣传方面的训练，对于解决儿童干部缺乏的燃眉之急有莫大的贡献。更为重要的是，它犹如一架"播种机"，为广泛快速发动、组织和领导地方性儿童运动提供了专门人才。①

2. 军事教育

军事教育，在全民族抗战之初就被列入中共最高指示之中。1937 年 8 月，毛泽东在洛川会议上号召"全国军事总动员"，实施以抗日救国为目标的抗战教育。② 此次会议通过的《中国共产党抗日救国十大纲领》中的第八条——抗日的教育政策——也明确表明要在推行普及教育的同时，"实行全国学生的武装训练"。同时，由于儿童团本身就是一个半军事性质的儿童组织，因此在整个儿童团逐步学校化与学校逐步儿童团化的抗战期间内，军事教育至少通过其组织形式就已经成为儿童教育中的重要组成部分。另外，少年先锋队作为 14 至 18 岁儿童的不脱离生产的半军事性组织，其严格的教育方针和纪律堪称抗战期间儿童军事集体教育的最高规格。

在具体的儿童军事教育实践中，学校军事教育可透过课程内容、组织形式和教学方式等途径具体而微地施展开来。在学校，儿童军事教育大致都以开设相关课程的形式制定教学计划，配有军事教员，内容包括军事操练、防空、防毒、野外演习、打游击、放哨、爬山、冲锋、刺枪、劈刀、投手榴弹、拳术等，有的地方甚至还有架桥、抬担架、结绳、手号操、棍棒操等。有时还邀请当地武装部负责人来参与训练，给予指导。每遇大型节日、纪念日或重大事件，都会举行少先队、儿童团大检阅和宣誓，既展示儿童的军事训练成效，又显现儿童的组织纪律力量。特别是晋察冀于 1942 年将少先队和儿童团改编为童子军、幼童军编制以后，从形式上和组织上都更为注重其军事性质，不仅要求童子军"应有一定的军事生活，担负轻易的抗战勤务（送信、站岗等）"，而且"童

---

① 儿童干部训练班结束后一般会布置任务，如 1941 年 3 月 4 日晋察冀三专区青救会儿童干部训练班结束时，因正值儿童节临近，因此其任务尤其代表了儿童干部教育的目的和期望；另外，儿童夏令营也越来越成为训练儿童干部的方式。如晋察冀定北县儿童夏令营着重于敌占区儿童干部教育，内容为：儿童怎样对付敌伪汉奸，村团部怎样做工作，儿童团的任务，各地儿童生活介绍，儿童与学校关系，讲究卫生保健等。

② 中央教育科学研究所.老解放区教育资料（二）抗日战争时期（上）[G].北京：教育科学出版社，1986：1—3.

子军与幼童军的工作，应该与学校教育工作密切联系"。由此，晋察冀的中学教育完全实行军事化、战斗化的组织形式和游击教学方式。学生一律编成战斗连队式的教学班，通称中学队、师范队，各队均设队长、指导员，下设教育干事、军事干事、政治干事，队下设分队（班），各班有班长，并有严格的组织纪律。① 关于游击教学方式，在战争频繁的环境中它已经普及成为敌后抗日根据地学校教育的基本方式。为应对日伪的侵扰、"清剿"和"扫荡"，根据地和游击区的师生经常采取化整为零的分组教学，游转于各村，携带武器"天天有人站岗，夜夜有人放哨"，在当地老百姓家吃饭，遇到敌情，就跟群众分散隐蔽。待日伪的侵扰、"清剿"和"扫荡"完毕，再按规定地点集合，由零归整，照常上课。② 可见，战争所带来的危险和动荡，使得原本稳定的学校教育也随之战斗化，但这种战斗化明显偏重于防御自保性。

与此不同的，是针对少年先锋队的教育。由于少年先锋队是正规自卫队的合战力量，在战争迫切时，他们须应急整队奔赴前线，因此，除却它本身也采取军事化编制外，其教育也以军事和战争服务为宗旨，以随时准备应战。对此，1938年西北青年救国联合会第二次代表大会通过的《抗日少年先锋队章程》对"教育方针"和"纪律"两项给予了详细规范：

七、教育方针：以彻底的民族革命精神，灵活实际的军事知识，民主集中的集体活动，健全活跃的少年生活，来训练队员，训练的要求要使得队员：

（甲）初步了解国内的政治形势的基本趋向并能把握持久战，抗日民族统一战线，抗日最后胜利的中心内容。

（乙）学会辨别方向，估计距离，制式教练的基本动作，劈刀、刺枪（刺矛子），掷手榴弹，游击战术与防毒防空的大意，盘查，放哨，侦探，救护兵等必要知识与技能。

（丙）熟悉各级会本队的宗旨、组织、纪律、队风、队徽、队歌，并且

① 《晋察冀抗日根据地》史料丛书编审委员会. 晋察冀抗日根据地（第二册　回忆录选编）[G]. 北京：中共党史出版社，1991：217.

② 中国人民政治协商会议山西省交城县委员会文史资料研究委员会. 交城文史资料（7）[G]. 中国人民政治协商会议山西省交城县委员会文史资料研究委员会，1988：61—62；《晋察冀抗日根据地》史料丛书编审委员会. 晋察冀抗日根据地（第二册　回忆录选编）[G]. 北京：中共党史出版社，1991：206.

能具体表现出来。

（丁）认识1 000字，能阅读通俗书报。

（戊）生活上要具有在乡少年军人气概，富有朝气，工作学习都迅速确切，不轻视妇孺及不染不良嗜好。

八、纪律：本队纪律共四项，每个队员都要自觉遵守。

（甲）服从上级命令，学习军事认真。

（乙）盘查放哨，积极捉拿汉奸坏人。

（丙）忠诚爱护团体，保守秘密军情。

（丁）尊敬抗日将士，优待抗属伤病。①

不难看出，虽然在平时的抗战工作中，少先队与儿童团存在重叠和交叉，但对于少年先锋队而言，军事教育已然成了其教育的主导内容，与小学校中的基础式自保性军事教育相比，少年先锋队的军事教育更注重战地操作性和战时迎击性。可以说，正是由于少年先锋队的这种严格军事化教育及其战时任务，才使得它与儿童团之间的区别骤然分明，而与正规军队之间的距离消弭于无形。战争使得童年与成年的距离游移且虚幻。

3. 文化教育

文化教育，是推广识字运动、启发政治觉悟和调动抗战热情的主阵地。林伯渠曾指出抗战教育的目的，"在于提高人民文化政治水平，加强人民的民族自信心与自尊心，使人民自愿地积极地为抗战建国事业而奋斗"②。中共中央也曾在《关于加强战区青年工作的指示》中指示青救会须在抗战中切实"加强青年文化政治教育"。而为了扩大文化教育的覆盖面和影响，战时教育又往往采取社会教育与学校教育两种方式同时并举。以此为依据，儿童的文化教育在形式上也可分为社会教育和学校教育。儿童的社会教育，主要是通过救亡室、训练班、民族革命室、识字班、夜校、冬学、流动教育组织、巡回教育团等组织，以及读报、演讲、娱乐、壁报、戏剧等活动灵活展开，内容主要以识字、时事和歌咏为主，教学方式和内容均简单轻松。相较而言，儿童的学校教育由于具有特

---

① 共青团中央青运史工作指导委员会，等.中国青年运动历史资料（14）[G].北京：中国青年出版社，2002：270.

② 中央教育科学研究所.老解放区教育资料（二）抗日战争时期（上）[G].北京：教育科学出版社，1986：4.

定的教员、教材、课程、考核和升学制度，因此在文化教育上更加正式、全面、系统和连续。在普及教育的推动下，它逐渐成为儿童文化教育的主要场所，通过考察小学校的课程设置，其文化教育的实施情况可一览无余。然而，身处战乱之中，即使是这种正规的学校教育，也因各地条件、资源和环境不同而在课程设置上呈现出"千姿百态"。如晋西南：

经常的文化教育是通过民族革命小学来实现……在政治上是采用富有民族思想的游戏（如打日本捉汉奸等），这些大多数是由军队民运部协同地方动员机关共同进行之，除了政治和军事外，尚有文化教育、举行识字运动，推行的方法，是用简单识字课本或用方块字，写成标语散发给儿童。教育内容一般有高级低级两种。低级的：1. 什么是儿童团？ 2. 儿童团如何参加战时服务？ 3. 儿童主要任务是什么？高级的：1. 简单的国难史；2. 中日实力对比；3. 统一战线；4. 名词解释（如为什么是帝国主义）这些内容用讲故事的体裁，编出来装订成小读本作为民小的教材。[1]

又如山东：

小学实行初级2年、中级2年、高级2年可分段结业的学制。初级设语文、算术、唱歌3门课；中级设语文、算术、常识、体育、音乐5门课；高级设政治、语文、算术、历史、地理、自然、体育、音乐、美术9门课。课程内容强调联系实际，寓政治思想教育于文化知识之中。初级小学的语文课通过识字进行抗日爱国和生活常识教育；算术课也注意联系生活实际出应用计算题。抗战初期各地区自编小学教材，1940年后，省文教委员会编辑出版了全省通用的小学课本。教学方法注重启发引导和学以致用，如指导学生写信、记账、办黑板报和当小先生边学边教。[2]

而据张贵亭回忆，他所任教的晋中交城三区民族革命小学，则是这样展开

①　共青团中央青运史工作指导委员会，等.中国青年运动历史资料（14）[G].北京：中国青年出版社，2002：323—324.

②　董纯才.中国革命根据地教育史（第二卷）[M].北京：教育科学出版社，1991：473.

文化教育的：

> ……在没有敌情的时候，集中力量搞教学、编写教材、制作教具和油印
> 教材的工作，……课程设置有语文、算术、历史、地理、自然、体育等，上
> 课节数也和过去差不多，但特别注重体育，每星期四节，以加强军事训练。
> 除参考旧教材进行教学外，还结合抗战需要增添了不少新内容，如语文大部
> 分文章是从根据地各小报和晋绥《大众报》上节选的。尤其注意用革命烈士
> 的英雄事迹教育学生。当时在西雷庄战斗中我军一位团长光荣牺牲了，我们
> 就参考有关文件和这位团长英勇殉国的光辉事迹，编写了几篇课文，经教育
> 科审查后，教了一个多月，大大地激发了孩子们的爱国主义热情，培养了孩
> 子们遵守纪律、坚强勇敢的思想品德，受到了上级的表扬。①

显而易见，学校中的儿童文化教育虽然因地因校各有不同，简繁各异，但
贯穿其中的基本精神是同气相通的。推广识字运动、启发政治觉悟和调动抗战
热情等教育要求都通过不同的课程形态、内容和方式传达给儿童。更为重要的
是，在艰苦的抗战条件下，教师以其强大的创造精神，在贫瘠的教育条件下，
将深厚的现实材料转化为生动的课堂教学，真正实现了教育的生活化、生成化
和情境化。

4. 生产教育

生产教育，一直是儿童教育的重要组成部分。1938 年 11 月《儿童团组织章
程》规定，儿童团员的六大日常任务中包括"学习生产不稍停"。② 从 1939 年起，
在财政经济日益困难的时局下，中共中央开始号召根据地要开展包括小学在内的
大生产运动。为此，毛泽东在 6 月份延安高级干部会议上的报告《反投降提纲》
明确提出："一切可能地方一切可能时机一切可能种类，必须发展人民的与机关，
部队，学校的农业，工业，合作社运动，用自己动身的方法解决吃饭，穿衣，

---

① 中国人民政治协商会议山西省交城县委员会文史资料研究委员会 . 交城文史资料
（7）[G] . 中国人民政治协商会议山西省交城县委员会文史资料研究委员会，1988:
59—60.

② 共青团中央青运史工作指导委员会，等 . 中国青年运动历史资料（14）[G] . 北京：
中国青年出版社，2002: 273.

住屋，用品问题全部或一部，克服经济困难，以利抗日战争。"[①] 此后，特别是1940年百团大战后，日伪开始对根据地实行"囚笼政策"，以及1942年华北华中遭遇特大灾荒后，中共中央在精兵简政、生产自救的一系列号召和指示下，又更进一步地将各根据地大生产运动普遍推向高潮。而为了响应中央指示，引导广大儿童参加到大生产运动中并使他们在实际的生产活动中接受教育，小学校也纷纷在学校教育中或添加生产教育课程，或改变整个课程制度，以增加师生实际参加生产的时间。在此，我们仅以当时晋察冀生产教育及其课程表为例予以证明。

1943年4月，晋察冀边区行政委员会发布《关于整理小学加强儿童生产教育的指示》，着重以改革课程制度为中心提出了加强儿童生产教育的办法。为增加师生劳动时间，《关于整理小学加强儿童生产教育的指示》规定学校教育整改为半日二部制或隔日巡回制，儿童在不上课的半日或一日，由教师领导一律参加生产。在参加生产劳动时，为方便领导，教师还应按照儿童年龄、体力、性别编为若干生产小组，其生产成绩须视为学习成绩的一部分，作为评判成绩优劣的一个标准。半日二部制（见表5-1）和隔日巡回制（见表5-2）的具体课程安排如下：

表5-1 完小半日制日课表

		8:00 | 8:50	9:00 | 9:40	9:50 | 10:00	10:10 | 10:50	11:00 | 11:40	11:50 | 12:30	下午
日课表	1	周会全	国语全	课间操	唱歌	常识全	自习	进行生产活动
	2	算术全	国语、常识 一、二、三、四		国语、常识 一、二、三、四	缀字、写字 一、二、三、四		
	3	算术全	国语全		常识、国语 一、二、三、四	工艺全		
	4	算术全	国语、常识 一、二、三、四		唱歌	写字、作文 一、二、三、四		
	5	算术全	国语全		唱歌	常识全		
	6	算术全	国语、常识 一、二、三、四		常识、国语 一、二、三、四	检讨会 （分组）		
	日	劳作						

① 中央档案馆.中共中央文件选集（12）[G].北京：中共中央党校出版社，1991：118.

表 5-2　隔日巡回日课表

星期	年级	课程节数/每节课程分钟数								
		1/40	2/40	3/30		4/40	5/40	6/30	7/30	8
一	一二	周会	国语	算术	午饭	算术	国语		游戏	点名散学
	三四	周会	算术	国语		常识	算术	国语	游戏	点名散学
二									游戏	点名散学
三	一二	算术	国语		午饭	常识	国语		游戏	点名散学
	三四	国语	算术	唱歌		国语	常识	算术	游戏	点名散学
四										点名散学
五	一二	国语	算术		午饭	算术	常识	国语	检讨会	点名散学
	三四	算术	国语	唱歌		国语	常识	国语	检讨会	点名散学
六										

同时，《关于整理小学加强儿童生产教育的指示》还规定除领导儿童参加实际生产劳动外，教师在其他科目教学中也须通过各科教学或精神讲话，来启发儿童重视生产劳动，增强劳动的习惯与兴趣。并且对于贫苦学生，平时应准其在课外活动时间请假帮助家长生产。[①] 由此可见，为了尽量增加师生参加生产的时间，晋察冀的小学教育课程已经做出了最大限度的压缩。与 1942 年以前丰富多样的课程科目相比，此时处于大生产运动高潮期的整个课程表仅保留了国语和算术这两门必要的主干课程，并安排少许唱歌、游戏和检讨会等时间作为调息。无疑地，正是借助这种教育整改，才使得诸如全校师生一起参加生产劳动，各小学校之间展开劳动生产竞赛，以及儿童与教师劳动英雄等现象不断涌现，从而将整个生产与教育联合领域烘托得热火朝天。当然，劳动教育也硕果累累，儿童在劳动生产中的贡献额度曾一再刷新纪录，令人们对其吃苦精神和劳动潜

[①]　中央教育科学研究所 . 老解放区教育资料（二）抗日战争时期（下）[G]. 北京：教育科学出版社，1986：393—395.

能备感震惊。与战争一样，生产劳动也能拉近甚至模糊童年与成年的界限。

（三）以陕甘宁边区为模范的"协助运动"

1. 没有停止的"协助运动"

从苏区共青团对教育部发起"协助运动"，而成功地逐步将儿童运动全面而深入地引进基础教育后，中共在抗战时期的一系列政策和指示更着力于要将这种成功延续下去。在力求实施"普及的、义务的、免费的"和"抗日救国""武装训练"的教育总方针下，一方面，与苏区时期中央要求共青团协助教育部开展儿童入学与儿童教育工作一样，抗战时期中央同样要求青救会须为儿童教育提供强大助力，如 1937 年 4 月，西北青年第一次救国代表大会所通过的《全国青年救国纲领草案》就提出要"实行免费的普及教育，使全国学龄儿童都能得到教育机会"，从而表露出它将继续扛起协助儿童教育的重担。1938 年 6 月中共中央发出的《关于加强战区青年工作的指示》，也指示："青救的一切工作必须深入到村，其支点放在青年武装及民革室小学校。"10 月，中共中央书记洛甫在六届六中全会上的报告《关于抗日民族统一战线的与党的组织问题》又原封不动地重申了这一要求，进而为拉近儿童运动与学校教育的关系指明了此颇具艺术性的高明之路。到 1940 年 3 月《中央关于开展抗日民主地区的国民教育的指示》则更为直接规定："青年救国会及其领导下的儿童团，其最主要任务之一，即为文化教育方面的活动。他们应该成为党与政府在国民教育方面的第一个助手。他们的会员的最大多数应积极参加国民教育的活动，在学校中，在社教中成为成年、青年、儿童的模范。"① 另一方面，与苏区时期教育部"敞开大门"积极接纳共青团的协助一样，陕甘宁边区同样在其重要的小学教育法规政策中设计出直通青救会儿童运动的条目，如 1937 年 5 月 24 日发布的《小学教育制度暂行条例草案》要求："学校儿童的社会活动，须与儿童团取得密切的联系，在某些儿童活动问题上，得与儿童团订立某种互助协定，使学校成为校外儿童活动的机关，同时使学校得到校外的生力军的帮助。"② 如果说《小学教育

---

① 中央教育科学研究所.老解放区教育资料（二）抗日战争时期（上）[G].北京：教育科学出版社，1986：80—83.
② 甘肃省社会科学院历史研究所.陕甘宁革命根据地史料选辑（第四辑）[G].兰州：甘肃人民出版社，1985：21—22.

制度暂行条例草案》仅仅展示了小学校与儿童团、小学生与儿童团员之间试图谋求亲密合作与积极互动的话，那么1939年8月15日边区教育厅公布的《陕甘宁边区小学规程》则直接将小学校与儿童团、小学生与儿童团员融通为一，因为它直接要求"小学学生得参加儿童团或少先队组织"①。此外，1940年8月20日中央宣传部在《关于提高陕甘宁边区国民教育给边区党委及边区政府的信》中还指示教育厅"实行各级教育机关的协助制度。青年小学教师依据自愿原则得加入青救，并当选参加领导机关"②。可见，在中共中央的领导和指示下，不管是青救会，还是教育厅，都着力坚持行进在苏区所开创的友好协助的成功道路上，维持着小学校与儿童团、小学生与儿童团员之间无比亲密的坚固的联系，从而实现了另一种意义上的儿童团就是一所共产主义学校的追求。

2. 小学校的儿童团化

如上所述，除早于1937年边区《小学教育制度暂行条例草案》就已经规定"学校儿童的社会活动，须与儿童团取得密切的联系"外，1938年3月6日，已经处于抗战中的陕甘宁边区教育厅又发出《陕甘宁边区抗战时期小学应该注意的几个工作的通告》，在强调小学校应该配合抗战动员的基础上，指示边区小学校要通过"行动军事化""锻炼爬山野战""团体纪律""教学劳动化"等方式实现教育的军事化转变，并且课程的重心也应转移到抗战政治教育上。而为了使儿童的战时活动与群众的抗战运动更进一步地保持密切联系，边区教育厅还特别强调"在抗战紧张时期，课外活动更须提到最高度"。对于课外活动的具体内容和开展途径，边区教育厅是这样规定的：

第一，小学应积极参加每个抗战动员工作的布置（如目前的反托匪除奸工作及战时的春耕动员），特别是战争形势的报告，小学应负很大责任，利用早晚农民休息时间去报告（如读报等），必须使学校周围的村庄，都了解目前抗战形势。第二，每个小学除学生参加当地少先队外，教员应该做自卫军、少先队的文化政治教员，经常地去给他们教字或政治课，以提高战时民众的文化政治水平。第三，群众教育，运用小先生的办法，领导附近的群众识字工作，并实行每周检查，以提高农民的识字热忱。第四，每

---

① 中央教育科学研究所.老解放区教育资料（二）抗日战争时期（下）[G].北京：教育科学出版社，1986：308.

② 同上，第322页。

礼拜六，全体学生要实行优待抗属，以慰劳他们。第五，学校应负动员春耕配备的责任，同时每校亦可种瓜菜一二垧，以解决教师和学生的生活问题。总之，要把课外活动的工作更紧张起来，以配备抗战动员。①

虽然西北青年救国联合会在迟迟好几个月后才在第二次代表大会上通过《抗日少年先锋队章程》和《儿童团组织章程》，但《陕甘宁边区抗战时期小学应该注意的几个工作的通告》对全民族抗战时期小学校的要求却不可谓不具有突出的前瞻性和巧合性，因为它除没有"侦察敌情捉汉奸"和"站岗放哨送书信"的明确规定外，完全符合《儿童团组织章程》对儿童团的相关规定，更何况它已经要求"每个小学"的"学生参加当地少先队"，而"侦察敌情捉汉奸"和"站岗放哨送书信"当然会是少先队的基本任务之一。② 这种儿童团所须肩负的主要任务甚至还成为边区模范小学的评定标准之一。1938 年 8 月 15 日公布、1939 年 8 月 15 日修订公布的《陕甘宁边区模范小学暂行条例》要求模范小学须"经常进行下列社会活动：（1）抗战宣传及一般改良社会宣传（如破除迷信、放脚、剪发）；（2）优待抗属，帮助自卫军放哨，除奸及其他抗战动员工作"③。此外，在帮助中央、政府宣传落实政策和指示上，以及参与中央和政府的各种"运动"上（如扫盲运动、生产运动、整风运动、卫生运动等），小学校的儿童往往也被动员进去，且在学校及老师的领导与安排下又发展为积极的动员者乃至先锋。总而言之，在没有停止"协助运动"的情境下，陕甘宁边区的小学校已然具备了儿童团所应具备的基本条件，与有些敌后根据地将儿童团视为小学

① 中央教育科学研究所.老解放区教育资料（二）抗日战争时期（下）[G].北京：教育科学出版社，1986：298.

② 1938 年 11 月《中共扩大的六中全会政治决议案》提出实行国防教育，使教育为民族自卫战争服务后，《一年来边区的国防教育》根据此精神描述道："小学生都参加儿童团、少先队、民先队，做抗战宣传工作，帮助自卫军放哨，查路条，送信，探消息，捉汉奸，抓洋烟灯。同时他们还实行优待抗日军人家属，帮助抗属担水、砍柴、推磨、扫地、写信。他们也参加生产运动如春耕运动、秋收运动。"见中央教育科学研究所.老解放区教育资料（二）抗日战争时期（上）[G].北京：教育科学出版社，1986：138. 1939 年 8 月 15 日教育厅公布的《陕甘宁边区小学规程》在社会活动里也加入了小学生须"帮助自卫军放哨，除奸"的内容。

③ 中央教育科学研究所.老解放区教育资料（二）抗日战争时期（下）[G].北京：教育科学出版社，1986：312.

校中优秀儿童的先进组织相比，它更关注的是小学校与儿童团两者的重叠融合。

3. 社会教育中的其他儿童组织

陕甘宁边区地广人稀，绝大部分儿童分散在农村，且在贫穷落后的经济条件下，儿童已经成为家庭劳动力的重要来源，于是家长"宁愿儿童蹲炕不愿儿童入学"的成见颇深。因此，除以学校为支点组织起大量儿童围绕在党周围外，通过非正规的社会教育，以不脱离生产、不耽误劳动为前提，灵活聚集那些因种种原因而无法接受正规学校教育的儿童，就成了团结更多儿童（特别是劳苦儿童）的有效方式。关于社会教育，1939 年 8 月 15 日教育厅公布的边区《各县社会教育组织暂行条例》规定，各地社会教育组织形式可分为识字组、识字班、夜校、半日校、冬学、民众教育馆等 6 种。在具体开展过程中，边青救和边教育厅仍然采取协助方式，共同动员组织。

边区青救会第一次代表大会通过的决议案指明要"特别加强对识字组和学生的领导"[1]。与此相应，1938 年 8 月 15 日边区教育厅公布的《陕甘宁边区小学法》第十一条也规定："完全小学或模范小学，必须领导两个以上识字组并兼办一夜校或半日校。一般初级小学必须领导两个识字组。"[2]1939 年 8 月 15 日公布的《陕甘宁小学规程》对此"过高要求"予以适当调适，强调只有当"遇有特殊情形时，小学得另设半日班，吸收不能脱离生产之儿童入学"[3]。对一般小学如此，但对模范小学不然。与《陕甘宁小学规程》同时公布的《陕甘宁边区模范小学暂行条例》则仍然坚持须"领导两个以上识字组，并举办一模范夜校或半日校"[4]。在青救会与教育厅的这种合力努力下，边区的识字组或半日校工作取得了显要成绩。据 1944 年边区文教会的统计，全边区共有识字读报组 3 339 处，夜校、半日校 350 处，其中经过学校教员与学生组织领导的占 45%，而在总人数 34 331 人中，青年儿童占半数以上，特别是新市乡的夜校中全是青年儿童。[5]

---

[1] 共青团中央青运史工作指导委员会，等.中国青年运动历史资料（14）[G].北京：中国青年出版社，2002：187.

[2] 中央教育科学研究所.老解放区教育资料（二）抗日战争时期（下）[G].北京：教育科学出版社，1986：304.

[3] 同上，第 307 页.

[4] 同上，第 312 页.

[5] 共青团中央青运史工作指导委员会，等.中国青年运动历史资料（16）[G].北京：中国青年出版社，2002：402.

　　此外，边区的社会教育中能与识字组、识字班、夜校和半日校等影响力相当，并且与之连贯而施的，无疑是冬学。所谓冬学，就是利用冬天的农闲，组织农民进行集体而连贯的教育，以提高其文化水平和政治觉悟（冬学结束后，必须转变为半日校、夜校，以使学员继续学习，不中断原有的教育）。1937年10月《陕甘宁边区中央教育部关于冬学的通令》正式规定它是经常的学制之一。整个抗战期间，陕甘宁边区每年会在冬学开办之前发出关于冬学的指示，足可见其被重视之深。（每年的通令均对冬学的开办时间、各县开办数量、动员、课程、教员、教材、领导、经费等做出详细规定。）具体而言，冬学通常在每年十一月底开学，二月初结束，共办八十天左右，也可延长至春耕开始时为止。冬学的课程总体分为军事、政治、文化三方面（每年都有调整，1938年增加唱歌，1939年因扫盲运动兴起特增加“新千字文”，1942年又增加卫生常识和珠算），每天上午有军事课和国语课，每天下午有政治课和唱歌、珠算、抗战常识等；以政治课和国语课为主要课。每星期日上午开会，由教师领导学生讨论生产、时事、政治、军事等。下午进行军事演习或其他自由活动。[1] 冬学虽然更倾向于是成人的补习教育机构，但在其开展过程中也离不开儿童。首先，儿童是宣传动员人们参加冬学的生力军，每当接到教育厅筹办冬学的通令，各小学学生就“组织宣传队，到各村去向群众宣传进冬学的好处”[2]；其次，冬学与其他社会教育一样，提倡小先生制，经常请小学生做小先生，即知传人；最后，参加冬学的学员中有许多儿童，并时常居于学员人数的“主位”，甚至还组织了儿童团（其他如娃娃识字组、揽羊娃娃组、拦羊娃变工识字组等），他们在冬学结束后又被尽可能地转到小学去。

　　综上可见，陕甘宁边区的儿童运动与文化教育在没有中止的互助下，不断为对方的发展创造空间、提供平台。特别是由于边区政府一直极为重视改进与扩大小学教育，在原有国民教育运动基础上，1939年又提出《陕甘宁边区实施强迫教育暂行条例》（草案），1940年3月跟着出台《陕甘宁边区实施普及教育暂行条例》，同年12月进一步发布《陕甘宁边区实施义务教育暂行办法》，如此密集的文件催促着边区小学校不断将儿童吸纳进来，此举无疑在壮大了儿童受教育规模的同时，也强化了儿童运动的组织系统性。并且，此种小学校（以及

---

[1]　中央教育科学研究所.老解放区教育资料（二）抗日战争时期（下）[G].北京：教育科学出版社，1986：2—4.

[2]　同上，第23页。

社会教育）儿童团化与儿童团小学化的互渗互织状态，在 1942 年 10 月西北局高干会以后融合得更为密切、迅速。集聚整风运动精神的先导试验性会议——西北局高干会——惩办了抗战以来青年运动的"先锋主义"作风，青救会在抗战初期以来不断完善的严密组织机构和领导系统由此被"打碎"和"中断"，青年工作的重心完全转向到"以教育为主"，学校真正"成为推动农村工作，特别是文教工作的据点"。① 解放战争及以后的历史也证明，儿童运动与文化教育的"协助运动"，使青救会在面临重大考验与变革的关键当头，不至于使儿童运动随之全盘中断，学校及其他文化教育机构作为接续儿童运动的理想场所，绝妙地将其保存下来，以待时机，另谋中兴。

三、解放区儿童运动与小学教育"协助运动"的深化

正如我们在论述抗日根据地儿童运动时所指出的，儿童运动与文化教育从未中断的紧密"协助运动"，使青救会在面临重大考验与变革的关键当头，不至于使儿童运动随之全盘中断，学校及其他文化教育组织作为固着儿童运动的理想场所，可以巧妙地将其保存下来，以待时机，另谋中兴。而在将儿童运动对象专注于小学生及小学教员的抗战后总策略② 指导下，解放战争时期的儿童运动继续完美地诠释了这一论断。在有关解放区小学教育的丰富史料中，我们不难发现，尽管以儿童团之名组织起来的儿童运动暂时紧缩低沉，但以小学校之实组织起来的儿童运动随着新老解放区小学教育的扩张而异军突起。在党、政府和青联所引领的各项"中心工作"中，小学校的儿童往往都是积极踊跃的拥护者和践行者。更何况，解放战争时期各解放区归属于青联领导的儿童运动为

① 共青团中央青运史工作指导委员会，等.中国青年运动历史资料（16）[G].北京：中国青年出版社，2002：401.

② 共青团中央青运史工作指导委员会，等.中国青年运动历史资料（16）[G].北京：中国青年出版社，2002：408.华东局在 1946 年 5 月 23 日给中央的报告中甚至提议动员青联干部转化到各级学校中去以加强教育行政部门效能，见共青团中央青运史工作指导委员会，等.中国青年运动历史资料（16）[G].北京：中国青年出版社，2002：478.而以晋察冀张市为代表的一些地区也已将青联的干部转入到党委政府教育部门工作，只保留青联名义。见共青团中央青运史工作指导委员会，等.中国青年运动历史资料（16）[G].北京：中国青年出版社，2002：504.

将更多新解放区的儿童吸纳进来，均以教育之名，更为"坚持以学校为儿童工作的主阵地""以学校为中心团结与组织儿童团""在少先队的发展基础上建立学校"的策略。因此，探寻解放区小学校的存在发展状况同样构成为补充描摹解放区儿童运动概貌的重要组成部分。

解放战争时期的儿童教育在兼顾新老解放区共同发展的基础上，延续了全民族抗战时期的基本方针，即继续推展"民办公助"，引导教育为战争和生产服务。只是在尤以解放区土地革命为工作中心的背景下，教育又增加了为土改服务的任务。总体而言，根据战争、土改和生产的需要与进程，解放战争时期的儿童教育历经了发展与改造、斗争与生产、整顿与恢复三个阶段。

（一）发展与改造

从抗战胜利前后国共和谈到 1946 年"土改"前，儿童教育的规模随着解放区的不断扩大而扩大。特别是新解放区实行反奸、清算、减租、增资等阶级斗争后，广大翻身儿童入学的积极性被大大调动起来。于是，解放区的儿童教育首先便面临着需要一面在老解放区进行巩固与提高，一面在新解放区积极接管与改造的问题。为在"彻底放手发动群众"的大方向中迅速打开局面，也为实现新老解放区的尽早"齐步走"，从抗战末期起逐渐兴起的民办公助模式作为衔接新老解放区儿童教育的桥梁，因之在解放战争期间被继承推广开来。

对于老解放区而言，受 1943 年以来在部分地区尝试儿童教育走群众路线而采用民办教育时不断带来"惊喜"的启发，1944 年 4 月 19 日，陕甘宁边区政府率先发布《关于提倡小学民办公助的指示》，决定在边区实施民办公助，即要"把大多数的甚至全部的小学交给地方群众自己办"[①]。1944 年 10 月 2 日，晋察冀边区行政委员会接着发出《关于研究与试行民办公助小学的指示》，响应陕甘宁边区的这一教育"大转变"，决定开始选点实验，"以作普遍推行民办公助小学的准备"[②]。1945 年 4 月 18 日，《山东省青联为迎接解放区青联会成立给各级青联的指示》也指示："各级青联应根据教育大改革的基本精神去领导青年的学习，动员所有的青救会员、儿童团员去参加庄户学，并应成为庄户学的主力和

① 中央教育科学研究所.老解放区教育资料（二）抗日战争时期（下）[G].北京：教育科学出版社，1986：350.

② 中央教育科学研究所.老解放区教育资料（二）抗日战争时期（下）[G].北京：教育科学出版社，1986：405.

骨干。"① 到解放战争时期，同样是以陕甘宁、晋察冀、山东为代表的老解放区又对此方针予以重申。如 1946 年 4 月由陕甘宁边区政府提出，边区三届参议会第一次大会通过的《陕甘宁边区 1946 年至 1948 年建设方案》、1946 年 4 月晋察冀边区行政委员会出台的《关于整理、改造小学教育与推行"民办公助"方针的指示》，及 1946 年 9 月 7 日山东省政府发出的《关于实行小学民办的指示》又都再一次强调，要继续推行自抗战末期以来的儿童教育民办公助方针。以此为参照，其他老解放区也都在不同程度上采纳民办公助，以适应中央更为强劲的群众路线要求并争取群众帮助。既然已经具备连贯持续的民办公助经验，并拥有八年儿童教育基础，那么老解放区的儿童教育问题便主要"是在普及的基础上，整顿小学，健全各种制度，纠正经常调动教师的现象，以提高教学成果。在不引起学生失学的原则下，根据一般水平，整理编级，克服战时参差不齐及流动现象。有重点地建设新的正规化小学"等。②

而新解放区由于历经长时期战争破坏和敌伪奴役，在民生凋敝、百废待兴的情况下，学校垮台、儿童失学的情况非常严重，有些地方甚至还普遍以传统的私塾教育为主。如当时新建立的苏皖边区有学龄儿童 400 万，但已入学的最多 100 万，只占四分之一，另外还有至少 2 万所私塾存在。③ 晋察冀雁北的灵邱、繁峙、代县、山阴、涞源、辽县等解放前总共只有初小 282 处，大同阳高则没有一处抗日学校，察南阳原全县也只有小学 60 余处，为免受奴化教育而催生的私塾则"比小学超过十倍以上"。④ 为迅速改变这种落后状况，并将其提高到与老解放区相当的水平，新解放区的儿童教育也积极贯彻群众路线，采取民办公助模式。如在整个华中解放区"走群众路线，动员广大群众的人力物力，一同办教育"的指引下⑤，1946 年 2 月 12 日苏皖边区政府教育厅也发出《苏皖

---

① 共青团中央青运史工作指导委员会，等.中国青年运动历史资料（16）[G].北京：中国青年出版社，2002：212.

② 目前边区的教育工作　晋察冀边区行政委员会指示 [N].晋察冀日报，1946-5-29（1）.

③ 中央教育科学研究所.老解放区教育资料（三）解放战争时期 [G].北京：教育科学出版社，1991：111.

④ 雁北改变了旧面貌文教建设有新发展　学校增加五倍多学生十万余 [N].晋察冀日报，1946-6-6（2）.

⑤ 中央教育科学研究所.老解放区教育资料（三）解放战争时期 [G].北京：教育科学出版社，1991：116.

边区暂行教育工作方案》表示："为迅速普及教育，今后初级小学及初级民众学校或村学乡学，应逐渐采取民办公助方针。鼓励本村群众组织合作社，发展生产，自己办学，政府予以帮助和领导。"① 只是由于解放战争不日爆发，苏皖解放区的民办公助还没来得及充分实施，便被打断而进入分散、流动、游击的教学状态中。察北和雁北的情况颇能代表一般的新解放区的发展情况。察北解放后至 1946 年 5 月，据张北、宝源、康保、化德、商都等五县统计，已有完小 10 处，普小 271 处，入学儿童达 12 348 人。② 雁北自 1945 年 5 月解放区扩大后，至当年年底，初小便由 282 处增至 850 处，高小由 5 处增至 14 处。1946 年 1 月至 5 月，初小又增至 1 457 处，完小增至 28 处。总计一年来学校数目增加五倍多，入学儿童数根据十个县不完全统计，初小共计 93 500 多名。③ 因此，1946 年 6 月 8 日《解放日报》总结报道，晋察冀边区小学教育之所以空前发展，其重要原因就在于新解放区普遍贯彻了民办公助方针。由于新解放区教育属于重新起步，因此它的主要工作就"着重在改造与普及上。从改造教师着手，改造现有小学，肃清敌伪奴化教育的遗毒。打破旧型正规化的束缚，便利贫困儿童入学。改进教导方法，与家庭、社会、生产劳动相结合。坚决铲除体罚，采用民主的教导方式。改造私塾，耐心说服教育，经过群众的觉悟与自愿，逐渐与村小学合并，或发展为民办小学"④。

　　虽然起步不同，但新老解放区教育对于所应执行的政治服务职能都没有懈怠。抗战胜利之际，毛泽东在七大的报告《论联合政府》中就为战后文化教育的发展方向定下了基调，他强调，抗战胜利后对"一切奴化的、封建主义的和法西斯主义的文化和教育，应当采取适当的坚决的步骤，加以扫除"⑤。于是，从 1945 年秋冬开始，各地新解放区便开展起反奸、清算、减租、增资等斗争。在随后的 1945 年 12 月《一九四六年解放区工作的方针》中，毛泽东又进一步明确"各地务必在一九四六年，在一切新解放区，发动大规模的、群众性的，但是有领导的减租减息运动"，从而为已然发动的阶级斗争推波助澜。且由于

---

① 中央教育科学研究所. 老解放区教育资料（三）解放战争时期［G］. 北京：教育科学出版社，1991：98.

② 察北小学发展迅速［N］. 晋察冀日报，1946-5-26（2）.

③ 雁北改变了旧面貌文教建设有新发展　学校增加五倍多学生十万余［N］. 晋察冀日报，1946-6-6（2）.

④ 目前边区的教育工作　晋察冀边区行政委员会指示［N］. 晋察冀日报，1946-5-29（1）.

⑤ 毛泽东. 毛泽东选集（第三卷）［M］. 北京：人民出版社，1967：984.

"只有在反奸、诉苦、减租、减息运动中提高其觉悟，才会积极自觉地学习，才会有组织有领导地学习"①，因此，小学校的儿童在教员带领下也都积极拥护并参与到这一场"热身"斗争中来。他们或在课堂上讨论反恶霸、清债、减租和时事等问题②，或站岗放哨阻止国民党汉奸到解放区"胡闹"③；或组织演讲讨论"反对国民党法西斯还想把儿童当作小奴隶的反动行为"，并倾诉敌伪统治时期所受的摧残④；有的小学校甚至还直接组织批斗文化汉奸大会，对其以前的奴役行为清算复仇等。⑤学校师生这种初期"参与式"教学与学习方式无疑为启发儿童的阶级觉悟和政治觉悟探索了新的路向，从而为接下来参与更为深刻的土改运动进行了"热身"准备。与此同时，为响应毛泽东自1945年起就展开生产运动所发出的一系列指示，小学校师生也以极大的热情投入生产运动中，从事春播秋收、开荒种地、拾粪积肥、纺花织布、割柴送饭、除虫救灾等，许多学校在"民办公助"的方针下还创办起儿童合作社，赚取收入贴补学费和家用。其他的，如拥军支前、优抗慰劳、反封建迷信、清洁卫生等，学校师生也都在不同程度上积极参与配合，充分发挥起"群众思想教育的中心堡垒"的作用。总之，作为固着儿童运动的理想场所，小学校在土改正式大规模开展以前，已经跃跃欲试地将中共的三大"中心工作"，即土改、支前、生产纳入课程，并展示出充分的热情和忠诚。

（二）斗争与生产

"五四指示"发出后，解放区大规模深入彻底的土地改革运动正式拉开帷幕。从1946年11月至1948年9月，儿童教育因之正式进入到以土改、生产和支前为"中心工作"的阶段（儿童参与土改的时间更早，1946年10月《新华日报》（华北版）就有关于《武安一高学生帮助农民翻身》的报道）。然而，各解放区与此相关的一系列教育文件的密集出台，及其指导下的儿童教育"左倾化"取向，

① 共青团中央青运史工作指导委员会，等.中国青年运动历史资料（16）[G].北京：中国青年出版社，2002：397.

② 武乡去年大生产结束　民办小学大量增加　邢台群众要求创办小学[N].新华日报（华北版），1945-2-21（4）.

③ 听到特务放毒消息　东安居儿童认真站岗[N].新华日报（华北版），1945-11-12（4）.

④ 张市模范儿童给奖大会[N].晋察冀日报，1946-4-18（2）.

⑤ 本市八小、二小学生斗争文化汉奸武永宏[N].晋察冀日报，1945-10-28（2）.

在将儿童再一次推向"风口浪尖"的同时，也最终带来了自身的"垮台"危机。

土地改革是"五四指示"后"一切工作的中心"，各解放区也着力指示各级学校要务必使教育工作"在土地改革中发挥应有的作用"。1946 年 11 月 21 日《冀中导报》率先发表《关于文教工作者参加土地改革运动的四点建议》，建议冀中部分高小"抽出若干教职员、学生组成翻身队，参加与支持群众斗争""小学教师应积极协助群众运动，不应袖手旁观"。① 此后，冀中行署又连续发出《加强战时教育的指示》和《关于纠正冬运工作的孤立偏向，结合土地改革及参军工作贯彻冬运方针的指示》，指示辖区要将教育与土改密切联系起来。②1947 年 2 月 17 日，陕甘宁边区政府和陕甘宁边区教育厅共同发出《关于教育工作配合土地改革运动的指示》，事无巨细地指示边区包括小学在内的各学校要配合土改运动，一面对学生进行深入的思想教育，具体包括组织学生参加诸如对恶霸地主的斗争会，使学生在实际斗争中了解剥削制度的不合理与土改的必要，学校教育的内容也应加入政府所提供的相关材料、教员参加有关会议的成果以及报纸上的相关生动活泼报道等；另一面还要组织学生对土改运动进行广泛深入的宣传，如教农民唱翻身歌，黑板报上多登土改故事，秧歌队编演农民翻身剧等。土改已然成为课程的"中心"。③1947 年 4 月 30 日，晋冀鲁豫边区政府也发出《关于文化教育工作的决定》（1947 年 1 月，太岳行署已先行发布《1947 年文教卫生工作计划》，要求学校教育"主动参加当地土地改革"）指出："今年教育工作的任务，就是必须更加注意于服务战争，服务生产，服务于'耕者有其田'的彻底实现。"同日，其下辖的太行区则更为具体明确地制定出《1947 年文教工作计划》，规定："今年凡进行土地改革的地区，各级学校应主动参加，根据土地改革农民翻身的事实编成材料，进行教育。"④ 其他解放区如晋绥、山东、东北等也都分别指示教育要与土改结合。当政策转换为实践，小学校主要通过校外和校内两种方式参与土改运动，师生共同通过具体行动来进行和接受"活生生的"政治教育。在此，我们仅以两则范例来"回放"这两种教学情景及其效果。

---

① 皇甫束玉，宋荐戈，龚守静.中国革命根据地教育纪事［M］.北京：教育科学出版社，1989：333.

② 同上，第 333—334 页。

③ 中央教育科学研究所.老解放区教育资料（三）解放战争时期［G］.北京：教育科学出版社，1991：9.

④ 中央教育科学研究所.老解放区教育资料（三）解放战争时期［G］.北京：教育科学出版社，1991：62.

校外范例（1）：武安城关第一高小，为使学习与实际工作结合，在秋假前组织翻身学生二十余人，由校长、教员率领分头到各街参加翻身运动。二十来天得到很大收获，首先使学生对群运看法上提高了一步，学生黄景玉说："过去群众向我家算账认为东西是我的，听了群众诉苦后，才知道东西是剥削的群众的，秋假回去一定要动员父亲给群众算账。"其次是学会了发动群众的具体办法，如学生韩林秀组织女人和男人进修翻身竞赛，杨乃存解决了六个翻身群众的纠纷问题，王国英动员使女揭露地主埋藏物资。经过学生帮助群众翻身后，学校和群众的关系更加密切了，群众挽留翻身队不让回校，自动动员十万元款子建设学校。①

校内范例（2）：平潭街是阳泉市二区的一个村子。……今年五月初，解放军给平潭街带来喜讯，狮脑山上被阎军优待着的日本强盗（保五大队）缴了枪，人民的市政府成立了，日子不久，民主政府就给村上派来了根据地的教员，校里马上有了新的气象，学生已增到一百多人，超过了过去的两倍。可是因为多年封建反动教员的熏染，不安的情绪仍在儿童群里骚动着：大部分儿童都有着变天的思想，怕阎军卷土重来，好些中农的子弟，上学来不敢穿新衣，不敢穿新鞋，怕人看了引起斗争。教员们听到这些反映，马上就抓紧以下三个问题，用问答方式耐心进行教育：（一）斗争什么人？为什么要斗争他？（二）是否妨碍中农利益？（三）阎锡山还能不能回来？在开斗争大会的前几天，每天除了文娱活动外，绝大部分时间是在儿童中反复解释以上三个问题，更叮嘱儿童们回家后，把学校里讲过的转告他们家里的人。当村里受训的积极分子从训练班回来的时候，全村整日里开诉苦大会，酝酿斗争，这时学校里也把较大的同学组织起来，发动他们和大人一样向地主恶霸汉奸狗腿诉苦，鼓励他们多提意见，并提出"诉出过去的苦事是顶光荣的"。休息日期，打霸王鞭，或唱歌，作些街头宣传，大会一开始，便参加在成人群里。②

这两则范例，一个直接现场教学，现学现用，使儿童在深刻真实的体验中，

---

① 武安一高学生帮助农民翻身［N］.新华日报（华北版），1946-10-5（2）.

② 发动群众中的平潭街小学——学校教育如何与土地改革结合［N］.晋察冀日报，1947-8-31（2）.

不仅获得了自身的阶级意识觉醒，而且还领导帮助成人觉醒，"小先生制"的政治效用此时被发挥得淋漓尽致。另一个则循循善诱，以生成式的教学方式，围绕主题，以打消儿童疑虑为突破口，并利用愈浓愈热的土改大氛围在学校预演"诉苦大会"，直到最后走出学校融入真实的斗争现场，"生活教育"的独特魅力在群众性的政治运动中被展示得炉火纯青。此外，围绕土改而展开的阶级教育，还有诸如华北太行区的教师引导学生写土改斗争日记，练习做记录，算地主对农民的剥削账，以及引导儿童讲本村的具体人和具体事，编成快板小调，作为补充教材 ①；东北松江省巴彦县龙庙区民权村的翻身小学也将算术运用到土改中，在教师指导下由儿童帮助村屯丈量土地，给各户划出正确的地界，国语课则结合土改师生一起编写顺口溜，如"老百姓，把身翻，斗地主，分田园，大家组织起来大生产"等 ②。可见，围绕"土改"而生成的课程不仅内容丰富，而且形式多样。然而，当儿童的阶级意识在这种以阶级斗争为中心的教育模式中被培养起来，"贫雇路线"于 1947 年土改复查时又顺势延伸到学校里时，儿童的革命爆发力终被最为充分地引燃起来。面对儿童"查阶级""划成分"，挤"小特务""小地主""小封建"，撤换儿童干部由贫雇儿童担任，管制地主子女等"热烈"景象，教员要么推波助澜，要么茫然无措，要么自身难保。在教育为无产阶级政治服务的定位下，对于他们而言，无疑只能接受这"请神容易送神难"的无奈事实。③

土改使广大群众翻了身，但在战争与灾荒频仍的背景下，仅仅拥有土地仍无法马上解决粮食物资极度缺乏的困难。因此，与土改相伴而行的，还有大生产运动。在"以生产养学校，以劳力换智力"的口号下，儿童教育同时又必须以一种革命式生产热情，来在"一切为自卫战争服务"的号召下维持自身生存。对此，在中央大生产运动的指示下，至少各解放区的教育领导者都就此达成了共识。如 1946 年 4 月苏皖边区政府教育厅厅长刘季平在华中宣教大会上的报告《论目前华中解放区教育工作》指明，在经济困难的条件下为了帮助群众从文化

---

① 董纯才.中国革命根据地教育史（第三卷）[M].北京：教育科学出版社，1993：150.
② 同上，第 181 页。
③ 群众运动发展的热烈势头连各级党和政府都无法控制，参见中央档案馆，河北省社会科学院，中共河北省委党史研究室.晋察冀解放区历史文献选编：1945—1949 [G].北京：中国档案出版社，1998：295—297.

上翻身，就必须实行学校与生产结合，学习与劳动结合，号召"所有学校都要做兴家立业的长期打算""学校生产要与群众生产结合起来""所有生产都要企业化"，并"不忽视小打小敲的副业生产"。①1946年6月，晋冀鲁豫太行区太行行署主任牛佩琮撰文《把教育工作做得更好一些》同样表示，教育必须为生产服务，且为保证其有效施行，学校"在内容上要教育学生生产，帮助家庭生产，培养学生的劳动观念。在时间上，要以群众的生产活动为标准，照顾到农人、工人、商人的不同要求，因此就有设立早学、午学、晚学、隔日班和全日班的必要。在季节上也必须照顾，放假时间不要和麦收、秋收、锄苗等相冲突"②。之后，晋察冀边区行政委员会委员兼教育处处长、华北人民政府教育部副部长刘皑风在1947年4月23日的《晋察冀日报》上也发文《教育与生产结合　以生产养学校》，提出在农村生产劳动力因服务战争而大大减少的情况下，为保证后方生产不至于荒废，"这就需要更好地更普遍地把广大妇女儿童也组织到生产战线上来，以补生产劳动力之不足"，因此，教育必须为生产让路而实行"教育与生产结合，为大生产服务""教育组织与生产劳动组织结合""教学时间适应生产需要而灵活变更"，必要时还可以改全日制为半日制以"半耕半读""半工半读"。③

当领导者的指示转化为实践，小学校同样也通过校内和校外两条途径来组织广大儿童涌入生产战线。在校内，师生通过组织生产委员会，成立生产小组、纺织组、拨工组、打柴小组、拾粪组、编织组等，共同开荒种菜谷树，手工生产养殖，投资经营合作社，开杂货铺，捣磨豆腐、开茶炉、卖烙饼、贩卖农具等，自筹经费；在校外则帮助政府查懒汉懒婆，劝其生产，或拨工互助帮助群众、家庭及军烈属，捉虫除害、拾粪锄地、推磨撒种、春耕秋收，有的村在农忙季节甚至还把儿童当作成人全劳力一样编入代耕队等。但是，在儿童积极卖力参加生产运动，既要参加土改，又要参加忙碌的生产而不断赢得"英雄""模范"称号的同时，家长终于理性起来，普遍抱怨道："小孩整天在校里认不下多少字，把工夫都白费了！"④更为恼火的是，不少教员为帮助"中心工作"而擅

---

① 中央教育科学研究所.老解放区教育资料（三）解放战争时期［G］.北京：教育科学出版社，1991：119—120.

② 同上，第43页。

③ 教育与生产结合　以生产养学校［N］.晋察冀日报，1947-4-23（2）.

④ 临城垂统同志对本县教育工作提出三点意见［N］.新华日报（华北版），1948-4-21（2）.

离职守，忙于给各机关部门打杂兼职，而"忘记了自己的岗位是教育儿童"，致使所教儿童放任自流。[①] 还有不识字的贫雇教员则是被"赶鸭子上架"，顶职校内因"贫雇路线"而被换置的地富教员，致使学校教员"大部分的文化水准不如大儿童"，连儿童都抱怨："先生不会教，叫俺学啥?"[②]

于是，从 1948 年年初开始，混乱的解放区小学校终于在群众的普遍抱怨声中，或连连"垮台"，或濒于"垮台"，斗争与生产主导下的儿童教育面临着新的严峻考验。[③]

（三）整顿与恢复

小学校连连垮台或濒于垮台的危机令党和政府不得不在群众的普遍抱怨声中自我革命。同时，随着土地革命的基本完成，及自卫战争的战局逆转，重新调适过于脱离群众的"贫雇路线"也势在必行。针对解放区出现的过"左"倾向，1948 年 1 月 18 日，毛泽东为中共中央起草的、针对党内的指示——《关于目前党的政策中的几个重要问题》，指出："中国学生运动和革命斗争的经验证明，学生、教员、教授、科学工作者、艺术工作者和一般知识分子的绝大多数，是可以参加革命或者保持中立的，坚决的反革命分子占极少数。因此，我党对于学生、教员、教授、科学工作者、艺术工作者和一般知识分子，必须采取慎重态度。必须分别情况，加以团结、教育和任用，只对其中极少数坚决的反革命分子，才经过群众路线予以适当的处置。"[④] 为包括教员在内的知识分子正名，即意味着反对学校中普遍执行的"贫雇路线"，为被排挤、被解雇的地富教员"复职"。对此，各解放区纷纷回应，如中原局于 1948 年 9 月 29 日发布《争取团结改造培养知识分子的指示》，指出要争取、团结、改造和培养知识分子，1948 年 10 月 20 日的《辽宁日报》特别评论道："争取、团结、改造、培养知识分子——这是全解放区目前的重要任务之一，……中原局……的指示，值得其

---

① 沙河全县校长教员集会检讨教育工作中的左倾错误 [N] . 新华日报（华北版），1948-5-22（2）.

② 坚决纠正学校教育工作中的左倾错误 [N] . 新华日报（华北版），1948-5-22（2）.

③ 从 1947 年 8 月开始，冀晋解放区就首先开始因土改出现小学垮台、半垮台状态。见冀晋行署发布的《关于小学精简整顿的指示》，皇甫束玉，宋荐戈，龚守静 . 中国革命根据地教育纪事 [M] . 北京：教育科学出版社，1989：351.

④ 毛泽东 . 毛泽东选集（第四卷）[M] . 北京：人民出版社，1967：1212—1213.

他解放区特别是新解放区的参考。"①

各解放区大力整顿与恢复儿童教育的工作，正是伴随着这场重新定位知识分子地位的再反思而重新启幕的。1948年1月15日，中共东北局发布《关于知识分子的决定》，首开旗鼓地指示在"整党整思想土地改革的教育必须继续进行，查思想、查阶级、查立场、查作风、查生活的工作也必须继续进行"的基础上，对于几经调换的小学教员，"除个别与地主勾结破坏土地改革者外，一般的均应争取教育，使之继续为农民服务"。②16日，晋察冀边区行政委员会接着发出《修正"关于目前教育方面几个问题的指示"的通知》，要求修改《关于目前教育方面几个问题的指示》中规定在学校里组织贫雇农小组和对学生进行"三查"的做法，指出学校学生间的关系都是平等的同学关系，根本不同于农村中地主、富农与贫雇农的阶级关系。③对此，2月2日的《晋察冀日报》还特意发表短评《不应把农村斗争的一套搬到学校去》，指出在机关学校查阶级查思想的运动当中，有不少小学和个别中学，把农村阶级斗争的组织形式和斗争方式，机械地搬到学校中，在学生中组织贫农团，并把它当作骨干，向地主富农成分的学生进行斗争，开斗争会，贫农中农学生则按成分分胜利果实，有的还用"整编队伍""搬石头"的名义开除地主富农成分的学生，驱逐地主富农成分的教员，使学校陷于混乱，教育受到损失，因此，责成各级党政领导机关应对此问题予以高度注意，加强领导，即时纠偏。④2月6日，陕甘宁边区政府也响应发出《关于春季小学教育的指示》，强调对小学教员和边区知识分子的处理，必须坚持"保存与培养"的方针，只要本人要求进步或可能争取改造者即应介绍参加延安大学教育班学习或派任小学教员。⑤此外，晋绥行政公署、中原局、山东省战工会、晋冀鲁豫边区政府等，也都纷纷出台相应的"规定""方案"和"指示"配合这次"纠偏"行动。1948年5月18日《人民日报》也就此发表题

---

① 中央教育科学研究所.老解放区教育资料（三）解放战争时期［G］.北京：教育科学出版社，1991：140.

② 同上，第159—160页。

③ 皇甫束玉，宋荐戈，龚守静.中国革命根据地教育纪事［M］.北京：教育科学出版社，1989：358.

④ 不应把农村斗争的一套搬到学校去［N］.晋察冀日报.1948-2-2（1）.

⑤ 皇甫束玉，宋荐戈，龚守静.中国革命根据地教育纪事［M］.北京：教育科学出版社，1989：358.

为《坚决纠正学校教育的左倾错误》的短评，7月16日中共中央宣传部又追发《关于一般学校停止"三查"及教育问题的指示》，正式宣布："今后各解放区普通学校原则上不进行三查、整风、审干。"①

在各级党政机关的普遍指示下，各解放区集体性的教育方向转变使得儿童教育领域又一度活跃热闹起来。首先，是解散取消校内"贫雇小组"，发动教员挨家挨户地上门劝说被"挤"儿童返校。对被斗的儿童，教员更是需要向他们的家长道歉认错，宽求其谅解而送子女入学。被没收的文具书籍，也由学校和家长负责，作适当的退还与补偿。而对于贫雇儿童，教员也采取解释讲理的灵活方式，稳定安抚他们的情绪以接受这种转变；其次，学校教育转变到以"加强文化课程"提高儿童文化为中心任务上，取消校内合作社，除必要的生产劳动需要外，不再进行开杂货铺、捣磨豆腐、开茶炉、卖烙饼、贩卖农具等生产活动，引导学生将主要精力与时间放在学习文化及各种常识上，重视课堂教学，健全学校管理和课程体系；最后，对于"挤回了一批知识分子，换了一批所谓贫雇教员"的整体师资情况，如何进行师资培训，建立继续教育机制，安置返岗知识分子等，也是各解放区亟需研究解决的大问题。如此高度重视、紧锣密鼓而诚心实意的整顿与恢复工作，使解放区的儿童教育不久之后又开始回暖回流，到1948年下半年便逐渐出现"广大群众热心拥护，纷纷送儿上学校念书"的景象。（1948年10月10日，毛泽东在为中共中央起草的《关于九月会议的通知》指示敦促"解放区的学校教育工作，必须恢复与发展"。）

伴随着儿童教育的回暖，1949年解放区的儿童教育继续进入日趋明朗化与正规化的关键年。虽然从1946年5月开始，土改与建团工作共同进行，但是关于学校与建团二者之间到底（应）是如何合作展开的，不论中央还是地方，既没有点明，也没有明晰的思路②，即使是在以《新华日报》（华北版）和《晋察冀日报》为代表的机关报上，也没有见到各地实验建团中学校与建团两者合作的任何报道。正式转变是从1949年1月1日中共中央发布《关于建立中国新民主主义青年团的决议》和《中国新民主主义青年团团章草案》后开始的。《关于建

---

① 皇甫束玉，宋荐戈，龚守静.中国革命根据地教育纪事［M］.北京：教育科学出版社，1989：365.

② 事实上，在讨论建团的一系列中央文件中，儿童组织问题没有被提及过。其关注的重点都在"团"上。至于儿童运动在土改中活跃起来的情况，看起来则更多是各解放区中央局、政府的单独指示。

立中国新民主主义青年团的决议》明确指示，青年团要帮助政府教育机关去改造学校教育和社会教育，指示青年团要选派最好的干部领导少年儿童工作，且明确指出学校要成为优先建团的基地之一。特别是在随后的 2 月份成立了由任弼时领导的全国青年团筹委会后，各解放区才纷纷开始全力投入规范地组建少年儿童组织的工作上来，各小学校因之纷纷掀起组织与整顿儿童团的热浪。到 1949 年 4 月中国新民主主义青年团第一次全国代表大会上正式通过《中国新民主主义青年团工作纲领》和《中国新民主主义青年团团章》，《中国新民主主义青年团工作纲领》进一步明确了青年团与学校教育的关系，即"青年团应帮助人民民主政府去恢复、改进和发展学校，改革旧的教育制度，建立新的人民大众的教育制度。派出自己最优秀的团员和工作人员，去担任学校的教员，尽量帮助政府造就工程师、医生、农业家、科学家、教师等各种专门技术人才"。《中国新民主主义青年团团章》也进一步指明各级学校均要建立起青年团组织。10 月 13 日的《关于建立中国少年儿童队的决议》和《中国少年儿童队章程草案》又在此基础上，规定在各学校中均要设立少年儿童队队部，归属于相应的青年团领导。此外，《关于建立中国少年儿童队的决议》和《中国少年儿童队章程草案》还指示各级团委要聘请进步的小学教师和中学教师担任少年儿童队辅导员，以及责成地方团委召集少年儿童工作者会议，总结经验并讨论《中国少年儿童队章程草案》等，都为继承并开创新时期儿童运动与儿童教育的新型协助局面谱写了基调。直至今日，儿童运动与儿童教育，青年团与学校，两者仍保持着此种亲密的协助关系。

第六章

儿童团与革命实践规约

　　儿童团是共产主义儿童运动的具体组织，是真实地引导儿童参与共产主义运动实践的政治机构，拥有独立而有效的运作机制。在整个新民主主义革命时期，儿童团受中国共产主义青年运动的领导，忠诚地践行着革命实践中的各种规约，顺利实现革命立场的三次转变，使组织纪律高于世俗情面，以阶级斗争为主旋律，并使日常生活革命军事化。儿童团的革命实践规约在共产主义理想的指引下，既是儿童对自己的规约，也是儿童对成人的规约。

一、革命立场的三次转变

　　根据时局发展，共产主义儿童运动中儿童团的革命立场随着中国共产党及其青年运动决策重心的改变，先后经历了打倒军阀建立苏维埃、痛恨"鬼子"赞英雄、"打倒老蒋"迎解放等三次转变。虽然全民族抗战爆发后，民族矛盾取代国内矛盾成为主要矛盾，但抗日根据地对"劳动英雄"的热烈颂扬，表明中国共产党试图组织劳动者改良贫苦大众艰难处境和悲惨地位的初心一直没有改变。

（一）打倒军阀建立苏维埃

　　凡苏维埃政权所建之处，广大劳苦群众均被网罗组织到相应的群众团体内。他们在党政团体机关的领导下，围绕着"土改"、"清查"、"扩红"、反"围剿"等中心问题，参与一个紧接着一个的各类"运动"中，从而一再将"工农兵士劳苦群众"阶级与"军阀官僚地主资产阶级"之间的矛盾掀起翻天巨浪，革命意志由此被打磨得坚韧而刚强。特别是将革命、利益、教育与生活融通为一体的儿童运动，使大量劳苦儿童的阶级认识与仇恨意识被点燃。在有党团及革命政府支持的情境下，所能收集到的相关史料均证明，在洛甫"无情的去对付我们的阶级敌人"的号召下 ①，"你—我""敌—友""坏—好"这种革命斗争同样被儿童发挥得淋漓尽致。

　　蒋介石以"中山舰事件"和"整理党务案"为肇端而开启的大肆抓捕屠杀共产党员、共青团员和童子团员的残酷局势，深深地刺痛并教育了共产党人。

---

① 洛甫.无情的去对付我们的阶级敌人 [J].斗争，1934（49）：2—7.

创建军队，武装起义，实行土地革命，建立苏维埃政权等，这一系列充满单干独闯精神的义无反顾举动，既是共产党人的自我反思教育结果，也是苏区儿童团员的鲜活革命教材。因此，在"反蒋"这第一课的熏冶下，苏区儿童的反帝反军阀革命立场便首先被摆正出来。他们不仅与成人一样，能明白《国际歌》《少先歌》《红军歌》《十骂反革命》《十骂国民党》《十骂蒋介石》等大众性革命歌曲的意指①，而且还能通过童谣来生动地表达自己这种爱憎分明的革命观。传唱于巴兴归地区儿童口中的"反蒋"童谣，就以泼辣利索的字句展示出儿童与以蒋为首的军阀集团势不两立的姿态：

　　蒋介石，新军阀，摧残农运和工运，大家起来打倒他！来！来！来！打倒他！反动派，怕什么。保卫团，狗奴才。快建立工农苏维埃。

　　这首童谣以数落蒋介石的"罪状"起头，以此号召大家起来坚决地"打倒""反动派"，并建立自己的苏维埃政权，而这无疑是共产党大革命失败后高层政治决策的"童谣"改编版。儿童将这一带有浓郁政治立意的谣曲传唱于口，既以此来彰显自己坚定的阶级立场，又将党的决策简化推及普之于民众。与巴兴归地区的儿童在洪湖边吟唱着"反蒋"歌谣相应，鄂豫皖的儿童也在儿童团代表大会上高声诵唱着：

　　我们在这里跳舞唱歌；白区的小朋友在那里跑反"奈何"！我们在这里开会作乐；白区的小朋友在那里忍饥受饿！一个是革命的苏维埃世界；一个是反革命的国民党世界！小朋友们赶快地起来推翻国民党的世界；建立一个苏维埃世界！②

　　"两个世界"的对比是如此犀利鲜明，以至于连儿童都一致高声催促着要"推翻国民党的世界""建立一个苏维埃世界"。美好新世界"小主人翁"般的革命责任道义感跃然而出，毅然决绝。

①　何友良.中国苏维埃区域社会变动史［M］.北京：当代中国出版社，1996：148.
②　中国共产主义青年团中央委员会办公厅.中国青年运动历史资料（10）［G］.中国共产主义青年团中央委员会办公厅，1960：148.

（二）痛恨"鬼子"赞英雄

融抗战、利益、革命与生活于一体的儿童运动，为身处纷繁复杂政治局势与生死无常命运中的儿童提供了精神上的路向指引和道德上的判断依据。从一开始，严格的组织纪律协助以强有力的教育管理，就将儿童团的"信条""义务"或"工作纲领"深深地印刻进儿童的心灵，并在他们自己的切身经历与残酷的外部环境影响下不断强化。

儿童分明的敌我意识，首先最突出地表现在对"鬼子"凶残本性的认识与痛恨上。传唱于根据地儿童口中的许多儿歌，就偏好以直言不讳的词句来揭示与陈述"鬼子"的残恶，如《鬼子的残暴》唱道：

> 小麻雀，尾巴长，日本鬼子真猖狂，烧了齐各村，又来俺贾庄，吃了俺的老母鸡，又宰那群羊！细铁丝，明晃晃，不容分说将人绑，倒上"鬼子油"，配上干草棒，格崩格崩烧成浆。①

这首儿歌以鲜活明快的节奏、条理清晰的情节，在将"鬼子"烧杀抢掠的场景描绘得活灵活现的同时，又在字里行间流露出痛心疾首的悲愤之情。而与此风格迥异的，是专以调侃、讽刺、挖苦"鬼子"来逗笑取乐的，如《皇军的鼻子呢》说道：

> 这一次鬼子大抢粮，狗日的真倒霉；"皇军"的鼻子打掉了，耳朵也会飞。哎呦，咦呀哟，倒霉！②

这也许是孩子们在亲历反"扫荡"胜利后的一次得意之作，胜利的喜悦与俏皮的逗趣以"皇军"的狼狈不堪为代价，将战争的残酷血腥一扫而光，尽显胜利者的姿态。

当然，在对"鬼子"的凶残本性有了深刻的认识之后，儿童也越发坚定起自己的抗日决心和坚守工作岗位的责任心。在更多的抗战儿歌中，我们可以真切感受到他们在认清自己责任的同时，希望参战杀敌的殷殷之情，如《全家打

---

① 鬼子的残暴［N］.抗敌报，1939-1-18（4）.

② 皇军的鼻子呢［N］.新华日报（华北版），1942-12-8（4）.

（图片来源：中国国家数字图书馆．民族革命大学儿童团在沁县书写瓦解日军的标语）

狼》讲道：

> 小日本，是饿狼，要吃俺爹吃俺娘，还要吃俺，跟姐姐——大桂香。俺娘入了妇救会，俺爹〇①上战场，我干儿童团来站岗，姐姐替同志们洗衣裳。全家一齐来打狼，把狼打回它的东洋；狼凶不走吃炮子，叫它死在荒山上！②

一家四口，各自肩负起抗战职责，齐心协力以赶走"饿狼"为目标，其实是根据地家庭普遍状态的写照。另一首由十一岁儿童李春贵创作的童谣《好儿童》则表达了广大儿童团员不甘落于成人之后的共同心声：

> 好儿童，好儿童，我们是将来的主人翁。虽说我们年纪小，我作的是大事情，捉汉奸，杀敌人，抗日救国〇打先锋，全边区，好人民，莫把儿童们看轻！③

游戏也是儿童精神世界的外在表达方式之一。儿童除在儿歌中表达对"鬼

---

① 注：文中的〇一律代表原文无法辨识的字。
② 全家打狼［N］.抗敌报，1939-4-22（4）.
③ 好儿童［N］.晋察冀日报，1941-4-18（4）.

子"的痛恨外，还以游戏的方式发泄出来。如 1943 年年初的完县游击区儿童开始流行玩一种游戏，即以纸烟盒制成炮楼模样，点火烧着取乐，名曰"烧炮楼"。虽然被日寇严令禁止，但"此种游戏仍流行于民间"①。可见儿童对日寇及其修筑于当地的炮楼已厌恶至极。另一种流行于根据地的游戏"蹬莲花"也生动地表达出儿童盼望胜利的急迫心情。这种游戏通常由四五儿童拉成圆圈，边转边唱："蹬、蹬、蹬莲花，里头住着个小蛤蟆，蛤蟆叫，莲花开，日本鬼子快打败，不等两年就完蛋，你我同把莲花摘，莲蓬子，滴溜圆，新中国是太平年。"②而儿童自创自演的角色游戏，其争演"好角色"的场面也堪与以前张世熙在共产国际报告中所描述过的一般激烈，如"济民"就曾在武安街头见到过一群儿童在玩"杀老羊"游戏时，因角色而争抢打斗的场景。③同时，儿童还乐于将其游戏延伸到与敌人斗智斗勇的周旋中，与自娱自乐式游戏相比，将敌人牵扯进来的游戏则显得更加刺激惊险，散发对敌传单就是他们最喜爱的游戏之一。如晋西南柳林的儿童喜欢将传单贴在较偏僻的地方（如厕所），或者捆在柴里间接"出售"④；苏北儿童团则直接在地上"挖"反日标语，并种上麦子，"先是路面新土成字；下雨后即出一片麦苗，成了一条又是庄稼，又是一条永久性的抗日标语"⑤。而经历过百团大战锻炼的华北儿童团就更乐于以游戏的心态来"深入虎穴"扰乱敌伪设施，如党城一带的儿童团先后破坏敌无线电收音机一架，运出炮弹十余发，手枪一支，牵回敌骡马十二头，某镇儿童团还偷出电话机一部。⑥

　　儿童分明的敌我意识，其次则表现在痛恨日寇的心理上，相对地又极为尊敬、爱戴并保护"自己人"。同样是传唱于儿童口中的歌谣，与揭露、调侃、讽刺日寇暴行的风格相反，对八路军、亲属、"小英雄"则尽显歌颂、赞美与敬佩之情。如晋察冀儿童团动员兵役的歌谣唱道：

————————————

① 抗战胜利在望　完县士绅信心益巩固　儿童以烧纸炮楼为戏［N］.晋察冀日报，1943-1-5（1）.

② 蹬莲花［N］.晋察冀日报，1942-4-14（4）.

③ 武安新解放区拾零［N］.新华日报（华北版），1945-9-18（4）.

④ 共青团中央青运史工作指导委员会，等.中国青年运动历史资料（14）［G］.北京：中国青年出版社，2002：324.

⑤ 刘海峻，崔士臣.苏北少年儿童抗日运动［G］.香港：天马出版有限公司，2005：18.

⑥ 晋察冀民兵智勇双全破坏敌机一架［N］.新华日报（华北版），1941-2-19（2）.

抗日军，真光荣，惊天地，动鬼神，抗日民众来欢迎，真光荣，谁能抵上抗日军。抗日军，真是强，杀鬼子，保家乡，真不愧是个民族英雄，顶天立地的英雄将。快快参加八路军！快快参加八路军！①

可以想见，当成群结队的孩子们在街头闹市铮铮有力地齐声呐喊鼓动时，所营造的将是如何热烈非凡的氛围和场面。对于八路军的这种挚爱，一个儿童的诗作也许颇能代表他们的内心："人民哭的时候，八路军替人民擦眼泪，人民笑的时候，八路军跟人民一同笑，人民是八路军的兄弟，八路军永远保卫着人民，边区人民跟八路军是一家啊！"②当爱恨之情达到极致，儿童甚至在感召同胞之余，还勇于挺身而出设法营救陷入危机中的"自己人"，如有名可考的王耀全智救被伪军盘查的冀中行署干部王文彩，白建民帮助区干部脱离敌伪追查，耿庆纲掩护干部张宿摆脱敌伪搜查等。③有的儿童还"投笔从戎"加入抗战部队，上阵杀敌。对此，诸如"小学生投笔从戎""又一批小学生投笔从戎""模范儿童、模范爸爸"等儿童参军的报道常常见诸各大根据地报端。

儿童除通过吟唱、创作，乃至"投笔从戎"来拥护和保护八路军外，还经常写信慰劳前线将士，既鼓舞士气，又坦陈心迹，如平山童子军在写给聂荣臻司令员的信中表示："我们长大了要作你指挥下的战斗员。"在特殊节日里他们有的还直接写信给中央领导，既致以敬意，又表达立场，如平山第四完小全体学生在 1944 年元旦就写信给"毛主席和中共中央各负责同志"，陈述"你赐给我们这群少年儿童的幸福真是说不尽，我们对你表示十分敬爱"，并"愿在你们的领导下永远前进"。④自然，当儿童所拥护的"人民的军队"遭受重大损伤时，他们又无不义愤填膺，口诛笔伐，如对皖南事变的激烈反对与怒吼声援，以致仅完县"质问蒋委员长之信"就多"达三百余件"。⑤当国共两党摩擦冲突不断升级，愈演愈烈时，儿童团仍然坚决地站在中国共产党及其军队一边，声讨国

① 晋察冀边区怎样动员兵役［N］.新华日报（华北版），1940-12-17（4）.

② 晋察冀的人民与军队［N］.新华日报（华北版），1941-3-5（2）.

③ 中央教育科学研究所.老解放区教育资料（二）抗日战争时期（下）［G］.北京：教育科学出版社，1986：414.

④ 平山四完小学生向毛主席致敬［N］.晋察冀日报，1944-2-20（3）.

⑤ 儿童日记［N］.新华日报（华北版），1941-2-1（4）；完县儿童抗议茂林惨变　并慰问新四军［N］.晋察冀日报，1941-4-4（4）.

民党，如盐阜区的儿童团员在 1943 年 7 月发起一万名儿童签名，并通电全国，抗议蒋介石制造摩擦发起内战。① 甚至到抗战后期有的根据地儿童还直接发出批评国民党"一党独裁"的言论。② 敌我意识的泾渭分明，已成为提升政治敏感性和提高政治参与度的重要途径。

可见，分明的敌我意识在儿童内心里被演化为对敌无情、对友亲爱这两种极端对立的道德情感，以此种爱憎分明的道德情感为基础，儿童进而获得了评判政治分歧与冲突的"慧眼"。当"我"之焦点越来越聚集于中共及其政府、军队和民众时，"敌"的范围自然也就越来越宽广明确，就像他们既可以积极热烈地拥护"蒋委员长"一致抗日，又可以严厉谴责"蒋委员长"制造摩擦发起内战一样。

（三）"打倒老蒋"迎解放

融解放、利益、革命与生活于一体的儿童运动，继续为身处内外政治情势均极为复杂的解放区儿童提供着精神上的路向指引和道德上的判断依据。战争与革命的严酷无情，伴以严格的组织纪律要求，在共同将阶级斗争的烙印篆刻进儿童的意识深处的同时，又不断强化着他们饱经苦难所积压的怨恨之情，解放也意味着宣泄。

以蒋介石为首的"奸匪""卖国贼""叛军"便首先成为解放区儿童怨恨咒骂的对象，流行于解放区的许多反蒋童谣就以此为题材，尽显儿童嬉笑怒骂之功。用直白粗犷但又富有律感的语言揭露蒋介石的卖国求荣行径，以此来摆明儿童的坚定政治立场，往往也将儿童的率真本性表达得生动传神。如童谣《反蒋》说道：

> 小鳖盗，圆又圆，老蒋是个大汉奸，他把中国出卖了，卖给美国他祖先。上至天，下至地，完全卖得光济济。③

手持正义之旗的小小孩童将"蒋委员长"贬称为"老蒋""大汉奸"，童谣所透露出来的儿童政治敏感性以及所勾勒出来的极富政治讽刺意味的话语空间，

---

① 刘海峻，崔士臣.苏北少年儿童抗日运动［G］.香港：天马出版有限公司，2005：23.

② 群众怒海中的波澜［N］.新华日报（华北版），1943-7-19（5）；平山四完小学生向毛主席致敬［N］.晋察冀日报，1944-2-20（3）.

③ 反蒋［N］.新华日报（华北版），1947-7-11（4）.

让人回味悠长。如果说童谣《反蒋》是在言说中数落"老蒋"罪状,那么童谣《交反攻粮》则是通过言说痛打"老蒋"以泄愤:

> 推公粮,推得干,打得老蒋没处钻,推公粮,推得净,打得老蒋到处蹦。推公粮,推得细,打得老蒋不出气,推了一遭又一遭,快些推来快些交。①

在这首童谣中,儿童犹如那个"推公粮"的劳动者,而"老蒋"则沦落为被推碾的"公粮",在干劲十足的推碾和愤愤不平的咒骂交织下,"老蒋"的命运就终将如那磨细的"公粮",粉身碎骨。此方唱罢,蒋军攻占延安的失败事实,又激起太行子弟学校的儿童集体编出一首名为《捉"老鼠"》的童谣,应和相接:

> 蒋介石、胡宗南,狗急跳墙攻延安。咱们主动撤出来,和他战法不一般,他是拼命占空城,人马叫咱消灭干。延安好比空面缸,让他老鼠把里钻,边区军民齐动手,消灭他在缸里边。老鼠不久捉完了,大家喜地又欢天!②

用"面缸"与"老鼠"分别指代延安和蒋军,儿童的爱憎之情一目了然。更为重要的是,童谣里所涉及的军事战略战法居然能被孩子们了如指掌,发挥自如,若非有明确的道德标准来评价他们所密切关注的时事动态,显然无法达到这种效果。在此种决绝的反蒋意识指引下,一直到胜利大反攻,儿童把灭蒋的童谣"唱"到了南京城,如《寄给过江的哥哥》:

> 一个月亮旁边满天星,毛主席指挥着三百万兵。哥哥骑上大马背着枪,跟随咱们大军打过江。人民军队多呀多威风,大红旗插上了南京城。叫声哥哥勇猛往前打,把那蒋匪连根拔个净。③

有痛恨决绝,就有爱戴拥护。这首童谣通过鼓励"哥哥""跟随咱们大军"去"把那蒋匪连根拔个净",流露出爱与恨、我与敌、存与亡等对立意识交织掺

---

① 交反攻粮[N].新华日报(华北版),1947-11-19(4).

② 捉"老鼠"[N].新华日报(华北版),1947-4-3(4).

③ 寄给过江的哥哥[N].新华日报(华北版),1949-5-9(1)增刊。

杂的复杂感情，丰富却不失立场。

　　自然，儿童既然有童谣来反蒋，那么也就有与之相对的童谣来拥共。在咒骂怨恨以"老蒋"为首的"奸匪""卖国贼""叛军"的基础上，儿童确实相对地又极为拥护爱戴"自己人"及其政策。特别是表达因土改翻身而带来的喜悦振奋之情，此时也已成为童谣的热门题材，如童谣《翻身》：

> 　　小馍馍，光又光，吃到嘴里香又香。要不是来了共产党，咱怎过这好时光。地主恶霸都垮了，有了地来有了房，今后土地永不变，咱们可得好好闹生产。①

　　翻身运动给雇贫农家庭带来的生活变化，在欢快明亮的节奏韵律中被勾勒得喜气洋洋。而这种变化的由来，童谣也交代得清清楚楚，即共产党的到来与地主恶霸的垮台，是非善恶，黑白美丑，泾渭分明。另一首童谣《感谢毛主席》则更为详细地描述了全家参与"分果实"时的热闹真实场景：

> 　　太阳出来暖洋洋，大街分配果实忙。爸爸牵着大黄牛，哥哥扛着满袋粮。妈妈抢了大包单，里边都是好衣裳。我手拉着三只羊，一顶花帽戴头上，上穿一件花布衫，下边裤子明晃晃。今天俺可变了样，感谢恩人共产党，集上买个毛主席像，贴到家里永不忘。②

　　童谣描述了爸爸、哥哥、妈妈和"我"一起手忙脚乱地搬运"翻身果实"回家的生动场景，整个气氛烘托得欢天喜地。而太阳、共产党和毛主席三个重要元素的同时加入，又令整首童谣的政治立意顿时分外明朗，即共产党、毛主席是翻身民众的恩人，而翻身民众则是共产党、毛主席的虔诚拥护者，深情厚谊可见一斑。

　　当然，大胆积极地放手发动群众，彻底进行清算翻身，解决农民土地要求，是为了调动民众积极行动起来，一致粉碎反动派的一切进攻。③因此，在"保

---

① 翻身 [N].新华日报（华北版），1947-7-11（4）.
② 感谢毛主席 [N].新华日报（华北版），1947-9-9（4）.
③ 紧张的自卫战争面前必须更加放手贯彻新区群众运动 [N].新华日报（华北版），1946-8-1（1）.

卫我们的胜利果实"的号召下，也为回报"恩人"的馈赠，儿童又通过一首首童谣将翻身民众推向前线，如童谣《快参军》：

> 大黄犍牛高又高，弟兄双双拿枪刀，没有强大解放军，土地果实保不牢。翻身麦苗青又青，青壮好汉快参军，打到南京捉蒋贼，刨倒老根享太平。①

童谣情理结合地以保卫翻身果实为由规劝"青壮好汉"快快投军捉蒋，在铿锵有力的字句节奏感渲染下，儿童拥军保家的急迫心理跃然而出。无疑，他们口中的"青壮好汉"同样包括自己的亲属，在那个提倡父送子、妇劝夫、兄弟相争的从军潮流里，儿童也无私地催促着将自己的亲人送上前线。如童谣《我家哥哥上战场》：

> 新衣服苗全光，一朵红花挂身上，我家哥哥上战场，参加主力保家乡。布底鞋壮又壮，送给哥哥上前方，本是一点小意思，表表弟弟的热心肠。小毛巾白又长，哥哥带着上前方，你在前方擦汗用，擦得眼明好打仗。日记本铅笔长，哥哥带着上前方，学习文化多识字，学中文武状元郎。小刺刀大长枪，哥哥扛着上战场，哥哥哥哥听我说，打垮反动派再回家乡。②

显然，童谣里"打垮反动派"与"参加主力保家乡"的责任感在兄弟心中已经超越了血浓于水的亲情牵绊，因此，弟弟送哥哥上战场的场景虽充满温情叮嘱，但毫无"古来征战几人回"的留恋不舍之态。事实上，在"服从组织分配""响应党的号召""凡事以大局为重"的熏染下，万一被送上前线的亲人擅离职守"开小差"逃回家来，儿童仍旧会沿袭其从土地革命战争时期开始便执行的"动员归队"职责，又千方百计地将亲人规劝回前线。此时此刻，早熟的他们往往会显得比大人更懂事听话。

如果仅仅以为儿童的反蒋拥共意识是停留在言辞中，或光依靠别人来践行，那就大错特错了。身处后方的他们不仅经常写信问候前线的亲人朋友，站岗放哨，防汉奸，清查特务分子，优待帮助军烈属，照顾接运伤员，招呼过路部队，运送粮食、物资、军火到驻军营地，缝制慰问袋送往前线，机智灵活地与进犯

---

① 快参军［N］.新华日报（华北版），1947-11-19（4）.

② 我家哥哥上战场.［N］.新华日报（华北版），1947-2-9（4）.

蒋军"对着干"，而且还常常成群结队地奔赴火线慰劳战壕里的将士。例如，1946年10月10日的《晋察冀日报》刊登了一篇题为《怀来妇女儿童火线上慰劳保卫者》的文章，报道怀来保卫战中妇女儿童上前线慰劳的经历，其中关于儿童的记述是这样：

> ……向着前线走去，不到一里地远，遇到蒋机扫射，他们因无防空经验，紧紧抱在一起，十岁的小姑娘手指着飞机，一面说，一面骂着："我们死就死在一起，蒋介石，你用美国飞机炸我们，反正死不了就得和你干"，……到了战壕，炮弹和飞机的扫射，更是厉害，但他们在战壕里，却镇静地给战士们发着慰劳品，孩子们拿着葡萄、果子、枣到战士的嘴里，连叫着"大哥！大叔！吃吧"！……火烧营和怀来城厢妇女儿童慰劳队，在前线×营阵地上慰劳时，一个炮弹落在她们面前，灰土○○住了她们满脸，营长亲切地说，"炮这样激烈，你们早些回去吧！"她们的回答是："远哩！没关系"，儿童们还爬在战壕边上，齐唱着"谁种的庄稼谁收割"和"蒋介石一团糟"等歌。……×在火线上，刚刚换下来的×连，刚到城郊就被慰劳队围起来，茶水、果子一齐送到他们跟前，儿童们见到战士们，便手拿着一把纸烟，给他们分，……孩子们去慰劳时，一个女孩子，还笑着给他们打敬礼，连长深深地被感动了……①

据此报道，奔赴前线慰劳的儿童面对国军的狂轰滥炸，尚且能直指飞机大骂蒋介石，并镇定自若地待在战壕里慰劳官兵，足可见其"初生牛犊不怕虎"的胆识。正是凭借这种胆识，有很多儿童团员甚至还不甘心于专守后方服务，而要求切实加入战斗。如太行王家峪的朱德儿童团由于年龄都在16岁以下，没有被批准参军，但有许多团员自动投入战勤岗位服务军队，他们有的到兵工厂和被服厂当工人，为前线生产武器和军用物资出力；有的则参加了民兵远征队，抬担架、运弹药、送军用物资，跟随正规军参加晋中战役，打平遥、太谷、太原，解放全山西。苏皖淮阴的儿童团也在1946年秋国民党封锁陇海沿线时，跟随游击队夜行军撤退到山东，真实体验并加入沿途国共双方残酷的拉锯战中。

如果说在幼小的年龄尚无法理解共产主义信仰的话，那么促使他们这样不惧生命危险，坚定地追随共产党、八路军的动力与勇气又来自何处呢？也许就

---

① 怀来妇女儿童火线上慰劳保卫者［N］.晋察冀日报，1946-10-10（2）.

是那饱经苦难所积压并被强化的怨恨之情吧。

二、组织纪律高于世俗关系

关系，即一种在中国社会文化中包含了面子与人情，也能连接权力，从而构成一种半封闭半开放社会网络的社会现象。① 如果要立足于乡土社会实践共产主义理想，就势必要求身处乡土社会中的所有人都破除根深蒂固的世俗关系。革命的组织纪律是中国共产党的"生命线"，是破除传统世俗关系的依据，儿童团是使用这一"依据"的先锋。

（一）组织纪律高于家庭伦理

苏区儿童团起初采用严格的军事性"三三制"。到 1931 年 6 月《团中央关于儿童运动决议案》为加强儿童运动的"儿童化"起见，曾要求减弱儿童团的军事化色彩，指示"儿童团的组织，不应当如军队那样严格的编制，可以以村为单位，每村一队，人数过多的地方，则分为数队"②。虽然如此，但不管是共青团中央的各项"决议""决定"，还是地方团部的各项要求、任务，其连续不断发布出来的整体态势本身都表明，共青团对儿童团所应遵循的原则及所应肩负的责任从未轻视过。鄂豫皖童子团的"七反对，八学习"③，江西各县儿童团的"九件工作"要求④以及川陕童子团的《童子团站岗读本》和《童子团、少先队站岗问答》等，都是儿童团在团部领导下，根据切身实践经验总结出来的组织纪律文本，并又反过来加强和指导儿童团员的组织纪律性。对此，毛泽东在《兴国长冈乡的苏维埃工作》中就证实道："儿童团的纪律严得很，有些顽皮孩子不服父母，也不服老师，只服儿童团的纪律，罚扫地，罚禁闭，总是'服

① 翟学伟.中国人的日常呈现——面子与人情的社会学研究［M］.南京：南京大学出版社，2016：7.

② 中国共产主义青年团中央委员会办公厅.中国青年运动历史资料（9）［G］.中国共产主义青年团中央委员会办公厅，1961：231.

③ 中国共产主义青年团中央委员会办公厅.中国青年运动历史资料（10）［G］.中国共产主义青年团中央委员会办公厅，1960：148.

④ 共青团中央青运史研究室，中央档案馆.中国青年运动历史资料（11）［G］.北京：中共党史资料出版社，1988：213.

理服输'（应该多用说服，少用惩罚）。"①

自土地革命战争时期起，儿童团的组织纪律性就开始以站岗放哨严而著称。民国《瑞金县志》卷七记载：沿路各村，密设查验哨，"通过时无论何人，均需交通行证查验后，方准通行。如敢强行，便鸣锣为号，呼众来擒，解交苏维埃重办。每逢圩日，不及打通行证者，则向本乡查验哨，于手臂易见处，印一查验印，亦可通行。但只当日有效，逾日无效。"因此往来人员若无上级或乡村政府核发的通行证、介绍信或路条，在村际间也难通行。②有些地方的儿童团还成立了巡查队，日夜出去巡查，即使"到深夜多，一点不表示他不高兴"③。儿童团员这种认真负责的态度甚至达到了"铁面无私"的程度。正如他们的《站岗歌》所唱的："站岗放哨要认真，要把路条查分明，不怕军官（即首长）此路过，父母相见无私情。"④对他们而言，即使是遇到领导干部、亲人家属、熟人邻居，乃至"你就是天上来的，我们童子团也只认路条不认人"。程红兴在《八岁的儿童团员当标兵》一文中这样回忆自己当年站岗放哨的一幕：

　　一次，我同房的二娘带着她弟弟回娘家，她认为是自己侄娃儿站岗，满有把握通过隘口，用不着绕道到村子里扯路条。出乎她的意料之外，她一走拢岗哨，两个童子团员就围住她要路条。我欲上前去看，她疾声呼我："火娃子，你不认老娘呐，我是你二娘哟！""二娘嘟个！你就是我亲娘，也要路条才行！"她见我态度强硬，气得跺脚，一股劲朝我家里跑，到奶奶跟前告我的状："火娃子六亲不认，太缺德了！"⑤

除了站岗放哨，毛泽东在1931年的《兴国调查》中还证明："童团查烟赌打菩萨很厉害，完全不讲人情，'真正公事公办'。"⑥毛泽东的调查毫不夸张，许多当年的儿童团员似乎都对打菩萨的记忆特别深刻。如卢仁灿在回忆自己当

①　毛泽东.兴国长冈乡的苏维埃工作（续）[J].斗争，1934（43）：19.
②　何友良.中国苏维埃区域社会变动史[M].北京：当代中国出版社，1996：103—104.
③　中国共产主义青年团中央委员会办公厅.中国青年运动历史资料（10）[G].中国共产主义青年团中央委员会办公厅，1960：636.
④　林青.二战时期福建苏区的儿童团组织[J].党史研究与教学，1992（3）：81—85.
⑤　王明渊，张一军.川陕苏区童子团[G].成都：四川少年儿童出版社，1989：74.
⑥　中共中央文献研究室.毛泽东农村调查文集[G].北京：人民出版社，1982：249.

（图片来源：中国国家数字图书馆．邓颖超等在主席台上检阅中央苏区儿童团）

年与儿童团员一起打菩萨的场景时说道：

> 破除迷信，打菩萨，我们干得最起劲。不管是大庙小庵的菩萨，或是家里供奉的神像，奶奶们供奉的观音菩萨统统都打掉，谁也阻挡不了，哪个求情也不行，完全不讲情面，真是公事公办。大菩萨的"肚子"里有用银子做成的肚肠，我们谁也没有私自拿一点，统统交给苏维埃政府。我们打菩萨得到青年人的赞赏，少先队也打菩萨，一些上了年纪的老人却不满意了，我们有的小伙伴为此挨了妈妈的打骂，不敢回家，可是我们还以为打菩萨是革命，越打越起劲。①

儿童打菩萨如此，抓赌徒毁赌具同样也是毫无情面可讲。彭富九在回忆中也说：

> 贫穷闭塞地区的宗族关系错综复杂，有些事情大人办不来，可到了我们这些涉世不深、天真无忌的儿童团员手里却能迎刃而解。记得有一次一位儿童团员报告说他叔父正在家中聚赌，于是我叫上几名小伙伴，带着花棍直冲进去。我们一面高声宣布政府禁赌令，一面砸毁赌具，把桌上的钱扔得四处

---

① 卢仁灿．"将来的主人，必定是我们"——忆闽西革命根据地儿童团的斗争生活 [J]．党史资料与研究，1984（5）：46—49．

都是，还用棍子教训了那位不服气的叔叔。我们理直气壮，而且"讲政策"，一不抓人，二不收赌资，所以那些"犯事"后挨了棍子的人也没有脾气。①

"在所有的人类活动中我们发现一种基本的两极性，……一种力图保存旧形式而另一种则努力要产生新形式。在传统与改革、复制力与创造力之间存在着无休止的斗争。"② 显然，乡土社会中深厚的宗法礼俗与儿童团员执行苏维埃政策法令时的刚正不阿，自然在无形中会产生巨大的张力。肃正风气固然令成人们拍手称好，但"六亲不认"又令成人"心生不满"，当儿童的行为超过了成人的心理界域，自然就"引起思想落后群众来反对"。正是在这一"进"一"退"、一"理"一"情"的拉锯与对抗中，儿童对革命的信念更加坚定了。

（二）组织纪律高于政治身份

全民族抗战时期的儿童团组织纪律并不逊于土地革命战争时期。从西北青救会《儿童团组织章程》最基本的"五要，五不要"，到各根据地更为具体明确的儿童团团章或儿童工作纲领，都使儿童既置身于严密统一的组织系统内，又同时接受严格的纪律要求，制度与精神在真切的敌我对抗情景中由外而内地规范并强化着儿童团员的组织纪律观念及行为。即使是后来晋察冀将儿童团改编为童子军制，实际上在突出了儿童组织军事性的同时，又进一步提高了对13—17岁儿童的组织纪律要求。③ 事实证明，弱小的儿童在严密的组织规范与纪律要求下，也可以被打造成为一支强大的小"八路军"。

儿童团严格的组织纪律性，首先表现在儿童团员普遍拥有崇高而忠诚的抗战使命感上。使命感来自在辨识敌我的道德基础上对正义与尊严的捍卫意识的觉醒，它与组织纪律观念互生相长。孩子剧团作为由中共地下党于上海难民营中组织发起，并一路西行向国统区民众宣传抗日救亡的，影响极大的儿童救亡组织，它的《孩子剧团宣言》可谓是淋漓尽致地表达出中共领导下的儿童所拥有（或应拥有）的集体性抗战使命感。《孩子剧团宣言》向全国公开陈言："在从前，我们就相信抗日战争一定要爆发，我们曾经发过誓：不逃，不躲，要同

---

① 彭富九.回忆苏区儿童团（一）[J].百年潮，2011（2）：32—37.

② ［德］恩斯特·卡西尔.人论［M］.甘阳，译.上海：上海译文出版社，1985：283.

③ 共青团中央青运史工作指导委员会，等.中国青年运动历史资料（16）[G].北京：中国青年出版社，2002：46.

日本鬼子拼。现在抗日战争真的开始了，我们虽然没有了爸妈，没有了家庭，成为流离无靠的孤儿，但是我们没有哭，没有伤心，相反，只有快活，只有怒恨，只有振作。……我们只有以我们所有的力量，团结起来，以过去所爱好的工作来为国家服务，为民族尽力。"[①] 与此相应，敌后抗日根据地也有不少儿歌时时吟唱于儿童口中以张扬儿童神圣的抗战使命，凸显儿童重大的抗战责任，如儿童团经常唱着："小朋友呀小朋友，向前走呀向前走！咱们是中国人，咱们要把中国救，捉汉奸，拿走狗，……别看咱年幼，救国是能手！"童谣《少年先锋队》也向人们呼喊："莫说我们是娃娃，拿着枪，骑着马，我们也要救国家。"连过新年时，儿童也吟唱："……压岁钱，一张张，俺 × 买根红缨枪！红缨枪，枪缨红，汉奸见了'的确'疼，要他命，打走日本享太平！"[②]

正是依靠这种神圣的使命感和责任感，儿童才能勇敢无畏地在敌伪"扫荡"时期侦察敌伪动向为部队传递情报信息，担任掩护群众转移，保卫粮食物资安全，以及帮助部队布置战场埋藏地雷等任务，从而为各根据地"创造"出无数斗智斗勇、鲜活生动的英勇故事。特别是那些在危险关头甘愿自我牺牲、杀身成仁的"小英雄"，如王二小、张国志、温三郁、王石头、张六子、高德山、宋刚夫、张晶麟、王元甲、任兔娃、郑大孩、史焕鱼等，其身先士卒的精神不仅令儿童同伴刮目相看，而且令成人也肃然起敬。以《歌唱二小放牛郎》为代表的儿童赞歌，纪念了一个小英雄，感动了一批听众，教育了好几代儿童。

强烈的使命感感召着个性纷呈的儿童为共同奋斗的事业凝聚团结到一起，并继而在集体组织与共同生活的磨砺下，又以整齐统一的精神面貌和行为举止呈现开来。因此，儿童团严格的组织纪律性，其次表现在儿童团员严格遵守组织纪律并严于律己上。如前所述，根据地儿童团的日常工作主要有八大项，而在这所有任务中最能体现出其组织纪律性并广为人们所称赞的，依然莫过于站岗放哨严。苏区儿童团站岗放哨时，对于没带路条就想过路的领导干部，包括徐向前、方志敏、朱德等，都曾毫不客气地拦住去路，将他们"押送"到村公所查办。抗日儿童团站岗放哨沿袭苏区办法，凡在各交通要道均设有哨卡，由儿童团负责把守，检查、讯问并兼教育来往行人。无论何人，只有出示路条后才能放行，遇有可疑分子或拒不出示（及无）路条者，则不由分说一起拧胳膊抱腿地押送至

---

① 孩子剧团团史编辑组.孩子剧团［G］.成都：四川少年儿童出版社，1981：21.

② 童谣［N］.新华日报（华北版），1944-4-3（2）增刊.

（图片来源：中国国家数字图书馆.放哨的儿童团员）

（图片来源：中国国家数字图书馆.儿童团的小团员在检查路条）

当地政府查办。① 通常，即使验过路条了也不能马上通行，因为还得识完识字牌上的字才算正式过关。全民族抗战时期的根据地由于政治情势极为复杂，敌探、特务、汉奸十分猖獗，因此站岗放哨任务一再被各地政府强调要"尤为重视"。苏区时期儿童团把守哨岗之严格作风在全民族抗战时期也被继承下来并进一步发扬。除同样执行"六亲不认"外，全民族抗战时期的儿童团员还懂得在岗哨上巧设计谋，捉拿汉奸、敌探。如鲁西的一个儿童团员，了解到他大爷是运粮资敌的，便事先布置好全局，与几个儿童在村口岗哨上将他大爷查住，拴起牲口，拒不放行②；另有长治一儿童团幼童在村口站岗，见异装敌人来到，该幼童并不张皇弃职而逃，反很机警地哄骗敌人入村公所，敌以该幼童小而无疑，尝将马拴在村公所门外，大踏步走入室内取水喝，未曾预料已中圈套③。不止于此，岗哨上的儿童对敌对友一律从严。李公朴就曾亲眼见过站岗的儿童团员硬是把抄近道走麦田小路的通讯员叫回，并教育他要遵守识字牌上村春耕委员会为保护春耕而禁走田间小道的通告。事情的结果颇有意思，李公朴这样记道：

> "因为你是抗日军人，不处罚你了，以后不要再从地里的小路走！"小孩子说完喊了声"敬礼"。因为儿童团员为了尊敬抗日军人，规定了见了抗属和抗日军人都要敬礼。④

这一个小小的细节透露出儿童团员在严格遵守纪律时的"公事公办"，按规劝止、以理服人及照章敬礼等举动一气呵成，足可见其训练有素。正是凭借站岗放哨中的此种忠于职守精神，儿童团还捕获并制止了不少敌伪派来的汉奸密

---

① 1945 年 2 月 4 日《晋察冀日报》转载《纽约时报》的文章《中国共产党训练了大量民兵》道："……路条是一点儿也含糊不得的，个个人都得拿出路条来，无论是穿军衣或不穿的。一个旅长带着两连人，在今夜通过封锁线时，也得常常下马来拿出他的路条，和平地站在那里，让那个衣衫不整的十三岁的娃娃，一个个点清人数，到他认为与路条上的人数相符时，才走了。儿童是时常派作这件事情的，因为他们往往是全村唯一的识字的。"

② 共青团中央青运史工作指导委员会，等.中国青年运动历史资料（15）[G].北京：中国青年出版社，2002：49.

③ 长治村民擒敌[N].新华日报（华北版），1939-8-21（1）.

④ 李公朴.华北敌后——晋察冀[M].北京：生活·读书·新知三联书店，1979：41.

探及其对根据地的敌对行为，如投毒、刺探军情、挑拨离间、破坏部署、刺杀抗日领袖等。到 1941 年 4 月，晋西北静乐区儿童团就抓了 14 个汉奸、嫌疑犯，21 个逃兵和 63 次烟灯。① 晋冀鲁豫太北区黎城的儿童在 1941 年上半年也捉住汉奸、逃兵和烟犯共 415 名。② 而 1938 年到 1943 年的几年中，仅据晋察冀北岳区完县、唐县和曲阳三县统计，儿童团共捉住 90 个汉奸，432 个嫌疑犯；完县、曲阳儿童还参加破坏交通 50 余次，参加人数达 1 600 余人。③

除上述两点外，儿童团还因其积极主动配合上级工作，并绝对服从上级命令而充分展示出严明的组织纪律性。此类实例，不胜枚举，我们仅选两例为证。山东常山县（今邹平县）韩家套村曾发生过这样的事。清西独立营营长韩子衡带领部队刚刚进驻村里，儿童团长就跑来要任务。韩营长对此不以为然，认为一帮孩子干不了什么事情，便随口说了一句："注意焦家桥据点的动静，敌人出动就来报告。"出乎营长意料之外，儿童团对他的命令非常重视，并认真机智地部署，从韩家套村到焦家桥据点前，每隔两三百米就安排一个小孩在那里割草拾柴。敌人刚一出动，不到几分钟，情报就传到了独立营营部。从此，韩营长认识到"儿童团不可小看"。④ 另有苏北建阳五区的儿童团在某次四四儿童节检阅当天，适逢狂风暴雨。为此，一位讲话的部队首长和一位新旅的小朋友先是站在会场的廊檐里讲话，后来见雨下大了，儿童团员中有人用手帕挡雨，部队首长随即一大步跨到院子里摘去头上的军帽说："雨是不可怕的，日寇的子弹也不可怕！"并问："小朋友们怕不怕？"大家把遮雨的手帕拿下来说："不怕！""对！不怕！我也一起跟大家和老天做一番斗争，这正是锻炼我们坚强意志的好时机。有了这样的小主人，我们一定会打败日本强盗。"此种上下齐心一致的坚定意志，硬是激励了全场数百名儿童鸦雀无声，站在雨中一直把庆祝大会开到底。⑤

① 共青团中央青运史工作指导委员会，等.中国青年运动历史资料（15）[G].北京：中国青年出版社，2002：512.

② 共青团中央青运史工作指导委员会，等.中国青年运动历史资料（16）[G].北京：中国青年出版社，2002：81.

③ 《晋察冀抗日根据地》史料丛书编审委员会.晋察冀抗日根据地（第二册　回忆录选编）[G]北京：中共党史出版社，1991：101.

④ 共青团山东省委研究室青运史组.山东省青年革命运动简史[G].共青团山东省委研究室青运史组，1994：112.

⑤ 刘海峻，崔士臣.苏北少年儿童抗日运动[G].香港：天马出版有限公司，2005：13.

当然，儿童团严格的组织纪律性，促使成员对待自己的组织团体和小伙伴格外爱护。在敌我对抗中生存，必然会面临一个残酷的事实，即同伴的死难。儿童团既以"忠实团结"作为自己的"信条"之一，那么儿童团与成员、成员与成员，便是构筑"我"之营垒的最基本关系。而当这两条基本关系被敌人残忍而无情地"斩断"时，儿童团与成员、成员与成员之间所付出的代价便是一方的死亡与另一方的更为"忠实团结"。每当有小伙伴被日寇残杀死难时，儿童团员都会自动召开悼念大会，以示哀悼，振作士气。如榆林的五百多名儿童就为反"扫荡"中遇难的儿童举行过追悼会，纪念死去的小朋友，并举行体育比赛，以示"锻炼好身体，为死了的小朋友报仇"①。涉县赵峪村的 120 余儿童也曾为敌人"扫荡"中遇难的儿童排长李喜元聚会追悼，并决定帮助李喜元家中生产，替他报仇。② 此种组织纪律的严明使敌我双方都赋予儿童团以名副其实的"小八路"之称。也正因如此，八路军有些部队还专门成立了"少年排"，以吸收儿童参与抗日实战，实现其杀敌报国、血洒疆场的意愿。③

三、阶级斗争是主旋律

"阶级斗争是阶级社会发展的动力。被压迫阶级的革命斗争在整个阶级社会的发展中起了伟大的推动作用。"④ 在新民主主义革命时期，中国共产党通过采用阶级斗争这一政治工具，有效实现了巩固革命根据地政治秩序、守护革命成果的目的。在不同的历史时期，儿童团都一以贯之地坚定执行阶级斗争任务。

（一）"打倒土豪劣绅"闹革命

土地革命战争时期，儿童团员的仇恨对象不只是以蒋介石为首的帝国主义

---

① 榆社儿童悼死难小友 [N].新华日报（华北版），1942-12-14（4）.

② 赵峪儿童自动聚会追悼小朋友李喜元 [N].新华日报（华北版），1943-6-1（4）.

③ 共青团山东省委研究室青运史组.山东省青年革命运动简史 [G].共青团山东省委研究室青运史组，1994：114.

④ 王沪宁.政治的逻辑：马克思主义政治学原理 [M].上海：上海人民出版社，2016：117.

军阀阶级。在其所处的乡土社会里，以地主豪绅为代表的封建剥削阶级也是他们意欲"打倒""推翻"的恶敌。生活凄惨无着的痛苦，促使儿童在党团的领导下不断去寻思这痛苦的根源。闽西苏区的儿童曾一度如泣如诉地吟唱道：

> 一早起来做到晚，衣食不能饱暖，苦生活何时得了？唉哟！唉哟！六月割禾真辛苦，点点汗珠滴下土，地主收租我真难过，把我谷种抢去了，明天不知怎么过！唉哟！唉哟！

童谣对苦难生活的哀叹，与对地主无情剥削的无力控诉，悠悠绵绵如毛毛细雨，洋洋洒洒飘落在被压迫者龟裂的心田上，充满着对某种拯救力量快些到来，与对受苦民众阶级觉悟快些醒来的焦急期待。与江南的委婉回肠不同，流行于川陕苏区的另一首童谣则以大西北直白粗犷的语言，直抒胸臆：

> 爹也穷，娘也穷，世世代代辈辈穷。爹穷盖蓑衣，娘穷盖斗篷。细娃儿没盖的啥，面前抱个吹火筒。红军来了打土豪，干人心里乐融融，全家盖上新被盖，细娃儿穿起窝缎绒……①

世代受穷的命运使得穷苦人家都在家徒四壁、一贫如洗的光景中过活，爹娘尚有蓑衣、斗篷挡寒，穷孩儿则只剩下"吹火筒"可抱着取暖，个中辛酸滋味也只有被剥削、受压迫的穷人才能体会。而与此阴暗晦涩场面相反的，则是红军到来，领导土地革命后，全家翻身换装时的其乐融融。强烈的场景对照，凸显出鲜明的阶级爱憎之情，还有比这更能使穷孩儿坚定自身阶级立场的切身理由？

更为重要的是，儿童此种不断被唤醒的阶级仇恨意识和日趋坚定的阶级对抗立场，随着"协助运动"下苏区儿童学校教育的全面普及而又被系统强化。如湘鄂赣边区小学《红孩儿读本》第一册中就有这样的课文：

> 小弟弟，年龄小，常恨自己力量小。他说：土豪又高又肥胖，小小拳头，怎么打得倒？我说小弟弟莫心焦，莫怕拳头小，只怕拳头少。千千万万的拳头团结起，要把土豪打成泥！

---

① 王明渊，张一军．川陕苏区童子团［G］．成都：四川少年儿童出版社，1989：77—78．

正是类似这种课文的系统而强化的集体性训导，与革命性劝导，让儿童运动影响下的儿童将阶级对抗的立场决然延伸到包括游戏在内的精神活动中。张世熙在共产国际的一次报告便生动地道明了这种阶级对抗立场在儿童游戏中的体现，从而引起与会各国人士的"热烈反响和赞叹"。他在谈到苏区群众对国共两党迥然不同的态度时说：

> 妇女儿童都认为国民党是土豪劣绅、贪官污吏、烟痞赌棍、军阀的党，共产党是工人农民的党。假如你向某一个小孩说"你是国民党"，他是很不高兴的。一般儿童做游戏的时候，常以比较痴顽的儿童装豪绅官吏、烟痞赌棍、军阀，而机警的儿童则从后面追击，大呼"打倒国民党""打倒土豪劣绅"等口号。①

游戏是儿童自身原始精神世界的表达，也是儿童吸收外在世界信息后的反馈。儿童强烈的角色选择意识充分展示出他们内心已然成形的坚定阶级立场，并且这种可喜的成绩还被带到了共产国际的讲坛，引起与会各国人士的"热烈反响和赞叹"，这无疑既是一次国际展示，又是一次"双重"强化。

"莫怕拳头小，只怕拳头少"。当儿童运动依靠共青团健全的政策决议、丰富的活动内容以及严密的组织系统，毫无保留地为劳苦儿童打通了通往自由解放世界的道路时，广大劳苦儿童也报之以积极热烈的回应，纷纷加入共产儿童团的集体组织中，从而汇聚成一股强大的红色儿童战斗力量，忠诚地为苏维埃服务。作为一种集体性阶级立场的有力表达，也许再也没有能比《共产儿童团团歌》更具说服力的了：

> 准备好了么？时刻准备着，我们都是共产儿童团，将来的主人，必定是我们。
> 小兄弟们呀，小姐妹们呀！我们的将来是无穷的呀，牵着手前进，时刻准备着。
> 帝国主义者，地主和军阀，我们的精神使他们害怕，快团结起来，时刻准备着。

---

① 何友良.中国苏维埃区域社会变动史［M］.北京：当代中国出版社，1996：150.

红色的儿童，时刻准备着! 拿起刀枪参加红军，打倒军阀地主，保卫苏维埃。①

这首《共产儿童团团歌》歌词铿锵有力，富有强烈的节奏感，传唱出儿童团员立誓般的阶级立场宣言。

(二)"捉懒汉"促生产

"懒汉"("懒婆")，是抗日根据地在1942年发起大生产运动以后出现的一种新的政治改造对象。关于"懒汉"的成分，1943年6月15日《新华日报》(华北版)关于武乡懒汉的报道有详细介绍：

> 武乡懒汉的出现，式样十分复杂：一种叫做"二黄风"，终日闲游闲逛，这家跑跑，那户溜溜，专在妇女群中胡混；闲惯了的洋烟鬼、赌博鬼，老百姓称之为"二流氓"或"大光棍"；过去专给豪绅地主帮闲打杂的"腿子"，只会说二话，管闲事的"坐街客"，他们从来的习惯就不是劳动；还有中农以上农家的"娇养子"，破落户的子弟，少数轻视劳动的干部和民兵，在懒汉的队伍里也占着一席地位。——别看懒汉的相貌不一，他们倒是有着一致的地方，就是"想吃想穿，不想动弹"。②

由此可知，抗日根据地的"懒汉"具体包括"二黄风""二流氓""大光棍""腿子""坐街客""娇养子""轻视劳动的干部和民兵"等，他们共同的特点是不参与生产劳动。抗日根据地的大生产运动作为减租减息运动之后的"第二个革命"，这些不参与生产劳动的"懒汉"因此成为需被改造的对象，不仅诞生出很多规劝懒汉的民谣、童谣、小调、街头诗、快板等，而且还出现了一种新的政治行动——"捉懒汉"，儿童团就是这种新的政治行动的重要执行者。

为促进生产，抗日根据地提出"三早顶一工"的口号，实行鸡叫起身的早起运动，因此"捉懒汉"一般在早上进行，儿童团有专门的"鸡叫队"。施恒政是抗战时期晋察冀根据地山西朔州应县儿童团的团长，据他回忆：

① 王忠明.20世纪经典歌曲回放[M].乌鲁木齐：新疆人民出版社，2001：734.
② 武乡劝懒汉[N].新华日报(华北版)，1943-6-15(1).

　　"捉懒汉"也是儿童团深得人心的一件事。晋察冀边区号召全区人民开展大生产运动学习延安劳动英雄吴满有的事迹，学习宣传毛主席让自己的儿子毛岸英到农村留学，向劳动英雄学习看齐，宣传边区军民开展大生产运动，和"自己动手，丰衣足食"的口号。三区在我们鲍堡村搞大生产的试点，全村人民发动起来，积极投入生产，但也有些懒汉二流子、大烟鬼们，黑夜不睡，早晨不起，于是我们儿童每天早晨5点半起来，先敲第一次锣，催人们起床，第二锣早饭后又催人们下地，然后有重点地捉懒汉，要是还在被窝里睡觉的懒汉们，儿童团就把他的衣服抱出来，挂在庙院的大榆树上，然后写出保证书后，可以把衣服由家人拿回去。这样不定时地搞了几次，收效很大，村里的懒汉二流子消灭了，一齐投入大生产运动，县政府的油印小报还报道了鲍堡村生产运动热气腾腾，还表扬了我们儿童团的工作。①

　　郭玉生回忆自己在全民族抗战时期参加家乡山西定襄县张村抗日儿童团时，对于当年"抓懒汉"的事情印象也特别深刻，他说：

　　儿童团每天天亮前集合，地点是本村的南阁圪洞内。……团员们早上集合后，先进行战队出操训练，再就是唱歌、讲话、宣传抗日、喊口号等。有一段时期，老师带领儿童团列队上街，唱着革命歌曲，喊着抗日口号，在村中的大街小巷转悠，看见谁家的街门没开，就给谁家门上挂上懒汉牌。被挂牌是件很不荣光的事，凡是被挂了懒汉牌的，一定会受到村政府的处罚。当时唱的歌曲是"儿童好似一枝花，革命边区是我家。我们要爱她呀嗨，哎哟，我们要爱她。边区儿童真快乐，读书写字又唱歌，哎哟，还要去开荒。边区儿童起得早，早晨要把懒人叫，哎哟，还要断小道"……在参加儿童团期间最难忘的几件事，第一件：捉懒汉的这天早晨，太阳出山很高了。我们儿童团的队伍走到一家姓杜的人家门口时，看到他家街门紧闭，我们去推，可怎么也推不开。敲门叫里边也无人应。我们就把懒汉牌挂到了他家门上。他起来开门，见门上挂着懒汉牌，非常生气，就把牌子摘下来扔进了邻居赵家的墙洞里。他的这一举动，引来全村儿童团员的集体抗议。儿童团在老师的带领下在村里游行示威。我们一边游戏，一边喊

---

① 应县政协文史资料委员会.应县文史资料（第8辑）[G].应县政协文史资料委员会，1995：53—54.

口号："打倒杜××。"儿童团要求村干部必须对杜做处理，迫于压力，村里将杜关了几天禁闭，此事方才罢休。①

郭玉生的回忆提到他们的"儿童团"是有老师带领的，表明他所在的小学校里设有儿童团组织，可见儿童团与小学校的双重组织模式具有强大的执行力。有的小学校和小学教员因组织儿童改造"懒汉"得力被通报表扬。如1944年6月6日《晋察冀日报》报道完县模范教员王庆彩和模范学校南峪小学"抓懒汉"的事迹：

> 对村里的生产工作，他们也起了推动作用，如在今年大生产运动开始时，他们就组织了宣传突击队和改造懒汉队，每天早晨拿着农具到街上游行喊警语；在改造懒汉上，他们不但在懒汉摊上写了反对懒汉的标语，并利用孩子们胸前挂的宣传牌刺激他们的家长，如一个孩子的父亲平时很懒，他就在孩子的胸前挂上一个"反对懒汉"的牌子，放学回家，孩子故意走到他父亲的面前，他父亲见了便问挂的什么，他说："反对懒汉"，这样改造了他的父亲；又如另一个才九岁的小孩，他家里父母全很懒，好睡懒觉，可是他的孩子就利用上学起床，把他父母带起来，他每天早晨天还不大亮，就起来到学校里去，但他说他开不开门，必须叫他母亲或父亲送他，这样他父母就再不能睡懒觉了。②

另据报道：

> 活跃在盂寿三区八个村庄的儿童宣传队，将飞机贴在生产模范者的门上，将乌龟贴在懒人门上，这样大大地刺激了群众生产情绪，特别是背了乌龟的人说："以后我好好地干，你们不要再给我门上贴了。"坐了飞机的人，更加喜欢地加紧劳动了。③

由上可知，儿童团和小学校"捉懒汉"的办法、形式多种多样，儿童积极

① 杨峻峰.定襄记忆［M］.太原：北岳文艺出版社，2016：150—151.
② 王庆彩和南峪小学　完县模范教员和模范学校的介绍［N］.晋察冀日报，1944-6-6（4）.
③ 教育简报［N］.晋察冀日报，1944-7-23（1）.

参与、热情高涨，成效也颇显著。

被"改造"后的"懒汉""懒婆"能够变身为普通的劳动者参与生产劳动。1944年4月25日《新华日报》(华北版)报道：

> 磁武安子岭全村的懒汉和二流子共男女四十八人，经过改造后，已有二十五人在开荒，计划(下种前)开一百二十六亩，从三月十九日到四月一日十来天里，已开廿五亩，其中韩汝华开三亩九分，刘元亭二亩九分(这二人过去最坏)，讨吃的韩秋生也开荒二亩，又有六个懒汉三月十九日起五天积肥一〇八亩，其中最好的有乔石贵，积肥八十驮，又〇个〇十天垒堰十九道。村政农会帮助解决九人谷种五斗八升，豆子种二斗八升，玉米一升，菜籽十二两，农具三把，现正为完成一二六亩荒而突击。懒婆娘乔富莲，十天纺花三斤(大秤)，韩红花和何妮子二十天内，一个纺花十五斤，一个纺花八斤(大秤)。[①]

"劳动"创造"劳动价值"，从事生产劳动就是主动地生产自己所需要的生活资料，参与生产劳动的过程即拉平人与人之间(阶级与阶级之间)距离的过程。在通过减租减息运动弱化阶级矛盾后，抗日根据地为谋求"自力更生"而发起的大生产运动抓住生产劳动这条政治经济途径，进一步明确改造"懒汉""懒婆"，改掉其身上的非劳动因素，最终将其拉入劳动阶级队伍。

(三)"诉苦刨根"勇翻身

解放区的阶级斗争延续全民族抗战时期的"民主大运动"——"减租减息"运动而来。它先以新解放区普遍而热烈开展的反奸、清算、减租、增资等阶级斗争为热身，继之以新老解放区彻底实现"耕者有其田"的土地革命为高潮，将阶级斗争的烈火村村点满，从而彻底实现了焚烧掉一切封建破旧秩序经济基础的愿望。与此潮流风向一致的，儿童运动自从在全民族抗战时期的"减租减息"运动中揭开了"阶级分化的裂口"后，就以更加勇猛甚至热烈的姿态先后投入解放区里阶级斗争的"热身"和"高潮"中来，进而将儿童与成人、儿童与儿童之间已然裂开的阶级分化裂口扩大深化。特别是在"贫雇路线进学校"的指引下，小学校便成为贫雇儿童与地富儿童、地富教员之间制造阶级分化、展开阶级斗争的固定而专门的场所。

---

① 磁武安子岭怎样改造懒汉的[N].新华日报(华北版)，1944-4-25(4).

（图片来源：中国国家数字图书馆．解放区翻身农民召开揭露恶霸地主罪行的大会）

　　不管是解放区阶级斗争的"热身"阶段还是"高潮"阶段，"诉苦刨根"总是贯穿各大翻身批斗过程的主线，也是煽动广大群众仇恨情绪的重要策略。对此，冀中区党委曾总结出最能发挥诉苦功效的策略，即应"由小而大，小组诉、大会诉、到处诉。到处串通，反复地诉，越诉越痛，越痛越诉，越伤越气，越气越起火，越起火劲头越大，大家宣誓结成巩固的阵营，浩浩荡荡游行示威，燃烧着遏止不住的斗争怒火，理直气壮的去找地主斗争，把地主打得伏伏在地"①。在这种策略的推广指导下，土改运动中的解放区很快便营造出一派"到处呼冤，村村诉苦"的热烈景象，"失掉父母的小孩，没有丈夫的寡妇，带着伤痕的人们，都齐拥到最前面去，争着诉苦"。②据此，我们首先即可将本节论述的焦点径直集中到"诉苦"之最高阶段——翻身批斗会现场——儿童"诉苦刨根"的言行举止上，选取三例，以展示他们参与土改运动的表现。

　　场景一：1945年10月14日11时晋察冀张市八小、二小学生批斗文化汉奸武永宏现场：

　　　　……主席，八小的同学孙清章，是一个十一二岁的小孩，他含着无限

---

① 中央档案馆，河北省社会科学院，中共河北省委党史研究室．晋察冀解放区历史文献选编：1945—1949［G］．北京：中国档案出版社，1998：375.

② 博爱回汉人民联合翻身记［N］．新华日报（华北版），1946-10-7（5）.

的愤怒说:"日本在时咱们受日本的气,武永宏仗着敌人的势力,欺辱我们,今天咱们要和他们算账!"于是台下小学生们无穷的辛酸即尽量地吐泄出来,三十多个小学生,争先发言,有无数学生是为了喝水被打耳光或被脚踢的;叫学生给他擦车,擦得不好,也打学生;不给他行礼,也是打;叫学生给他买东西,还得给他赔钱;没收学生的玩物,给他兄弟玩,他叫学生吃羊粪;还有些学生无缘无故地被打被骂。……会场越来越紧张,怒火在每个儿童心中燃烧起来。大家都等着武逆的答复,……他说:"我过去是打骂过学生,但是是为了叫学生们学好。"台下马上发出了反抗的吼叫,无数学生站起来发言说:"莫非你为我们好才打骂我们!你愿意你兄弟好,为什么不打骂他呢?"台下一片掌声,武逆无言可答,吞吐地答说:"敌人叫我打你们的。"台下的学生立时便骚动起来,气愤地指斥他:"日本是你的爹爹,你这么听他的话。"主席平息了大家激动的喧嚷,于是有学生站起来向武逆质问:"你不是我校的教员,为什么在我校里住,欺负人?"武逆说:"我为了准备功课。"学生们又问:"是谁叫你来的?"他回答:"我自己愿意来的。"学生们喊着:"瞎说!这么随便吗?"武逆看着掩盖不住了,即说:"板本先生叫我学日文,所以来这校里住。"学生们听了这话,即痛骂起来:"他还管敌人叫先生呢!压迫咱们八年的敌人,还'先生'呢!""板本是你祖宗!"学生们又质问:"板本浅井和你有什么关系?"武逆支吾,后来实在没法才说:"板本和我讲日本帝国好,说中国人是奴隶……"他话还没有说完,台下就站起好几个学生要打他,学生们一边挽袖,一边喊:"你再叫先生,先给你两拳!"……学生们喉咙哑了,武逆还是不好好地据实说。学生们气极了,一拥而上,主席拦也拦不住。……休会后学生们又都跑到台上层层地将武逆包围住,最后他看赖不过去了,即承认板本是特务,……这时天色已经黑了,学联代表提醒,今天暂时休会,根据武的坦白程度,以后再接着开。虽然刮着冷风,但学生们都不散会,后来有学生提出进行示威,把武逆送到区公所,大家都同意。于是孩子们排着队,走进大街,孩子们愤激的热血,抵住了初冬的寒风。"拥护共产党,拥护八路军!""拥护民主政府!""打倒文化汉奸武永宏!"阵阵兴奋得嘶哑的吼声,打破了黄昏街道的寂静。①

场景二:晋冀鲁豫汤阴五陵批斗地主贾振邦现场:

---

① 本市八小、二小学生斗争文化汉奸武永宏[N].晋察冀日报,1945-10-28(2).

小喜根是汤阴五陵人，今年才十三岁。当地主贾振邦低着头跪在农民面前的时候，他即挤到地主跟前，用手指着他的脸，满脸通红，怒目而视："去年俺穷人饿的没法，去拾麦穗，刚刚走到地边，你就拿着棍子打我，把我赶得直跑，连筐子也掉了。"在诉说这一件痛事后，然后有力地追问："你的地是从哪里来的？连麦穗也不让穷人拾！""剥削穷人来的。"地主被迫回答。"你为啥要剥削穷人？"喜根紧紧地追问。地主吞吞吐吐："因为我想好过。"这时小喜根愤怒极了："你想好过，俺生来就想穷吗？！"接着就是一阵狠狠的耳光。①

场景三：晋冀鲁豫平定四区白家村批斗地主银孩现场

平定四区白家村的诉苦大会开始了，农会主席向大家说："今天是有仇报仇，有冤报冤，咱们要诉尽苦出透气！"他的话刚落音，十二岁的郝臭顺很愤恨地站起来喊道："主席我有意见。"他一边说一边走近了特务地主，全场几百双眼睛都注视着他。臭顺怒目瞪着特务地主，小手敲着地主的头质问："银孩（地主），谁把俺爹杀了？"特务答："人家顽固军来！"臭顺再往下追问："谁报告来？"特务只得说："我们来！"臭顺的怒气更大了，连声追问："谁卖了俺妈？"特务低声地回答："我们来！""我们花了两三石，还有一半没花！"臭顺含泪大声说："汉奸小子们杀了俺爹，又卖了俺妈，留下我怎么活呀！"这时全场肃静，感动的群众都流下了泪。臭顺狠狠地给了特务地主两棒。臭顺一边打一边说："过去俺有苦不敢出声，今天有了共产党作主，非给俺爹报仇不可！"他的小手举着大棒在尽力地打……"仇要报！血要还！"全场响起了巨大的口号声！②

作为争取新民主主义革命最终胜利的解放战争，以将无产阶级的力量充分汇聚调动起来，彻底推翻帝国主义、封建主义和官僚资本主义"三座大山"的统治为目的。"前方打蒋军，后方挖蒋根"，借助无产阶级之合力谋取无产阶级

① 儿童的威风［N］.新华日报（华北版），1947-8-17（2）.
② 非给俺爹报仇不可！——白家村儿童郝臭顺诉苦记［N］.新华日报（华北版），1947-9-19（4）.

之幸福的阶级立场，自然而鲜明地将解放区包括汉奸、恶霸、军阀、官僚、地主、非法富农等在内的阶级敌人分化、圈围开来，解放区所营造的此种浓郁的阶级对抗氛围无疑是从小培育儿童阶级斗争意识的温床。"被难的苦主是最好的积极分子，是斗争中的主角，只要发现有点积极要求，就大胆使用，对斗争终是有利的。"[①] 谁说孩子没有仇恨？更为重要的是，当饱经苦难的儿童也来到"活生生"的斗争会场痛诉冤屈时，压抑良久的怨恨之情就像喷涌而出的岩浆随即灼灼燃烧翻滚起来，其腾腾血气毫不逊色于成人。以上所摘之三个斗争场景中的儿童，或曾被汉奸欺压打骂，或曾被地主追打受饿，有的甚至被地主逼得家破人亡，孤苦无依。诉苦批斗大会就是一个"有冤申冤，有仇报仇，欠债还钱，杀人偿命"的人民法庭，批斗会上孩子们刨根追底的私仇对质与群众感同身受的公愤难平，无不聚集成一股股强大的情感浪涛，"拦也拦不住"地不断冲击着脆弱无力的所谓秩序规范。

"一到开斗争会，学生们整队齐唱翻身歌，并一齐上手打恶霸地主、诉苦。"[②] 斗

（图片来源：中国国家数字图书馆，河北省定县关西农民将向地主讨还的文契烧毁）

---

① 谢忠厚. 冀鲁豫边区群众运动资料选编［G］. 石家庄：河北人民出版社，1991：691.
② 博爱解放后文化也翻身 万余翻身农民子弟入学［N］. 新华日报（华北版），1947-9-15（3）.

（图片来源：中国国家数字图书馆．大别山区的农民涌进地主的"围子"斗地主、分浮财）

争会上被难的儿童"主角"据理力争，声泪俱下，而拿着"翻身棍"负责看押游斗地富汉奸，唱歌呼口号为会场造势声威，游行鼓动群众，看守"浮财"捣毁"防空洞"的儿童"配角"，也都尽职尽责，一呼百应，如鱼台的小学生宣传队和儿童团看押部、博爱的小学生斗争队、平潭街小学的学生斗争组、武安一高小学生翻身队、黎明剧团儿童班等，都是名噪一时的儿童辅助性翻身团体。儿童正是凭借此种勇当"主角"与甘当"配角"的精神才使类似"咱这次斗争翻身，小儿童真是出力不小"，以及"群众挽留翻身队不让回学校"的良好民意反响常见报端。极端者，如山东莒南县在"反特复查"的乱打乱杀行为中，表现积极的，除一些极左的不良分子外，多是一些儿童团和识字班，甚至有些地方利用儿童的年少单纯，在组织农民法庭时"光选些小孩做法官。"①

　　尤其重要的是，自 1946 年 11 月 21 日晋察冀冀中区率先倡导部分高小"抽出若干教职员、学生组成翻身队，参加与支持群众斗争""小学教师应积极协助群众运动，不应袖手旁观"起②，各解放区的儿童教育便逐渐参与土改热潮中，静悄悄的小学校也因贯彻"贫雇路线"学习群众斗争大会做法而变得躁动不安。首先，是名目繁多的校内儿童翻身组织的成立，如"翻身队"、"翻身先锋队"、学生"贫雇委员会"、"贫雇儿童学习委员会（小组）"、"儿童司法科"等；其次，

---

①　王友明．革命与乡村——解放区土地改革研究：1941～1948（以山东莒南县为个案）［M］．上海：上海社会科学院出版社，2006：138.

②　皇甫東玉，宋荐戈，龚守静．中国革命根据地教育纪事［M］．北京：教育科学出版社，1989：333.

是各类儿童翻身组织领导校内斗争，如管制隔离被斗户学生，撤换儿童干部；开展包括"放包袱""攻炮楼""找三根""划阶级""挤封建"等步骤的挤封建运动；实行"父债子偿"政策，惩罚被斗户儿童，通过劳作来救济劳苦儿童，或径直查封其在校书籍财产，分发给贫雇儿童；甚至组织校内批斗会，打骂地富儿童乃至中农儿童等，儿童内部的阶级矛盾与斗争上升到白热化阶段。面对贫雇儿童的强势压制，被斗户儿童有"阶级觉悟"被开启而愿受惩罚接受改造的，如平潭街小学的恶霸之子荆孟升"不得不在黑板上偷偷写'我现在是被压迫的学生'了"，破落地主的儿子牛酉生"也懂得了他家过去是怎样剥削人，现在拿出财产来是应该的"。[1] 东北哈尔滨附近柳树林屯有的地富孩子甚至还把自己家人往磨盘底下埋财宝的秘密告诉儿童团。[2] 当然也有"死不悔改"、对抗复仇的，如黎城东阳关高小的地主学生李丙辰就在校组织起被斗户儿童团体，与翻身子弟团体分庭抗礼[3]；陵川礼义高小的李思学也暗地里与"特务教员桑毓秀勾结""组织若干斗争对象学生，企图夺取学生会的领导"[4]。儿童与儿童之间此种尖锐对抗的阶级冲突，终因地富儿童大量被"挤"，地富教员被"挤"而导致学校"垮台"或"半垮台"危机出现。毛泽东在1948年2月11日正式发出《纠正土地革命宣传中的"左"倾错误》后，冲突才得以渐趋"纠偏"休止。

四、日常生活的革命军事化

德·塞托认为："日常生活是丰富的、创造性的，是实践的场所，其中既存在支配性力量，也存在对支配性力量的抵制。日常生活就是由持续变动着的、围绕权力关系运作的一定的实践构成的。"[5] 革命时期儿童团中儿童团员的日常生活是共产主义运动"实践的场所"，集合了共产主义革命这股"支配性力量"，以及阶级革命过程中各股"对支配性力量的抵制"的力量，带有强烈的军事化色彩。

[1] 发动群众中的平潭街小学——学校教育如何与土地改革结合 [N].晋察冀日报，1947-8-31（2）.

[2] 董纯才.中国革命根据地教育史（第三卷）[M].北京：教育科学出版社，1993：118.

[3] 地主儿子人小毒心大 东阳关高小坚决挤掉 [N].新华日报（华北版），1947-9-29（3）.

[4] 李思学人小心太毒 礼义高小开除了 [N].新华日报（华北版），1947-9-13（3）.

[5] 董倩.改造日常：《新民晚报》与社会主义上海生活空间之建构：1949—1966 [M].上海：上海人民出版社，2016：6.

（一）共产儿童团的日常活动与苏维埃革命运动

坚定的阶级立场与严明的组织纪律交相呼应，使得熊熊革命之火点燃了苏区劳苦儿童的蓬勃激情，振奋他们以果敢热烈的行动投入苏维埃革命浪潮中。在党与团的领导号召下，他们的身影遍及各类大大小小的"运动"，并活跃于年复一年的各种重要纪念日和节日现场。对此，湘鄂赣苏区连连发表慨叹。1931年湘鄂赣省委曾言："童子团放哨、侦探、检查、反腐化、破除迷信的斗争，也表示得剧烈。敌人进攻苏区，青年群众是表示得不怕死的精神，与之抵抗者有之。特别是各种运动与纪念，总是青年儿童占大多数。"①1932年湘鄂赣省委又言："各个运动中，儿童比一般（人）要热烈些，并有组织性的，捐起红棍，整齐队伍来参加活动。"②鄂豫皖童子团代表大会上儿童的宣言也许是对湘鄂赣此种连连慨叹的最好注明，大会上儿童大声地呼喊着：

> 哪怕年纪小，身体不大，拿着棍子站岗，带起木枪作战，配合红军行动，哪怕身体小，力气不够，拿起镰刀，掀着犁尾，种瓜种豆，参加生产。③

确实如此，从宣传到行动，从后防到前线，从灵魂到身体，儿童的革命热情灌注于每一个方面。

首先，从拥护红军来看，赣东北团省委不止一次地向团中央汇报儿童团慰劳红军时的感人行动："儿童群众普遍热烈欢迎欢送，热烈地送慰劳品，从很远很远的地方落雨落雪的来慰劳红军。在天气很冷的时候捉鱼给红军吃，至于打草鞋给红军穿，送果品小菜给红军吃，这更是做得普遍，更是做得热烈了。"④又"儿团对拥护红军和慰劳红军的工作是做得比较好的，如红军开到每县时，

---

①　中国共产主义青年团中央委员会办公厅.中国青年运动历史资料（9）[G].中国共产主义青年团中央委员会办公厅，1961：555.

②　共青团中央青运史研究室，中央档案馆.中国青年运动历史资料（11）[G].北京：中共党史资料出版社，1988：462.

③　中国共产主义青年团中央委员会办公厅.中国青年运动历史资料（9）[G].中国共产主义青年团中央委员会办公厅，1961：555.

④　中国共产主义青年团中央委员会办公厅.中国青年运动历史资料（10）[G].中国共产主义青年团中央委员会办公厅，1960：323.

儿团帮助找禾稿，到河里捉鱼，甚至几十斤几百斤地送给红军吃；同时在平时每月都要打草鞋送给红军穿，能经常地送小菜给红军吃，在红军作战时，能直接地送茶送饭及果品送到火线上给红军吃；同时红军得到胜利的时候，能很勇敢来欢迎慰劳欢送等工作"①。有些苏区，如兴国、博生、长汀、上杭等，还与红军订立起联系制度，以定期看望、慰劳、迎送红军，帮助优待他们的家属。②此外，帮助收集子弹壳和破铜烂铁，送给兵工厂造子弹，支援红军作战；给前方将士写信鼓励问候；帮助部队择菜；响应节约运动征集物资送前线；特别是闽赣的儿童团募捐了一架高射炮给少共国际师③，江西的儿童团甚至捐了一架"红色儿童号"飞机给红军。当回忆起第五次反"围剿"在前线率领"少共国际师"殊死拼杀的场景时，无怪乎肖华会不无感慨地说："特别值得提到的是根据地人民群众和各县共青团、少先队、儿童团对子弟兵的热情爱护和帮助，那是我们永远也忘怀不了的。"④

对于扩红工作，儿童也乐此不疲地奔走鼓动，并不断收获令成人都刮目相看的成绩。如 1933 年"红五月"运动中，福建省儿童团员总共动员了 1 052 人参加红军，为此还诞生了不少儿童动员小能手。⑤随后，江西苏区的儿童团员也延续着"红五月"的热情，特别是在长汀、兴国、万太、博生、瑞金、永丰等地，许多儿童团员独自就能鼓励七八个甚至十多个青年参军。因此，仅 1933 年 8—10 月，江西儿童团就动员了 4 000 人以上参加红军。⑥这种热烈扩红的势头还延续下来。到 1934 年"红五月"，瑞金 3 900 多名新战士中，由列小儿童宣传鼓动的，就达 1 500 名。⑦值得一提的是，儿童扩红动员的对象中理所当然地包括自己的父亲、兄长和叔伯，如 1934 年"红五月"中，博生流南区流南乡城头村列小就有两个儿童自动报名参军，并带动了他们的父亲与八个群众一起上

---

① 中国共产主义青年团中央委员会办公厅. 中国青年运动历史资料（10）[G]. 中国共产主义青年团中央委员会办公厅，1960：636.

② 共产儿童团红五月工作的总结[N]. 红色中华，1933-7-5（4）.

③ 共产青年团领导之下的苏区共产儿童团三个月来的活跃情形[N]. 红色中华，1933-9-27（5）.

④ 张爱萍，肖华，等. 忆少先队和少共国际师[M]. 南昌：江西人民出版社，1979：21.

⑤ 共产儿童团红五月工作的总结[N]. 红色中华，1933-7-5（4）.

⑥ 共产青年团领导之下的苏区共产儿童团三个月来的活跃情形[N]. 红色中华，1933-9-27（5）.

⑦ 苏区教育的发展[N]. 红色中华，1934-9-29（4）.

前线。① 瑞金武阳区松山乡列小儿童陈士权则动员了自己的叔叔参加了红军。②
相应地，在苏区儿童局"更要劝你哥哥爸爸到前方杀敌去"的号召下 ③，儿童对
动员包括自己家人在内的"开小差"者归队也与扩红一样积极热烈，不徇私情，
在此不再赘述。

国民党对苏区的连连"围剿"，使后方的生产与前线的战争一样紧张激烈
起来。特别是每逢春耕秋收的农忙时节，劳动力的调配与安排往往成为苏区中
央政府的战略大事，每每都提前通知各级苏维埃负责人重视此事。而这每次的
通知中，中央政府都不会忘记将儿童团也列入耕收队伍中来出力。④ 面对号召，
儿童依旧热烈响应。对此，1936 年 2 月 16 日《红色中华》上刊登的《儿童春耕
歌》颇能在拾粪、宣传上表达儿童参与后方生产的场面：

> 春耕运动真不差，十岁娃娃也参加；莫说娃娃年岁小，做起事来帮助大。
> 收成要好要有肥，羊粪牛粪和草灰；娃娃早起拾了粪，送到地里积成堆。拾
> 粪每天起得早，堆到地里做肥料；分村分组来比赛，个个条件要做到。娃娃
> 笑笑走走娃娃跳，娃娃兴趣真正高；挨家挨户做宣传，造成春耕的热潮。春
> 耕运动做得好，抗日红军吃得饱；保护我们有土地，卖国贼子都赶跑。⑤

其实，除拾粪、宣传外，建肥料所、开辟儿童菜园、种棉、植树、捉虫、
开荒、收粮等都是儿童踊跃参与的项目。此外，还要帮助红军家属放牛、看孩
子、砍柴、送肥、除草、打扫等。其生产成绩之可观，仅以 1933 年"红五月"
为例，全苏区儿童团的肥料所增加到 12 167 所，儿童菜园则建立了 571 个。⑥

---

① 　儿童宣传父亲［N］.红色中华，1934-9-21（6）.

② 　各地扩红突击中光荣的个别例子·模范的皮安尼尔［N］.红色中华，1934-6-9（2）.

③ 　欢迎小同志——给全苏区的共产儿童们［N］.红色中华，1933-4-2（4）.

④ 　如 1933 年《土地人民委员部训令——春耕计划》指明儿童团"也要按照总的计划去
　　各自规定生产计划"；以临时中央政府主席毛泽东等署名发出的《为夏耕运动给各级
　　苏维埃负责人的信》也规定，乡苏要召集包括儿童团在内的团体开代表会，进行夏
　　耕动员与准备；1934 年由中央政府人民委员会和中共中央委员会联合发出的《关于
　　春耕运动的决定》也要求："每个儿童，在红色的苏维埃农村中进行生产战线上的冲
　　锋突击。"分别参见《红色中华》：1933-2-13（5）；1933-4-29（4）；1934-2-18（1）.

⑤ 　儿童春耕歌［N］.红色中华，1936-2-16（2）.

⑥ 　共产儿童团红五月工作的总结［N］.红色中华，1933-7-5（4）.

正是经历了这首次生产实验，由此为后续的抗日根据地和解放区儿童不断创造出生产奇迹提供了经验和路向。

关于儿童反地主恶霸，抓敌探反动分子，也顺此带过一笔吧。秉持坚定的阶级立场，儿童团员对地主恶霸普遍都恨之入骨，并往往在具体的行动中"不分轻重"。如鄂东童子团在"反腐化中，见着穿长衣的戴眼镜的就把长衣截成短衣，眼镜打碎"①；皖西北的童子团则"烧医生医书，扯老腐败的胡子……反对富农把牛牵到富农田里去吃谷……童团到农村去硬抽拥护红军的物质，而且要米不要杂粮"②等。儿童团更为热烈的行动还如湘鄂赣所述：

> 童子团……斗争……过右过左的错误极多，如……修水与万载儿童及青年打菩萨，烧菩萨，禁止做道场、请巫医病非常剧烈……对破除迷信与旧的礼教的斗争，青年都单独地举行运动，过右的消极观念、落后的农民意识还是极深，如童子团之过左办法，烧神、焚谱、禁止做斋……③
>
> ……肃反工作，儿童捉到反动分子，因年龄太小不能用刀杀，他们便很多儿童用竹扛押倒他（反革命）的劲，推到水内去浸死，（平江龙门区）放检查哨，不管什么负责人，非路票不行，在反迷信他便打菩萨、烧菩萨，在解放妇女运动时，他便成群结队地去剪头发，在禁止鸦片与赌博时，他便不间断地、不碍面子地去检查。④

闽北苏区也曾以同样的口吻报告儿童查田时的"过分"行为：

> 各乡区赤少队童子团和雇农工会等，胡乱办人，稍有余积的人，都办做土豪，甚至可值（拥有财产）一二十元的人，也做土豪办罚他的款子。⑤

当然，自 1929 年冬开始至 1930—1931 年扩大化的肃反运动，也曾使儿童

---

① 中国共产主义青年团中央委员会办公厅.中国青年运动历史资料（9）[G].中国共产主义青年团中央委员会办公厅，1961：650.
② 同上，第 358—363 页。
③ 同上，第 650—652 页。
④ 共青团中央青运史研究室，中央档案馆.中国青年运动历史资料（11）[G].北京：中共党史资料出版社，1988：462—463.
⑤ 林青.二战时期福建苏区的儿童团组织 [J].党史研究与教学，1992（3）：81—85.

团"引火烧身"，在清除富农及其子弟和亲戚出儿童团的同时，许多无辜儿童也常常被清除出革命队伍。据彭富九回忆："后来，富农子女甚至一些劳动家庭的子弟因几代之前的长辈沾了地富的边，也被排除在儿童团之外。"① 钟月林也证实："儿童团也在处决人。他们每天都在抓人，一个可能上午还在抓人，下午他自己就可能被别人抓走。"② 当年的"红小鬼"胡耀邦就曾因被误打为"AB"团而关押"听候处理"过。政治斗争是残酷的，但这种残酷并没有改变儿童忠于革命的热忱。

后期的苏区在内外交困的情境下不得不走向转移奔波之路。诚如何友良所言，在国民党方面"无粒米勺水之接济，无蚍蜉蚊蚁之通报"的严密经济、军事封锁和打击下，连连征战的苏区消耗了大量青壮年人力和物质资源。而苏区内部接连不断的干部"清洗"，如惩办运动、肃反运动、改造运动和突击检举运动；以及偏激政策刺激下日趋激化的群众矛盾，如"查田分田"、劳资纠纷、大会不停、强迫扩红等，都无不从内部消耗着苏区所存的元气。

然而，与苏区后期这种消沉迷乱的总体氛围相反，一直忠心耿耿、严守纪律，以万分之热情参加"一切实际拥护苏维埃政权的斗争"和"帮助苏维埃执行一切法令和政策"的儿童，则依然竭心尽力，追随革命。即使在最严酷的战争形势下，他们也甘愿逆成人"开小差"的弃战潮流而行，临危受命成立"少共国际师"开赴前线。另外，鄂豫皖苏区主力西迁后于1932年就地新编的红二十五军以及川陕省模范儿童营等，都不仅为后期保卫苏区浴血奋战，而且还义无反顾地成为"红小鬼"追随长征继续革命。③

---

① 彭富九.回忆苏区儿童团（一）[J].百年潮，2011（2）：32—37.

② ［美］杨·海伦.选择革命：长征中的红军女战士［M］.朱晋平，等，译.北京：中共中央党校出版社，2011：162.

③ 儿童团员与"红小鬼"是有区别的。一般来说，"红小鬼"是"对参加中国工农红军及八路军、新四军的少年的亲昵称呼"。（王彦坤.现代汉语三音词词典：增订本［M］.北京：语文出版社.2005.）有英文机构将其翻译为"Little Red Devil"，并解释为"affectionate term of address for teenager soldiers in the Communistled armies before 1949"。（思马得学校.汉英中国文化词典［M］.南京：南京大学出版社.2005：143.）可见，与儿童团员是对隶属于儿童团的儿童的称呼不同，"红小鬼"则是对隶属于共产党所领导的军队中的儿童的称呼。但两者之间从一开始便发生着密切的联系。据一些官方普及性材料提供的线索，作为中国共产党南昌起义后所建（转下页）

（二）抗日儿童团的日常生活与抗日根据地民主运动

儿童团是根据地政策的忠实宣传者和积极践行者。凡是根据地党、政、军发出的号召及其转化而成的具体"运动"，如拥军优抗、动员归队、民主选举、入学识字、救国公债、救国公粮、锄奸反恶、卫生改造（如捕鼠打蝇运动）、春耕秋收等，儿童团（及小学校）都率先为其欢迎造势，运用歌咏舞蹈、化装演剧、拜门宣传、标语口号、提灯晚会、识字牌教育、家庭访问、街头演戏等各种各样的方式进行宣传鼓动。特别是对于发动并保证自己家庭的父母、姊妹、亲友、邻居等响应参加，发挥了无可比拟的作用。如在1940年晋察冀四专区的民主选举运动中，儿童团以积极活跃的工作态度深入家庭、街头，守卫在岗哨邻里，宣传、教育及苦劝包括自己亲属在内的群众参加选举，并在选举大会上组织纠察队、啦啦队、歌咏队来维持会场秩序，活跃会场气氛①；识字运动中的"小先生"也使尽浑身解数"推己及人"，他们一般以自己家庭中的文盲为主要对象，然后再推广到邻近的亲戚②，或径直每人分包几家，回家后保证把当天所学如数教给分内的几家人。③ 而当家人拒绝坚持识字时，有的"小先生"甚至

（接上页）立的第一支军一级部队——中国工农红军第四军（也即朱毛红军）——中就有许多追随毛泽东秋收起义部队进驻井冈山的儿童团员。我们暂且将这视为第一批由儿童团员直接转化为"红小鬼"的事件（如中国少年先锋队《时刻准备着》丛书编辑委员会.中国少年儿童运动史［M］.北京：海洋出版社，2001：19）；苏维埃革命时期也陆陆续续有不少儿童团员加入红军中，如闽西苏区的《苏维埃区域CY工作大纲》就将儿童团与少先队并列作为支援红军作战的基本队伍，使儿童团员成为事实上的"红小鬼"。而"少共国际师"和"红二十五军"则是最大批次的吸收儿童团员参加红军的证明；（关于少共国际师可参见张爱萍，肖华，等.忆少先队和少共国际师［M］.南昌：江西人民出版社，1979；关于红二十五军可参见芦振国，姜为民.红二十五军长征纪实［M］.郑州：河南人民出版社，1986.）到长征，同样有不少儿童团员跟随队伍西征转移，如湘鄂西就有"许多儿童团员毅然离开家乡，离开学校，参加了红军游击队，继续坚持革命斗争"。

① 《晋察冀抗日根据地》史料丛书审委员会.晋察冀抗日根据地（第二册　回忆录选编）［G］.北京：中共党史出版社，1991：98；四专区选运中的小学儿童［N］.抗敌报，1940-8-11（1）.

② 中央教育科学研究所.老解放区教育资料（二）抗日战争时期（下）［G］.北京：教育科学出版社，1986：34.

③ 共青团中央青运史工作指导委员会，等.中国青年运动历史资料（15）［G］.北京：中国青年出版社，2002：530.

（图片来源：中国国家数字图书馆．儿童团把当选的代表抬起来）

"母不学就不吃饭，也不上学"①。

1939 年起，随着国共双方矛盾摩擦的不断增加，内外交困，根据地的财政经济普遍面临难以为继的现实，中共中央开始号召根据地要开展包括小学在内的大生产运动。特别是 1940 年百团大战后，日伪开始对根据地实行"囚笼政策"，1942 年华北华中又遭遇特大灾荒（旱灾及其后的蝗灾），大生产运动成为继减租减息运动之后的"第二个革命"，维系着根据地的物质生存命脉。由此，中共中央在继续发出精兵简政、生产自救、自力更生等一系列号召和指示下，又不断地将各根据地大生产运动普遍推向高潮。儿童作为一股强大的潜在革命性力量，正是借助着这股热烈的生产浪潮而不断证明自己的不可"被小看"。有些地方由于成年劳动力匮乏，家庭劳动生产的重担自然就落到了儿童身上。如晋察冀四专区的石洞村因灾荒严重，男人都到外边拾坎（谋生）去了，妇女忙于纺花织布种小米，诸如拾柴、烧火、挖野菜的任务，就都由儿童承担。②此外，1944 年开始华北蝗灾严重，儿童又充当剿蝗主力，以解放本就紧缺的成年劳动力从事生产、服务战争，此间诞生了许多"剿蝗"小英雄。与此相关的丰富史料无不昭示着："'蜜蜂小，能酿蜜'，成千桶的蜂蜜，就是那些小虫子生产

---

① 共青团中央青运史工作指导委员会，等．中国青年运动历史资料（16）［G］.北京：中国青年出版社，2002：80.

② 任登瀛同志和石洞小学［N］.新华日报（华北版），1945-3-9（4）.

出来的。孩子虽小，他们的集体力量是相当伟大的。"①并且，由于大生产运动中儿童所参与的生产活动往往融多种"运动"于一体，因此，我们将通过着重分析儿童在大生产运动中的表现来概述其"运动"热情。

1941年2月，模范根据地晋察冀边区政府公布的儿童劳动英雄条件为："能养蚕二百条，养鸡五只，拾粪一百斤，植树十五棵或参加其他劳动有显著成绩者。"②但在具体的生产劳动中，各根据地儿童的劳动成果和劳动能力不仅经常超越这一评选条件，还往往超乎人们的想象限度。大生产运动是一个造就大批"小英雄"的舞台。根据所占有的史料，笔者分别选择整理出有代表性的个人劳动"小英雄"和集体劳动"小英雄"的劳动清单各一份（见表6-1、表6-2），以示说明。

据两个统计表格中的内容可见，儿童的生产劳动运动是与家庭、学校、优抗密切相关的，家庭、学校和儿童团体分别构成为儿童生产劳动的基本单位。由党和政府动员发起，在创造和选拔劳动"小英雄"的竞赛机制刺激下，儿童的劳动潜能被极大地调动激发起来，从而创造出一个又一个生产奇迹。

不止如此，英雄的劳动儿童与英雄的劳动儿童团体以其巨大的生产热情和惊人的吃苦耐劳精神，辅之以在生产之余组织的"宣传突击队""改造懒汉队""捉懒汉队""鸡叫队"等，影响、感召并改造了包括其家长在内的众多"懒汉""懒婆"投入大生产运动的洪流中来。儿童改造"懒汉"之决心与其生产之热情一样坚毅持续，儿童不仅拿着农具到街上游行喊口号，在懒汉摊贩上写反对懒汉的标语，分组挨家挨户检查催促起床，将屡教不改者在大众黑板上"金榜题名"丢他的脸，而且还在胸前挂上"反对懒汉"的宣传牌回家刺激自己的懒家长接受"改造"。对此，晋察冀完县的"懒汉"权小猪的感慨真可谓代表了众多被改造的"懒汉"的共同心声："我懒了五十多年了，今年算给这群小孩子治过了。"③

拥军优抗运动随着大生产运动浪潮的高涨而热烈推进。如清单所列，儿童的生产劳动及其所得都不会"独吞"，除保证并支持家庭开支外，余下的几乎都会用来优待抗属。为抗属抬水、拾柴、拾粪、打扫、耕收、募捐、拜年等，都

---

① 中央教育科学研究所.老解放区教育资料（二）抗日战争时期（下）[G].北京：教育科学出版社，1986：398.

② 边区青救会号召创造百名青年劳动英雄 [N].晋察冀日报，1941-2-23（1）.

③ 边区小学生在大生产中 [N].晋察冀日报，1944-6-22（2）.

表 6-1　抗战期间个人劳动"小英雄"统计

姓名年龄	时间	项目及收获								备注
		开荒	耕植	养殖	手工	拾粪	打柴	拾水优抗	放牛、挖菜、除害	
张英年(11)	1940年春耕时期	6亩	植树50棵				100斤优抗	11次		抗敌报
高宁业(11)	1940年春耕时期	5亩	植树25棵	鸡6只		4担优抗	300斤优抗	20次		抗敌报
苏凤仙(12)	1941年春耕时期	2亩	植树70多棵；栽山药3次优抗			送粪5次优抗		9次优抗	9次优抗	抗敌报
唐文焕(14)	1942年春耕时期	3亩	植树5棵；种南瓜15棵	鸡3只，蚕3000条、羊2只						抗敌报
张熙恩(14)	1943年冬		帮助家庭收割庄稼		打袜子3双	120筐	700斤		菜干15斤	抗敌报
孟兰凤(13)	1943年				与兄织布251尺，赚4500元					抗敌报
胡竹女(15)	1943年	开熟地5亩；锄地7亩	收割庄稼7亩			13簀，并积绿肥2大坑	5千斤			抗敌报
程海云(14)	1943年		3天耕4亩地，独自种地30余亩		10天纺7斤棉花					抗敌报
王令山(11)	1943年								3个月挖菜4千多斤	新华日报
牛国才(14)	1944年秋收组织儿童变工组		抢收炮楼下庄稼152亩；割豆蔓146亩；刨玉茭12亩半；种麦25亩			拾麦、拨工，翻粪1000担			拾麦60担；除害鸟650只、鼠730只	抗敌报

表6-2 抗战期间集体劳动"小英雄"统计

名称	分工	人数	项目及成绩						备注
			开荒	耕植	养殖	拾粪、柴、菜、草	除害	手工生产	
辽县麻田	春耕突击队	240余人	60亩	植树240余株		拾粪2万余斤			1940年春耕
全县小学生（抗敌报）	春耕突击队	94128	48亩8分	植树28104棵；种菜45亩2分5厘	鸡903只；蚕8370条		打翻鸟窝7680个（得柴15360斤优抗）；毁害鸟蛋23040个；捕杀害鸟11218只；捉老鼠2224只		1941年春耕，1942年捕鼠打蝇运动
	代耕队	8129		锄地56亩；浇地27亩；掘地13亩		148筐，3760斤			
	互助队	2690							
晋冀豫太行区				（太行）建立青年儿童园地237亩；青年儿童林171个		（太行）拾粪3273096斤；（太北）黎城1—5月拾粪891869斤		信封3946个；石灰洗脸盆6个；板擦479个；草帽70顶；织席5领；锅盖48个；带子214条	1941年春耕
隆化			10亩	建30多个儿童林，植树3960棵；儿童菜园3个		280斤			1941年春耕

（续表）

名称	分工/人数	开荒	耕植	养殖	项目及成绩 拾粪、柴、菜、草	除害	手工生产	备注
晋绥晋西	秋收队/变工组 离石67队563人/变工组59个571人	1944年开荒161亩，种地495亩，锄地207亩	离石四区帮抗属收40亩；一区种地7亩，建儿童林1个；临县植树409棵；兴县建儿童林2个，抢收231亩	离石儿童农场1个；蚕1 200条、羊5只、猪3头	兴县儿童割草14 724斤；打柴2万斤		1944年纺车263架	1941年秋收/1944年生产
晋察冀北岳区			儿童林579处；儿童菜园179处	儿童农场53亩	儿童粪场116处；儿童粪厕所109处积粪2 262斤；拾粪488 000斤	（仅平山五区儿童捕鼠即达2 224只《新华日报》（华北版））		1942年春耕
阜平第八完小			种菜地一块；翻地28亩8分；播种285亩	养○400个；鸡20只	送粪1084篓；拾粪269斤；拾柴8274斤；采菜2070斤		纺毛4斤；腰带20根；袜子5双；手套2双；纺棉2斤；带子24根；篮子5个；苼15把；粉笔100支；墨20锭	1943年7—8月
祁县阜学		生产园地42.4亩，栽树52 540棵，蒜19斤，白菜27 700斤，瓜940斤，山芋3亩		羊186只，鸡822只，鸭82只，鹅10只，鱼4池			碣子106把；草鞋1 094只；斗篷32顶；碱1石	1944年生产

（续表）

名称	分工/人数	项目及成绩						备注
		开荒	耕植	养殖	拾粪、柴、菜、草	除害	手工生产	
晋察冀灵寿					三区打柴72万多斤（优抗30多万斤）	五区挖蝗卵912斤；二区除害鸟2280只；二区除老鼠831只，三区除老鼠1195只，免子208只，搬仓71只，鸽子1561只，家雀1315只，○鸦18只，石鸡80只		1944年冬
晋察冀石洞村 石洞小学	50余名儿童	开荒3亩	锄地471亩2分；刨地21亩8分；植树40棵；洒粪141亩		割草3845斤，积肥1440担；打柴14141斤；挖菜8155斤	捉虫16亩2分；打蝗19次，捕蝗355斤	纺花108斤，担水2576担；洗衣622件	1944年3月至1945年1月

（图片来源：中国国家图书馆．春节时儿童团向抗属送礼拜年）

是全民族抗战时期各根据地儿童的"光荣使命"，儿童甘于并乐于为抗属效劳，甚至还将这一工作做得热闹非凡。晋察冀唐县的青年儿童在 1942 年春节就捐出红枣 1 123 斤，白菜 133 斤，柿子 10 027 个，柴 37 626 斤。同时还帮助抗属打扫院子 444 次，打水 459 次，写对联 447 对。①山东的儿童团则经常打着旗到集市上演唱募捐，挨门挨户上门募捐，将募得的钱、粮、鸡蛋、花生、毛巾、鞋袜等分送抗属家。逢年过节更是敲锣打鼓地给抗属送面送肉，贴对联，挂光荣灯等。②晋绥的儿童团平时帮助抗属生产，如摘棉花、刨棉杆、锄地、摘豆角，帮助抗属担水、担炭、打柴，请抗属吃饭、扭秧歌等也都尤为普遍。③

对于前线的将士，儿童除经常写信慰劳鼓励外，还积极募捐筹资，如冀中

① 抗属最光荣　唐县青年儿童新年募捐优待［N］．晋察冀日报，1942-2-13（3）．

② 共青团山东省委研究室青运史组．山东省青年革命运动简史［G］．共青团山东省委研究室青运史组，1994：112．

③ 共青团中央青运史工作指导委员会，等．中国青年运动历史资料（16）［G］．北京：中国青年出版社，2002：257．

区儿童在 1940—1941 年间共募集钱款 1 886 元（五个县），铁锡 11 389 斤（三个县），子弹皮 25 745 个（三个县），鸡 25 189 只（三个县），粮食 63 089 斤（五个县）等支援抗敌[①]；努力生产支前，整日加班加点地为前线将士赶制手套、袜子、裹腿、布匹等输送火线也是儿童乐此不疲的日常工作。当然，还有直接亲赴战场慰劳的，如百团大战期间就有许多儿童团员，冒着炮火硝烟将茶水、花生、鸡蛋、红枣等慰劳品送到作战将士手中，令前线官兵感动至深。可以说，大生产运动中的儿童以自强自立、不辞劳苦和敢于牺牲的精神，用远远超乎人们想象力的劳动及其所得，为推进抗战胜利贡献了不可磨灭的功绩。

陈鹤琴先生在中华人民共和国成立初期曾感慨道："一次、二次世界大战所给予儿童的创伤如何？直接被惨杀的儿童不必说，成千成万的儿童变成孤儿，流浪行乞，衣食不周，时时刻刻在生命线上挣扎。虽然，第一次大战带来了苏联十月革命的成功；第二次世界大战，打倒了德、意、日法西斯强盗，孕育了新中国的诞生，都有它的代价。可是，成人对于儿童所做的救济工作，毕竟太少，教育工作是更谈不上了。"[②]然而，战争既是浩劫，又是学校。为抵抗外敌与维护正义而战是每个国民义不容辞的责任。剥离掉党派成见，全民族抗战中的儿童运动，至少在某种程度上为我们昭示，儿童为了守卫国土，为了维护国家正义，也甘愿不辞劳苦，甚至不惜牺牲自己的生命，勇往无前。正是在这种付出与牺牲中，儿童不仅净化了自己的灵魂，而且也感化了大批成人。可以说，为了保护更高的善而抗战的勇气，是不分年龄老幼的，我们毋宁说它就是一种天性。[③]

（三）解放区儿童团的日常生活与解放区生产运动

经过十四年抗战的消耗，又面对解放战争的接踵而至，并在蝗灾、旱灾、水灾、雹灾等天灾接连不断的摧残下，整个解放战争期间解放区所承受的经济压力异常艰巨。更为严重的是，面对如此严峻的经济压力，大量青壮年人力还得随时被部队征用为自卫战争服务，劳动力的极度缺乏无疑为本已严重的情势

---

① 冀中青救二次代表会的主要总结及今后任务［N］.晋察冀日报，1941-1-3（4）.

② 陈鹤琴.陈鹤琴全集（第四卷）［M］.南京：江苏教育出版社，2008：359.

③ 孔令新的博士论文《古今之争背景下的血气与教育》能为我们更深入地理解这种天性提供助益。详见孔令新.古今之争背景下的血气与教育［D］.南京：南京师范大学，2013.

雪上加霜。

（图片来源：中国国家图书馆．翻身农民把自己的亲人送上战场）

　　儿童的生产潜能已经在抗战期间的劳动竞赛中屡屡被广大成人叹为观止，大量劳动小英雄的涌现也一再证明"孩子虽小，他们的集体力量是相当伟大的"的论断是何等正确。于是，在整个解放战争期间，儿童的劳动热情又继续在党、政府、学校、群众的高度重视鼓舞下不断被激发起来，同样创造出一个又一个生产奇迹。

　　在敌兵压境的紧迫环境下，很多时候，解放区里的青壮年民兵都得"整村整村地"出动参战，一遇春耕秋收农忙时节，那么留守的儿童、妇女、老人就顺理成章地承担起繁重的收割耕播任务。如辉县大全地村在 1945 年 9 月秋收时节，全村民兵都投入解放辉县的战斗中，妇女儿童便互助秋收，以"每天割六十亩谷子"的速度抢收粮食。[①]1947 年 5 月春耕时节，安平石干村的青壮年及大部分牲口也都被调用支前，全村老幼在村干部的组织下，两天春耕完军属土地 146 亩。[②]1947 年 10 月秋收时节，涞水五区青壮年同样都于 9 月下旬支前去了，妇女、儿童、老头因此均被组织起来突击秋收。[③] 这种不分老弱妇孺，全

----

① 辉县大全地北流两村妇女儿童自动互助割谷　决定帮助参战民兵秋收［N］.新华日报（华北版），1945-9-9（1）.

② 安平石干村　青壮年全部去参战　妇女老弱完成代耕［N］.晋察冀日报，1947-5-3（1）.

③ 涞水生产战线之异彩　妇女儿童老头组织竞赛秋收［N］.晋察冀日报，1947-10-20（2）.

村上阵生产的热烈场景在童谣《割麦》里被描述得尤为真切活泼：

> 小○把，○又○，俺去姥姥家住两天。姥姥说的你走吧，回去参加大生产。男人生产又参战，女人种地也纺棉，小孩也要加油干，割麦送饭又宣传，互助起来力量大，割麦打场不困难。起早搭黑搞生产，看看谁能当模范。①

农忙时小孩儿担负割麦、送饭、赶牲口运肥、宣传鼓劲之责，与妇女一起构成生产中的主力军是寻常之事。但也有小孩儿还不甘于此，如安平的王小六曾"抢着驾辕，只一个上午便连耙带○把崔大兴的十亩生地耕完，而且又深又快"②。黎城中庄村的 12 个儿童也曾自愿结合组成一小队，"凡是○力不能耕的坡荒地，儿童们就去刨"③。农忙时节如此，非农忙时节，儿童也不得闲适，因为此时他们主要的生产工作还有割草、采野菜、抬水、积肥、放牲口、看小孩、磨麦子、种菜打柴、纺花织布、破坟垒洞、剿蝗捉虫、除草锄苗、摘豆荚瓜蔬等。

尤为值得关注的是，繁重的劳动生产负担并没有让儿童面临普遍失学的困境，相反，在"民办公助"办学方针的推行下，解放区的小学校不仅依靠自给自足解决了自身生产发展问题，而且还通过灵活改变学制——如半日制、隔日制、巡回小学、季节性小学、"一揽子"村学等——使自身在某种意义上成为组织大量儿童参加当地集体生产的"儿童生产团"，从而创造出双重生产奇迹。

一般而言，"民办公助"型学校，除灵活改变学制增加生产时间外，还通过在校内将儿童分编为生产小组、纺织组、拨工组、打柴小队、拾粪组、编织组等生产组织，领导儿童分工生产。在具体的生产实践中，按服务对象不同，学校的生产又分为三类，即满足学校自身发展而进行的自给自足性生产，组织儿童拨工互助帮助自己家庭的生产，以及组织儿童包工、变工赚取劳资的生产。另外，在面临青壮年民兵都被征调参战的紧要关头，小学校一般还按村需要参与集体互助生产。在此，我们同样也选择整理出几个有代表性的、时段性的小

---

① 割麦［N］.新华日报（华北版），1947-7-11（4）.

② 安平石干村 青壮年全部去参战 妇女老弱完成代耕［N］.晋察冀日报，1947-5-3（1）.

③ 中庄村儿童组织镢刨地［N］.新华日报（华北版），1945-11-3（4）.

学校劳动成果清单（见表6-3），通过具体的数字统计以示说明：

表6-3　解放区代表性小学校劳动成果清单

时间	学校	校内生产	校外拨工、包工、互助、优抗
1945.8.5	正定某村小学	开荒2亩，植树43株，种大麻子831株，养鸡33只，置推子一个，教儿童推头，教儿童编草鞋扇子；每个儿童差不多能生产一块手巾	麦收后组织领导儿童拨工间自己家谷苗，间完了自家的还包工，先后组织了2个拨工组，共8人，6个包工组共45人，拨工拨谷苗17亩半，包工拨38亩，得洋4 500元
1946.6.6 蔚县六区	南吉家庄小学	在植树节植树331棵，组织11个15岁以上家境贫困儿童打麻绳生产半工半读	
	永安町村小学		教员张有仓组织16个儿童成立拨工组，参加防旱修渠工作，一天能挖一丈
	上管庄小学	组织学生课余扫○土制碱生产，解决贫困学生上学困难	
1946.12.31	平定三区北异村学校	组织了儿童课余农业生产，种坡地6亩	77个人做了281个工，就收玉茭11斗，谷24斗6升，共○折17斗8升（大斗），换边币63 190元。解决了全校学生书籍费，还余洋12 300元
1947.2.6	徐水一、三、五、六、八区47处小学	半年来在校内收棉花2 190斤，各种粮食72.75石，各种菜8 550斤，还有花生、大○子、白薯、山药蛋等	帮助家庭及抗属○○四二三次，送土粪45车又463驮，捣粪992.5车，拾粪172筐，起○十五○又七七○驮，拨工锄地367亩（内有抗属地22亩），拾柴5 349斤又416筐（内有抗属柴1 125斤）；给军属扫院子推磨等
1947.4.18	冀中案头完小	开荒、种菜园，组织背脚、编草帽、编腰带、打柴、纺线等副业生产，已赚了15万5千元	
1947.4.23	建○古月村完小	割草、绑笤帚、割蒿打火○收入47万元，种小麦3亩，收麦2石2斗，种菜1亩，除吃菜自给，还购置黑板3块，教室用木板30块	

（续表）

时间	学校	校内生产	校外拨工、包工、互助、优抗
1947.12.25	沙河六区南泛村小学	太阳上来上课，抽空拾柴火，锄麦子，女生纺花。晚上按街自愿结合学习小组，每小组自选学习小组长2人。7天中锄麦子42亩，拾粪11大车，女生40人纺花38斤，每晚少者纺1两半，多的纺3两至5两	

由以上选例可见，儿童教育与生产劳动相结合的"民办公助"办学方式，将儿童集体性的生产潜能和热情充分发挥调动了起来。小学校不仅在物资劳力极度缺乏的战争环境中坚持自求生存，而且还通过将分散的儿童组织起来，通过集体劳动而为家庭、军属、本村创造出丰厚的生产成果。正是由于小学校在大生产运动中拥有如此强大的创造、辐射效应，到1949年解放战争胜利局势基本确定，各解放区已着力调转儿童教育方向到"正规化"的"注意学生读、写、算能力的提高"及课堂教学时，教育部门仍在发布的相关文件中表示，在增加教育财政经费投入的基础上地方"可"保留小学校的"民办公助"，且为方便生产而调改的灵活学制也仍须坚持采用。如1949年5月华北人民政府在北平召开的，有徐特立、董必武、薄一波亲自参加并历时半个月的华北小学教育会议，就规定小学仍为四二制，并强调为了照顾生产，便利贫苦工农子女入学，除整日制小学外，初级小学得采取二部制、半日制、巡回小学、季节性小学、"一揽子"村学等方式。

在自卫战争的旗帜下，解放区儿童运动引导儿童在保卫解放区、保卫翻身果实、解放全中国的热血浪潮中，勇于冲锋，无畏牺牲。"小先生"的传奇，还有"小英雄"的悲壮，继续在谱写，在被传颂。

第七章
儿童运动规模与乡土社会改造

1927 年八七会议确立了实行土地革命和武装起义的方针，中国革命从此开始由大革命失败到土地革命战争兴起的历史性转变。随着革命根据地开辟和巩固而来的，是中国共产党领导下的新政权对中国传统乡土社会的改造，世俗情面、小农经济、封建迷信、宗族制度、包办婚姻，乃至被传统力量束缚遭受各种苦难的儿童等，都逐渐被共产主义的法治纪律、集体生产、科学卫生、民主政治、婚姻自由、儿童解放等新观念所改造。在这个乡土社会改造的过程中，儿童团一直被共产主义青年运动领导者寄予厚望，因为"一切旧社会封建关系的根本改造，就靠这些新起的儿童"。

一、苏区儿童运动规模初兴

1930 年以后是各大苏区儿童团普遍实现大发展的时期。仅以加入儿童团的儿童人数来看，虽然 1931 年 6 月《团中央关于儿童运动决议案》规定儿童团要开始清除地主、富农及资本家的儿童，但仍没能阻挡住其渐成规模的态势。如，据湘鄂西 1931 年 3 月的统计，石首、监利、潜江、沔阳、华容、公安、松枝、宜昌、沙市、临西等地有儿童团员 80 756 名；湘鄂赣的少队童子团也已遍及区乡苏维埃，劳动童子团约有 18 万人以上 ①；另外，皖西北的童子团有 41 333 人 ②；赣东北有童子团员 31 405 人 ③；鄂豫皖童子团员则达 111 596 人 ④。进入到 1932 年年初，苏区团一代会正式规划以各级儿童局取代团组而直接加强团对儿童运动的管理，由此更带动了儿童团人数的不断上升。据 1932 年 8 月统计，兴国、瑞金有适龄入团儿童分别为 29 163 人和 35 763 人，未入团者分别为 449 人和 2 839 人，仅占 1.5% 和 7.3%（由于"坚决的洗刷豪绅地主富农子弟"，是故未入团者多属不准入团者）⑤；毛泽东对兴国长冈乡的调查也表明，7 岁至 15 岁

---

① 中国共产主义青年团中央委员会办公厅 . 中国青年运动历史资料（9）[G] . 中国共产主义青年团中央委员会办公厅，1961：183—185.

② 同上，第 362 页。

③ 同上，第 685 页。

④ 同上，第 406 页。

⑤ 何友良 . 中国苏维埃区域社会变动史 [M] . 北京：当代中国出版社，1996：210—211.

的儿童有 80% 已加入儿童团，"未加入的多是七岁（因小），及十五岁的（因加入了少队，本应十六岁才加入少队，但有些'肯长'的加入早），未加入的，女孩较多" ①。彭富九则直接指明："到 1932 年年底，凡是苏维埃政权可以稳定运转的乡镇，几乎所有劳动家庭的儿童都加入了儿童团。" ②

又参照入列宁小学、识字班、俱乐部等的儿童人数来看，自 1931 年 3 月中共指示"团应帮助苏维埃组织列宁小学、平民夜学和广泛的识字运动而逐渐达到普遍的义务教育的实现" ③ 以后，鼓动并强迫儿童入学就成了儿童运动中重要的组成部分。特别是 1933 年 8 月团中央更是直接发起"团对教育部工作的协助运动"，从而一度将儿童入学运动推向高峰。毛泽东曾实地调研证实："儿童……最大多数入了列宁学校。"1934 年 11 月，国民党军对刚占领的全县所进行的社会调查也对此提供了确证。据调查记载，宁都成为苏区前，全县设有中学 1 所、小学 15 所，私塾亦复不少。但苏区"对于教育，似更积极，……遍设列宁小学及俱乐部，尤以消灭文盲运动为更积极，每家悬挂一识字牌，其余如文化展览室、书报所、夜校、消灭文盲协会等，到处皆是"。到 1933 年 8 月止，全县除划设为长胜、洛口两县的地区外，83 乡共设有列宁小学 184 所，夜校 368 所，俱乐部 114 个，识字班 5 861 个 ④，其教育普及程度可见一斑。到 1934 年 3 月止，中央苏区的江西、福建、粤赣、瑞金等地，共有 3 199 所列宁小学，学生达 10 万人。⑤

二、抗日根据地儿童运动规模扩张

全民族抗战爆发后，中共领导下的各种儿童救亡团体犹如雨后春笋，遍地开花，星星点点地将大量因战事而流离失所的儿童吸收到组织系统中来。如浙江有新昌少年队 100 人，宁波少先队 100 人，兰溪孩子剧团 30 余人，鳌江儿童

① 毛泽东．兴国长冈乡的苏维埃工作（续）[J].斗争，1934（43）：20.
② 彭富九．回忆苏区儿童团（一）[J].百年潮，2011（2）：32—37.
③ 中国共产主义青年团中央委员会办公厅．中国青年运动历史资料（9）[G].中国共产主义青年团中央委员会办公厅，1961：86.
④ 何友良．中国苏维埃区域社会变动史[M].北京：当代中国出版社，1996：116—117.
⑤ 苏区教育的发展[N].红色中华，1934-9-29（4）.

工作团和少年团共 260 余人等 ①；广东东江河源有少先队 100 人，紫金有儿童团 60—70 人，汕头也有一个由 400—500 名儿童组成的少年工作队 ②。豫南各县则按区将 14—18 岁的男孩和 13—26 岁的女孩统统组织成少年团，仅舞阳一地就组织起 3 000 人的少年团 ③；由于华北地区有八路军驻守，因此儿童运动的规模和范围也更为强劲。如，据晋西北 1941 年 4 月的统计，其所属游击区和根据地共有 6 万以上儿童被组织起来，其中静乐 3 623 人，兴县 3 317 人 ④；晋西南吉县、大宁、永和、石楼等地在华北队部的掩护下，将近 120 名儿童被组织到儿童救国会，而离石和中阳则在动委会《第二战区战地总动员委员会抗日儿童团组织大纲》的指导下更大规模地吸收了 500 多名儿童到儿童救国会。总体而言，整个晋西南儿童救国会所吸收的儿童达 15155 名之多，其具体发展数目可通过表 7-1 详细观之 ⑤：

表 7-1　1938 年晋西南儿童救国会组织发展数目

县别			灵石	汾西	洪赵西山	洪赵东山	隰县	蒲县	大宁	临汾	离石	中阳	孝义	霍县	汾城
儿童救国会	（村）数目		151	39	6	67	124	15					21	15	
	人数	旧有		318	105	1 619	563	285		2 650	143			375	
		新增	3 000	40	657		413	1 188	1 635	650	394	486	582	52	
		合计	3 000	358	762	1 619	976	1 473	1 635	3 300	537	486	582	427	

更有甚者，山东自全民族抗战以来在中共游击队的保护下也建立起众多少先队、儿童团和少年队，特别是一一五师 1938 年冬开赴山东，到 1939 年 5 月成立苏鲁战区青年救国联合会设立儿童部以后，"凡是八路军占优势的地区，在建立青救会的同时，普遍建立儿童团" ⑥。据 1940 年 4 月以前的统计，当时山东

---

① 共青团中央青运史工作指导委员会，等.中国青年运动历史资料（14）[G].北京：中国青年出版社，2002：296—299.

② 同上，第 397、502 页。

③ 同上，第 457 页。

④ 共青团中央青运史工作指导委员会，等.中国青年运动历史资料（15）[G].北京：中国青年出版社，2002：511.

⑤ 共青团中央青运史工作指导委员会，等.中国青年运动历史资料（14）[G].北京：中国青年出版社，2002：321—323.

⑥ 共青团山东省委研究室青运史组.山东省青年革命运动简史 [G].共青团山东省委研究室青运史组，1994：110.

全省儿童团员高达二十五万八千多人 ①，具体统计可见表 7-2：

表 7-2　1940 年 4 月以前山东儿童工作情况统计 ②

类别		区别									
		鲁南					鲁西	胶东	清河	湖西	总计
		泰山区	鲁沂山区	抱犊崮	苏鲁边	鲁东南					
儿童工作	团员数目（包青教内）		2 000	3 300	12 000		77 867	70 000	73 200	20 000	258 367
	干部训练	80	23	30	180		480	200	140	50	1 183
	受过教育者	3 000	2 000	400					45 000		50 400

到 1945 年，山东全省发展儿童团员至 81 万人。③ 另据模范根据地——晋察冀 1940 年的统计，其所统辖的北岳、冀中、平西、冀东等抗日根据地更是组织起超过 100 万的儿童加入了抗日儿童团。④ 而到 1942 年春才开始在新四军军长陈毅的"临危受命"下，在苏北盐阜区发展儿童团（包括盐城、阜宁、阜东、涟东、建阳、射阳等县）的新安旅行团也在短短的两年半时间内（即到 1945 年 5 月）组织起十八万儿童团员。⑤ 可见，全民族抗战时期的中共儿童运动在党、政、军的高度重视与通力合作下，仅从数量和规模上来说便已然在各根据地呈现出浩荡之势。

① 共青团中央青运史工作指导委员会，等 . 中国青年运动历史资料（14）[G]. 北京：中国青年出版社，2002：854.

② 同上。

③ 共青团山东省委研究室青运史组 . 山东省青年革命运动简史 [G]. 共青团山东省委研究室青运史组，1994：109.

④ 《晋察冀抗日根据地》史料丛书编审委员会 . 晋察冀抗日根据地（第二册　回忆录选编）[G]. 北京：中共党史出版社，1991：97. 其中据北岳区 1942 年上半年统计，有 301 000 儿童团员，迎接解放区青年联合会的成立 [N]. 晋察冀日报，1945-5-9（1）；据冀中区 1946 年 5 月 4 日报告，该区抗战期间共有儿童团员 460 263 名，见在八年抗战中冀中青运蓬勃发展 [N]. 晋察冀日报，1946-5-8（2）.

⑤ 刘海峻，崔士臣 . 苏北少年儿童抗日运动 [G]. 香港：天马出版有限公司，2005：8.

同时，小学校自全民族抗战以来就是中共儿童运动的"支点"，凡是有小学校的地方，均优先发展与建立儿童团，且儿童团自身又肩负协助政府动员儿童入学之责，在这种一推一拉的作用力下，根据地的小学校与儿童团，小学教育与共产主义教育之间骤然融合。因此，考察根据地小学教育的发展情况也可从另一角度为我们揭示儿童运动影响范围之情况。

陕甘宁边区拥有相对稳定的政治环境，因此它在全民族抗战时期的小学教育主要以恢复、改进、扩大和发展为主，并且 1939 年 8 月 15 日边区教育厅公布的《陕甘宁边区小学规程》直接要求"小学学生得参加儿童团或少先队组织"，因此可以说，学校教育的发展直接反映着儿童组织发展的情况。对此，我们可通过这样一组数据（见表 7-3）来感受其发展变化[1]：

表 7-3　1937—1940 年陕甘宁边区学校教育发展情势

年份	初小	人数	完小	人数
1937	545	10 396		
1938	773	16 725	12	300
1939	890	22 089	50	1 522
1940	1 341	43 625	100	3 586

由此可见，自边区政府成立以后，边区小学教育开始呈现出倍数增长态势。而对于 1940 年以后的教育，在《陕甘宁边区实施普及教育暂行条例》和《陕甘宁边区实施义务教育暂行办法》的进一步催促下，边区小学教育学龄儿童入学人数自当更加不断攀升。这一趋势直到 1942 年提出"提高质量，减少数量"及"正规化"办学的口号后才逐步放缓脚步。

其他根据地，如山东，在"必须积极恢复与发展山东的抗战小学教育"的指示下[2]，到 1940 年 4 月，已在鲁南、鲁西、胶东、清河和湖西等地建立起 2 895 处抗日小学[3]；盐阜区到 1944 年已创办小学 1 186 所，较全民族抗战前增

---

[1]　中央教育科学研究所.老解放区教育资料（二）抗日战争时期（上、下）[G].北京：教育科学出版社，1986：5，18，332，326.

[2]　中央教育科学研究所.老解放区教育资料（二）抗日战争时期（下）[G].北京：教育科学出版社，1986：445.

[3]　共青团中央青运史工作指导委员会，等.中国青年运动历史资料（14）[G].北京：中国青年出版社，2002：850.

加了一倍多 [1]；晋绥到 1940 年 9 月底，据 19 个县的统计，也已有完小 26 处，初小 1 393 处，学生共 61 938 人 [2]；而模范根据地晋察冀在 1939 年就有小学 7 063 处，入学儿童达 367 727 人。1940 年 8 月颁布的《双十纲领》又在此基础上进一步规定"一村设立一个小学校"，到 1941 年 5 月，仅冀中这一区就成立小学 4 356 处，小学生计 477 229 人，占全区学龄儿童总数的 62%，甚至其中七八个县份，竟达到 90% 或以上，真可谓是发展"神速"。[3] 此外，除正规的小学教育外，各根据地还通过众多其他儿童教育辅助组织吸收儿童，如识字班、半日学校、冬学、儿童剧团等，它们以其灵活多样性，与小学校一起，为根据地的巩固和建设，游击区的扩展和发展，提供了一股强劲而极具活力的支持与后备力量。

可以说，儿童运动与小学教育之间高度而持续的"协助"合作，为两者在动荡不定的战乱环境中共存共荣提供了双重保障，以上不断翻新的数字便是最好的注明。

三、解放区儿童运动规模发展

全民族抗战时期，各根据地蓬勃发展的抗日儿童团体为解放战争时期奠定了深厚的组织基础。虽然受解放战争初期青年运动去留无定的影响，但儿童组织仍以星星点点的方式在广大解放区继续存在，并在试建团运动和土改运动中复燃兴起。但由于解放战争阶段关于儿童运动所能收集到的数据资料相对匮乏，因此，我们只能从以下几组零星微薄的数据中管窥一豹。

据 1946 年 6 月 23 日晋绥抗联向中央青委报告，其区内当时共有少先队员 76 000 名，儿童团员与学生会员 89 724 名 [4]；晋察冀在同日发给中央青委的电

---

[1] 中央教育科学研究所.老解放区教育资料（二）抗日战争时期（下）[G].北京：教育科学出版社，1986：524.

[2] 同上，第 422 页。

[3] 《晋察冀抗日根据地》史料丛书编审委员会.晋察冀抗日根据地（第二册　回忆录选编）[G].北京：中共党史出版社，1991：208.

[4] 共青团中央青运史工作指导委员会，等.中国青年运动历史资料（16）[G].北京：中国青年出版社，2002：502.

报中也表明，其辖区内已发展儿童团员共 109 928 名 ①；冀鲁豫鱼台县在 1946 年 1—7 月的清诉运动总结报告中也指出，在短短几个月的运动里该县便分别组织起儿童团员 8 253 人，姊妹团员 740 人 ②。另外，据哈尔滨特别市青年团团部 1948 年 12 月 20 日的《1948 年哈市儿童工作总结》显示，该市到 1948 年 12 月底已发展学生儿童团员 11 880 人，占全市在学 44 000 余儿童的 29%。③ 这仅有的几组与儿童组织直接相关的数据虽然零散单薄，但通过其提供的时间线索，我们可以发现，至少在土改初期，这些解放区已经建立起成员为数不少的儿童组织，从而与我们已经收集到的苏皖、晋绥和东北分别在此期间出台组建儿童团体的文件相呼应，证明了试建团运动和土改运动对儿童运动复燃的决定性影响，以及儿童踊跃投身土改运动热潮的事实。④

同时，由于解放区青联领导的儿童运动仍"坚持以学校为儿童工作的主阵地"，且儿童团仍旧肩负着协助政府和学校动员儿童入学之责，因此，考察解放区小学校的发展情况同样有助于从另一角度为我们补充理解儿童运动影响之范围提供视野。1946 年 6 月 8 日《解放日报》报道，晋察冀边区儿童教育获得空前发展，当时高初级小学已达 23 300 余处，入学儿童有 1 464 700 名。其中，察哈尔省全境解放前，仅有小学校 1 500 余处，现已增至 6 100 余处。⑤1947 年 2 月 17 日《解放日报》继续报道，解放区学校教育在数年努力下均取得了重大发展，截至 1946 年年底，据东北、晋冀鲁豫、山东和陕甘宁四个解放区统计，共有小学 87 898 所，学生达 4 853 079 人。另东北此时也已有小学 1 200 余所，学生 1 532 450 人。与抗战胜利前相比，仅晋冀鲁豫边区初小就增加了 145%，初小学生增加了约 8 倍。⑥ 华中解放区的儿童教育也成绩可嘉，以盐阜区为

---

① 共青团中央青运史工作指导委员会，等.中国青年运动历史资料（16）[G].北京：中国青年出版社，2002：503.

② 谢忠厚.冀鲁豫边区群众运动资料选编[G].石家庄：河北人民出版社，1991：687.

③ 郭永泽.青春的足迹——哈尔滨青运史资料汇编（第一辑）[G].共青团哈尔滨市委员会，哈尔滨青运史研究会，1990：372.

④ 华中地区的儿童团虽然没有具体数据，但其 1946 年某日的《新华日报》社论表明，在已经掀起的惩奸运动、查组算账运动中已经普遍地组织起儿童团。参见深入检查当前群众运动[N].晋察冀日报，1946-6-6（3）.

⑤ 中央教育科学研究所.老解放区教育资料（三）解放战争时期[G].北京：教育科学出版社，1991：170.

⑥ 同上，第 169 页.

例，其在 1944 年仅有小学 114 所，历经一年多的发展，到 1946 年春季，已增至 2 300 多所，淮北区此时也从抗战前的 238 所小学校发展到 746 所，超过战前 2 倍。① 由此可见儿童教育发展之迅速，规模之宏大。此外，与全民族抗战期间一样，各解放区还有众多其他儿童教育辅助组织吸收儿童，如校外儿童组、冬学、夜校、读报组、识字组、放牛娃娃队、儿童剧团、秧歌队等，它们就像发散的"触角"以灵活多样的方式特别将偏远零散、家境贫苦、忙碌无暇的被学校"遗落"的儿童聚集起来，沾沐教化雨露。

由于青联与学校之间仍旧维持着密切的"协助"关系，并且在试建团工作的催引下，小学校中普遍建立起儿童团组织，因此，小学生要么是儿童团员，要么被儿童团员领导，儿童运动与儿童教育相得益彰。同样地，与土地革命战争时期和全民族抗战时期的儿童运动一样，解放区这种相得益彰的数字背后，也蕴含着儿童极其强大的精神能量。

四、儿童运动与传统差序格局重塑

共产主义儿童运动以中国共产党开辟的革命根据地为据点，随着革命根据地的开辟、扩张、转移而收缩壮大。通过分析笔者所搜集到的史料可以发现，1927—1949 年共产主义儿童运动依托革命根据地在发展规模上呈不断壮大之势，具体表现为加入儿童团人数和进入小学校儿童人数随着革命阶段的发展而增加，成为中国历史上的一种奇观，由此为儿童运动促成中国乡村中传统差序格局的重塑奠定了厚实根基。

我国古代"天命"哲学以"孝"为中心，框定推演出三重"父—子"权力关系，造就出一套稳固且肃穆的政治权力差序格局。这种传统的差序格局一方面确定了位分尊卑，另一方面又打破年龄界限，从而将自然的儿童与政治的儿童分别开来。但随着清末革命思潮的波澜迭起，这种政治权力差序格局先后被一一冲破，只是这种冲破仅停留于思想家的言辞和笔端。与此不同，中国共产党则以阶级革命的方式，领导广大劳苦儿童参与儿童运动，从而使儿童在政治活动中亲身践行并不断发起冲破传统政治权力差序格局的挑战。

---

① 中央教育科学研究所编.老解放区教育资料（三）解放战争时期［G］.北京：教育科学出版社，1991：198.

历史证明，从大革命前后开始，历经土地革命战争、全民族抗战和解放战争，儿童运动所到之处，无不以摧枯拉朽之势冲击着既存的传统政治权力差序格局。然而，儿童运动采取"小先生"的定位和"小先生制"的运行策略，虽然同样具有打破年龄界限的意涵，但与传统政治权力差序格局所用以打破年龄界限的机制不同，儿童运动显然继承了近代革命思潮以"幼者为本位"的立意，而先后在苏区、根据地和解放区协助党团用新的"子—父"式政治权力差序格局置换传统的"父—子"式政治权力差序格局。无疑，每个革命阶段中分执革新和传统两端的儿童与成人之间所充斥的矛盾冲突，就是这种"置换"过程生动却不失残酷的展现，每一次的"置换"都以巨大的流血牺牲为代价。历史每往前一步都隐含着"传统"与"革新"之间"拉锯"所带来的"切肤之痛"，从而使得我们不得不面对这样一个现实，即"在政治中，一切都是真实的，政治中讨论的问题只有对或错的分别（或多或少如此）。人们真的流血、真的死亡"①。同样地，"小先生"所肩负的政治使命和"小先生制"所发散出来的政治效能，既是这种"置换"的鲜活表达，又是这种"置换"的巧妙策略，儿童在与政治的互动互助过程中，从乡土中国"政治的边缘"一跃而成为"政治的中心"，从而实现了儿童与政治同生共荣的传奇。

中国人历来尊崇由"相同地理位置中的持久性交往"而产生的"关系"这一首要原则②，建立起以血缘和地缘为依托的固定时空观念和乡土秩序。对于这种固定时空观念和乡土秩序中的儿童，费孝通先生曾这样描述："孩子碰着的不是一个为他方便而设下的世界，而是一个为成人们方便所布置下的园地。他闯入进来，并没有带着创立新秩序的力量，可是又没有个服从秩序的心愿。一个孩子在一个小时中所受到的干涉，一定会超过成年人一年中所受社会指摘的次数。在最专制的君王手下做老百姓，也不会比一个孩子在最疼他的父母手下过日子为难过。"③显然，以动员无产阶级儿童参与革命实践的共产主义儿童运动完全改变了传统乡土社会中的时空观念和权力结构。投身儿童运动的儿童的活动不再如费孝通先生所言百般受阻，相反，他们在革命政府的"撑腰"和"鼓

①　[英]肯尼思·米诺格.政治的历史与边界[M].龚人，译.南京：译林出版社，2008：前言.

②　翟学伟.中国人的日常呈现——面子与人情的社会学研究[M].南京：南京大学出版社，2016：237.

③　费孝通.乡土中国　生育制度[M].北京：北京大学出版社，1998：190—191.

励"下，获得了极大的"创立新秩序的力量"，包括土豪、劣绅、汉奸、恶霸、军阀、官僚、地主、非法富农等众多昔日乡村权势人物以及这些权势人物中的宗族亲友，都沦为了他们"红缨枪""翻身棍"下的被训者。带着创立新秩序的"力量"，怀着抗拒旧秩序的"心愿"，儿童从"被指摘者"而一跃成为"指摘者"，这种戏剧性的角色转换，无疑给我们带来了巨大的思索空间，它尤为突出地成为 20 世纪中国历史留给我们的一个有待解决的政治命题。

结　语

对1927—1949年中国共产主义儿童运动的思考

回望历史，从土地革命战争，到全民族抗战，再到解放战争，儿童运动以一种从未间断的态势，一再将儿童推向革命的风口浪尖，儿童也一直以忠诚的态度，追随新民主主义革命而融入儿童运动浪潮。这段"上""下"不断磨合接洽的历程，无异于是中国革命史上的一个奇迹。"一百年来，中国共产党之所以能够发展成为世界上最大的马克思主义执政党，关键在于始终保持先进性和纯洁性，以伟大自我革命引领伟大社会革命。"①1927—1949 年我国共产主义儿童运动的历史也是一部"自我革命"引领"社会革命"的历史，"拿起手术刀革除自身病症"与领导包括儿童在内的"人民"进行"伟大社会革命"已然成为折射中国共产党革命奋斗史精神特质的镜像之一。

一、从儿童对共产主义儿童运动接纳的视角思考

20 世纪中国面临的时代危机是促使民国初期有识之士选择社会革命方案的根源。因为，中国当时内忧外患、生死存亡的危急形势，不可能为社会改良方案提供环境和时间。"综观中国共产党百年历史，可以说'社会革命'始终是其全部革命言说与实践的根本主题。"② 早在 1921 年，《中国共产党第一次全国代表大会通过的党纲》就指明，党及其革命军队必须"与无产阶级一起推翻资本家阶级的政权"，要"把工人、农民和士兵组织起来，并以社会革命为自己政策的主要目的"。③ 历史地来看，1927—1949 年中国共产党领导的社会革命，都经历了一个"三部曲"式行动步骤，即发布政策决议，进行政治动员，掀起群众运动，从而不断使无产阶级走向政治舞台，肩负起化解时代危机的使命，来完成一轮又一轮革命任务。通过我们所描绘的 1927—1949 年共产主义儿童运动历史可知，以红色根据地及其政权为依托，这种"三部曲"式的行动步骤也得以充分体现，乡土中国的伦理秩序不断被新的革命秩序取代，无产儿童由边缘地

---

① 本报评论员.以伟大自我革命引领伟大社会革命［N］.新华日报，2021-6-27（1）.
② 杨凤城，肖政军.中国共产党革命观的百年演进［J］.社会科学战线，2021（4）：11—25.
③ 中共中央党校党史教研室.中共党史参考资料（一）［G］.北京：人民出版社，1979：279.

位走向革命前沿，成为社会革命的助推者和实践者之一。①

在坚持作为无产阶级先锋队的前提下，因不同革命时期所面临的具体任务不同，由此也造成了党意欲团结的对象与意欲反对的对象会有所调整，即因选择而造成的"群众"内涵的不同。并且，由于所面对的"群众"不同，政策决议的书写方式及政治动员的策略方针，也随之予以调整。如地主富农在土地革命战争时期是敌人，要求被"斗争"；到抗战时期则变为统一战线上的"群众"，要求"团结争取"；再到解放战争时期又被排斥出"群众"队伍而成为敌人，再次被"斗争"。儿童运动中儿童群众内涵的变化也同步经历了这样一个过程，从苏区洗刷地富儿童，到根据地团结各阶级儿童，再到解放区坚持儿童"贫雇路线"，就是儿童"群众"内涵转变的鲜活表达。并且，针对各个革命时期儿童而发出的政策决议及其动员策略，显然在顾及党的"中心工作"的同时，又在不同程度上兼顾凸显其鲜明的儿童化色彩。同时，"勇于自我革命，是我们党最鲜明的品格，也是我们党最大的优势"②。在漫长的革命奋斗历程中，共产主义儿童运动也曾经历过"左"倾教条主义、"右"倾机会主义的错误，所幸后来都通过党和团及时的自我纠偏而重新走上正轨。

在 20 世纪这部极端复杂的中国历史中，儿童成为一个富有社会革命热情的群体。在面对"三千年未有之大变局"的时代命题拷问之下，中国思想界层层推翻封建权力秩序雕琢出"少年中国"形象的转变，为共产主义儿童运动奠定了思想基础。同时，不管是在广袤的乡村，还是在繁华的都市，破产农民家庭儿童、童养媳、灾童、童工、苦力儿童、童贩、学徒、流浪儿童等大量无产儿童的涌现，又为共产主义儿童运动的发起准备了庞大的现实基础。"无产阶级社会革命不是像以往的剥削阶级那样再建一个充满着阶级对立的旧社会，而是要建立一个新的自由人的'联合体'。"③期待与现实，变革与传统，觉醒与迷茫，这种种由无产阶级社会革命带来的美好愿景，以及由时代危机带来的现实困境，

---

① 早在 1927 年 3 月毛泽东的《湖南农民运动考察报告》就说道：农民的主要攻击目标是土豪劣绅，不法地主，旁及各种宗法的思想和制度，城里的贪官污吏，乡村的恶劣习惯。这个攻击的形势，简直是急风暴雨，顺之者存，违之者灭。其结果，把几千年封建地主的特权，打得个落花流水。地主的体面威风，扫地以尽。参见毛泽东.毛泽东选集（第一卷）[M].北京：人民出版社，1967：14.

② 本报评论员.以伟大自我革命引领伟大社会革命[N].新华日报，2021-6-27（1）.

③ 余一凡.恩格斯关于无产阶级政党自我革命与社会革命的基本规定及其内在关系探究[J].社会主义研究，2021（2）：45—51.

同时也汇聚于无产儿童身上，无产儿童自此逐渐觉醒并成为一个重要的革命群体，被吸引到中国共产党领导的社会革命之中。

据笔者目力所及，那些选择参与共产主义儿童运动的无产儿童，无不惊喜于与它"相遇"，就像"久旱逢甘露"的"幼苗"。如林月琴在 1932 年"肃反"运动中即使被"清洗"出儿童团领导岗位后，也依然不愿意离开红军队伍，始终任劳任怨，帮助部队油印传单，分配口粮，给伤员更换绷带。① 正是无数像林月琴这样的儿童毅然决然地选择投身共产主义儿童运动并推动它蔓延壮大，才谱写出一首发人深省的共产主义儿童革命史诗。

二、从共产主义儿童运动对儿童产生影响的视角思考

儿童运动是共产主义社会革命在时代危机下的产物，并因之而成为被压迫无产儿童自愿谋取解放的希望之路，因此其在整个新民主主义革命历程中不曾衰竭的秘密及最充足的内驱力，更概括地来看，也许就在于它那浓厚的改造现实情怀，及在此基础上形成的教化机制。并且，尤为值得指出的是，儿童团，这所以儿童为对象来改造现实的学校，其所教化的对象或影响的范围在社会革命的指引下又不仅仅局限于儿童，它往往还包括成人，乃至整个传统礼俗制度及一切不符合当时历史使命的人事。以此为依据，我们仅从儿童运动的历史事实出发，就能提出这样一组命题：

首先，儿童也有自己对现实生活的真切体味，及寻求自身利益诉求的渴望，并且这种体味和渴望在政治力量的组织引导下还能使儿童推己及人，进而转化为一种革命力量，释放出巨大能量。概而论之，即如果有机会，儿童在逐渐萌生的道德意识基础上也能形成自己的政治敏感性和政治判断力，并通过具体的政治活动表现出来。

其次，儿童与成人不能简单而绝然地被判定为孰开明孰蒙昧，孰强大孰弱小，蒙昧和弱小不专属于儿童，开明和强大也不专属于成人。简而言之，即年龄不一定是划分开明与蒙昧、强大与弱小的依据。

最后，儿童的生存状态与政治的现实局面不仅息息相关，而且在儿童与政

---

① ［美］杨·海伦.选择革命：长征中的红军女战士［M］.朱晋平，等，译.北京：中共中央党校出版社，2011：143—144.

治的互动互助过程中，如果双方都能在保证自我实现的基础上又携手致力于追求共同目标，就能将信仰止而奇迹终的神话演绎得淋漓尽致。总而述之，即"人是天生的政治动物"，儿童与政治，可以同生共荣。

可见，革命作为政治的极端状态，它通过将儿童彻底卷入政治生活中而极为清晰地放大儿童在人类秩序中所能够处的（或可能处的）位置。在此，我们仅尝试着将儿童运动的具体组织儿童团喻指为一所改造现实的学校，以借助这种定位方式，来更深刻地分析并理解在儿童运动中儿童所肩负的"小先生"政治使命，"小先生制"的政治效能，以及它们共同作用下的新差序格局的形成。

第一，"小先生"的政治使命。"小先生"虽然在我国古代已有深厚根源 ①，但其正式被提出则始于陶行知。它原本是陶行知于 20 世纪 30 年代初提出来的一种教育方式，希望以儿童为中介，通过普及教育来实现社会改造，它所承载的显然仅是一个"教育救国"者的个人期待。虽然没有使用"小先生"的称呼，但中共从 1926 年《儿童运动决议案》开始，便已然着力将儿童打造为身兼教化之责的"小先生"，开篇就指明儿童运动的使命在于教育儿童，"养成他们勇敢牺牲的精神和团体生活的习惯"，并"经过他们去影响现代社会的生活"。② 可见，《儿童运动决议案》所寄望于儿童的，已经开始蕴含了党团意欲培养儿童推己济世的努力。到 1928 年《儿童运动工作决议案》出台时，这种努力被表达得更为直白，《儿童运动工作决议案》指出，要"……训练儿童的活动能力，使他们能够促进父兄的革命性和打破一切宗法社会的恶习惯"。此时的儿童已然被明确指定为开创革命事业的"小先生"或"启蒙者"而取代成人肩负起神圣的革命教化之责。由是观之，当"小先生"超脱出单纯的"教育救国"意味而被镌刻上阶级革命的印记时，它更为承载着中共深沉的政治使命而肩负双重教育责任，即以儿童的现实生活体味和自身利益诉求为依托，"小先生"在党的培养和训练下逐步开启阶级意识，以形成自己的政治敏感性和政治判断力，投入真实的政治活动中，进而改造并带动"落后"成人一起，参与反对封建主义、帝国主义和官僚资本主义的革命浪潮。可见，儿童运动给予儿童以"小先生"的定位，深切寄予了政治即教育，教育即政治，这种将政治与教育合二为一的理想。

---

① 如列子的"两小儿辩日"故事，庄子的"牧马童子"隐喻，及项橐之类的神童，黄香之类的孝子等。

② 中国新民主主义青年团中央委员会办公厅.中国青年运动历史资料（3）[G].中国新民主主义青年团中央委员会办公厅，1957：216.

　　第二，"小先生制"的政治效能。既然儿童运动一开始便以"小先生"来定位儿童，那么儿童运动和儿童团本身便可被视为是陶行知教育意义上的"小先生制"在政治上的应用。苏区儿童运动发动儿童以摧枯拉朽之势撼动乡土社会的文化礼俗秩序，抗日根据地儿童运动鼓励儿童以英勇无畏的精神肩负起党政期待和民族道义的双重使命，解放区儿童运动鞭策儿童积极投身自卫战争、土地革命和生产劳动的热浪，无疑都是"小先生制"政治机能开足马力高速运转起来的反映。而这贯穿于新民主主义革命整个历程的儿童运动历史也充分证明，这种因开足马力而带来的政治效能强大到不仅足以模糊儿童与成人的自然生理边界，而且还能模糊儿童与成人的精神边界，即年龄不一定成为划分强大与弱小、开明与蒙昧的必然依据。如此一来，儿童团这所既培养儿童又改造成人的学校，以无可辩驳的事实普遍成功地在现实生活中不断淡化传统的成人—儿童关系。而生理边界和精神边界的双重模糊又不断淡化着成人在现实生活中对待儿童的轻视态度或采取的粗暴方式，儿童的社会地位空前提高。不仅有郭沫若直接倡导："我们大人们，学学孩子吧！"[①] 陈毅表示"新四军愿意做儿童们的良友"[②]，而且苏区、根据地、解放区中诸如"老腐败""文盲""懒汉""烟灯""赌棍"，及一切虐待儿童的人和违反党的政策纪律的人，也都先后在"小先生"的努力改造下"改邪归正"。而对于必须严惩或斗争的敌人，如苏区的地富阶级、国民党"围剿"军队和"特务"，根据地的日伪军、汉奸敌特和恶霸豪绅，解放区的进犯敌军、地富阶级、卖国贼和敌探等，"小先生"更是以果敢决绝的斗争姿态为"落后"成人树立榜样，以至于"小英雄"层出不穷。显然，"小先生制"的最大政治效能，其实就是在现实中对旧式差序格局进行彻底改造，从而打造出一个全新的差序格局。

　　我们从儿童运动的历史事实出发而提出的这组命题，其实就是整个 20 世纪中国革命史向政治学提出的有待深入研究和解决的重要课题的重要组成部分。并且我们在此试图通过将儿童团作为一所改造现实的学校来解释这组命题的努力，仍只是一种极为初浅的尝试。然而，诚如安妮·本克·金尼（Anne Behnke Kinney）所言，研究童年可以揭示一种文化是如何反思其过去的历史，如何构

① 叶伟才，吴克强，黎昭佶. 抗日小勇士的足迹：抗日战争中著名抗日儿童团体的故事［G］. 北京：中国少年儿童出版社，2002：20.

② 刘海峻，崔士臣. 苏北少年儿童抗日运动［G］. 香港：天马出版有限公司，2005：陈毅为《儿童生活》题词。

筑其未来，以及如何传承其传统的有效方式。① 因此，我们这种着力描绘整个新民主主义革命时期儿童运动面貌的历史研究路径，也许又为理解并研究 20 世纪中国革命史提供了另一重视野或参照。

三、从国共两党领导儿童运动能力的视角思考

2020 年 6 月 27 日，习近平总书记给复旦大学《共产党宣言》展示馆党员志愿服务队全体队员回信表示：

> 希望广大党员特别是青年党员认真学习马克思主义理论，结合学习党史、新中国史、改革开放史、社会主义发展史，在学思践悟中坚定理想信念，在奋发有为中践行初心使命，努力为实现"两个一百年"奋斗目标、实现中华民族伟大复兴的中国梦贡献智慧和力量。

共产主义儿童运动史虽隶属于共产主义青年运动，但由于共产主义青年运动受中国共产党的领导，因此从广义的角度来看，共产主义儿童运动史也属于习近平总书记在"回信"中提到的"四史"之"党史"范围。目前，关于中国共产党为什么能够打败国民党取得中国革命最终胜利、建立新中国的问题，从国共两党比较的视角来看，学术界已有不少研究成果。

中共中央文献研究室第一编研部在《毛泽东军事箴言》（上）中认为，中国共产党战胜国民党的法宝就在于"人民"立场：

> 同样是拿枪杆子，共产党与国民党的根本区别在于与人民的关系，共产党是为人民拿枪杆子，也就是毛泽东说的"要争人民的兵权"。抗日战争胜利后，美国的五星上将马歇尔参观延安，他感慨地说："在延安，听到的最多的一个词，就是'人民'……中国人民如何，世界人民如何。'到人民中去'，'向人民学习'，这些都是口号，但又包含着比口号更深的意义，代

---

① Anne Behnke Kinney. Chinese Views of Childhood [M]. Honolulu: University of Hawai'i Press，1995：I.

表着一种极深的感情、一种最终的信念。"①

　　王奇生从国共两党的组织结构及其运作出发，认为共产党和国民党在建党之初就已经表现出泾渭分明的距离：

　　　　1924 年以后的国民党，除了党员人数急剧扩张外，其组织内聚功能并未增强。虽然组织形式上师法苏俄共产党，而意识形态上排拒共产主义，结果只学到半套表面功夫。与此相反，中共师俄所学到的则是全套功夫，尽管在意识形态上已经结合国情予以许多修正。此外国民党重中央、轻地方，重上层、轻下层，县以下的基层组织特别涣散，甚至形同虚设；再则表面上强调国民革命、全民政党，而实际上并未也不可能代表全民利益，在城市缺乏民族资产阶级的真正支持，在农村更把广大贫苦农民群众推向革命潮流，而由于自身的日趋腐化，更引起多数知识分子与中间力量的疏离和不满。②

　　汪朝光从全民族抗战爆发后国共合作大背景下国民党高层对自己及对共产党表现的态度，揭示出国共两党在高层领导能力上的优劣：

　　　　在国共合作的大背景下，中共的影响却在不断扩大，更使国民党内出现了不少对党的批评。对国民党的表现，蒋介石颇为不满，曾在国防最高会议痛言，"国民党程度低劣，有亡国之罪。"后又在招待留汉口国民党中央执监委员的席上，"斥责数年来党部工作不力，以致我方军队所到之处，不见党部人员或党员之协助或存在。"当然，这其中不排除当时负责军务的军事委员会（以下简称"军委会"）和负责政务的行政院都在蒋介石的直接掌控之下，惟有国民党，蒋的权力有所不及，从而通过批评党务系统，为其完全掌控国民党预留张本。不过其他不少国民党官员对党政军关系的观察和对党务系统的批评大体亦如是。时任军委会五部副部长的谷正纲说，

---

① 中共中央文献研究室第一编研部.毛泽东军事箴言（上）[M].沈阳：辽宁人民出版社，2017：51—52.
② 王奇生.党员、党权与党争 1924 ~ 1949 年中国国民党的组织形态 [M].北京：华文出版社，2010：序.

"我再也不愿谈党了。"行政院参事陈克文认为,"战争中始终看不见国民党的活动,其他各党各派却乘这中心势力削弱的时候,大事活跃。许多人仿佛都在说,国民党不成了,共产党快要起来了!"行政院参事张伯勉甚至说,"政府改组,最好请毛泽东做行政院长,朱德做军政部长,他们的办法要多些。"他的看法得到同为行政院参事的胡彦远、邓介松的附和。王世杰认为,"近日党部受军队及其他方面之攻击甚烈,陈果夫、陈立夫甚愤慨。"当蒋介石向其颇为看重的智囊人物熊式辉"询战争前途"时,熊式辉答以"党务太差,毫无力量表现,尤于下属为然,以其各党各派之活动如入无人之境,是诚可虑。若不加以整理,以后将更不堪"。①

综上观点可见,国共两党在革命时期的不同历史阶段就已经表现出党治和党制上的高下之分,且这种高下之分连国民党自己也表示承认。国共两党其实都重视儿童运动,共产党有共产主义儿童运动,国民党则有童子军运动。受两党党治和党制影响,两种儿童运动的现实运作及其效力同样存在与如上观点一致的区分。1945 年 4 月国民党童子军总会副会长何应钦在致全国童子军干部会议上的训词中说:

> 童军训练在我国虽已推行有年,成效似未大著,推厥原因,即以大多偏重形式,忽略内容,全国初中小学固皆遵照规定有童子军之编组成立,技术操练亦极注重,然于精神教育,尚觉未致全力。②

与中国共产党领导的共产主义儿童运动相比,国民党领导的童子军运动既未发动其统治区域内最大多数的儿童真正参与其政治活动,也没有发布出系统有效的童子军政策、建立童子军切实可行的体制机制、促使童子军与学校教育密切结合、规约童子军的政治实践活动、发挥童子军对社会改造的功能等。有研究者认为,国民党童子军自抗战以后陷入低潮与其组织、经费、师资、教材等短缺有关。但中国共产党领导的革命根据地儿童团能在"围剿""囚笼""包围"的极端恶劣环境下依然发展壮大、有效运作,表明物质上的种种困境并非

① 汪朝光.抗战与建国——国民党临时全国代表大会研究[J].抗日战争研究,2015(3):33—46.

② 孙玉芹.民国时期的童子军研究[M].北京:人民出版社,2013:88.

成败的决定性影响因素，相反，物质上的极端匮乏，反而会激发出无穷的精神力量，以反抗不合理的存在，谋求生的希望。

对挣扎于贫困中找不到出路的无产儿童来说，革命帮助他（她）们认清了自身处境不公的社会原因，帮助他（她）们远离了被羞辱、被折磨、被打骂的命运，提高了他（她）们原本卑微弱小的地位。革命将他（她）们带入了热情澎湃的斗争中，在严密的组织中找到了更加安全、更加团结、更加有意义的生活，救穷人和救中国的使命感使每一个参与者的人生升华到一种更高的境界。

参考文献

一、报刊类

1. 中国共产党上海发起组.共产党（影印本）[J].北京：人民出版社，1954.

2. 中国共产党中央委员会.红旗日报（影印本）[N].北京：人民出版社，1982.

3. 中华苏维埃共和国临时中央政府.红色中华（影印本）[N].北京：人民出版社，1982.

4. 中国共产党苏区中央局.斗争（影印本）[N].北京：人民出版社，1982.

5. 中国共产党中央委员会.红旗周报（影印本）[N].北京：人民出版社，1982.

6. 中共中央北方局.新华日报（影印本）[N].太原：山西日报新闻研究所，1986.

7. 中共中央北方分局　中共晋察冀中央局.抗敌报（影印本）[N].北京：人民出版社，1984.

二、汇编类

1. 中央档案馆.中共中央文件选集（1—6）[G].北京：中共中央党校出版社，1989.

2. 中央档案馆.中共中央文件选集（7—13）[G].北京：中共中央党校出版社，1991.

3. 中央档案馆.中共中央文件选集（14）[G].北京：中共中央党校出版社，1992.

4. 中央档案馆.中共中央文件选集（15）[G].北京：中共中央党校出版社，1991.

5. 中央档案馆.中共中央文件选集（16—18）[G].北京：中共中央党校出版社，1992.

6. 中国新民主主义青年团中央委员会办公厅. 中国青年运动历史资料（1—4）［G］. 中国新民主主义青年团中央委员会办公厅，1957.

7. 中国新民主主义青年团中央委员会办公厅. 中国青年运动历史资料（5）［G］. 中国新民主主义青年团中央委员会办公厅，1958.

8. 中国共产主义青年团中央委员会办公厅. 中国青年运动历史资料（6）［G］. 中国共产主义青年团中央委员会办公厅，1958.

9. 中国共产主义青年团中央委员会办公厅. 中国青年运动历史资料（7）［G］. 中国共产主义青年团中央委员会办公厅，1959.

10. 中国共产主义青年团中央委员会办公厅. 中国青年运动历史资料（8）［G］. 中国共产主义青年团中央委员会办公厅，1960.

11. 中国共产主义青年团中央委员会办公厅. 中国青年运动历史资料（9）［G］. 中国共产主义青年团中央委员会办公厅，1961.

12. 中国共产主义青年团中央委员会办公厅. 中国青年运动历史资料（10）［G］. 中国共产主义青年团中央委员会办公厅，1960.

13. 共青团中央青运史研究室，中央档案馆. 中国青年运动历史资料（11）［G］. 北京：中共党史资料出版社，1988.

14. 共青团中央青运史研究室，中央档案馆. 中国青年运动历史资料（12）［G］. 北京：中共党史资料出版社，1989.

15. 共青团中央青运史工作指导委员会，等. 中国青年运动历史资料（13）［G］. 北京：中国青年出版社，1996.

16. 共青团中央青运史工作指导委员会，等. 中国青年运动历史资料（14—19）［G］. 北京：中国青年出版社，2002.

17. 共青团中央青运史研究室，中央档案馆. 中共中央青年运动文件选编［G］. 北京：中国青年出版社，1988.

18. 中共中央党校党史教研室. 中共党史参考资料（一）［G］. 北京：人民出版社，1979.

19. 陈元晖，璩鑫圭，邹光威. 老解放区教育资料（一）土地革命战争时期［G］. 北京：教育科学出版社，1981.

20. 中央教育科学研究所. 老解放区教育资料（二）抗日战争时期［G］. 北京：教育科学出版社，1986.

21. 中央教育科学研究所. 老解放区教育资料（三）解放战争时期［G］. 北京：教育科学出版社，1991.

22. 王明渊，张一军.川陕苏区童子团［G］.成都：四川少年儿童出版社，1989.

23.《湘鄂川黔革命根据地史稿》编写组.湘鄂川黔革命根据地史稿［G］.长沙：湖南人民出版社，1985.

24. 中共中央文献研究室.毛泽东农村调查文集［G］.北京：人民出版社，1982.

25. 河北省社会科学院历史研究所，等.晋察冀抗日根据地史料选编［G］.石家庄：河北人民出版社，1983.

26.《晋察冀抗日根据地》史料丛书编审委员会.晋察冀抗日根据地（第三册　大事记）［G］.北京：中共党史出版社，1991.

27.《晋察冀抗日根据地》史料丛书编审委员会.晋察冀抗日根据地（第二册　回忆录选编）［G］.北京：中共党史出版社，1991.

28. 中央档案馆，河北省社会科学院，中共河北省委党史研究室.晋察冀解放区历史文献选编：1945—1949［G］.北京：中国档案出版社，1998.

29. 山东省档案馆，山东社会科学院历史研究所.山东革命历史档案资料选编［G］.济南：山东人民出版社，1983.

30. 陕西师范大学教育研究所.陕甘宁边区教育资料：小学教育部分（下）［G］.北京：教育科学出版社，1981.

31. 甘肃省社会科学院历史研究所.陕甘宁革命根据地史料选辑（第四辑）［G］.兰州：甘肃人民出版社，1985.

32. 叶伟才，吴克强，黎昭佶.抗日小勇士的足迹：抗日战争中著名抗日儿童团体的故事［G］.北京：中国少年儿童出版社，2002.

33. 谢忠厚.冀鲁豫边区群众运动资料选编［G］.石家庄：河北人民出版社，1991.

34. 刘海峻，崔士臣.苏北少年儿童抗日运动［G］.香港：天马出版有限公司，2005.

三、专著类

1. 郭庆藩.庄子集释［M］.北京：中华书局，1961.

2. 钱钢，胡劲草.大清留美幼童记［M］.北京：当代中国出版社，2010.

3. 孙玉芹.民国时期的童子军研究［M］.北京：人民出版社，2013.

4. 孙艳魁.苦难的人流：抗战时期的难民［M］.桂林：广西师范大学出版

社，1994.

5. 许慎 . 说文解字［M］. 北京：中华书局，1963.

6. 吕不韦，陈奇猷 . 吕氏春秋新校释［M］. 上海：上海古籍出版社，2002.

7. 范晔 . 后汉书［M］. 北京：中华书局，2007.

8. 孔颖达 . 尚书正义（十三经注疏本）［M］. 北京：中华书局，1980.

9. 孔颖达 . 礼记正义（十三经注疏）［M］. 北京：中华书局，1980.

10. 邢昺 . 孝经正义（十三经注疏本）［M］. 北京：中华书局，1980.

11. 沈约，等 . 宋书［M］. 北京：中华书局，1974.

12. 班固 . 汉书［M］. 北京：中华书局，1962.

13. 金耀基 . 从传统到现代［M］. 北京：法律出版社，2010.

14. 康有为 . 康有为全集（第二集）［M］. 上海：上海古籍出版社，1990.

15. 梁启超 . 梁启超自述（1873—1929）［M］. 北京：人民日报出版社，
2011.

16. 梁启超 . 梁启超全集［M］. 北京：北京出版社，1999.

17. 王栻 . 严复集 第一册 诗文（上册）［M］. 北京：中华书局，1986.

18. 俞政 . 严复译著研究［M］. 苏州：苏州大学出版社，2003.

19. 胡从经 . 晚清儿童文学钩沉［M］. 上海：少年儿童出版社，1982.

20. 爱新觉罗·溥仪 . 我的前半生（全本）［M］. 北京：群众出版社，2007.

21.［美］德龄 . 德龄公主回忆录［M］. 荷莎，苏淼，译 . 北京：团结出版
社，2007.

22.［英］崔瑞德（Twitchett，Denis），［美］费正清，［英］鲁惟一
（Loewe，Michael）. 剑桥中国秦汉史［M］. 杨品泉，等，译 . 北京：中国社会
科学出版社，1992.

23.［美］费正清 . 剑桥中华民国史（上卷）［M］. 杨品泉，等，译 . 北京：
中国社会科学出版社，1998.

24. 鲁迅 . 鲁迅全集［M］. 北京：人民文学出版社，1982.

25. 毛泽东 . 毛泽东选集（第三卷）［M］. 北京：人民出版社，1967.

26. 中央文献研究室二部 . 朱德自述［M］. 北京：解放军文艺出版社，
2003.

27. 彭德怀 . 彭德怀自传［M］. 北京：解放军文艺出版社，2002.

28. 刘少奇 . 刘少奇选集［M］. 北京：人民出版社，1982.

29. 鲁芒 . 陕甘宁边区的民众运动［M］. 汉口：汉口大众出版社，1938.

30. 李公朴.华北敌后——晋察冀［M］.北京：生活·读书·新知三联书店，1979.

31. 关捷，等.旅顺大屠杀研究［M］.北京：社会科学文献出版社，2004.

32.［日］井上晴树.旅顺大屠杀［M］.朴龙根，译.大连：大连出版社，2001.

33. 何友良.苏区制度、社会和民众研究［M］.北京：社会科学文献出版社，2012.

34. 何友良.中国苏维埃区域社会变动史［M］.北京：当代中国出版社，1996.

35. 皇甫束玉，宋荐戈，龚守静.中国革命根据地教育纪事［M］.北京：教育科学出版社，1989.

36. 董纯才.中国革命根据地教育史（第一卷）［M］.北京：教育科学出版社，1991.

37. 董纯才.中国革命根据地教育史（第二卷）［M］.北京：教育科学出版社，1991.

38. 董纯才.中国革命根据地教育史（第三卷）［M］.北京：教育科学出版社，1993.

39. 张爱萍，肖华，等.忆少先队和少共国际师［M］.南昌：江西人民出版社，1979.

40. 王友明.革命与乡村——解放区土地改革研究：1941～1948（以山东莒南县为个案）［M］.上海：上海社会科学院出版社，2006.

41.［美］杨·海伦.选择革命：长征中的红军女战士［M］.朱晋平，等，译.北京：中共中央党校出版社，2011.

42. 陶希圣，等.抗战建国纲领释义［M］.重庆：黄埔出版社，1940.

43. 王一楠，李一星.红小鬼：打开尘封半个多世纪的红色档案［M］.北京：中共党史出版社，2007.

44. 叶圣陶，冰心，等.我和儿童文学［M］.上海：少年儿童出版社，1980.

45. 李水清.从红小鬼到火箭兵司令［M］.北京：解放军出版社，2009.

46. 张宪文.中华民国史（第三卷）［M］.南京：南京大学出版社，2006.

47. 陈鹤琴.陈鹤琴全集［M］.南京：江苏教育出版社，2008.

48. 王爱和.中国古代宇宙观与政治文化［M］.上海：上海古籍出版社，

2011.

49. 萧公权.中国政治思想史［M］.北京：商务印书馆，2011.

50. 李剑农.中国近百年政治史［M］.北京：商务印书馆，2011.

51. 牟宗三.政道与治道［M］.桂林：广西师范大学出版社，2006.

52. 陈映芳."青年"与中国的社会变迁［M］.北京：社会科学文献出版社，2007.

53. 许纪霖.二十世纪中国思想史论［M］.上海：东方出版中心，2000.

54. 熊秉真.童年忆往［M］.桂林：广西师范大学出版社，2008.

55. ［法］让-皮埃尔·内罗杜.古罗马的儿童［M］.张鸿，向征，译.桂林：广西师范大学出版社，2005.

56. 张倩仪.再见童年［M］.北京：世界图书出版公司，2012.

57. ［美］阿妮达·陈.毛主席的孩子们："红卫兵"一代的成长与经历［M］.史继平，田晓菲，穆建新，译.天津：渤海湾出版公司，1988.

58. 薛原.童年［M］.济南：山东画报出版社，2006.

59. 刘晓东.儿童精神哲学［M］.南京：南京师范大学出版社，1999.

60. 刘晓东.解放儿童（第二版）［M］.南京：江苏教育出版社，2008.

61. 刘晓东.蒙蔽与拯救：评儿童读经［M］.南京：江苏教育出版社，2009.

62. 刘晓东.儿童文化与儿童教育［M］.北京：教育科学出版社，2006.

63. 金林南.西方政治认识论演变［M］.上海：上海人民出版社，2008.

64. ［美］列奥·施特劳斯，约瑟夫·克罗波西.政治哲学史［M］.李天然，等，译.石家庄：河北人民出版社，1993.

65. ［美］列奥·施特劳斯.什么是政治哲学［M］.李世祥，译.北京：华夏出版社，2011.

66. ［美］列奥·施特劳斯.柏拉图式政治哲学研究［M］.张缨，等，译.北京：华夏出版社，2012.

67. ［美］列奥·施特劳斯.霍布斯的宗教批判［M］.杨丽，等，译.北京：华夏出版社，2012.

68. ［美］列奥·施特劳斯.自然权利与历史［M］.彭刚，译.北京：生活·读书·新知三联书店，2011.

69. ［美］布鲁姆.人应该如何生活——柏拉图《王制》释义［M］.刘晨光，译.北京：华夏出版社，2009.

70.［美］布鲁姆.美国精神的封闭［M］.战旭英,译.南京:译林出版社,2011.

71.［美］郝岚.政治哲学的悖论——苏格拉底的哲学审判［M］.戚仁,译.北京:华夏出版社,2012.

72.［古希腊］柏拉图.理想国［M］.郭斌和,张竹明,译.北京:商务印书馆,2009.

73.［古希腊］亚里士多德.政治学［M］.吴寿彭,译.北京:商务印书馆,2010.

74.萌萌.启示与理性——哲学问题:回归或转向［M］.北京:中国社会科学出版社,2001.

75.刘小枫,柯常咏,等.城邦与自然:亚里士多德与现代性［M］.北京:华夏出版社,2010.

76.刘小枫.苏格拉底问题与现代性［M］.北京:华夏出版社,2008.

77.刘小枫.施特劳斯的路标［M］.北京:华夏出版社,2011.

78.刘小枫.设计共和:施特劳斯《论卢梭的意图》绎读［M］.北京:华夏出版社,2013.

79.［德］施米特.政治的概念［M］.刘宗坤,等,译.上海:上海人民出版社,2003.

80.［德］迈尔.隐匿的对话:施米特与施特劳斯［M］.朱雁冰,等,译.北京:华夏出版社,2002.

81.［英］肯尼思·米诺格.政治的历史与边界［M］.龚人,译.南京:译林出版社,2008.

82.［英］安德鲁·海伍德.政治学核心概念［M］.吴勇,译.天津:天津人民出版社,2008.

83.［美］哈罗德·D.拉斯韦尔.政治学:谁得到什么?何时和如何得到?［M］.杨昌裕,译.北京:商务印书馆,2009.

84.［意］尼科洛·马基雅维里.君主论［M］.潘汉典,译.北京:商务印书馆,2009.

85.［英］霍布斯.利维坦［M］.黎思复,黎廷弼,译.北京:商务印书馆,1985.

86.［英］洛克.政府论(下)［M］.叶启芳,瞿菊农,译.北京:商务印书馆,2011.

87.［英］Randall Curren. 教育哲学指南［M］. 彭正梅，等，译. 上海：华东师范大学出版社，2011.

88.［德］恩斯特·卡西勒. 卢梭问题［M］. 王春华，译. 南京：译林出版社，2009.

89.［法］卢梭. 论人与人之间不平等的起因和基础［M］. 李平沤，译. 北京：商务印书馆，2009.

90.［法］卢梭. 论科学与艺术［M］. 何兆武，译. 上海：上海人民出版社，2007.

91.［法］卢梭. 社会契约论［M］. 何兆武，译. 北京：商务印书馆，2010.

92.［法］卢梭. 爱弥儿［M］. 李平沤，译. 北京：商务印书馆，2015.

93.［法］卢梭. 忏悔录.［M］. 李平沤，译. 北京：商务印书馆，2010.

94.［法］卢梭. 一个孤独的散步者的梦［M］. 李平沤，译. 北京：商务印书馆，2012.

95.［美］约翰·罗尔斯. 正义论［M］. 何怀宏，何包钢，廖申白，译. 北京：中国社会科学出版社，1988.

96.［美］罗尔斯. 作为公平的正义［M］. 姚大志，译. 北京：中国社会科学出版社，2011.

97.［英］威廉·戈尔丁. 蝇王［M］. 龚志成，译. 上海：上海译文出版社，2006.

98.［英］奥威尔. 一九八四［M］. 董乐山，译. 沈阳：辽宁教育出版社，1998.

99. Anne Behnke Kinney. Chinese Views of Childhood［M］. Honolulu: University of Hawai'i Press，1995.

100. Anne Behnke Kinney. Representations of Childhood and Youth in Early China［M］. California: Stanford University Press，2004.

101. Michael. Freeman，The Moral Status of Children：Essays on the Rights of the Child［M］. The Hague，The Netherlands：Cambridge，MA：Martinus Nijhoff Publishers，Sold and Distributed in the USA and Canada by Kluwer International，1997.

102. Claudia Castaneda. Figurations：Child，Bodies，Worlds［M］. Durham，NC：Duke University Press，2002.

103. Limin Bai. Shaping the Ideal Child：Children and Their Primers in Late

Imperial China［M］. Hong Kong：The Chinese University Press，2005.

104. Jon L.Saari. Legacies of Childhood：Growing up Chinese in a Time of Crisis，1890-1920［M］. Cambridge，Mass. ：Harvard University Press，1990.

四、学位论文类

1. 范明强.论"红卫兵"政治思潮［D］.北京：中国人民大学，2000.

2. 杜晓沫.当代儿童文学的"文化大革命"十年——1966—1976"文革"儿童文学史研究［D］.长春：吉林大学，2009.

3. 景银辉."文革"后中国小说中的创伤性童年书写［D］.上海：上海大学，2010.

4. 程天君."接班人"的诞生——学校中的政治仪式考察［D］.南京：南京师范大学，2007.

5. 张建青.晚清儿童文学翻译与中国儿童文学之诞生——译介学视野下的晚清儿童文学研究［D］.上海：复旦大学，2008.

6. 王黎君.儿童的发现与中国现代文学［D］.上海：复旦大学，2004.

7. 王浩.新文化运动时期的"儿童发现"［D］.南京：南京师范大学，2010.

8. 孔令新.古今之争背景下的血气与教育［D］.南京：南京师范大学，2013.

五、期刊类

1. 魏兆鹏.中国少年儿童运动史上限的认定［J］.中国青年政治学院学报，1993（3）：22—24.

2. 魏兆鹏.从劳动童子团向共产儿童团的转变［J］.中国青年政治学院学报，1992（3）：31—34.

3. 林青.二战时期福建苏区的儿童团组织［J］.党史研究与教学，1992（3）：81—85.

4. 林子波.闽西苏区少年儿童政治教育的基本经验［J］.党史研究与教学，1992（5）：85—88.

5. 徐南铁.试论苏区儿童文学的政治色彩［J］.赣南师范学院学报（哲学社会科学版），1987（1）：37—44.

6. 赵凯.郭沫若与"孩子剧团"初次见面时间考［J］.郭沫若学刊，2007（1）：78—80.

7. 廖超慧.抗战血泊中的一朵奇花——谈谈"孩子剧团"的成长道路［J］.

湖北大学学报（哲学社会科学版），1986（5）：54—59.

8. 郭志高.新安旅行团与桂林儿童抗日救亡运动［J］.社会科学家，1987（5）：35—40.

9. 罗志田.见之于行事：中国近代史研究的可能走向——兼论史料、理论与表述［J］.历史研究，2002（1）：22—40.

10. 宋德宣.简论康熙天人感应中的民本思想［J］.云南社会科学，1986（6）：79—81.

11. 陈坚."父父子子"——论儒家的纯粹父子关系［J］.山东大学学报（哲学社会科学版），2010（1）：129—134.

12. 张造群."三纲六纪"与儒家社会秩序观的形成［J］.学术研究，2011（3）38—43.

13. 郑文宝.传统伦理视域中的父子关系——构建支撑和谐社会的父子关系（上）［J］.唐都学刊，2013，29（1）：59—62.

14. 王子今，吕宗力.汉代"童子郎"身份与"少为郎"现象［J］.南都学坛（人文社会科学学报），2011，31（4）：1—9.

15. ［日］下见隆雄.略论《老莱子孝行》故事中孝的真意［J］.李寅生，译.贵州文史丛刊，2000（2）：7—13.

16. 卢仁灿."将来的主人，必定是我们"——忆闽西革命根据地儿童团的斗争生活［J］.党史资料与研究，1984（5）：46—49.

17. 彭富九.回忆苏区儿童团（一）［J］.百年潮，2011（2）：32—37.

18. 黄雪蕻.从红小鬼到老红军［J］.军营文化天地，2006（7）：7—9.

19. 蒋宋美龄.谨为难童请命［J］.妇女生活，1938，5（11）：1—2.

20. 田茂纯.东北解放区的建立与发展［J］.兰台世界，1994（10）：30.

21. 许纪霖.中国现代化的历史反思［J］.天津社会科学，1992（4）：4—8+51.

22. 尹明明.清末民初劳工立法中的童工保护［J］.山东师范大学学报（人文社会科学版），2005，50（4）：122—125.

23. 丁勇华，吕佳航.试论1920、1930年代上海童工问题［J］.上海大学学报（社会科学版），2008，15（2）：91—98.

24. 李三谋，李震，刘德雄.近代农村传统的资金借贷［J］.古今农业，1998（4）：54—61.

25. Aura korppi-tommola. War and Children in Finland During the Second

World War [J] . Paedagogica Historica. 2008，44（4）：445—455.

26. Barbara Yngvesson. Transnational Adoption and European Immigration Politics: Producing the National Body in Sweden [J] . Indiana Jurnal of Global Legal Studies. 2012（1）：327—345.

27. Joy Damousi. The Greek Civil War and Child Migration to Austrilia: Aileen Fitzpatrick and The Australian Council of International Social Service [J] . Social History，2012（3）：297—313.

28. lisa Farley. Squiggle Evidence [J] . History and Memory，2011（2）：5—39.

29. Ron Roberts，Majda Becirevic，Tracy Baker. Children's Understanding of the War in Iraq: Views from Britain and Bosnia [J] . International Journal of Children's Spirituality，2009（1）：17—30.

30. Robyn Linde. From Rapists to Superpredators: What the Practice of Capital Punishment Says about Race，Rights and the American Child [J] . International Journal of Children's Rights，2011，19（10）：127—150.

后　记

　　非常喜欢沈从文写的回忆童年的散文《我读一本小书又读一本大书》，我的家乡也在湖南的一个偏远小镇，读他的这篇散文总能使我跟他生出很多共鸣来。特别令我受触动的是，他在文章中说："我生活中充满了疑问，都得我自己去找寻解答。我要知道的太多，所知道的又太少。有时便有点发愁。"童年时的这种因无知而产生的疑问同样时常伴随我。比如，上小学时，学校每周都会组织小学生徒步去相距不远的光荣院"做红事"（即打扫卫生），我也经常去，但一直不知道为什么要去。临镇有一座很大的革命烈士陵园，上初中时学校曾组织我们去扫墓，但我对于埋葬在这陵园里的革命烈士及其事迹其实并不了解。大人都说我们县是革命老区和将军之乡，他们在闲聊时能具体说出谁家祖父当年曾上过井冈山，谁家长辈参加长征后因负伤从延安又回到小镇，谁家出了三代烈士，等等。仅凭当时在学校学到的中学历史知识显然是无法参与他们的对话的，我只能待在一旁半信半疑地当故事听。

　　上大学以后我选择了教育学专业，本以为自此以后跟童年满腹的疑问和家乡流传的故事再无建立联系的可能。直至考上博士以后，为寻找博士论文选题而在图书馆翻阅资料文献时，偶然发现《中国青年运动历史资料》丛书中有大量关于共产主义儿童运动的原始文献，这些真实的历史事实与我当时正在研读的政治哲学史中的儿童观既不谋而合又相互观照，于是很欣喜地跟导师商量将以此作为博士论文的选题方向。随着史料搜集范围的扩大和对中国革命史研读的深入，我对家乡的了解越来越全面，对童年的疑问也越来越明朗。在写作博士论文的过程中，我查阅的相关史料里有这样的记载：1928年7月彭德怀、滕代远、黄公略曾在我们县城发动革命起义并成立县苏维埃政府。我出生的小镇一度是湘鄂赣苏区省级机关和湘鄂赣苏区军事总指挥部所在地。1939年6月国民党曾摧毁了新四军驻我们临镇的通讯处并屠杀了该处6名中共地下党员，制造了当时震惊全国的惨案。据中华人民共和国民政部和建设部编的《中国县情大全》记载，家乡仅一个县就为中国革命牺牲了20多万人，中华人民共和国成立后被追认为革命烈士的达 2 万多人。

记得刚考上南京师范大学跟随刘晓东老师读硕士并参加师门第一次读书会时，刘老师和师兄师姐就夸美纽斯的《大教学论》展开热烈讨论，而我即使努力调动自己所有的知识储备试图跟上他们的思路，却依然无法听懂他们在说些什么，我再一次为自己的无知发愁。此后，我便开始硬着头皮、耐着性子培养自己阅读经典原著的习惯和能力。历经硕士 3 年的坚持，又经过博士 3 年的磨砺，读书逐渐成为我校园生活中最重要的事情，一天不读书便会产生一种有负时光的愧疚感。感谢刘老师引领我进入一个更宽广的知识世界，给我提供 6 年能追随师门静心读书的宝贵机会，并对我的硕士和博士论文选题给予极大支持，使我能不断学习并用知识去证明或解决遇到的一个又一个疑问。这本《红星照耀童年》便是在刘老师指导下完成的博士论文。同时还要感谢在南京师范大学教科院、学前系、古籍馆遇到的众多良师益友，这里浓郁的学术氛围和质朴的师友情谊总是催人奋进。感谢盲审专家以及答辩专家刘云艳教授、郭力平教授、黄进教授、刘晶波教授、边霞教授、王海英教授等对我的博士论文提出的中肯建议。感谢广西师范大学出版社和李影编辑对书稿的辛苦核校。

博士论文完成至今已近 10 年。2013 年除夕夜独自在随园研楼听着《国际歌》和窗外南京城花炮声赶博士论文进度的画面仍历历在目，当时以为这也许就是人生中最难熬的一关，而今却常常感怀那时的纯粹和美好。

吴媛媛　谨记
2023 年 12 月于北京小西天志强园

图书在版编目(CIP)数据

红星照耀童年：1927—1949 年中国共产主义儿童运动研究 / 吴媛媛著. -- 桂林：广西师范大学出版社，2024. 10.
ISBN 978 - 7 - 5598 - 7359 - 0

Ⅰ. D432.9

中国国家版本馆 CIP 数据核字第 2024DN2314 号

红星照耀童年：1927—1949 年中国共产主义儿童运动研究
HONGXING ZHAOYAO TONGNIAN：1927—1949 NIAN ZHONGGUO
GONGCHAN ZHUYI ERTONG YUNDONG YANJIU

出 品 人：刘广汉
责任编辑：李　影
封面设计：李婷婷

广西师范大学出版社出版发行

（广西桂林市五里店路 9 号　　　　邮政编码：541004）
（网址：http://www.bbtpress.com　　　　）

出版人：黄轩庄
全国新华书店经销
销售热线：021 - 65200318　021 - 31260822 - 898
山东临沂新华印刷物流集团有限责任公司印刷
（临沂高新技术产业开发区新华路 1 号　邮政编码：276017）
开本：720 mm × 1 000 mm　1/16
印张：20.5　　　　　　　字数：350 千
2024 年 10 月第 1 版　　　2024 年 10 月第 1 次印刷
定价：78.00 元

如发现印装质量问题，影响阅读，请与出版社发行部门联系调换。